国家社科基金一般项目"比较视野下的儒家哲学基本问题研究"
（项目编号 15BZX052）

总　序

　　山东大学素以文史见长。20世纪30年代与50—80年代，闻一多、梁实秋、杨振声、老舍、沈从文、冯沅君、陆侃如、高亨、萧涤非、殷孟伦、殷焕先、丁山、郑鹤生、黄云眉、张维华、杨向奎、童书业、王仲荦、赵俪生等先贤学人，铸就了山东大学文史研究的两次辉煌。2002年，山东大学组建文史哲研究院。2012年，为进一步发挥山东作为孔孟故里、儒学发祥地的地域优势和山东大学"文史见长"的学科特色，文史哲研究院、儒学高等研究院、儒学研究中心和《文史哲》编辑部，整合组建为新的儒学高等研究院（"文史哲研究院"名称保留）。重组后的儒学高等研究院，以儒学研究为特色，以古文、古史、古哲、古籍研究为重心，倡导多学科协同发展，推出了一批具有时代高度与全球影响力的重大研究成果。为深入阐发中华传统文化精髓，持续推进以儒学为代表的中华优秀传统文化创造性转化与创新性发展，积极参与并推动世界文明交流互鉴，构建中国特色哲学社会科学学科体系、学术体系、话语体系，我们特别策划推出了以象征孔子诞生地、儒家思想与中华人文精神的尼山为名的"尼山文库"。该套丛书侧重理论研究，以儒学与中华文化的义理凝练与阐释为特色，第一辑自推出后受到学术界的广泛关注与好评。在此基础上，现全力推出"尼山文库"第二辑，欢迎海内外朋友提出宝贵意见。

山东大学儒学高等研究院

2023年6月

序

本书是作者"生活儒学"（Life Confucianism）的选集，除个别节选自专著《爱与思——生活儒学的观念》和《中国正义论的形成——周孔孟荀的制度伦理学传统》的章节，其余都是单篇文章，从2004年至2021年以来作者关于"生活儒学"的大约200篇文章中选出。①

自2004年正式提出伊始，"生活儒学"即引起学界关注，迄今为止，海内外学界的介绍、研究和评论，已有文章200多篇（已结集为文集10种②）、专著两部③。此外，多家单位已联合主办过三届"生活儒学"全国学术研讨会④。

---

① 详见本书附录"生活儒学著述总目"。
② 10种文集：《生活·仁爱·境界——评"生活儒学"》，崔发展、杜霞主编，合肥：安徽人民出版社，2012年；《黄玉顺生活儒学研究》，涂可国主编，济南：齐鲁书社，2017年；《当代儒学》第11辑（黄玉顺生活儒学全国学术研讨会特辑），杨永明、郭萍主编，桂林：广西师范大学出版社，2017年；《生活·情感·思想——评黄玉顺"生活儒学"》，杨生照主编，成都：四川人民出版社，2018年；《当代儒学》第16辑（第二届"生活儒学"全国学术研讨会特辑），杨永明、郭萍主编，成都：四川人民出版社，2019年；《生活儒学：研究·评论·拓展——第三届"生活儒学"全国学术研讨会论文集》，胡骄键、张小星主编，成都：四川人民出版社，2020年；《当代哲学"生活儒学"学派》，杨虎、郭萍主编，济南：山东大学出版社，2021年；《当代中国哲学的情理学派》，崔罡、郭萍主编，济南：山东大学出版社，2021年（第三编：情理学派的"生活儒学"学派）；《"生活儒学"研究》，郭萍主编，天津：天津人民出版社，2021年；《"生活儒学"名家谈》，刘宏、李慧子主编，深圳：海天出版社，2022年。
③ 孙铁骑：《生活儒学与宋明理学比较研究》，合肥：安徽人民出版社，2014年；孙铁骑：《正义及其文化进路——从"生活儒学"到"修身儒学"》，济南：山东人民出版社，2018年。
④ 第一届"生活儒学"全国学术研讨会由山东社会科学院文化研究所、中国孔子基金会《孔子研究》编辑部、山东大学儒学高等研究院、山东大学哲学与社会发展学院、西南石油大学马克思主义学院、宜宾学院四川思想家研究中心联合主办，于2016年8月20日至21日在济南举行；第二届"生活儒学"研讨会由苏州大学政治与公共管理学院独家主办，于2019年4月20日在苏州举行；第三届"生活儒学"全国学术研讨会（暨首届"生活儒学"青年学者论坛）由山东大学儒学高等研究院、南京大学中国传统文化研究中心、西南交通大学人文学院哲学研究所、华侨大学国际儒学院、山东尼山书院、四川人民出版社联合主办，于2019年12月21日在济南举行。

这里选辑作者的文章 27 篇，分为八编，以呈现"生活儒学"思想系统的全貌，就教于海内外学人。

2022 年 3 月 5 日序于济南寓所

目 录

序 / III

导论：回望"生活儒学" / 1

第一编　综论 / 23
"生活儒学"导论 / 25
面向生活本身的儒学
　　——"生活儒学"问答 / 44
何谓"哲学"？
　　——论生活儒学与哲学的关系 / 77

第二编　方法论 / 89
复归生活，重建儒学
　　——儒学与现象学比较研究纲领 / 91
注生我经：论文本的理解与解释的生活渊源
　　——孟子"论世知人"思想阐释 / 112
前主体性诠释
　　——中国诠释学的奠基性观念 / 138

第三编　生活情感本源论 / 145

生活儒学的"生活"观念 / 147

爱的观念
　　——儒学的奠基性观念 / 165

爱，所以在
　　——儒学与笛卡儿哲学的比较 / 187

如何获得新生？
　　——再论"前主体性"概念 / 202

第四编　形上学·本体论 / 215

形而上学的奠基问题
　　——儒学视域中的海德格尔及其所解释的康德哲学 / 217

形而上学的黎明
　　——生活儒学视域下的"变易本体论"建构 / 238

生活儒学的内在转向
　　——神圣外在超越的重建 / 252

第五编　形下学·知识论 / 277

为科学奠基
　　——中国古代科学的现象学考察 / 279

儒学与作为科学理论基础的知识论的重建 / 296

第六编　形下学·伦理学（正义论）/ 303

中国正义论纲要 / 305

中国正义论的重建
　　——生活儒学的制度伦理学思考 / 329

作为基础伦理学的正义论
　　——罗尔斯正义论批判 / 333

孔子怎样解构道德
　　——儒家道德哲学纲要 / 349
论"行为正义"与"制度正义"
　　——儒家"正义"概念辨析 / 368

第七编　形下学·美学（诗学）/ 383

爱与诗 / 385
论诗教与乐教 / 414
孔子论诗与乐 / 423

第八编　历史哲学与儒学史 / 427

思想及其历史的生活渊源
　　——论"思想史"及其"对象"问题 / 429
儒学当代复兴的思想视域问题
　　——"儒学三期"新论 / 440
论儒学的现代性 / 456

附录　生活儒学著述总目 / 479

导论：回望"生活儒学"*

我经常讲，"儒家没有新的，儒学是常新的"[①]。儒家总是在不同的历史时代建构其不同的儒学理论形态，"生活儒学"就是儒家的一种现代儒学理论形态。自 2004 年诞生以来[②]，生活儒学已经走过 13 个春秋，共出版了 8 本著作（含专著与文集）[③]，建构了一个完整的思想系统。感谢《孔学堂》杂志社的邀约，为我提供了一次自我反省的机会。

一、生活儒学的问题意识

"生活儒学"的提出，源于以下的问题意识：

按照传统的理解，古今中外两千多年的哲学都不外乎"形上→形下"的二级架构，即根据一个绝对的形而上存在者来说明众多相对的形而下存

---

* 原载《孔学堂》2018 年第 1 期，第 5—16 页；收入作者文集《生活儒学与当代思想》，成都：四川人民出版社，2020 年，第 3—19 页。

① 黄玉顺：《儒学与生活——"生活儒学"论稿》，成都：四川大学出版社，2009 年，前言，第 9 页。

② "生活儒学"的首次提出，是在 2004 年 5 月底 6 月初的一次网络论辩中，参见《关于"生活儒学"的一场讨论》，收入《面向生活本身的儒学——黄玉顺"生活儒学"自选集》；首次正式成文，是 2004 年夏秋撰写的《"生活儒学"导论》（当时中国人民大学"青年儒学论坛"于 2004 年 12 月 11 日专题讨论此文），载《原道》第十辑（北京：北京大学出版社，2005 年，亦收入《面向生活本身的儒学——黄玉顺"生活儒学"自选集》。

③ 这 8 本著作是：《面向生活本身的儒学——黄玉顺"生活儒学"自选集》（文集），成都：四川大学出版社，2006 年；《爱与思——生活儒学的观念》（专著），成都：四川大学出版社，2006 年；《儒家思想与当代生活——"生活儒学"论集》（文集），北京：光明日报出版社，2009 年；《儒学与生活——"生活儒学"论稿》（文集），成都：四川大学出版社，2009 年；《生活儒学讲录》（文集），合肥：安徽人民出版社，2012 年；《中国正义论的重建——儒家制度伦理学的当代阐释》（文集），合肥：安徽人民出版社，2013 年（英文版 *Voice From The East: The Chinese Theory of Justice*, Paths International Ltd., 2016）；《生活儒学——黄玉顺说儒》（编著），贵阳：孔学堂书局，2014 年；《中国正义论的形成——周孔孟荀的制度伦理学传统》（专著），北京：东方出版社，2015 年。

在者何以可能；儒家哲学亦然，例如程朱理学以唯一绝对的"天理"来说明众多相对的"万物"何以可能，即其所谓"理一分殊"。但是，这样一来，我们就会陷入一种困境：面对中国人的现代化诉求，传统儒学的形上学、形下学皆不可取，这就意味着整个儒学都应当被抛弃。

先谈形下学困境。如果传统儒学指的是新文化运动之前的儒学，那么，它本质上就是帝国儒学。帝国儒学的形下学，最重要的内容就是一套政治伦理学，其核心无疑是"三纲"——君为臣纲、父为子纲、夫为妻纲。这样的儒学，显然是现代性的对立面，新文化运动所批判的正是这样的儒学。坚持这样的儒学，势必反对现代化，这正是今天一些"原教旨主义儒家"的态度。

再说形上学困境。传统儒学的形上学，是为上述形下学服务的；这种"形上→形下"关系，哲学上叫"奠基关系"（foundation-laying relation），通俗地讲，即：之所以建构如此这般的形上学，是因为如此这般的形下学的需要。例如程朱理学的理本论，当然是为帝国的政治伦理学服务的；其所谓"天理"的实质内涵，就是以"三纲"为核心的帝国伦理政治规范的形上学化。因此，这样的儒家形上学显然同样是现代性的对立面。

如此一来，我们就会面临这样的两难选择：要坚持儒学，就必须放弃现代化；要追求现代化，就必须抛弃儒学。在今天的中国人里，这两种对立的选择都存在：有人原教旨主义地坚持儒学，有人厌恶地批判儒学。当然，也有人采取第三种选择，即探索儒学本身的现代化；但是，这类探索始终在理论逻辑上无法自圆其说。

其实，问题的关键在于人们还没有意识到：儒学的上述困境基于对儒学的一种认识，即儒家哲学就是"形上→形下"的二级观念架构。生活儒学的问题意识就是这样被逼显出来的：如果我们既要选择现代价值，又要选择儒家立场，那么，唯一的可能就是认定儒学不仅仅有"形上→形下"的二级观念架构，它还有更本源的观念层级，却被长久地遮蔽而遗忘了；通过发现和揭示这种本源观念，我们就可以面对现代性而重建儒家的形上学和形下学。

二、生活儒学与现象学的关系

由此，生活儒学突破了两千年来哲学的"形上→形下"二级架构，展示了三级观念架构：

存在论意义上：生活存在→形而上存在者→形而下存在者
观念论意义上：生活感悟→形而上学→形而下学

老实说，这种突破是受到海德格尔现象学，特别是其"存在论区分"（der ontologische Unterschied）的启发。按照海德格尔对"存在"（Sein）与"存在者"（Seiendes）的区分，那么，不论是形而下者，还是形而上者，都是存在者，而不是存在；然而所有一切存在者都是由存在给出的。用儒家的话语讲，形而上者是形而下者之"本"，而存在却是形而下者和形而上者之"源"，这就是我所说的"本源"——"大本大源"的意思。[1] 那么，在孔孟的原典儒学里，这种被长久遮蔽而遗忘的存在何在？本源何在？下文将会讨论这个问题。

但是，许多朋友误以为我是用现象学来解释儒学。其实，我在自己的著作和文章里多次对海德格尔进行了根本的批判。例如：

> 海德格尔在这个基本问题上其实是自相矛盾的：一方面，存在是先行于任何存在者的，"存在与存在的结构超出一切存在者之外，超出存在者的一切存在者状态上的可能规定性之外"[2]，那么，存在当然也是先行于此在（Dasein）的，因为"此在是一种存在者"[3]；但另

---

[1] 参见黄玉顺：《"生活儒学"导论》，载《面向生活本身的儒学——黄玉顺"生活儒学"自选集》，第32—34页。
[2] 海德格尔：《存在与时间》，陈嘉映、王庆节译，北京：生活·读书·新知三联书店，1999年，第44页。
[3] 海德格尔：《存在与时间》，陈嘉映、王庆节译，第14页。

一方面，探索存在却必须通过此在这种特殊存在者，即惟有"通过对某种存在者即此在特加阐释这样一条途径突入存在概念"，"我们在此在中将能赢获领会存在和可能解释存在的视野"①。如果这仅仅是在区分"存在概念的普遍性"和我们"探索""领会""解释"存在概念的"特殊性"②，那还谈不上自相矛盾；但当他说"存在总是某种存在者的存在"③，那就是十足的自相矛盾了，因为此时存在已不再是先行于任何存在者的了。④

海德格尔的上述矛盾，根本原因是"存在"（Sein）与"生存"（Existenz）的二分；生存是"此在"（Dasein）的生存，即是一种特殊存在者的存在，即人的存在。而生活儒学的做法是：去掉作为生存的前提的此在，那么，生存即是存在，存在即是生存，两者是一回事。这样的作为生存的存在，或者作为存在的生存，谓之"生活"。这是比海德格尔的"存在"概念更彻底的存在观念：一切存在者皆源于生活、归于生活。

不少朋友以为"存在"是一个西化的外来词。其实不然，汉语"存在"这个词语及其观念，至迟在隋唐时期便已经出现。⑤人们之所以用汉语"存在"去翻译"Sein"，是因为两者之间尽管存在着非等同性，但确实存在着可对应性。⑥关于这个问题，2017年我与美国知名哲学家安靖如（Stephen C. Angle）进行了一场对话。⑦在他看来，儒家哲学的当代发展可以分为两种路数：一种是"有根的全球哲学"（rooted global philosophy），即他所说的广义的"进步儒学"（progressive Confucianism）；

---

① 海德格尔：《存在与时间》，陈嘉映、王庆节译，第46页。
② 海德格尔：《存在与时间》，陈嘉映、王庆节译，第46页。
③ 海德格尔：《存在与时间》，陈嘉映、王庆节译，第11页。
④ 黄玉顺：《生活儒学关键词语之诠释与翻译》，《现代哲学》2012年第1期。
⑤ 参见黄玉顺：《生活儒学关键词语之诠释与翻译》，《现代哲学》2012年第1期。
⑥ 参见黄玉顺：《爱与思——生活儒学的观念》，第一讲第一节"等同与对应：定名与虚位"，第4—8页。
⑦ 参见黄玉顺、安靖如：《生活儒学与进步儒学的对话》，《齐鲁学刊》2017年第4期。这是2017年4月25日的山东尼山书院"明湖会讲"第三期，主题为"中美儒学对话：生活儒学与进步儒学"。

另一种则是"无根"的、"双重承诺"（dual commitment）的哲学，既认同儒学传统，又认同西方的某个哲学传统。例如安乐哲（Roger Ames）"角色伦理学"（Role Ethics）[1]，既认同中国的儒学传统，又认同美国的实用主义哲学传统。安靖如过去认为生活儒学属于后者[2]；现在他认为生活儒学也是一种"有根的全球哲学"，其"根"就是儒学传统，而不是现象学。

三、生活儒学的思想系统

前面谈到，生活儒学突破了古今中外哲学两千年来的"形上→形下"二级观念架构，从原典儒学乃至更早的中国思想观念中发现了比形而上者和形而下者这样的存在者更本源的存在——生活观念，这就形成了三级观念架构。

（一）生活儒学思想系统的层级

生活儒学作为一个思想系统，包含着三个观念层级：

1. 存在或者生活层级的生活感悟

严格来讲，生活儒学在本源层级上的言说，并非什么"哲学"，而是前哲学、前理性、前主体性、前存在者的事情，只能说是"生活感悟"——生活情感、生活领悟。有些朋友觉得生活儒学的代表作《爱与思》许多地方"不像哲学"，是因为他们不理解：生活感悟的言说方式，不是哲理的语言，而是诗性的语言。孔子讲"兴于诗，立于礼，成于乐"[3]，最重视诗，就是因为诗是生活情感的言说、生活感悟的表达，而非什么形上学、形下学的哲学建构。宋明理学家，尤其程颐竟然鄙视诗，乃至批评诗圣杜甫的名句"穿花蛱蝶深深见，点水蜻蜓款款飞"是"如此闲

---

[1] Roger T. Ames, *Confucian Role Ethics: A Vocabulary*, Hong Kong: Chinese University of Hong Kong Press, 2011.
[2] Stephen Angle, *Contemporary Confucian Political Philosophy Toward Progressive Confucianism*, Cambridge: Polity Press, 2012, p.16.
[3] 《论语·泰伯》，《十三经注疏》本，北京：中华书局，1980年，影印本。

言语，道出做甚"①，自称"某素不作诗""不欲为此闲言语"②，这实在是大谬不然。诗所表达的生活情感、生活领悟才是儒学的大本大源。生活儒学关于生活感悟的言说，最集中的表述是在《生活本源论》③。

2. 形而上存在者层级的本体论建构："变易本体论"

自轴心期以来，人类开始建构哲学形上学，其核心是本体论。儒家亦然，战国时期开始建构哲学形上学，其核心是主流的心性论。此后，哲学形上学不断翻新，所以我常说"儒家没有新的，儒学是常新的"。在我们今天走向现代性的时代，儒家的形上学需要"现代化版本"④。事实上，儒学的现代化版本已有了1.10版、1.20版……2.10版、2.20版……生活儒学也有儒家形上学的现代化版本，那就是"变易本体论"⑤，下文再论。

3. 形而下存在者层级的伦理学建构："中国正义论"

所谓"形下学"，即关于形而下存在者的理论。由于形而下存在者可以分为自然界和社会界两大块，即《易传》所谓"天文"与"人文"⑥，所以，形下学通常有两大领域：关于自然界的知识论及科学技术；关于社会界的伦理学及道德规范。一般来说，儒家更关注的是后者。

儒家建构形上学，如上文所言，是为其形下学服务的。帝国时代的儒家所建构的形上学，是为以"三纲"为核心的政治伦理学服务的；而现代新儒家所建构的形上学，则是为现代伦理政治价值观服务的，譬如牟宗三的"两层存有论"，是要开出现代性的"政统"与"学统"，即"民主与科学"。生活儒学也建构了自己的形下学，那就是"中国正义论"（Chinese Theory of Justice）⑦，下文讨论。

---

① 见程颢、程颐：《遗书》卷十八，《二程集》，北京：中华书局，1981年。
② 见吕祖谦：《东莱文集》卷十三《易说·临》，《丛书集成初编》本。
③ 见黄玉顺：《爱与思——生活儒学的观念》，附论二：生活本源论。
④ 参见黄玉顺：《论"重写儒学史"与"儒学现代化版本"问题》，《现代哲学》2015年第3期。
⑤ 黄玉顺：《形而上学的黎明——生活儒学视域中的"变易本体论"建构》，《湖北大学学报》2015年第4期。
⑥ 《周易·贲彖传》，《十三经注疏》本，北京：中华书局，1980年，影印本。
⑦ 参见黄玉顺的文集《中国正义论的重建——儒家制度伦理学的当代阐释》和专著《中国正义论的形成——周孔孟荀的制度伦理学传统》。

（二）生活儒学对"奠基"与"生成"的区分

生活儒学的三级观念之间的内在关系，其实是有严格区分的，即区分为观念层级之间的"奠基"关系和"生成"关系。

1. 观念层级之间的奠基关系

"奠基"的概念是由康德首先明确提出的，胡塞尔首次给出了一个形式化的定义，海德格尔深化了这个概念。① 但事实上，古今中外的哲学都不外乎处理奠基问题，即设定一个形而上者来为形而下者奠基。到了海德格尔，则提出了双重奠基：基础存在论为传统存在论奠基，而传统存在论为科学奠基。② 生活儒学的三级观念之间，也是双重奠基关系：生活感悟→形而上学→形而下学。

2. 观念层级之间的生成关系

其实，"奠基"固然是哲学史、观念史的事实，却并非人类观念层级形成过程的事实。事实上，人类观念层级的形成过程，是一个"生成"过程。观念层级之间的奠基与生成的共同点是：它们都是从关于生活存在的生活感悟开始的。两者的区别是：观念层级的奠基是从形而上者派生出形而下者，而观念层级的生成则是从形而下者提升为形而上者。

这一点，儒家关于"工夫"与"境界"的理论是最切合实际的。冯友兰先生"境界"说的四种境界，其实就是观念的三个层级当中的两个层级。这三个层级，我把它们概括为"自发境界""自为境界"和"自如境界"③。如下：

---

① 参见黄玉顺：《形而上学的奠基问题：儒学视域中的海德格尔及其所解释的康德哲学》，《四川大学学报》2004年第2期。
② 参见黄玉顺：《为科学奠基——中国古代科学的现象学考察》，载《面向生活本身的儒学——黄玉顺"生活儒学"自选集》。
③ 参见黄玉顺：《爱与思——生活儒学的观念》，第四讲"境界的观念"，第129—165页；另见黄玉顺：《存在·情感·境界——对蒙培元思想的解读》，《泉州师范学院学报》2008年第1期，收入《儒家思想与当代生活——"生活儒学"论集》，第170—172页。

境界	冯友兰"境界"说	孔子	观念层级
自发境界	自然境界		生活感悟
自为境界	功利境界 道德境界	十五而志于学 三十而立	形而下者
	天地境界	四十而不惑	形而上者
自如境界		五十而知天命 六十而耳顺 七十而从心所欲	复归本真生活

现实生活中的人，总会获得形而下的主体性，但未必能达到形而上的主体性；达到形而上主体性的人，又未必能自觉复归前主体性的本真生活、达到最高境界。

四、生活儒学的本源层级：生活感悟

不论是从观念层级的生成还是奠基的维度来看，生活儒学的第一个观念层级是生活存在及其感悟。这是前主体性、前存在者、前哲学、前形而上学的观念层级；一切存在者——形而上者、形而下者的观念皆源于生活感悟。

所谓"生活感悟"，指生活情感与生活领悟。

生活儒学的"生活情感"观念不是通常的"情感"概念，即不是孔孟之后的帝国儒学的"情"概念。传统儒学将"情"视为形上之"性"的"已发"状态，即是一种形而下者，此即"性本情末""性体情用"甚至"性善情恶"的观念，由此形成"性→情"这样的"形上→形下"观念架构。这种"情"是主体性存在者的情感，即正面的或负面的"道德情感"。难怪戴震要解构这种"情"观念[1]，王夫之则要解构这种"性"观念[2]，因为这种情感观念并不符合孔孟的前主体性的情感观念。事实上，从观念层级的生成的维度看，"情"是前存在者、前主体性的生活存在层

---

[1] 见戴震：《孟子字义疏证》卷上"理"、卷中"性"，北京：中华书局，1982年。
[2] 见王夫之：《尚书引义·太甲二》，北京：中华书局，1976年。

级的观念，而"性"则是一种形而上学的观念建构。① 按照孔孟的观念，并非因为你是仁者，你才能够爱人，而是因为爱人的情感显现出来，你才成为一个仁者。

生活儒学的"生活领悟"也不是指主体对某种对象——物或理的领悟，而是一种前主体性的观念状态，即是一种前存在者的观念状态；在这种观念状态中，"不知何者为我，何者为物"②，犹如老子所说的"无物"之"无"③。然而，一切物、一切存在者、一切"道理"皆源于此，即不过是生活领悟的存在者化而已。我曾经分析过：科学与哲学赖以成立的四大预设信念——实在性、运动性、规律性（或因果性）、可知性，其实分别源于生活领悟——存在的领悟、流行（streaming）的领悟、天命的领悟、领悟的领悟。④

生活存在不是任何存在者、任何物，而是前存在者的、无物的"流行"，故而以水为喻：生活如水，情感如流。主体、对象——一切存在者、物，皆源于且归于生活情感之流。我称之为"生活的本源结构"——"在生活并且去生活"：一切主体"在生活"之中生成，然后他们"去生活"。生活是"无"；主体建构其"有"——形下之"万有"、形上之"唯有"，然而终归是"无"。

五、生活儒学的形上学建构：变易本体论

从观念奠基的维度看，生活儒学的第二个观念层级是形而上者的存在：我们思考形而上的存在者，其结果是某种形而上学。生活儒学的形上学，就是"变易本体论"（change ontology）。

变易本体论的所谓"本体"不再是传统哲学的那种存在者化的实体，

---

① 参见黄玉顺：《儒家的情感观念》，《江西社会科学》2014年第5期。另见黄玉顺：《爱与思——生活儒学的观念》，第二讲"爱的观念"，第45—87页。
② 王国维：《人间词话》，见滕咸惠校注：《人间词话新注》（修订本），济南：齐鲁书社，1986年。
③ 见《老子》第十四章，王弼《老子道德经注》本，《诸子集成》本，北京：中华书局，1957年。
④ 参见黄玉顺：《面向生活本身的儒学——"生活儒学"问答》，载《面向生活本身的儒学——黄玉顺"生活儒学"自选集》，第64—76页。

而是《周易》之所谓"易",亦即变易。一切皆变,唯变不变。

西方人将《周易》翻译为"变易之书"(The Book of Changes),颇有道理:"易"的基本含义就是"变易"或"变"(change)。《易纬·乾凿度》说:"易者,易也,变易也,不易也。"刘义庆《世说新语·文学》注引郑玄《序易》说:"'易'之为名也,一言而函三义:简易一也,变易二也,不易三也。"这三义其实都是讲的变易:"简易"是说"变易"乃是极为简单的道理;"不易"是说永恒不变的道理就是"变易"本身。至于《说文解字》所谓"易,蜥易、蝘蜓、守宫也",恐非"易"字的本义;徐中舒《甲骨文字典》指出:此字"象两酒器相倾注承受之形,故会赐与之义,引申之而有更易之义"。按"易"本义当指交易(交换)而变易。《易》之为书,旨在变易;而之所以变易,乃源于阴阳之交易(交感)。

据此,道即是变,变即是道。如《系辞上传》说"形而上者谓之道",此"道"就是"变",即是"变化之道":"道有变动";"乾道变化";"形而上者谓之道……化而裁之谓之变";"四时变化而能久成,圣人久于其道";"圣人之道四焉……以动者尚其变"等等。①

这种变易,其实是对生活之流的一种领悟,《周易》谓之"生"或"生生",即"生生之谓易"②。此"易"不是指某物的变易,一切物倒是在这种变易中生成;此"生"不是指某物的生生,一切物倒是在这种生生中生成。

六、生活儒学的形下学建构:中国正义论

从观念奠基的维度看,生活儒学的第三个观念层级是形而下者的存

---

① 黄玉顺:《形而上学的黎明——生活儒学视域下的"变易本体论"建构》,《湖北大学学报》2015年第4期。
② 《周易·系辞上传》。

在：我们思考形而下的存在者，其结果是某种形而下学。儒家最关注的形而下者领域是社会的伦理政治秩序，为此，生活儒学建构了一套制度伦理学——"中国正义论"①。这个理论体系是一个包含七大理论环节之间奠基关系的理论结构，即"仁爱情感（仁）→利益冲突（利）→正义良知（知）→正义原则（义）→工具理性（智）→制度规范（礼）→社会和谐（乐）"的立体系统，核心是"仁→义→礼"。

（一）仁：博爱情感

在传统的儒家哲学文本中，"仁"有时指的是一种形而下的道德情感，有时甚至指的是一种形而上的本体；但就其本义而论，"仁"其实指的是一种自然而然的生活情感。这种仁爱情感有两个方面："差等之爱"和"一体之仁"。

1. 差等之爱导致利益冲突

学界有一种误解，以为儒家所讲的仁爱就是"爱有差等"②：人们对自己的爱超过对他人的爱，对亲人的爱超过对外人的爱，对人类的爱超过对物类的爱。为此，人们经常引证孟子的名言："君子之于物也，爱之而弗仁；于民也，仁之而弗亲。亲亲而仁民，仁民而爱物。"③殊不知，差等之爱固然是人类情感的一种实情，但是，这并不是人类情感、儒家仁爱情感观念的全部。

不仅如此，差等之爱必然导致利益冲突，这正是人类需要建构社会规范及其制度的缘由。这个问题，荀子讲得最透彻。他指出，爱导致利欲，这就是他的"爱利"④（爱则利之）思想：爱己便欲利己，爱人便欲利

---

① 参见黄玉顺：《中国正义论的重建——儒家制度伦理学的当代阐释》（英文版 *Voice from the East: The Chinese Theory of Justice*）；《中国正义论的形成——周孔孟荀的制度伦理学传统》。
② 《孟子·滕文公上》，《十三经注疏》本，北京：中华书局，1980年，影印本。
③ 《孟子·尽心上》。
④ 《荀子·强国》，王先谦《荀子集解》本，《新编诸子集成》本，北京：中华书局，1988年。参见黄玉顺：《荀子的社会正义理论》，《社会科学研究》2012年第3期。

人，爱物便欲利物，这是人之常情。荀子所谓"性恶"，正是在这个意义上讲的，即"人生而有欲，欲而不得则不能无求，求而无度量分界则不能不争，争则乱，乱则穷；先王恶其乱也，故制礼义以分之，以养人之欲，给人之求，……是礼之所起也"①。这就是说，礼——社会规范及其制度的建立，就是为了解决差等之爱所导致的利益冲突问题。

2. 一体之仁通过社会规范建构及其制度安排解决利益冲突问题

所谓"一体之仁"②，通俗地说即一视同仁，其实就是韩愈讲的"博爱之谓仁"③，这是对差等之爱的超越。儒家明确区分差等之爱和一体之仁的适用范围：差等之爱适用于私人领域，一体之仁适用于公共领域。这就是《礼记》讲的"门内之治恩掩义，门外之治义断恩"④，也就是说，在私人领域，差等之爱（恩）掩盖正义原则（义）；在公共领域，正义原则（义）拒绝差等之爱（恩）。

（二）义：正义原则

此处所谓"义"，或荀子所说的"正义"⑤，即社会规范建构及其制度安排中的正义原则。儒家实质上有两条正义原则：

（1）正当性原则：在动机上，社会规范建构及其制度安排必须出自超越差等之爱、寻求一体之仁的博爱精神。根据这个原则，按照亲疏远近关系来安排的制度规范就是不正义的。这足以消除人们对儒家伦理原则的误解。

（2）适宜性原则：在效果上，社会规范建构及其制度安排必须适应于共同体的基本生活方式。根据这个原则，皇权时代生活方式下的制度规范不同于王权时代生活方式下的制度规范，而民权时代生活方式下的制度

---

① 《荀子·礼论》。
② 王守仁：《大学问》，见吴光编校：《王阳明全集》，上海：上海古籍出版社，1992年。
③ 韩愈：《原道》，见马其昶校注：《韩昌黎文集校注》，上海：上海古籍出版社，1986年。
④ 《礼记·丧服四制》，《十三经注疏》本，北京：中华书局，1980年，影印本。
⑤ 见《荀子》之《正名》《儒效》《臣道》。

规范又不同于皇权时代生活方式下的制度规范。

（三）礼：制度规范

最广义的"礼"，泛指所有一切社会规范及其制度。儒家揭示了"礼"的两层意义：

1. 礼以立身：制度规范的普遍性和永恒性

孔子说："立于礼。"何晏注："礼者，所以立身。"① 这就是说，任何人都必须遵守社会规范及其制度，否则就无以立足。现代社会亦然，法治（rule of law）就是一种典型表现。显然，任何社会共同体都必须有一套社会规范及其制度。在这个意义上，礼是普遍而永恒的。

2. 礼有损益：制度规范的特殊性和变动性

但是，人们遵守社会制度规范的前提，是这套制度规范本身是正义的，否则人们就没有认同和遵守它的义务。例如，今天的人们没有义务遵守奴隶制度、封建制度、专制制度。然而社会制度规范却是历史地变动的，这就是孔子"礼有损益"的思想，他指出："殷因于夏礼，所损益可知也；周因于殷礼，所损益可知也；其或继周者，虽百世可知也。"② 在这个意义上，任何礼都没有普遍性和永恒性。且以中国而论，我们经历了宗族社会的王权封建制度、家族社会的皇权专制制度，正在走向市民生活方式之下的公民民主制度。

上述作为儒家制度伦理学的中国正义论的重大意义不止于此。按照传统的理解，政治哲学或政治学要么建基于某种形而上学——宗教形上学、哲学形上学，要么建基于某种伦理学（特别是规范伦理学）或道德哲学；当代政治哲学则出现了一种倾向，即试图斩断两者之间的这种奠基关系。生活儒学则将这种关系颠倒过来，将作为制度伦理学的正义论视为其他一切伦理学或道德哲学、政治哲学的基础，即一种"基础伦理学"

---

① 《十三经注疏·论语注疏·泰伯》，北京：中华书局，1980年，影印本。
② 《论语·为政》。

(fundamental ethics)①。

七、生活儒学的现代政治哲学

上节讨论的儒家正义论，并不是专门针对现代社会而言的，而是儒家伦理学及政治哲学的一套普遍原理，即可用以判定古今中外一切社会规范及其制度之正义性。至于生活儒学的现代政治哲学建构，则是"儒家自由主义"②及其"国民政治儒学"③。

儒家自由主义是真正的儒家在现代生活方式下必然采取的价值立场，它根据儒家伦理学或儒家正义论的原理，认定现代市民生活方式的社会主体是个人，而不是家庭——既不是古代的宗族家庭、家族家庭，也不是现代的核心家庭。因此，现代政治哲学的根基乃是个体，儒家必须建构自己的"儒家个人主义"④，张扬个人的自由民主权利。

> 按照儒学原理，现代社会伦理绝非以核心家庭为本位的血亲伦理，而是以个体为本位的社会伦理。个体伦理并不是对家庭伦理的否定，两者并不构成对立关系；事实上，在现代社会，个体伦理恰恰是对家庭伦理的支持。
>
> 即以爱情—婚姻—家庭问题而论，现代核心家庭的成立基于夫妻双方的婚姻契约，这种契约关系又基于由双方的爱情所导致的信赖，而这种爱情关系则又基于双方独立自主的个体地位。
>
> ……

---

① 参见黄玉顺：《作为基础伦理学的正义论——罗尔斯正义论批判》，《社会科学战线》2013年第8期；《孔子怎样解构道德——儒家道德哲学纲要》，《学术界》2015年第11期。
② 黄玉顺：《自由主义儒家何以可能》，载《当代儒学》第10辑，桂林：广西师范大学出版社，2016年；《儒家自由主义对"新儒教"的批判》，《东岳论丛》2017年第6期；《儒家的自由观念及其人性论基础——与西方自由主义的比较》（郭萍、黄玉顺合作），《四川大学学报》2015年第4期。
③ 黄玉顺：《国民政治儒学——儒家政治哲学的现代转型》，《东岳论丛》2015年第11期。
④ 参见黄玉顺：《儒家"道德个人主义"是否可能？——略评"心性论礼法学"的政治哲学建构》，《学术界》2017年第1期。

前现代的政治体制是君主政治，即王权政治或皇权政治；而现代性的政治体制则是民权政治，亦即民主政治。这也是与生活方式和社会主体的转换相一致的。①

国民政治儒学的根基，正是这样的个体的集合，亦即"国民"（civics）的概念，其社会性的表达即"平民"（civilians），其政治性的表达即"公民"（citizens）。要注意的是，这种"个体集合"的性质是"人民"（people）这个概念所不能表达的，因为"一个人民"是不存在的，任何一个人都不是人民。"国民"所强调的是个人（person）或个体（individual）。之所以强调这一点，是因为所有被公认为是现代价值的东西，诸如自由、平等、博爱、民主、共和、宪政、法治等等，其实都不仅是现代社会的东西，而是古已有之的，唯有个体性才能够赋予其现代性的本质。

国民政治儒学的基本特征就是"国民政治"（civic politics），即公民是政治生活的最终的主体和主权者。因此，国民政治儒学的基本内涵是一种新的"三民主义"（the three doctrines of civic politics）：国民所有（of the civics）（国民掌握权力），国民所治（by the civics）（国民治理国家），国民所享（for the civics）（国民享有利益）。

八、生活儒学的其他维度

生活儒学的思想系统，除以上的观念层级建构外，还有其他一些维度的建构。

（一）生活儒学的诠释观

生活儒学的上述思想系统建构，当然是根据对儒家经典文本的诠释，这就涉及诠释学问题了。但生活儒学的诠释方法既不是传统的训诂学，

---

① 黄玉顺：《论儒学的现代性》，《社会科学研究》2016年第6期。

也不是海德格尔和伽达默尔的现象学的哲学诠释学（die philosophische Hermeneutik），而是自己的生活诠释学。

按生活诠释学的观点，文本诠释活动既非经验论的"我注六经"，也非先验论的"六经注我"，而是"注生我经"，即："注"这样的活动，既给出了新的"我"（新的主体），也给出了新的"经"（新的客体文本）；而"注"这样的活动，原是生活的一种样式，即从属于一种特定的生活方式，而终究归属于生活。①

（二）生活儒学的时间观

当代思想的真正的前沿，其实是时间问题：有怎样的时间观，就有怎样的世界观、社会观、历史观和人生观。时间观的最根本的问题乃是：时间何以可能？通俗地说，人类怎么会有这样那样的时间观？尤其是：人类怎么会有"过去决定现在，现在决定未来"这样的线性时间观？怎么会有"过去、现在、未来"这样的时间分割？

生活儒学认为，时间观念的产生是一个"无中生有"的过程，即从"无间"到"有间"的过程。物、存在者在观念中的呈现，其前提是物界的划分，即存在者之间的区分，亦即庄子讲的"物际"②，这就是时间和空间之"间"。但在生活感悟的观念层级上，即在生活或存在的观念层级上，本来"无间"，即庄子讲的"浑沌"③、老子讲的"无"或"无物"。时间观念的产生，就是从"无间"到"有间"的观念层级转换。而且，这种转换并不是呈现为"过去—现在—未来"三段，而是首先从无物无间的当下，呈现出存在者化的过去和未来，然后才将这个当下同样存在者化地理解为一个时间点或时间段。这就是说，时间及其结构是从无物无间的当下释放出来的：过去←当下→未来。所以，并不是过去决定了现在、现在

---

① 参见黄玉顺：《注生我经：论文本的理解与解释的生活渊源——孟子"论世知人"思想阐释》，《中国社科院研究生院学报》2008年第3期。
② 见《庄子·知北游》，王先谦《庄子集解》本，成都：成都古籍书店，1988年。
③ 见《庄子·应帝王》。

决定了未来,而是当下决定了过去和未来。

如此"玄妙"的当下,在儒家的观念中依然还是仁爱的情感。为此,我们就得重新理解孔子所说的他和大禹之间的"无间"①:这其实也就是成语"亲密无间"的意谓。②

(三) 生活儒学的历史观

生活儒学首先解构了客观的历史观,但这并不意味着认同主观的历史观,而是要先解构再重建"主观—客观""主体—客体"这样的观念架构。客观的历史事实上是不可触及的,历史总是被书写、理解和解释的历史;但历史也不是主观的,即不是书写者、理解者和解释者任意而为之的。

1. 历史的观念

其实,不论历史文本,还是书写者、理解者和解释者,都存在于当下生活之中,即是由当下生活所决定的。对于一个特定的共同体之中的人来说,正是他们的共同生活决定了他们具有共同的生活感悟,这就既决定了书写者、理解者和解释者方面的主观性,也决定了历史文本方面的客观性。然而这样的生活感悟,其实是人类观念的一个层级,所以,生活儒学才提出了"历史即观念史"的命题。③

这个命题意义重大。例如,如何认识儒家的"尧—舜—禹—汤—文—武—周公……"的道统谱系?以古史辨派为代表的实证主义史学认为这并不是历史事实,殊不知这个谱系恰恰"客观地"、深远地影响了中国社会历史的实际面貌;这就犹如西方世界,假如没有"子虚乌有"的上帝,西方的社会历史与现实就不会是这个样子,就得重新书写。这是主观的历史,还是客观的历史?

---

① 《论语·泰伯》。
② 参见黄玉顺:《"时间"观念何以可能——从"无间性"到"有间性"》,《河北学刊》2014年第4期。
③ 参见黄玉顺:《思想及其历史的生活渊源——论"思想史"及其"对象"问题》,《湖南社会科学》2009年第2期。

2. 中国社会的历史分期

生活儒学重新处理了中国历史的分期问题，即按基本生活方式的转换，将中国历史划分为三大历史形态，中间有两次社会大转型：

（1）宗族生活方式下的王权封建社会：夏商西周

A. 第一次社会大转型：春秋战国

（2）家族生活方式下的皇权专制社会：自秦朝至清朝

B. 第二次社会大转型：近现当代

（3）市民生活方式下的民权平等社会[①]

3. 儒学的历史分期

伴随着社会转型的，就是思想观念的转型。生活儒学重新诠释了儒学的历史，提出一种新的"儒学三期"说。[②]

儒学的历史形态		儒学的思想特征	
1. 原创时代	① 西周儒学（五经原典）	① 儒学的初始形态	1. 有本有源
	② 春秋儒学（孔子思想）	② 儒学的全面开创	
	③ 战国儒学（曾思孟荀）	③ 儒学的歧异深入	
2. 转进时代	① 前宋明儒学（经学与玄学）	① 古典儒学的转进	2. 形而上学
	② 宋明新儒学（理学与心学）	② 古典儒学的兴盛	
	③ 后宋明儒学（朴学或汉学）	③ 古典儒学的固滞	
3. 再创时代	① 近代儒学（洋务与维新）	① 举末的儒学复兴	3. 重返本源
	② 现代儒学（现代新儒学）	② 返本的儒学复兴	
	③ 当代儒学（儒学新开创）	③ 溯源的儒学复兴	

---

① 关于中国社会历史分期，参见黄玉顺的多篇文章，尤其是：《论儒学的现代性》，《社会科学研究》2016年第6期；《国民政治儒学——儒家政治哲学的现代转型》，《东岳论丛》2015年第11期。

② 黄玉顺：《儒学当代复兴的思想视域问题——"儒学三期"新论》，《周易研究》2008年第1期。

（四）生活儒学的知识论

上文曾谈到，形而下者的观念层级，通常可以分为两大块，即关于自然界的知识论和关乎社会界的伦理学。一般来说，儒家更关注后者；但这并不是说儒学当中完全没有知识论方面的思想资源。对此，生活儒学也有一些揭示。①

知识论意义上的"真理"，其实说的是主观的认知符合客观的情况；伦理学意义上的"价值"，其实说的是客体的情况符合主体的需要意向。由此可见，从根本上来说，关于社会界的伦理学和关于自然界的知识论有一个共同的观念基础，就是"主体—客体"的观念架构。

这个根本架构，儒家早已揭示了，否则就不可能有儒家的伦理学、道德哲学、政治哲学。在这个问题上，荀子的思想是最明确的，他说："凡以知，人之性也；可以知，物之理也。"② 这里，"人之性"就是主体方面的智能，"物之理"就是客体方面的规律。荀子实际上有两个不同意义的人性概念，一个是伦理学意义的"性恶"，一个是知识论意义的"性知"（智能），即"知有所合谓之智"③；这两方面统合在"性"概念之下，即"生之所以然者谓之性；性之和所生，精合感应，不事而自然，谓之性"④。不仅如此，在荀子那里，知识意义的"性"比伦理意义的"性"更基础，保证了"化性起伪"和"涂之人可以为禹"，亦即："凡禹之所以为禹者，以其为仁义法正也。然则仁义法正有可知可能之理；然而涂之人也，皆有可以知仁义法正之质，皆有可以能仁义法正之具，然则其可以为

---

① 关于生活儒学的知识论，可参见黄玉顺：《为科学奠基——中国古代科学的现象学考察》，载《面向生活本身的儒学——黄玉顺"生活儒学"自选集》；《儒学与作为科学理论基础的知识论的重建》，载《当代儒学》第 8 辑，桂林：广西师范大学出版社，2015 年；《论〈周易〉的"易理"与"数理"》，《湖南科技大学学报（社会科学版）》2016 年第 2 期；《略谈〈周易〉"数理"问题》，《中国文化论衡》2016 年第 1 期，涂可国主编，北京：社会科学文献出版社，2016 年。
② 《荀子·解蔽》。
③ 《荀子·正名》。
④ 《荀子·正名》。

禹明矣。"①

（五）生活儒学的宗教观

近年来，"儒教"问题又成了一个思想学术热点，人们激辩"儒学是否是宗教"的问题，我本人也曾引起过一场论战。② 我本人对"儒教"问题的看法，见于文集《儒教问题研究》③；其中正面系统地阐述儒学与宗教之关系问题的则是拙文《儒教论纲》④。

儒学整体上并不是一个宗教体系，但其中确实有某种具有宗教功能的内涵。汉语古已有之的词语"儒教"之"教"并非宗教的概念，而是"教化"的概念。根据儒家的"六经之教"⑤，按照生活儒学的观念层级划分，儒教包含以下教化层级：

（1）本源性的情感教化：诗教（孔子讲的"兴于诗"）；

（2）形而下的礼法教化：礼教、书教与春秋教（孔子讲的"立于礼"）；

（3）形而上的终极教化：易教（包括《周易》古经的神教、《周易》大传的理教）；

（4）溯源性的情感教化：乐教（孔子讲的"成于乐"）（是向诗教的自觉回归）。

其中，从信仰的角度看，儒教包含三个层级的信仰：

（1）初阶信仰：神教的信仰。例如《周易》古经那样的神性信仰，一直在民间儒家文化中存在着，并且经常与其他宗教信仰混合在一起。

（2）中阶信仰：理教的信仰。例如《周易》大传那样的理性信仰，后来在宋明理学中发扬光大，其信仰对象并不是任何神性的形而上者，而是作为理性形而上者的"天理"。

---

① 《荀子·性恶》。
② 见黄玉顺主编：《庚寅"儒教"问题争鸣录》，郑州：河南人民出版社，2011年。
③ 黄玉顺：《儒教问题研究》，北京：人民出版社，2012年。
④ 黄玉顺：《儒教论纲：儒家之仁爱、信仰、教化及宗教观念》，中国人民大学孔子研究院《儒学评论》第五辑，石家庄：河北大学出版社，2009年；收入文集《儒教问题研究》。
⑤ 《礼记·经解》。

（3）高阶信仰：情教的信仰。特指"乐教"那样的情感信仰，其中既没有任何神性形而上者作为偶像，也没有任何理性形而上者作为对象，只是相信本真的仁爱情感之"诚"。

……

第一编 综论

"生活儒学"导论*

生活儒学[①]在总体的致思进路上,是在与现象学——胡塞尔、舍勒,尤其是海德格尔——的平等对话中展开的。这种对话既非"以西说中",也非"以中说西",因为按照生活儒学的想法,任何现成地摆在那里的"中"(如所谓"中国哲学")或者"西"(如所谓"西方哲学")都是子虚乌有的东西。这种对话实质上是我们自己的生活的展开,亦即生活本身的一种显示形态。

这个总体致思进路分为三大步骤:**破解 — 回归 — 构造**。

生活儒学这种致思进路,表面看来似乎相当于胡塞尔、海德格尔那样的"奠基"(Fundierung / Gründen)。然而实际上,现象学的所谓"奠基"具有两种截然不同的观念:海德格尔接着康德讲的"形而上学的奠基"[②],对于形而上学[③]本身来说乃是**外在的**,亦即是从在形而上学之外的生存论分析中去寻求"形而上学何以可能"[④]这个问题的答案,我们把大约对应于这种奠基的工作称为"**形而上学的本源**"问题;而在胡塞尔,

---

* 原载《原道》第十辑,陈明主编,北京:北京大学出版社,2005年,第95—112页;收入作者文集《面向生活本身的儒学——黄玉顺"生活儒学"自选集》,成都:四川大学出版社,2006年,第29—52页。收入本书时有改动。

① "生活儒学"这个提法,是作者对自己的思想的一种概括。这个提法最初见于作者与《原道》主编陈明在网上的一次讨论《"文化保守主义"评议——回复陈明的一封电子邮件》(2004年5月)的跟帖(详见"中国儒学网""原道网""孔子2000网"合办的"儒学联合论坛")。随之,这些跟帖又以《关于"生活儒学"的一场讨论》为题,另发布于"孔子2000网"(www.confucius2000.com)和"中国儒学网"(www.confuchina.com)。

② 海德格尔:《康德和形而上学问题》,邓晓芒译,载孙周兴编:《海德格尔选集》上卷,上海:上海三联书店,1996年。

③ 本文所谓"形而上学",取其中西共通的义蕴。汉语"形而上学"与英语 metaphysics 共通处在于:它们都致力于寻求所有的物、所有的存在者的最后根据,并将这个根据作为某种先验设定,然后以之为终极原则,去解释和构造所有的物、所有的存在者。

④ 康德:《纯粹理性批判》,蓝公武译,北京:商务印书馆,1960年。

"奠基"却是形而上学的**内在**的奠基，亦即是从在形而上学之内的先验意识之中来寻求解决"形而上学何以可能"问题，我们把大约对应于这种奠基的工作称为"**形而上学的基石**"问题。对于生活儒学来说，这两种"奠基"处在完全不同的层级上：基石作为**基础**，本身就是形而上学这座建筑的一个组成部分；而本源则是在形而上学之外、之下，支持着整个形而上学建筑的**地基**。这就是说，胡塞尔的意识现象学，将形而上学奠基于纯粹先验意识的本质直观，其实跟康德一样，是在用形而上学来为形而上学奠基，但我们知道，房子是不能为房子自身奠基的[①]；而海德格尔所谓"基础存在论"的生存论分析，归根结底奠基于作为一种存在者的"此在"（Dasein），实质上仍然是一种主体性的设定，也就是说，实质上仍然还是一种形而上学。[②] 此在之为主体性设定，是因为此在乃是"人"这样的"存在者"（Seiende），而非"存在"（Sein）本身。此在固然向来与存在本身发生着交涉，可是所有形而上学的主体性都与存在本身发生着交涉，这能说明什么呢？它能说明此在的本源性吗？显然不能。此在向来不是"向来"的，而是"后来"的。海德格尔之所以必须将此在设定为"向来"领先的，是因为他不可能从源始的存在本身推出此在，而这又是因为存在本身被设定为异在于生存的东西，即本来就是与此在无关的东西。这样一来，海德格尔的奠基观念在根本上就没有超越胡塞尔。

有别于此，生活儒学把自己的类似"奠基"的工作理解为这样一种更为彻底的致思进路：通过**破解**传统儒学，而**回归**作为大本大源的生活本身（这里，生活本身并不以"此在"、人的主体性为前提）；并在作为源头活水的生活感悟的地基上，重新**构造**儒家形而上学。这样一来，生活儒学遵循着这样一条"中道"：既克服旧的传统形而上学的"无本"[③]性，也反对后现代主义的"反形而上学"立场。换句话说，生活儒学是要在一种

[①] 黄玉顺：《形而上学的奠基问题——儒学视域中的海德格尔及其所解释的康德哲学》，《四川大学学报》2004年第2期。
[②] 对此，后现代思想家已经多有批评。
[③] 《孟子·离娄下》。"无本"乃孟子语，意谓缺乏生活本源的。

崭新的地基上——从真正的本源上——重建儒家形而上学。

一、破解

所以，生活儒学将从**破解**入手。

生活儒学的破解，表面上看起来似乎略相当于通常所谓"解构"。但生活儒学所说的破解，既不是德里达解构主义那样的解构（deconstruction），也不是海德格尔现象学那样的解构（Destruktion）。这两种解构的共同点在于：它们都宣称形而上学的哲学存在论的终结；它们以"反形而上学"的立场来论证所谓"后形而上学时代"的到来。而生活儒学则认为，形而上学本身就是为生活所涵摄的事情。在这个问题上，海德格尔陷入了一种自相矛盾而不自知：一方面，他正确地揭示出，科学必定奠基于哲学存在论，而哲学存在论必定奠基于生存论，乃至生存本身，这确实是他的真知灼见；然而另一方面，他却宣称哲学的终结，即宣称一般存在论的终结，这实际上等于宣称科学的终结，甚至是宣称伦理学的终结，因为即便在海德格尔自己的思想中，形而上学的伦理学也属于科学。[①]但生活的事实是，科学仍将发展下去。然而，假如没有形而上学，如何可能给出存在者领域？进而如何可能奠定以这种存在者领域为前提的科学的基础？甚至伦理规范也是以这种存在者领域为前提的，伦理学也是一门科学；但是，我们仍将伦理地生活下去，假如没有形而上学的基础，这又如何可能？所以，生活儒学认为，问题并不在于是否应该构造形而上学，而在于形而上学构造是否以生活本身作为自己的大本大源。儒家形而上学是在孔子那里开始确立的，然而这种形而上学正是以生活本身为自己的本源的。

说到本源，这里需要阐明：**本源**并不同于**根据**。

何为**根据**？我倒愿意**部分地**借用海德格尔的"根据"（Grund）观念：

[①] 海德格尔另有所谓"伦理学"，但并不是科学的伦理学，而是"生存论的伦理学"，实质上并不是伦理学，而仍然是"基础存在论"。

根据是个形而上学的范畴，是指支持着某个存在者的另外一个存在者。生活儒学不同于海德格尔之处是，海德格尔仅仅把在形而上学构造中的支持着所有的存在者的那个终极的存在者称作根据；而在生活儒学看来，如果一个存在者的存在支持着另外一个存在者的存在，那么，前者就是后者的根据。例如在孟子确立的"仁（性）—义—礼—知（智）"那种形而上学构造的关系中，仁是义的根据，义是礼的根据，礼是知的根据。所以，根据之为根据，就是支持着某物的另一个物；而支持着所有"万物"的那个物，则是**终极根据**。例如，形而上学的"道"作为支持着所有的"器"的那个东西，就是一种终极根据。器是物、存在者；而道也是物、存在者。对此，《老子》明言："道之为物"，因为尽管它"惟恍惟惚"，但毕竟"惚兮恍兮，其中有象；恍兮惚兮，其中有物"。"道"作为这样的"物象"，又被称之为"器物"。《老子》接着说："自古及今，其名不去，以阅众甫。吾何以知众甫之状哉？以此。"① 所谓"众甫"说的就是众多的存在者；我们以"道"而知"众甫"，表明了"道"就是众多存在者的最后根据。②

而**本源**则不然，本源不是一个物，不是一个存在者。本源之为本源，在于它先行于任何形而上学构造。这种本源，在儒家话语中叫作"大本大源""源头活水"。对于儒家的形而上学构造来说，问题在于："问渠那得清如许？为有源头活水来。"③ 如果说，终极根据支持着其他根据，并且最终支持着所有的存在者、所有的物，那么，本源则支持着终极根据本身，从而也就支持着所有的存在者、物。例如在孟子的思想中，如果说，作为**"性"**（主体性、实体性）的"仁"是根据，甚至是终极根据，那么，作为生活感悟的**"爱"**（前主体性、前实体性）的"仁"才是那本源。这种本

---

① 《老子》第二十一章。
② 海德格尔将《老子》的"道"等同于他自己的 Ereignis，那只是他的一厢情愿。实际上，《老子》文本与《论语》文本一样，作为中国轴心时期中期乃至后期的产物，具有观念上的层级性：有时是本源层级上的言说，而有时则是形而上学层级上的言说。
③ 这是借用朱熹的说法。此诗虽是朱熹所作，但他所说的"源头活水"并非我们这里所说的真正的"源头活水"——生活、生活感悟本身。

源，就是作为生活情感的"恻隐之心""不忍之心"，就是本源的爱。作为儒家形而上学的本源的爱，支持着作为终极根据的性。如果说根据是形而上学这棵树的根系，那么本源就是维持着这个根系的水土。根据是形而上学建筑的"基础"或者"基石"，而承载整个建筑的那些支柱都被放置在这些"基石"上；然而这些基石本身却又被放置在"地基"上，这个地基就是我们所说的本源。本源是地基，而不是基础或者基石。康德当年就是以这样的比喻来表述"形而上学何以可能"问题的，他说："当人们看到一门科学经过长期努力之后得到长足发展而惊叹不已时，有人竟想到要提出这样的一门科学究竟是不是可能的以及是怎样可能的这样的问题，这本来是不足为奇的，因为人类理性非常爱好建设，不只一次地把一座塔建成了以后又拆掉，以便察看一下地基情况如何。"① 但他误把基石当作了地基本身：他找到了形而上学的根据（作为主体的心灵能力的理性），但是根本没有意识到形而上学的本源。② 然而事情本身却是：正是本源支持着根据。因此，"形而上学何以可能"的问题，在生活儒学中就表述为：**形而上学的本源**问题。

生活儒学认为：本源就是生活本身。

所以，生活儒学的破解工作，不过就是从传统形而上学向生活本身的探本溯源，从而说明形而上学，包括儒家形而上学何以可能。破解乃是一种"开解"——**开塞解蔽**。开塞是指打开茅塞，孟子说过："山径之蹊间，介然用之而成路；为间不用，则茅塞之矣。今茅塞子之心矣！"③ 茅塞其心，故须开塞。解蔽是解去蒙蔽，荀子说过："凡人之患，蔽于一曲，而暗于大理"；"欲为蔽，恶为蔽，始为蔽，终为蔽，远为蔽，近为蔽，博为蔽，浅为蔽，古为蔽，今为蔽。凡万物异，则莫不相为蔽，此心术之

---

① 康德：《任何一种能够作为科学出现的未来形而上学导论》，庞景仁译，北京：商务印书馆，1978年，第4页。
② 黄玉顺：《形而上学的奠基问题——儒学视域中的海德格尔及其所解释的康德哲学》，《四川大学学报》2004年第2期。
③ 《孟子·尽心下》。

公患也";"圣人知心术之患,见蔽塞之祸,故无欲、无恶、无始、无终、无近、无远、无博、无浅、无古、无今,兼陈万物而中县(悬)衡焉"。①蒙蔽其心,故须解蔽。茅塞蒙蔽,合而言之,谓之"蔽塞";在《解蔽》中,荀子已有"蔽塞"的说法。既有蔽塞,则须开解。但必须注意的是:孟子所谓"开塞"是要回复到德性主体,荀子所谓"解蔽"是要回复到知性主体,它们本身仍然还是必须接受破解的形而上学设定;而生活儒学的破解,则是要回复到先行于任何形而上学构造的生活本源。生活本源犹如山蹊,"空空如也"②,并无所谓现成的"道",而是"用之而成路";而一旦"茅塞之",则是蔽塞了生活本源。蔽塞了生活本源,于是乎有"万物异"的分别相;解蔽就是去除这种分别相,而复归作为生活感悟的"无分别智"。

因此,生活儒学所说的"开塞解蔽"并非海德格尔那样的"解蔽",所以我们不称"解构",而称"破解"。这是因为,生活儒学没有海德格尔那样的"遮蔽"观念。在海德格尔看来,存在是自身遮蔽着而解蔽着的。这本来是一种极富意义的想法,可惜它是由"此在的生存",即人的有限性来说明的。众所周知,海德格尔的生存论分析是承接着康德关于"人的有限性"观念的,所谓"此在"正是暗度陈仓地在说"人的有限性"。所以,海德格尔的"解蔽"至少依赖着两个观念前提:存在与生存的区分;此在的优先性。然而生活儒学一开始就拒绝这两个前提,因为"人的有限性"这个话题本身已经是以"人"这个主体性为前提的了,即已经是在形而上学之内的事情了,它怎么可能作为形而上学的本源奠基的出发点呢?在这个问题上,海德格尔实质上并没有超出康德。所以,生活儒学所说的破解,是要回到那先行于此在的生活本源。这种生活本源,就是存在本身。

这种破解直接指向如今被人们所津津乐道的"传统儒学"或者"儒

---

① 《荀子·解蔽》。
② 《论语·子罕》。

学传统"：生活儒学的破解，就是拆除传统的儒家形而上学的大厦，让其地基暴露出来，并且重新夯实这个地基。破解之为破解，当然是一种"破坏"；但它是一种积极的建设性的破坏，即是说，它是一种在"破坏"中的"解释"，意在说明传统儒家形而上学是如何可能的，从而为儒家形而上学的重建清理场地。这种"解释"就是通过"解开"而"释放"：释放出儒家形而上学的新的可能性。因此，破解乃是一种"解放"：儒学的解放。

二、回归

这就是说，破解是为了**回归**。

从某种意义上可以说，回归类似于现象学所谓"还原"（Reduktion）。但是胡塞尔所谓还原，是回到"纯粹先验意识领域"，然而这正是生活儒学所要破解的先验性；而海德格尔所谓还原，则是回到"此在"的生存的"原始经验"，而这也是生活儒学所要破解的主体性设定（上文说过，此在实质上还是一种主体性）。生活儒学所要回归的，乃是非先验性的、前主体性的**本源情境**，亦即生活本身。而此所谓生活本身，也不是胡塞尔所谓"生活世界"（Lebenswelt），因为依照胡塞尔先验论的进路，"生活世界"观念面临着这样的两难困境：假如它是经验的现实，那么它就是首先应该被"悬搁"的"超越物"（Transzendenz）；而假如它就是纯粹意识本身，那么它就是无关乎现实生活的麻木不仁的东西，因为根据胡塞尔所承认的"认识论困境"，这样的内在的"生活世界"是不可能"切中"外在的现实世界的。

而生活儒学之所谓回归，则是通过破解，回到生活这个本源。而此生活本身既非经验主义的经验生活，也非理性主义的先验生活，甚至也不是海德格尔生存论分析那样的"此在"的生存。海德格尔所谓此在的"生存"区别于"存在本身"，然而区别于生存的存在本身不过是巴门尼德以来的西方哲学的一种虚构，而儒家并没有这样的虚构。固然，海德格尔所谓"生存"是在说"去存在"，这是不错的；但不要忘了，更确切地说，他是在说"此在的去存在"。而生活儒学将讲到的作为生活本身的本源结构的一个方面的"**去生活**",却不是"此在的去生活",亦即仍然不以此在或任何存在者为前提。"**在生活并且去生活**"乃是生活本身的本源结构,是先行于此在的,此在恰恰是被这种本源结构造就的,或者说是这种本源结构的一种显示形态。假如一定要用"现象"这个词,那么在生活儒学这里,真正本源的现象与此在无关:真正在本源层级上的现象不是此在的生存领会,而是先行于此在及一切存在者的生活感悟,此在本身倒是在这种感悟中生成的。于是,海德格尔"此在"那样的观念也是首先必须接受破解的。

破解指示我们:回归生活本身。陶渊明有诗云:"归去来兮!田园将芜胡不归?"① 破解就是回归:回归我们的真正的田园。回归作为一种向某种"目的地"的进发,亦即:从最近的地方向最远的地方进发。以历时的眼光看,这个最近的地方无疑是现代新儒家,而最远的地方则是战国儒家;但是从共时的眼光看,这个最远的地方其实正是最近的地方,因为回归就是"回家",就是回归我们自己的生活。现代新儒家作为我们回归的出发点,乃是最近的地方;然而它恰恰是最远的地方:现代新儒家是一种离家最远的儒家形而上学。我们当初离家出走,正如孟子所谓"居仁由义"②:我们原本居住在生活中,居住在生活感悟中,居住在作为生活感悟的仁爱中;我们由此出发,遵"义"循"道"而去。"居仁由义"是在作为原创时代的轴心时期③ 形而上学确立起来以后的事情,此时我们已经开始离家出走。这样一来,家被抛在了身后:我们所"居"之"仁"本是生活感悟,但我们却抽身而去。我们之所以抽身而去,必定是因为我们有所算计:我们要去追逐某种东西,并把这种东西与自己的家园相比较而不满于家园。于是,家就被对象化了,我们所"居"之"仁"被对象化了。

---

① 陶渊明:《归去来兮辞》。
② 《孟子·尽心上》。
③ 中国的轴心时期、原创时代,大致包括西周、春秋、战国时期三个阶段。详下。

而家被对象化，是因为我们把自己设为主体：我们"先立乎其大者"①，亦即确立了"本心"、确立了人的主体性。一言以蔽之，我们构造出了某种形而上学。因此，我们必须首先破解这种形而上学。只有破解了传统儒家形而上学，我们才有可能回归生活的田园。

这里，我们应该讨论一下"轴心期"（Axial Period）这个概念。这个概念是德国哲学家雅斯贝尔斯（Karl Jaspers）在其历史哲学的代表作《历史的起源与目标》中提出的。其中这段话是人们非常熟悉的：

> 直至今日，人类一直靠轴心期所产生、思考和创造的一切而生存。每一次新的飞跃都回顾这一时期，并被它重燃火焰。自那以后，情况就是这样。轴心期潜力的苏醒和对轴心期潜力的回忆，或曰复兴，总是提供了精神动力。对这一开端的复归是中国、印度和西方不断发生的事情。②

而轴心时期究竟创造了什么？一言以蔽之：创造了形而上学。"直至今日"，我们的全部"创造"不过是向轴心时期的某种"复归"而已；这就是说，我们直至今日还在轴心时期所构造的形而上学的藩篱中。

雅斯贝尔斯对历史的理解多少具有一些现象学意味：他通过"现存"（Present）来凝聚历史。一方面，"现存通过我们使自己内部的实际活动获得历史基础而得到实现"，而另一方面，"现存通过它内部潜伏的未来而获得实现"。③因此，"理解的根源是我们自己的现存，是此时此地我们唯一的现实"④。这是不难理解的，因为此时海德格尔的《存在与时间》（1927）已问世22年。对此，我愿意这样来表达：历史就是现实生活；或

---

① 《孟子·告子上》。
② 雅斯贝尔斯：《历史的起源与目标》，魏楚雄、俞新天译，北京：华夏出版社，1989年，第14页。
③ 雅斯贝尔斯：《历史的起源与目标》，魏楚雄、俞新天译，第1页。
④ 雅斯贝尔斯：《历史的起源与目标》，魏楚雄、俞新天译，第18页。

者说，历史不过是现实的生活感悟的一种样式。唯其如此，"轴心时期"这个概念颇有意义。实际上，海德格尔"解构传统存在论"的工作与这个观念是颇为吻合的：他以其"历史学的""返回步伐"（der Schritt zurück）首先回到康德，然后回到笛卡儿，最后回到亚里士多德，乃至前苏格拉底①，实质上就是回到前轴心期。回到前轴心期这个最远的地方，意味着回到最近的地方；不过，这个最近的地方在海德格尔那里是此在的生存，而在生活儒学这里则是不以此在那样的存在者为前提的生活本身。

但雅斯贝尔斯仍然错过了现象学的视野，这表现在：他一方面在生活—历史*之上*设置了一个人性，以为"对人类历史的掠视，把我们引入人性的神秘之中"②；另一方面在生活—历史*之外*设置了一个标准，以为"我们的时代使人类生活变得具有广度和深度，因此意义最为深刻。它要求整个人类历史提供给我们藉以估量目前所发生事情之意义的标准"③。前者是历史的起源，后者是历史的目标："我的纲要以一条信念为基础：人类具有唯一的共同起源和共同目标。"④ 这个起源直接地是"轴心时期"，而根本上是共同的人性；而这个目标就是"历史的意义"，或所谓"至高无上的全面综合理解（the comprehensive）"⑤。总之，"轴心时期"概念仍然还是一个形而上学的观念。

再者，雅斯贝尔斯没有看到，恰恰是在"今日"，人类精神生活正在突破轴心时期所确立的某些根本观念。这种突破发轫于 20 世纪，发生在现象学运动和后现代主义运动中。我们正在进入一个伟大的时代，这个时代是迄今为止唯一可以与轴心时期相媲美的伟大时代。但是，我们切不可以误读了这个伟大时代的开端，误以为它所导向的是所谓"后形而上学"或"后哲学"时代。

---

① 这是海德格尔《存在与时间》未完成的第二部的三篇内容，但他实际上一直在进行着这项工作。海德格尔：《存在与时间》，陈嘉映、王庆节译，第 47 页。
② 雅斯贝尔斯：《历史的起源与目标》，魏楚雄、俞新天译，第 3 页。
③ 雅斯贝尔斯：《历史的起源与目标》，魏楚雄、俞新天译，第 3 页。
④ 雅斯贝尔斯：《历史的起源与目标》，魏楚雄、俞新天译，第 6 页。
⑤ 雅斯贝尔斯：《历史的起源与目标》，魏楚雄、俞新天译，第 2 页。

为了区别于雅斯贝尔斯的概念，我们把轴心时期称作**原创时代**，而把我们正在开启的这个时代称作**再创时代**，此时，人类正在再次地原创，这种再创远不止于复归轴心时期，而是进一步复归**前轴心期**、**前原创期**。在原创时代，人类第一次创造了形而上学；在再创时代，人类将重建形而上学。这种重建区别于原创时代之后的形而上学构造，它首先回归前原创期，实质上是回归本源的生活本身。

回到生活本身，就是回归我们即将荒芜的田园。长期以来，我们一直是形而上学的打工仔：我们建造了形而上学这座富丽堂皇的大厦，但却阔别了我们自家的田园；我们甚至遗忘了自己的家园，连一封家书也没有。我们对田园的呼唤充耳不闻："归去来兮！田园将芜胡不归？"现在我们终于听见了这个呼声：游子归来！魂兮归来！

三、构造

但是，回归生活并不必然意味着拒绝形而上学构造。生活儒学仍将栽种自己的形而上学的参天大树，而回归不过是预先进行的一种"水土保持"的工作。生活儒学的破解工作是为了重新构造，而回归则是为了夯实这种构造的地基。生活儒学在破解传统那种"无本的"（孟子语）和"无家可归的"（海德格尔语）形而上学的同时，拒绝"后现代主义"的"反形而上学"倾向，主张积极的形而上学重建，并自始至终把这种重建工作建立在生活感悟的地基上。

形而上学不是别的，而只是**一种观念构造**：在人类的全部观念构造中，形而上学是其**主干**的部分。如果说儒学是一棵树，那么，主体性、实体性观念就是它的根，从这个根系上生长出形而上学观念这个主干，然后从这个主干上生长出"形而下学"的枝叶花果——科学、伦理、技术、制度等等。这显然是一种**层级构造**。任何形而上学都是这样的层级构造，分为三个基本的**构造层级**：形而上学的本源；在这种本源地基上的形而上学构造本身；在这种形而上学基石上的"形而下学"的构造。

生活儒学的构造，同样包含着这样三个基本的层级：

（一）生活本源

形而上学的**本源**，就是生活本身。生活本身作为形而上学的本源，当然是"前形而上学的"事情：它是先行于主体性观念、实体性观念的事情，先行于对象化、客观化的事情。

事实上，任何形而上学的构造都有其生活的本源，区别仅仅在于：这个形而上学本身是否意识到了它自己的生活本源？实际上，在轴心时期之后，传统形而上学，包括传统的儒家形而上学，都没有意识到自己的本源；它们遗忘了生活，蔽塞了本源。它们不知道自己从何而来，于是便以某种先验的预设来作为自己的根据。这种根据包括：或者是作为存在者整体的世界（理念世界、物质世界），或者是作为所有存在者之造物主的上帝，或者是作为人之主体性的某种人性（自身所予的先验理性、直观所予的经验感知）。在儒家的传统形而上学中，这种根据被理解为作为"圣人心传"的"道统""道心""本心""天理"。他们自以为这些东西是"自明的"（self-evident，笛卡儿），因为它们都是"自身所予的"（self-given，胡塞尔）。然而这样的物、存在者不可能是自身所予的、自明的东西，它们必有自己的生活本源。

（二）形而上学

通过对"思"的层级分析，我们找到了一条从生活本源通向形而上学的路径，而这条路径本身仍然是生活的事情。

所谓**形而上学**，是指所谓"纯粹哲学"：在历史上最初表现为宇宙论（cosmology），后来表现为本体论（ontology 或译为"存在论"）。关于形而上学，海德格尔那里给予了一种迄今为止最为透彻的说明：

> 哲学即形而上学。形而上学着眼于存在，着眼于存在中的存在者之共属一体，来思考存在者整体——世界、人类和上帝。形而上学以论证性表象的思维方式来思考存在者之为存在者。因为从哲学开端以来，并且凭借于这一开端，存在者之存在就把自身显示为根

据。……它是实在的存在者状态上的原因（亚里士多德），是使对象之对象性得以成立的先验可能性（笛卡儿），是绝对精神运动和历史产生过程的辩证中介（黑格尔），是那种价值设定的强力意志（尼采）。[1]

这就是说，在他看来，形而上学具有两个基本特征：在内容上，它是对作为所有存在者的终极根据的那个存在者的思考；在形式上，它采取了论证性表象的思维方式。但实际上，"论证性表象的思维方式"并非形而上学所独有的方式，作为"形而下学"的科学同样采取这种方式。因此，形而上学的唯一特征在于：形而上学所思考者，是作为全部存在者之最后根据的那个存在者。科学仅仅思考部分存在者的根据，而哲学则思考所有存在者的终极根据。纯粹**哲学**就是形而上学，它是这样一种努力：说明**如何确立**作为其他所有存在者的最后根据的那个存在者，并说明**如何根据**这个终极存在者来安排其他所有存在者。因此，哲学就是给出一个**可能世界**，并由此而展示一种**可能生活**。

那么，什么是存在者呢？我们知道，海德格尔提出了著名的"存在论区别"（der ontologische Unterschied），即存在（Sein）与存在者（Seiende）的区别。这个著名的区别对当代哲学之影响是决定性的，但也因此造成了某种严重的后果。这个后果就是：生活本身反倒变成了某种次要的事情。何以见得？因为存在论区别实质上还蕴涵着另外一个方面的区分，即存在与生存（Existenz）的区分：在海德格尔的话语中，我们决不能说"生存即是存在"或者"存在即是生存"；我们只可以说：此在的存在即是生存。然而此在的存在并不等于存在本身。海德格尔之所以关注此在（Dasein）的生存，仅仅因为在他**前期**看来，只有通过对此在的生存的生存论分析，我们才可能把握存在本身；也正因为如此，他才可能在其**后**

---

[1] 海德格尔：《哲学的终结和思的任务》，收入海氏自选文集《面向思的事情》，陈小文、孙周兴译，北京：商务印书馆，1999年，第68—69页。括号内为引者所加。

期放弃此在的生存论分析这条进路，试图直接追寻存在本身。这就意味着：存在本身是比此在更为源始的事情，当然也就是比生存更为源始的事情。而这在生活儒学看来正好相反：唯有生活是最本源的事情。**生活之外别无所谓存在，生活之外一无所有**。

因此，在我们的话语中，当我们说到"存在"时，说的就是生活本身；而当我们说到"存在者"时，说的是"物"。在儒学话语中，存在者被称作"物""器"或者"器物"。按照儒家的说法，生活不是"物"，而是"事"；在现代汉语中，"事"即"**事情**"。但这事情不是英语所谓"事情"：在英语中，"事"与"物"是同一个词：thing。这是因为，在西方形而上学中，一切事情都已经被器物化、客观化、对象化、实体化了。甚至海德格尔所谓"此在"，它作为一种存在者，尽管是一种特殊的存在者，也不过是一"物"而已。然而生活儒学认为，事作为存在本身，也就是生活本身；所以，事不是物，即不是存在者。**事情本身，就是生活本身**；而器物不过是生活中的存在者，它们本源于生活、隶属于生活。

然而传统形而上学所思考的不过就是一个物而已，尽管它是可以支持所有的物的那个物。形而上学思考这样一个"大物"，但它忘记了一件"大事"：忘记了作为事情本身的存在本身，亦即生活本身。形而上学所思考的那个大物，哲学上叫作"本体"：在宇宙论的模式中，它是**本原**，是"本末"之**本**；在严格本体论的模式中，它是**本质**，是"体用"之**体**。① 总之，它是所有的存在者、所有的物的最后根据。这个本体乃是一个"实体"（substance），一个"第一实体"（亚里士多德语）。这个实体本质上就是**主体性**。所以海德格尔指出："什么是哲学研究的事情呢？……这个事情就是意识的主体性"；这个主体性同时就是实体性，所以，"作为形而上学的哲学之事情乃是存在者之存在，乃是以实体性和主

---

① 对于英语 ontology 来说，新的译法"存在论"反倒不如旧的译法"本体论"更切近于中国哲学的实际：中国哲学的狭义形而上学部分，讨论的正是这样的问题——本末之"本"、体用之"体"。

体性为形态的存在者之在场状态"。① 但是，海德格尔未能说明，为什么实体就是主体。对此，或许有人会反驳道：海德格尔不是"未能说明为什么实体就是主体"，而是从根本上就把这种工作看作是笛卡儿之后主体哲学建构者们的徒劳。然而我们的看法却是：即便我们承认笛卡儿之后主体哲学建构者们的工作是一种"徒劳"，海德格尔仍然必须说明何以"实体即是主体"，因为这正是"解构"与"还原"的题中应有之义：这种形而上学的徒劳何以可能？何况，这种建构竟然是徒劳的吗？非也！它在某种意义上造就了，至少以哲学的方式说明了一个历经数百年，至今仍然是我们的生活际遇的伟大历史运动：现代性。所以，我们将要说明这样一个重大问题："实体以主体为前提"；形而上学的构造不是始于实体性观念，而是始于主体性观念。那将会是针对亚里士多德的《范畴篇》的，从而就是针对西方哲学的一个根本传统的。从对"实体的观念何以可能"的阐明中，我们就可以揭示西方哲学的一个根本传统：一切皆从"主—客"架构出发。

所以，生活儒学认为：并非实体**就是**主体，而是实体**意味着**主体，亦即意味着，实体以主体为前提。这是因为，当我们思考作为存在者的实体时，这个实体已经被对象化、客体化，这就意味着此时主体本身已经先行确立起来了。这就意味着：实体的观念是以"主—客"这样的架构作为自己的前提的。如果说实体以"主—客"架构为前提，这就意味着实体的**主体性**，这就是说，这个实体已经具有了**被主体所规定的**这样一种性质。这就表明，形而上学的构造是从主体性的确立开始的，这就是孟子所说的"先立大体"；由这种**主体性**，我们才能获得实体的观念；由这种实体性，我们才能获得本体的观念。

这就是全部传统的形而上学构造的秘密所在。但这也不仅仅是传统的形而上学的事情。生活儒学所要重建的形而上学，仍然必须思考这样的主体性、实体性，仍然必须思考作为所有存在者的最后根据的那个存在

---

① 海德格尔：《面向思的事情》，陈小文、孙周兴译，第76页。

者；否则，我们无法构造作为形而下学的知识论、科学，无法构造作为形而下学的道德论、伦理，无法构造任何规范、制度。生活儒学区别于传统形而上学之处仅仅在于：生活儒学的形而上学构造意识到它自己的生活本源，并在形而上学构造的每个环节上，首先对这种本源加以阐明。这就是说，生活儒学的形而上学构造工作，就是在生活本源的地基上，重建主体性，重建实体性，重建本体论，重建范畴表。

读者可能产生一种疑问：这里似乎存在着某种循环，因为作为形而上学的本源的生活，似乎恰恰就是形而下的东西，而它却又是以形而上的东西为基础的？这确实是一种"循环"，但它却不是逻辑的循环论证意义上的循环，而是生活本身的"循环"：它是生活情境的本源结构。形而下学在两层意义上是本源于生活的：其一，形而下的东西根据于形而上的东西，而形而上的东西本源于生活；其二，所谓"形而下"的东西，一方面作为本源结构的"去生活"方面，它是我们的构造，而另一方面作为本源结构的"在生活"方面，却正好是我们的生活际遇。我们遭遇形而下的东西，并且在重构中超越这些形而下的东西。本源意义的超越，正是这种本源情境的本源结构。

（三）形而下学

在这种形而上学构造的基石上，我们可以更进一步构造出作为"形而下学"的道德论及伦理、知识论及科学、规范建构、制度安排等等。

所谓**形而下学**，语出《易传》："形而上者谓之道，形而下者谓之器。"① 《易》作为中国哲学的"群经之首"，乃是早期形而上学构造的典型文本之一。前面谈到，"道"之为"物"乃是支持着所有存在者的那个存在者，在这个意义上，关于"形而上"的"道"的言说就是典型的传统形而上学：所有的"器"都是由这个"道"给出的，所有的存在者都是由这个终极存在者给出的。这就是说，在这种形而上学的基础上，我们拥有了

---

① 《周易·系辞传》。

"形而下学"的构造。① 道作为本体，是一；器作为现象，是多。这就是**前现象学**的"现象"观念：道是器的本原、本质，而器是道的现象。康德所谓"现象与物自身"便属于这样的"现象"观念。《易传》的"天垂象，见吉凶"②（"见"读为"现"）也是这样的"现象"观念："吉凶"只是现象，而"天"是其本体。而这种现象不是现象学的"现象"观念，因为在现象学，特别是在海德格尔现象学看来，"现象背后一无所有"，现象即是本质。③ 当然，海德格尔在前期把此在的原始生存经验视为现象，后期则把存在本身或者 Ereignis 视为现象，而这并不符合生活儒学的想法，因为，如前所说，生活儒学并不承认"此在"或"存在本身"在本源层级上的优先性；但是无论如何，现象学的"现象"观念具有本源层级上的意义，这是应该加以肯定的。

但是，任何形而上学的构造，包括生活儒学的形而上学构造，必然进入**前**现象学的"现象"观念，也就是说，必然有本质与现象的区分、道与器的区分、存在者整体与存在者领域的区分。这实质上就是重新进入**常识**的"现象"观念。否则的话，在形而上学基础上的形而下学构造就是不可能的，从而科学也就是不可能的，伦理学也同样是不可能的。此所谓"常识"类似于海德格尔所谓"平均的日常状态"，我们在"常识"中可以发现此在或主体性。然而这不是恰恰说明了常识是以此在（主体性）为前提的吗？这样一来，海德格尔所谓"平均的日常状态"还有什么本源意义呢？常识也是基于某些形而上学的观念的，或者说，常识是某种与形而上学平行的东西；在这个意义上，我们愿意承认康德的一种说法：人天生就是形而上学的存在者。否则，人不可能拥有常识。但是我们必须从本源上阐明：常识何以可能？因此，我们必须首先破解常识。然而常识却与形而上学一样，乃是一切科学的根据。所以，对常识的阐明是一项意义重大的工作；否则，我们无以进入形而下学的构造。

---

① 黄玉顺：《拒斥"形而下学"：论哲学及其与科学的关系》，台湾《鹅湖》2000 年第 2 期。
② 《周易·系辞传》。
③ 海德格尔：《面向思的事情》，陈小文、孙周兴译，第 80 页。

所谓**形而下学**是说：不是关于**存在者整体**的形而上学构造，而是关于某个**存在者领域**的构造。形而上学以**范畴表**的形式给出若干最大的存在者领域，而形而下学则把其中的某个存在者领域执定为自己的对象，正是在这种意义上，形而上学才是形而下学的基础。这些存在者领域就是关于器物的范畴划分，可以简称为**物域**。所谓物域，就是对所有的物、"万物"进行最大的划分所得的区域。

这些物域的一种最常见的划分，就是"人"与"物"的区分，或者"心"与"物"的区分，或者"人"与"自然界"的区分。其实，自然界是物，人同样是物。正因为形而上学把人也理解为一种器物，孔子才希望做到"君子不器"①。"君子不器"的意思是说：人要警惕自己将自己器物化。这是因为，在本源的层级上，根本无所谓"人"，也就是说，此时**作为主体的人**还根本没有"诞生"。但事实上人是不可能不物化自身的：一旦人把自己形而上学地理解为"人"的时候，就已经把自身物化了。人不可能不物化，这是"思"本身的事情。人的主体性本身就是物化的结果。然而一旦我们试图说明"人不可能不物化"，便正好是在说明"人是如何在本源的地基上物化的"，这件事本身不就表明了我们没有忘记本源吗？所以，孔子所谓"君子不器"不过是说：我们即便总在物化着自身，但我们决不能忘记了本源；这样我们才能"毋固"②，才不至于"固化"，我们才能总是不仅"在生活"而且"去生活"，我们才能拥有在本源层级上的自由。否则，物化将会导致我们将"人"与"自然界"的对待关系固化，导致我们在"征服自然"中将自然界异己化、敌对化。

另外一种常见的划分，则是"知、意、情"的区分；在这种划分的基础上，才有所谓"真、善、美"的区分，进而才可能有作为形而下学的"知识学""伦理学""美学"之类的"基础科学"。康德的"三大批判"加固了这种划分，却没有意识到真正的生活本源：情本源于生活情感，知

---

① 《论语·为政》。
② 《论语·子罕》。

本源于生活领悟，而意则根据于意欲，并最终本源于生活感悟。

还有一种常见的划分，涉及"超越性存在者"（transcendence）。宗教神学即是以这种划分为前提的，它们把存在者区分为此岸的世俗的存在者和彼岸的超越的存在者。在这个意义上，海德格尔把神学视为科学，乃至实证科学，是完全正确的。① 但是，生活儒学却无意于重建任何宗教神学。

---

① 海德格尔：《现象学与神学》，收入海氏自选文集《路标》，孙周兴译，北京：商务印书馆，2000年。

面向生活本身的儒学
——"生活儒学"问答*

一

问:"生活儒学"的思想是如何提出来的?

答:在世纪之交的这些年的思考中,我逐渐形成了自己的生活儒学的观念[①];而"生活儒学"概念的正式提出,则是在2004年5月的一次网上讨论中[②]。然后,在一系列文章、言论中,我对"生活儒学"思想进行了阐述。此后,拙文《"生活儒学"导论》发表[③]。"生活儒学"提出以来,引起了一些反响。2004年12月11日,由中国人民大学哲学系牵头、北京地区一部分活跃的中青年学者所组成的"青年儒学论坛",在干春松教授的主持下,专门就拙文《"生活儒学"导论》组织了一次研讨。自此至今,围绕我所提出的"生活儒学"的讨论仍然在以各种文本形式进行着。

问:这仅仅是一种很外在的陈述。就观念本身而言,"生活儒学"是如何提出来的?

答:"生活儒学"的提出,有其当下的语境。首先必须指出的,就是

---

* 首发"中国儒学网"(www.confuchina.com);收入作者文集《面向生活本身的儒学——黄玉顺"生活儒学"自选集》,成都:四川大学出版社,2006年,第53—91页。

① 这些年来,台湾的龚鹏程、林安梧先生也有"生活儒学"的提法;此外,大陆的个别学者也有"生活儒学"的提法。但他们与我的"生活儒学"观念是大不相同的。但无论如何,这表明了"面向生活的儒学"已经成为当前的儒学复兴的一种基本趋向。

② 黄玉顺、陈明等:《关于"生活儒学"的一场讨论》,中国儒学网(www.confuchina.com)。这场讨论围绕着我在网上发表的《"文化保守主义"评议——回复陈明的一封电子邮件》(此文不久即以《"文化保守主义"评议——与〈原道〉主编陈明之商榷》为题,刊发于《学术界》2004年第5期)。在讨论中,我第一次明确提出了"生活儒学"的概念;但实际上在此前的一系列文章里,我就已经实质性地提出了这一思想。

③ 黄玉顺:《"生活儒学"导论》,载《原道》第十辑,陈明主编,北京:北京大学出版社,2005年。

当前的儒学复兴运动。**"儒学复兴运动"**是我在一次网上讨论中提出的，意在对中国 20 世纪 90 年代以来，尤其是新世纪以来的思想趋向给出一种概括性的标识。这个标识，得到了大家的认同。儒学复兴运动所面临的语境，可以区分为两个方面：一方面是观念的语境，另一方面则是现实的语境。就观念的语境看，在深层观念上，儒学的复兴面对着当代哲学或者当代思想，主要是后现代主义和海德格尔现象学的观念。这是我们必须加以应对的，否则就谈不上儒学的复兴（这是我所持有的一个基本的信念："儒学"的复兴，虽然并不等于但无疑首先是儒家"哲学"①的重建）。但是，这种观念的语境有其现实生活的渊源，观念本身也归属于生活。因此，儒学的复兴，首先面对着现实的语境。这种现实的语境，就是我们身处其中的当代生活样式本身。这就是我所不同于"儒家原教旨主义"的地方：我的出发点始终是我们当下的现实生活。用儒家的话语讲，唯有生活，才是我们的"大本大源""源头活水"。

问：这就是"生活儒学"的意谓所在？也就是生活儒学之所以要特别标明"生活"的原因所在？

答：确实如此。通俗地说，"生活儒学"就是**面向生活本身的儒学**。所谓"面向生活"，就是：我们的一切的一切，无不源于生活、归于生活。所以，儒学的重建必须以生活为本源。这是孔子当初创建儒学的夫子之道，也是我们今日重建儒学的必由之路。

二

问：那么，究竟什么是生活？

答：严格讲，"什么是生活"这样的问法是不恰当的。当我们问"什么是生活"或者"生活是什么"之际，生活就已经被看成了一个存在者、一个物，而不再是存在本身、生活本身了。这是因为，但凡"什么"总是

---

① 本文无意于讨论"中国有没有哲学"那样的问题。此外，这里的"哲学"乃是广义的用法，例如海德格尔宣称了"哲学的终结"，但他的思想言说往往仍被人们称作"海德格尔哲学""存在哲学"。

意味着一个东西,一个对象,一个在形而上学"主—客"架构中的客体。但生活并不是"什么"——生活不是一个东西。

我们也不能问"生活何以可能"这样的问题。因为这本来是康德—海德格尔提出的问题,按照他们的用法,"何以可能"这样的问题乃是针对形而上学的,是在追问形而上学的根据或者本源。然而生活不是形而上学,也不是形而上学所思考的事情。生活并没有根据,因为根据是一个存在者,而生活本身却先行于任何存在者;生活也没有本源,因为生活本身就是本源。这里我尤其要说明:生活儒学所说的"生活本源"并**不**是指"生活**的**本源"。在生活儒学的话语中,生活=本源。

问:如此说来,生活就是不可言说的了?

答:生活既不可言说,也可以言说。这取决于我们的言说方式。存在着两种不同的言说方式:一是符号的言说方式,一是本源的言说方式。

在符号的言说方式中,被言说者乃是一个符号的"所指"——索绪尔意义上的所指,或者弗雷格意义上的指称。现代语言科学告诉我们,一个符号有"能指"和"所指"。符号的所指,就是一个对象。这就意味着,在符号的言说方式中,生活被对象化了。生活被对象化,意味着生活成了一个客体;同时也就意味着:我们自己成了一个主体。这就陷入了形而上学的"主—客"架构的思维模式。这样一来,我们作为主体,就置身于作为客体的生活之外了。然而试问:我们又怎么可能置身于生活之外?所以我要特别强调:生活儒学所说的"生活",就是所谓"存在"本身。然而在符号的言说方式中,正如老子所说:"道可道,非常道。"①——我们所说的"生活",已经不是生活本身了。在这个意义上,孔子才说:"予欲无言","天何言哉?"② 但孔子仍然要言说,一部《论语》都记载着孔子的言说;老子也在言说,一部《道德经》也正是在言"道"。然而老子、孔子那里的言说,往往不是符号的,而是本源的。

本源的言说方式绝非符号的言说方式:这里,言说是"无所指"的,

---

① 《老子》第一章。
② 《论语·阳货》。

也就是说，生活不是一个符号的所指。如果说，符号的所指是一个存在者，一个"物"，那么，符号的言说方式是"言之有物"的，而本源的言说方式则是"言之无物"的。在本源的言说方式中，言说本身就归属于生活本身；这里，生活不是作为一个对象的"被言说者"；生活与言说是融为一体、打成一片的。比如，爱的情话、诗的絮语，都是本源的言说方式。唯其无所指，本源的言说本身便不是符号。

当然，生活也是可以，甚至必须被加以符号化地言说的。除非我们不谈"儒学"——儒家之"学"。我在这篇问答里的许多言说，其实也都是形而上学的、符号的言说方式。否则，我们就不可能建构形而上学。但是对于生活儒学来说，重建形而上学乃是重建儒学的题中应有之义。然而任何形而上学的建构，必定以"主—客"架构为先行观念，这首先就要求生活被对象化。但虽然如此，我们却应该心知肚明：这并不是本源的言说。儒家的本源言说意味着：根本无须"儒学"这样的东西。

问：那么，生活儒学如何来言说生活？

答：生活儒学这样来言说生活：生活不是存在者，而是**存在本身**；用儒家的话语来说，生活不是"物"，而是**"事"**。儒家的一个基本观念乃是："物犹事也。"① 这个表达的意义在于：器物是由事情生成的，而不是相反；这也就是说，存在者是由存在给出的，而不是相反。这是我跟海德格尔之间的一个基本区别。在他看来，存在本身只能通过此在的生存领会，才能"存在出来"；而此在却是一种存在者：纵然是一种"特殊的存在者"、一种充满了去存在之可能性的存在者，但他毕竟首先已经是一个存在者。但是这样一来，存在本身的显现就是以此在的生存为先行条件的了；换句话说，此在这样的存在者也就先行于存在本身了。其实，"被抛"这个词就已经预设了某种存在者的先行性。② 然而我们要问：此在这样的存在者是何以可能的？乃至任何存在者本身是何以可能的？存在者是何以

---

① 《周礼注疏·地官·大司徒》。
② 在这个问题上，我倒认为萨特并未误解海德格尔。恐怕也正因为如此，后期海德格尔才会抛弃"此在的生存"这条进路。

成其为一个存在者的？难道它不是被存在本身"给出"的吗？所以，生活儒学的观念与之相反：是存在给出了存在者，生活生成了**生活者**。这里，不是"存在总是存在者的存在"，而是存在者总是存在着的存在者。意思是说，一个存在者之所以成其为一个存在者，首先因为它存在着；用生活儒学的话来说，一个生活者之所以成其为一个生活者，首先因为他生活着。举例来说，在儒家的观念中，不是先有一个仁者、然后他去仁爱，而是先有仁爱、然后在仁爱中生成了仁者。首先是生活造就了人，然后人才可能改变生活。但这并不是"先有鸡还是先有蛋"的问题，因为鸡和蛋都是存在者，而生活是存在本身；我们可以问"人之为人何以可能"，却不能问"生活何以可能"，因为我们向来在生活，并且总是去生活。

问：生活儒学的观念跟海德格尔的观念之间，为什么会有这样的区别？

答：这是因为我跟海德格尔之间的另外一个基本区别，即我的"生活"观念与他的"生存"概念的区别。他把生存理解为此在的生存，而又把此在理解为一个存在者，这样一来，某种存在者就成了存在的前提。而生活儒学之所谓生活，不是此在的生活，亦即不是主体性的人的生活。这类似于庄子所说的"有人之形，无人之情"[1]；虽然无"人之情"，但是有"事之情"[2]。王国维说：

> 有有我之境，有无我之境。"泪眼问花花不语，乱红飞过秋千去"、"可堪孤馆闭春寒，杜鹃声里斜阳暮"，有我之境也；"采菊东篱下，悠然见南山"、"寒波澹澹起，白鸟悠悠下"，无我之境也。有我之境，以我观物，故物我皆著我之色彩；无我之境，以物观物，故不知何者为我，何者为物。[3]

---

[1] 《庄子·德充符》。
[2] 《庄子·人间世》。
[3] 王国维：《人间词话》，见滕咸惠校注：《人间词话新注》（修订本），1.03。

此在的生存只是"有我之境",生活本身才是"无我之境"。所以,从本源的层级上来看,生活并不是人的生活,人倒是生活着的人。这意思就是说,人之所以为人,首先是因为他生活着。有怎样的生活,就会有怎样的人。

问:那么,海德格尔为什么会把此在视为生活或生存的前提?

答:这是因为,在他看来,生存与存在是不同的事情。这是我跟海德格尔之间的又一个最基本的区别。在他那里,生存与存在之间有一种区分:虽然存在只有通过生存领会才能显现出来,但是,在他那里,我们仍然决不能说"生存等于存在";虽然可以说此在的存在便是生存,但却不能反过来说此在的生存便是存在。总之,生存与存在不是一回事。然而在生活儒学看来,生活恰恰就"等于"存在。生活儒学的一个基本观念就是:**生活即是存在**,生活之外别无所谓存在。这是因为:一切的一切都源于生活而归于生活,出于生活而入于生活。正是在这个意义上,生活是一切的一切的本源。所以,海德格尔转向之后的后期思想放弃了生存论的进路,而直接诉诸存在本身,这对于生活儒学来说是毫无参照意义的。我只对他前期的生存论感兴趣,因为生存之外的"存在",或者说不同于生存的所谓"存在本身",只不过是在西方传统思想背景下产生的一种臆想。对于生活儒学来说,存在本身就是生活本身。

三

问:可是,你这样的"生活"观念,跟儒家本来的观念之间,真的有什么关系吗?

答:当然是有关系的,而且是实质性的关系。这种关系首先在于"生活"与情感,尤其是与"仁爱"的关联。简单来说,这是因为,生活总显示为生活感悟——生活情感、生活领悟。但要注意,生活与生活感悟的关系不是传统哲学所谓"本质"与"现象"的关系。显示之为显示,不是指一个本质显现为一个现象,不是指作为本质的生活显现为作为现象的生活感悟;而是说,生活就是显示本身,或者说,显示就是生活本身;

这种显示既是现象，也是本质，唯其如此，生活感悟、生活本身也就无所谓是现象还是本质。在这种意义上，生活感悟就是生活本身。而生活首先显示为生活情感：没有生活情感的所谓"生活本身"是不存在的，或者说，是不可思议的。当然，在本源上，这种生活情感不是"人之情"，而是"事之情"。儒家哲学实质上是一种情感哲学，是一种"爱的哲学"。

问：可是众所周知，在儒家思想中，"情"并不是根本的，而不过是"性"之所发。"未发"为性，"已发"为情，这是《中庸》的一个基本思想。生活儒学对此如何解释？

答：确实如此。但这只是原创时期之后的儒家的形而上学观念，而非儒家的本源的观念。它是我们今天首先应该予以颠覆的形而上学。的确，在后原创期，亦即秦汉以来的儒家观念中，有一种基本的架构，即：性本情末、性体情用（以及性善情恶或情可善可恶）。这是一种"性→情"的形而上学架构：本→末、体→用的架构。《大学》表达的就是这样的架构。就形而上学建构本身来说，这样的架构是恰当的，因为形而上学的建构首先必须确立起主体性，亦即孟子所说的"先立乎其大者"[①]，这个"大者"就是"性"——主体性。这种"性"——主体性同时又是本体，即是终极的"物"——终极存在者。然而唯其是物，而非事，亦即是存在者，而非存在本身，我们会问：这种"性"，亦即主体性本身何以可能？如何"先立其大"？这样一问，也就打开了回归生活本源、生活情感的通道。结果，我们发现，在原创期、前原创期，尤其是在孔子那里，事情正好相反：不是"性→情"的架构，而是"情→性"的生成关系。性是形而上学的初始范畴，而情是它的生活本源。这是近年来人们在郭店楚墓竹简的儒简研究中揭示出来的一个重要事实。我的导师蒙培元先生在他新近的著作中，也已在相当程度上揭示了这一点：儒家哲学乃是一种情感哲学。[②] 当然，这并不是说传统的形而上学架构就是毫无意义的了。现在，

---

① 《孟子·告子上》。
② 蒙培元：《情感与理性》，北京：中国社会科学出版社，2002年。

当我们将本源的"情→性"架构和传统形而上学的"性→情"架构联系起来，就可以得到这样一个基本架构：情→性→情。后一个"情"是形下之情，即是"未发"的形上之"性"的"已发"状态；而前一个"情"才是本源之情，亦即本源的生活情感。

问：可是，我们还没有说到"生活"与"仁爱"的关联。这种关联究竟是如何在生活情感中体现出来的？

答：前面说了，生活首先显示为生活情感。在儒家，这种生活情感首先是仁爱。当然，生活情感不仅仅是仁爱。传统有"七情"之说：喜怒哀惧爱恶欲。这是需要仔细分辨的："欲"是欲望、意欲、意志，它以主体性为前提，因此，"欲"显然不属于本源的生活情感的层级；"爱恶"却是两种基本的感情，既可以指形下的道德感情，也可以指本源的自然质朴的生活感情；"喜怒哀惧"则是四种基本情绪，既可以指本源的情绪，也可以指形下的情绪。情绪是先行于感情的，但感触却更先行于情绪。这样一来，在本源层级上，我们得到这样一种关于生活情感的领悟：生活感触 → 生活情绪（喜怒哀惧）→ 生活感情（爱恨／好恶）。

我这里举一个典型的例子，出自孔子的言说：

> 宰我问："三年之丧，期已久矣。君子三年不为礼，礼必坏；三年不为乐，乐必崩。旧谷既没，新谷既升，钻燧改火，期可已矣。"子曰："食夫稻，衣夫锦，于女安乎？"曰："安。""女安则为之！夫君子之居丧，食旨不甘，闻乐不乐，居处不安，故不为也。今女安，则为之！"宰我出。子曰："予之不仁也！子生三年，然后免于父母之怀。夫三年之丧，天下之通丧也。予也有三年之爱于其父母乎？"[①]

孔子说出的乃是一个表达情绪的词：安。感到心安，这是一种典型

[①] 《论语·阳货》。

的情绪感受。这是儒家特别注重的一种生活情绪。就其本义来看,"安"字从"宀"从"女"表明,这是出自早期先民的一种生活领悟,它有两个基本含义:女人哺育孩子,在家为安。小孩何以能有心安的情绪?这本是生活中的常识:小孩感到不安而哭啼时,父母会把他抱起来,于是他便感到心安了。所以孔子特别指出:"子生三年,然后免于父母之怀。"父母怀抱婴幼,这是身体的亲密的感触。对于孩子来说,这种怀抱的感触,产生了心安的情绪;而正是这种心安的情绪,才导致了孩子对父母的爱的感情:"予也有三年之爱于其父母。"这就是孔子所言说的生活情感的自然显示:感触→情绪→感情。那样的感触是如此的刻骨铭心,那样的情绪是如此的记忆犹新,使得我们不能不产生如此的爱。假如父母新近去世了,我们就会由爱亲的感情而思及心安的情绪,由心安的情绪而思及怀抱的感触,于是自然而然地感到"食旨不甘,闻乐不乐,居处不安"。礼制何以可能?乃导源于生活、生活情感:正是基于对父母的爱,并且根据当时那种生活方式的时宜,人们才会设定形上的"至善"那样的心性,才会做出形下的"三年之丧"那样的丧礼制度安排。

问:这样的言说似乎表明:作为生活情感的仁爱,基于家庭的亲情。难怪人们指摘说,儒家伦理只是一种家族伦理,儒学也只是一种伦理学,它在今天已失去了普适的价值,因为今天已经不是家族社会。生活儒学对此如何解释?

答:其实未必。当时的儒家以血缘亲情来说明仁爱的情感,那也是导源于他们当时的生活显示样式的,即导源于宗法社会的生活方式。而这恰恰也表明,在儒家那里,生活本身总是本源:在宗法社会的生活方式中,"家→国→天下"同构外推,人们自然会在生活中领悟到"孝悌为仁之本"的道理,领悟到"爱有差等"和"推己及人"的"推"的必要。但这并不是当时的儒家所领悟到的本源之仁的唯一显示样式。作为生活情感的仁爱从来都是普适的。孟子就曾给出了一种普适的本源情境,而与血缘亲情全然无关:

> 所以谓人皆有不忍人之心者，今人乍见孺子将入于井，皆有怵惕恻隐之心。非所以内交于孺子之父母也，非所以要誉于乡党朋友也，非恶其声而然也。……恻隐之心，仁之端也；羞恶之心，义之端也；辞让之心，礼之端也；是非之心，智之端也。……凡有四端于我者，知皆扩而充之矣，若火之始然、泉之始达。[①]

在这种生活情境中，"今人乍见孺子将入于井"即是本源的感触，"不忍人之心"或"怵惕恻隐之心"则是本源的情绪，它们是"仁之端"，亦即仁爱这种本源的感情的发端，犹如"泉之始达"，即是本源的事情。但在这里，那个"人"与"孺子"之间并不存在任何血缘亲情。这是一种普适的情感。

四

问：这就是生活感悟中的生活情感了。而生活感悟中的生活领悟又是如何的？

答：生活领悟是处于生活情感与形而上学观念建构之间的事情，而同样归属于生活本身。我首先要特别指明：生活领悟并不是任何意义上的"认识"。生活领悟既不是形而下学的、科学意义上的，乃至常识意义上的认识，也不是形而上学的认识。认识之为认识，一定根据"主—客"架构：一个主体，认识一个客体、对象。但是不论主体还是客体，都已经是存在者，都是"物"。然而这种"主—客"架构本身，即主体性和对象性的观念本身，却是在生活领悟中生成的。生活领悟并不是对存在者的认识，而是对存在本身的领悟：我们领悟着生活本身，这种领悟本身就归属于生活。

问：具体地说来，我们究竟如何领悟着生活？

答：我们这样领悟生活：领悟着存在、领悟着流行、领悟着天命、

[①] 《孟子·公孙丑上》。

领悟着领悟本身。这些领悟，我分别称之为"存在的领悟""流行的领悟""天命的领悟""领悟的领悟"。我们知道，科学基于四大预设信念：实在性、运动性、规律性（或因果性）、可知性。这些预设是科学本身不假思索而执为前提的，其实只是一些信念。不仅科学，而且"常识"也都执定这些信念。有人"科学地"把"马克思主义哲学"概括为"四句教"：世界是物质的，物质是运动的，运动是有规律的，规律是可认识的。这里贯彻着科学的四大预设信念。但是我们知道，不仅科学，而且形而上学本身，都无法说明这些信念本身是何以可能的——休谟已经宣告了这些信念是不可能得到哲学的说明的。然而，生活儒学试图阐明：实在性的信念导源于存在的领悟，运动性的信念导源于流行的领悟，规律性的信念导源于天命的领悟，可知性的信念导源于领悟的领悟。

问：现在就来具体地说说"四大领悟"。首先，何谓"存在的领悟"？

答：让我们首先来追问这样一种常识：我们总是不假思索地认定客观实在的东西的存在，认定存在者的客观实在性、物的客观实在性。我们说：它们是不以人的主观意识为转移的。这就是关于实在性的预设信念。显然，这是一种基于"主—客"架构的观念：我们先行区分了主观意识、客观存在。而我们知道，这样的观念导致了"认识论困境"：我们的主观意识如何可能确证客观的实在？内在的意识如何可能切中外在的实在？这在哲学形而上学的理论上是永远不可解决的问题，它仅仅是一种"相信"。但是，我们明明"知道"：它们就是客观实在的。问题不在于我们是否"知道"，因为我们已经"知道"了；而在于我们是如何"知道"的——我们是如何"知道"存在者的实在性的？我们如何获得了关于存在的信念？进一步问：我们是如何"知道"存在者的？换一种问法：关于存在者的观念、物的观念是如何生成的？生活儒学的回答就是：由于生活感悟。正是在生活情感中，我们才领悟到存在本身，领悟到存在者的存在，领悟到存在者本身。

第一，我们首先是领悟到存在本身，然后才领悟到存在者的存在，最后才领悟到存在者。如果说，存在先行于存在者，那么，对存在的领悟就必定先行于对存在者的领悟。存在者就是这样被"给出"的：我们首先意识到存在本身，进而才意识到存在者的存在，这才意识到存在者；没有关于存在本身的观念，就没有关于存在者存在的观念，也就没有关于存在者的观念。老子说："天下万物生于有，有生于无"①；又说："无名天地之始，有名万物之母"②。"无"即"无物"，即还没有领悟到任何存在者；"有"即"道之为物"，即领悟到了存在本身；由于"有"了对存在本身"纯有"③的领悟，才有对存在者"万物"的领悟。"有"和"无"其实是一个意思，即是同样的领悟情境："有"言其已有关于存在本身的领悟，而"无"言其尚无关于存在者的领悟。

第二，存在即生活，存在领悟即生活领悟。存在领悟并不是说：有一个叫作"存在"的东西摆在那里，它作为一个对象，被主体所领悟。存在领悟就是存在本身，生活领悟就是生活本身。海德格尔在谈到 Sein / to be 时，本来应该已经意识到了这一点，然而他却没有意识到：既然存在本身只是在生活领悟中才显示出来的（用他的说法，存在本身只能在此在的生存领会中显现出来），这就已经表明，存在领悟其实就是生活领悟本身，就是生活本身。我们"知道"了生活，也就"知道"了存在；然而我们向来生活着，并且向来"知道"我们生活着，所以我们向来存在着，并且向来"知道"我们存在着。我们由此领悟着存在、领悟着生活。

第三，存在领悟是导源于生活情感的：正是在情感中，我们才领悟到生活之为存在，并进而领悟到生活者之为存在者。对于儒家来说，这种情感首先是**爱**。但这并不是笛卡儿式的"我思故我在"，而是：**爱，所以在**。

没有爱，就没有存在，也就没有作为爱者的我、你、他的存在，因为是爱生成爱者、存在者。没有母爱就没有母亲，因为此时母亲还不成其

---

① 《老子》第四十章。
② 《老子》第一章。
③ 这里"纯有"是借用黑格尔的词语，但不是指他那种形而上学的"绝对观念"，而是指作为存在本身的生活本身。

为母亲；没有父爱就没有父亲，因为此时父亲还不成其为父亲；没有友爱就没有朋友，因为此时朋友还不成其为朋友；没有恋爱就没有爱人，因为爱人此时还不成其为爱人。这就是孟子讲的："无恻隐之心，非人也。"① 也就是《中庸》讲的："不诚无物。"人、物作为存在者，都是由作为生活情感的爱所生成的。

常识、科学、形而上学的实在性信念，不过是把这种关于存在与存在者的存在领悟对象化的结果。这里，我们还可谈谈空间问题。常识的空间观念、形而上学—科学的空间概念何以可能？在存在本身—生活本身的层级上，并无所谓"空间"；"空间"的观念，一定以存在者作为参照——它有一个标准，而这个标准乃是一个存在者。甚至所谓的相对主义者，也是这样来思考的。例如惠施在著名的"历物十事"中就说："天与地卑，山与泽平"（地之卑以天为标准，泽之平以山为标准）；"我知天下之中央：燕之北、越之南是也"（燕北、越南以中央为标准）。② 他甚至由此推出了更抽象的空间概念："至大无外，谓之大一；至小无内，谓之小一"；"无厚不可积也，其大千里"。③ "小一"类似于几何的"点"概念，"无厚"类似于几何的"面"概念。如果说，存在的领悟先行于存在者的观念，那么，存在者的观念就先行于空间的观念：追本溯源，空间概念乃是存在领悟被对象化、存在者化的结果。

五

问：那么，何谓"流行的领悟"？

答：所谓"流行"，是儒家所说的"大化流行"。这里，"大化"不是任何东西，不是物，不是存在者。"大化"乃是孟子所说的"大而化之"："可欲之谓善，有诸己之谓信，充实之谓美，充实而有光辉之谓大，大而

---

① 《孟子·公孙丑上》。
② 《庄子·天下》。
③ 《庄子·天下》。

化之之谓圣，圣而不可知之之谓神。"① 这似乎是在说一个人的修养所达到的境界，但这种境界恰恰是向本源的回归：倾听天命的"圣"（"圣"字的本义为倾听）、阴阳不测的"神"（"神"字的本义为显示）。因此，"大化"就是存在本身，也就是"流行"。流行即大化，大化即流行。所以，"流行"就不是指物、存在者的"运动""变化"；"流行"仅仅是指存在本身的一种情境，亦即是指生活本身的一种情境。这种本源情境，便是"生生"②。"生生"只是两个动词而已：这里没有主词，也就是说，没有主体、物、存在者。流行之为流行，是说：生活如水，涌流不已。生活之"活"，本来就是指水、水流、水流之声："活，水流声。"③ 所以，《诗》云："河水洋洋，北流活活。"④ 如此看来，生活就是孔子所说的："逝者如斯夫，不舍昼夜！"⑤ 就是孟子所说的："源泉混混，不舍昼夜。"⑥ 生活如斯，本源如斯：生活作为本源，便是流行。

正是在这种流行着的生活中，我们才领悟到生活的流行：我们不仅领悟到存在，而且领悟到流行。我们"知道"了：生活流行着。那么，我们何以能领悟到流行？在生活情感中。我们在情感中领悟到流行，是因为情感本身便是流行："柔情似水""激情澎湃"，情感就是流行着的生活，就是生活的流行。于是，我们便领悟到：生活即是流行，存在即是流行。孔、孟便是如此而领悟到本源流行的：

> 徐子曰："仲尼亟称于水曰：'水哉！水哉！'何取于水也？"
> 孟子曰："源泉混混，不舍昼夜，盈科而后进，放乎四海。有本者如是，是之取尔。苟为无本，七八月之间雨集，沟浍皆盈；其涸也，

---

① 《孟子·尽心下》。
② 《易传》把"生生"理解为"易道"，即"生生之谓易"，这是不是一种本源的观念，另当别论。
③ 许慎：《说文解字·水部》，徐铉等校定，北京：中华书局，1963年。
④ 《诗经·卫风·硕人》，《十三经注疏》本，北京：中华书局，1980年，影印本。
⑤ 《论语·子罕》。
⑥ 《孟子·离娄下》。

可立而待也。故声闻过情，君子耻之。"①

他们的思想是"有本"的，因为他们领悟到了本源的流行；后原创期的思想往往是"无本"的，因为他们往往在观念上蔽塞了流行的本源。而后者是如何发生的呢？

由于"无形"的"流行"，才有"有形"的"流形"：才有"形"而上学的建构、"形"而下学的构造。不仅形而下学，而且形而上学，都以"形"为参照。这种"形"也就是形体，就是物，就是存在者。而在中国传统的形而上学观念中，最大的"形"或"物"就是天地，所以："天地有正气，杂然赋流形。"② 存在者是有形的，是"有"；存在本身则是无形的，是"无"。庄子说："泰初有无，无有无名；一之所起，有一而未形。"③ 这里，"一"有两种意义：后来继"起"的有"形"的"一"是形而上学的开端（本体性的存在者），已是"流形"；而"泰初"的"未形"的"一"则是形而上学的本源（本源的存在），却是"流行"。原创时期的诸子大都能领悟到："流形"的本源乃是"流行"。而如果不能领悟到"流行"，却仅仅领悟到"流形"，就会导向运动着的存在者、存在者的运动的观念。如果说，存在领悟的对象化，导致实在的信念；那么，流行领悟的对象化，便导致运动的信念。常识、科学、形而上学的"运动"观念何以可能？那是因为我们把生活的流行加以对象化的把握，把无形的流行理解为有形的运动——存在者的运动。此时，"流形"被把握为运动着的存在者、存在者的运动。

这里可以谈谈时间概念的问题。常识的时间观念、形而上学—科学的时间概念何以可能？从层级上来看，时间观念同样是导源于生存领悟的，具体来说，就是流行的领悟被对象化，流行本身被存在者化为客观实在的时间。单就常识—形而上学—科学的层级来看，时间观念却是根据

---

① 《孟子·离娄下》。
② 文天祥：《正气歌》。
③ 《庄子·天地》。

空间观念的，这就正如存在的领悟是先行于流行的领悟的。这跟西方人对时间与空间之关系的理解截然相反，事情乃是：时间总是被空间给出的，而不是相反。我们确定年、月、日、时，正是根据太阳、月亮的空间方位的变动位置。现在几点了？我们去看钟表指针的空间位置。前面提到的惠施"历物十事"，也是这样把握时间概念的："日方中方睨，物方生方死"（日之空间方位的变动）；"今日适越而昔来"（越之地理空间的确定）。[①] 中国人的哲学—科学，给出了这样一个"时空连续统"：木、火、金、水→东、南、西、北→春、夏、秋、冬。可见"五行"不是所谓的五种物质元素，而是形而上学的时空同一。

六

问：现在谈谈何谓"天命的领悟"？

答：我们不仅领悟着生活的存在、领悟着存在的流行，而且领悟着流行的天命。何谓"天命"？"天命"在本源意义上不是指所谓命中注定的"命运"（destiny），而是指存在的流行的某种显示样式。而"命运"却是一种宿命论的观念，仿佛有一个高高在上的诸如上帝之类的"天"，他预先规定了我们每一个人的"命"。这跟儒家的观念毫无关系。儒家一向主张的乃是尽心尽性、成己成物、参赞化育，而与天地同流。这绝不是一种消极的"命运"观念，而是一种积极的"天命"。当然，在原创时期，尤其后原创期的形而上学思想层级上，儒家也有某种"命中注定"的观念，但那并非儒家在本源层级上的观念。本源的天命观念，来自对"天"与"命"的本源领悟。"天命"并不是指有一个作为存在者、作为物、作为"他者"的天，他在那里发号施令，我们只能俯首帖耳地服从。在本源意义上，天之为天就是"自然"——自己如此。然而"自然"之为"自己如此"也并不是说一个物、一个存在者自己如此，而是说存在本身、生活本身自己如此。作为存在本身的生活本身自己如此这般，意味着：生

[①] 《庄子·天下》。

活、生活情感、生活领悟不是任何意义的"被给予性"(the given),甚至不是所谓"自身所予"(the self-given)。生活"给出"任何东西,然而没有任何东西"给出"生活。生活自己如此,这就是"天";我们自己如此生活,这就是"命"。我们领悟着:存在自己如此,流行自己如此,天命自己如此。

固然,"命"的本义是"口令""发号施令"①,但这"口令"既不是上帝在说话,更不是人说话。"天何言哉?四时行焉,百物生焉。天何言哉!"②这是存在本身在说话、生活本身在说话。儒家把这种本源的言说领悟为天命。这就是说,天命乃是一种生活领悟。存在本身的言说、生活本身的言说,乃是无声之命、无言之令。"上天之载,无声无臭。"③老子所谓"大音希声"④就是这个意思。虽然如此,我们却在倾听。这种倾听,其实就是生活领悟。假如我们没有这样的倾听、领悟,我们何以能够存在、能够言说?我们倾听天命,就是倾听生活。孔子所谓"知天命"而"耳顺"⑤就是在说这样的倾听。我们听到了怎样的消息?我们听到生活告诉我们:在生活,并且去生活。不仅天命使我们有"在生活"之际遇,而且天命的领悟使我们有"去生活"之超越。我们能够倾听这样的天命,就是"圣人":圣之为圣,就是能够倾听,所以,"圣"(繁体作"聖")字从"耳"。"圣"字不仅从"耳",而且从"口"⑥,这就是说,我们不仅倾听天命,而且还能用我们的语言来传达天命。孔子在谈到敬畏感时说:"君子有三畏:畏天命,畏大人,畏圣人之言。"⑦圣人之言之所以可敬畏,就在于他言说着存在的流行的天命。有"天命",所以有"人言"。天命这种无声的言说,可以通过人言的有声的言说透露出来。这种有声的言

---

① 许慎解释为:"命,使也。"朱骏声纠正说:"命,当训'发号也'。"(《说文解字·口部》)
② 《论语·阳货》。
③ 《诗经·大雅·文王》。
④ 《老子》第四十一章。
⑤ 《论语·为政》。
⑥ 许慎认为:"聖,通也。从耳,呈声。"(《说文解字·耳部》)这是一种解释。也可以解释为:从耳、从口,壬声。
⑦ 《论语·季氏》。

说，就是我们曾谈到的"本源的言说方式"——本源情感的言说方式。

然而，形而上学的思维方式，却将天命的领悟对象化、客体化、存在者化、物化。存在的物化导向关于实在的预设信念，流行的物化导向关于运动的预设信念，而天命的物化则导向关于因果性、规律性的预设信念。天命的存在者化作为形而上学的把握方式，最主要的表现为两种形态：宗教的因果性信念；科学的规律性信念。

七

问：刚才提到"生活本身的本源结构"，那是什么意思？

答：首先我得声明："结构"这个词语乃是不得已而用之。在形而上学—科学的思维方式中，对"结构"概念有两种理解：要素决定结构；结构决定要素。后者即是所谓"系统科学"的观念。但即使是在这样的观念中，无论是要素，还是结构，亦即系统整体，都是存在者。然而我之所谓"本源结构"，所说的却是存在本身—生活本身的"结构"。生活本身的本源结构就是：在生活并且去生活。① 我们向来在生活，这是我们的际遇；我们总是去生活，这是我们的超越。但"在生活"并非"此在的被抛"，因为此时此刻尚无任何此在，即没有任何存在者；而"去生活"也非宗教的"超越"（transcendence）或者先验哲学的"超越"（transcendental），因为这两种"超越"都是存在者的超越。问题在于：这种存在者的超越是何以可能的？从被抛的所是向本真能在的超越何以可能？从小人向君子乃至圣人的超越何以可能？我的回答是：它们都导源于生活本身的本源结构。唯其如此，自由才是可能的。这种本源的超越，就是生活本身的**去生活之超越**：虽然我们已然在生活，但是我们还要去生活。这就是我所说的：生活本身的本源结构。我们在生活，并且去生活；

---

① 鉴于有人将我所说的"去生活"之"去"误解为"去掉"，这里有必要做一个说明："去生活"之"去"犹如"去吃饭"之"去"。"去"并不是一个否定动词，而是一个趋向动词。"去生活"并不是说的"去掉生活"，正如"去吃饭"并不是说的"去掉吃饭"。"去生活"只是说：生活下去。"去吃饭"就是"吃饭去"，"去生活"就是"生活去"。

我们在爱,并且去爱;我们在领悟,并且去领悟。"黄河之水天上来,奔流到海不复回!"[1] 对于这样的本源结构,我们不能问"为什么",而只能说:生活本身自己如此。

问:好吧,最后谈谈何谓"领悟的领悟"?

答:我之所以提出"领悟的领悟",是为了回答"常识—形而上学—科学的可知性信念是何以可能的"这个问题。这种可知性信念,乃是哲学"认识论"的一个基本预设。古希腊人说"我知我无知",也是基于这种预设,因为"我无知"其实已经被"我知",即我已经相信"我无知"是"可知"的。所谓"不可知论",同样基于这种预设。比如,对于休谟来说,感知之外的实在是不可知的,然而感知本身却是实实在在地可知的。再如,对于康德来说,"物自身"是理论理性所不可知的,但却是理性本身所可知的,实践理性便可以通达之。然而不论是感知本身还是"物自身",都是某种"物"、某种存在者。这就是说,可知性信念基于存在者观念。不仅如此,存在者观念基于对象性观念(存在者是被对象化把握了的存在);对象性观念基于客观性观念(对象即是客体);而客观性观念基于主体性观念(客体与主体是互为条件的)。这就表明,可知性信念是基于"主—客"架构的:我们作为主体,能够认识客体;不仅如此,而且我们**知道**我们能够认识。这就意味着:我们知道**认识**本身。

但是在生活本源的层级上,根本就没有所谓"认识"这回事,因为认识总是对象性的,而在本源层级上还没有对象性。那么,我们如何知道认识本身?那必定是:认识本身就是一个对象;换句话说,认识必定是由于某种事情被对象化地把握了的结果。本源层级上的可以被对象化为认识的事情,只能是生活领悟;因为,情感是不可能被把握为认识的。因此,必定存在着这样一种领悟,它的被对象化便成为"认识"这样一种对象。那么,是怎样的事情被对象化地把握为认识了?唯一可能的解释就是:我们把某种领悟对象化了。但这种被对象化了的领悟却不可能是存在领悟、

---

[1] 李白:《将进酒》。

流行领悟、天命领悟，因为这些领悟被对象化了的结果乃是存在者的实在性、运动性、规律性。由此看来，必定存在着这样一种领悟，这种领悟是对前面那些领悟本身的领悟，我称之为"领悟的领悟"。

确实，我们在生活中不仅领悟着存在、流行、天命，而且领悟着这些领悟本身。这种领悟之于其他那些领悟的关系，类似于佛学所谓"末那识"之于前面"六识"——眼耳鼻舌身意——的关系。区别在于，在佛学中，"末那识"及前面"六识"都不是在本源层级上的事情，"末那识"相当于是对"六识"的反思，它本身又以"阿赖耶识"为根据。这个"阿赖耶识"类似于黑格尔所谓"实体即是主体"那样的形而上学根据。然而领悟的领悟却是前形而上学的、前意识的生活感悟的事情，而归属于生活本源。只有当这种领悟的领悟被对象化，才成为形而上学、认识论的事情，才成为所谓"认识"这样一种被主体所反思的对象。认识这个东西自身之成为对象，这就是西方人之所谓"反思"的本意：我们作为主体，具有某种能力，即能够认识自身，也就是把自身这种能力设置为一个对象。领悟的领悟被对象化而成为被认识的认识，便导向了常识—形而上学—科学的可知性信念：我们知道我们作为主体，能够认识客体。

八

问：以上的讨论，其实已经回答了"形而上学何以可能"的问题：形而上学是在生活领悟的本源上被构造起来的。但实际上这还只是逆向的"解构"，是在回答"形而上学的本源"问题，而非正面地、顺向地探讨"如何建构形而上学"的问题。但是，"儒学的重建"必须实际地解决这个问题。不过，这个问题暂时放下，因为我们首先还面对着另一个问题：生活儒学为什么要重建形而上学？

答：这是我跟海德格尔之间的又一个基本区别，同时也是跟所谓"后现代主义"的一个基本区别[①]：他们不仅"解构"了哲学、形而上学，

[①] 据说后现代主义有一种区分：消极的，积极的。所谓积极的后现代主义，也要致力于正面的建设工作。这是另外一个话题，兹不赘论。

而且宣称我们已经进入了一个"后哲学""后形而上学"时代，认定哲学、形而上学的重建是不可能的了；而我却坚信形而上学重建之可能性、必要性，并坚持致力于儒家形而上学的重建工作。

海德格尔事实上做了一项极有意义的工作：对科学与形而上学的"解构"与"还原"，已经揭示出了这样一种"奠基关系"：

科学 ← 形而上学 ← 生存领会[1]

但这样一来，却恰恰已经不自觉地透露出了一种他所始料不及的生成关系：

生活本源 → 形而上学 → 形而下学[2]

这个道理应该是很简单的：既然树木发于种根，种根育于土壤，那么，土壤当然可以再育种根，种根可以再发树木。我们既然意识到了生活是形而上学的本源、形而上学是形而下学的根据，那么，形而上学、形而下学的重建就是可能的。

形而上学的重建不仅是可能的，而且是必要的。按照上面所得出的"奠基关系"或生成关系，科学必定有其形而上学的基础。事实就是如此：科学作为一种形而下学，以某个存在者领域作为自己的当然的对象，但科学从来不思考这个存在者领域本身是何以可能的这样的问题。这个存在者领域是由形而上学给出的：形而上学以范畴表的方式给出存在者领域的划界，即以范畴的方式给出"物界"。这种物界划分，其实就是一种最基本的分类学，诸如：实体/非实体［非实体依存于实体］[3]、心/物、人间（此岸）/非人间（彼岸）、人/自然界等等。科学以这种物界为前提，

---

[1] 这里所采用的是海德格尔的说法。
[2] 这里所采用的是生活儒学的说法。
[3] 亚里士多德：《工具论·范畴篇》，李匡武译，广州：广东人民出版社，1984年。

否则，它就没有自己的对象。科学仅仅思考某个存在者领域，而形而上学思考"存在者整体"（海德格尔语）、"存在者之为存在者"（亚里士多德语）；形而上学以这个唯一存在者为根据（老子"道之为物"），去说明其他众多存在者之存在（老子"德"，即"得"，即"得道"之为"万物"）[1]。这就意味着：没有形而上学，就没有科学。但我们知道，科学总还是要存在下去、发展下去的。比如说，当未来的科学发展面临着范式的转换之际，形而上学何为？此时形而上学的任务，就是提供科学范式转换的根据。

问：那么，这种生成过程是如何发生的呢？具体说，如何从生活本源过渡到形而上学？

答：这再次涉及前面说过的生活本身的"本源结构"问题。生活本身的本源结构就是：在生活并且去生活。形而上学建构的秘密，就隐藏在这种本源结构之中：形而上学与形而下学，都发生于"在生活"与"去生活"之间。我们"在生活"之际，发生着生活情感、获得了生活领悟；我们将生活领悟对象化、客体化，由此而获得存在者观念、主体性观念；我们由此而进行形而上学的建构，并进行形而下学的构造；而这一切也都归于生活、入于生活，亦即恰恰就是我们的"去生活"。这就是我在前面说过的：一切的一切都源于生活而归于生活、出于生活而入于生活。

问：可是，这样的陈述仍然不够具体。能否更加具体地说明，形而上学究竟是如何被建构起来的？

答：从生活本源到形而上学的过渡，在儒家，还有一个关键的观念：思。"思则得之，不思则不得也。"[2] 然而汉语的"思"与英语的 think 或 thought 迥然不同、相去甚远。思首先是情感的事情，然后又是领悟的事情，最后才是形而上学、形而下学的事情。

思首先是情感之思。我们常说的思念、思乡、相思、思绪，就是这

---

[1] 在老子那里，"道"与"物"之间具有这样一种对应：本源之道—"无物"；形上之道—"道之为物"；形下之道—"万物"。形下之道，即所谓"德"；这是儒、道两家共同的观念。
[2] 《孟子·告子上》。

种情感之思。这跟海德格尔之所谓 Denken（译作"思"或"思想"）截然不同。诗歌"唐棣之华，偏其反而；岂不尔思？室是远而"，孔子评论："未之思也！夫何远之有？"①这里的"思"说的就是情感之思。孔子说诗"可以兴，可以观，可以群，可以怨"②，都是在说情感的事情。唯有这种情感之思，才真正与诗有着不解之缘："诗缘情"③，真正的诗乃是生活情感的本源的言说。唯其如此，孔子才特别强调"兴于诗"④，意思是说：主体性的确立（兴）乃在于诗。其所以如此，就因为诗作为本源之情的言说，乃是思。这跟海德格尔对诗与思的关系的理解也是不同的。所以孔子才说："《诗》三百，一言以蔽之，曰：'思无邪。'"⑤"思无邪"是指情无邪。这种情感之思，乃源于爱：爱之，才思念之。我们爱乡，才思乡；我们爱一个人，才会相思。爱之深，思之长，是谓思绪。例如，孔子爱狂狷之士而思之："万章问曰：'孔子在陈，曰："盍归乎来！吾党之士狂简，进取不忘其初。"孔子在陈，何思鲁之狂士？'孟子曰：'孔子"不得中道而与之，必也狂狷乎！狂者进取；狷者有所不为也。"孔子岂不欲中道哉？不可必得，故思其次也。'"⑥既爱中道之士，也爱狂狷之士，故而思之。

不过，思与爱虽然都是情感的事情，但是有着一种基本的区别：爱是**当事**的，思是**事后**的。显然，我们不可能当面思念一个人。正因为是事后的事情，思就必定意味着"空间"的距离："有所思，乃在大海南！"⑦或者更确切地说，正是由于思，我们才能领悟到"空间"的观念。这跟西方哲学关于空间概念的理解截然不同。空间的观念何以可能？乃导源于情感之思。正由于这种空间的距离，思与爱就不同：思必伴随着表象。在

---

① 《论语·子罕》。
② 《论语·阳货》。
③ 陆机：《文赋》，《六臣注文选》，杭州：浙江古籍出版社，1999年，影印版（据《四部丛刊》本）。
④ 《论语·泰伯》。
⑤ 《论语·为政》。
⑥ 《孟子·尽心下》。
⑦ 汉乐府：《有所思》，见郭茂倩：《乐府诗集》，北京：中华书局，1979年。

思念中，必有思之所思的形象。这种形象，在想象中生成。苏东坡思念亡妻："十年生死两茫茫，不思量，自难忘。千里孤坟，无处话凄凉。"这里不仅是"千里"的空间，更是阴阳两界的"空间"隔离；日有所思，夜有所梦："夜来幽梦忽还乡，小轩窗，正梳妆"，正是在思念的想象中的形象。汉语所谓"思想"的本来意义，就是：在思念中想象，在想象中思念。"思想"就是：思—想——思之想之。"想象"就是：想—象——思想着形象。唯其如此，诗之为思总是形象的；但这并非所谓"形象思维"，因为此时此刻并无所谓"思维"。这是情感之思，形象只是在情感中的形象。这种所思的形象，就是原初的表象。所以说，正是思——情感之思——生成了表象。这里，"一切景语，皆情语也"①，这是从情感之思过渡到认知之思的秘密所在：认知总是表象的。

表象是一种极其重要的观念形式。休谟甚至认为，全部意识并无所谓感性、理性的区分，而只存在着直接观念、间接观念的区分。② 所谓间接观念，就是表象。这就是说，不仅感性意识，而且所谓理性意识，都是采取的表象的方式。确实，无论是形而上学还是形而下学的方式，都是表象的方式。海德格尔说过："形而上学以论证性**表象**的思维方式来思考存在者之为存在者。"③ 其实，形而下学，例如科学，也是采取的表象的方式。所以，对于从生活本源向形而上学的过渡来说，表象的生成具有特别重要的意义：它是情感之思之所以可能转化为认知之思的一个必要条件，因为我们知道，任何认知都是采取的表象的方式。表象化意味着对象化：表象是观念中的一个对象。对象化就是客体化，所以同时就意味着主体化，因为客体与主体是同时并存的。于是，"主—客"架构由此确立，形而上学由此可能。

问：但这似乎只是一种"可能"？这样说来，从生活本源到形而上学的建构，就只有可能性，而没有必然性？

---

① 王国维：《人间词话》，见滕咸惠校注：《人间词话新注》修订本，2.10。
② 休谟：《人性论》，关文运译，北京：商务印书馆，1980年。
③ 海德格尔：《面向思的事情》，陈小文、孙周兴译，第68页。

答：非也。首先需要指出：像"可能性"和"必然性"这样的说法，本身都是形而上学的范畴话语。但我们姑且这么说：从生活本源到形而上学的建构是"必然的"。何以见得？我们来看一个故事：

有一家子，共同生活在一幢房子里，油盐酱醋，饮食男女，平平常常，无波无澜，或者纵然激情澎湃，其实还是波澜不惊。我把这种生活情景称为"本源情境"。这里，没有任何"主—客"意识：父母、子女，房子、家具，他们习惯于此，都没有"意识到"；换句话说，他们都既不是对象，也不是主体，因为他们从来不去仔细打量、考究对方，不论他是人还是物。有一句成语说的就是这种情境：习焉不察。这是真正的本源意义上的"百姓日用而不知"①。海德格尔所说的锤子的"上手状态"，就类似于这种情境（当然只是类似，因为"上手状态"说的是作为存在者的"物"与作为存在者的"此在"之间的一种"照面"方式）。庄子曾说到这种本源情境："有虞氏不及泰氏。有虞氏，其犹藏仁以要人；亦得人矣，而未始出于非人。泰氏，其卧徐徐，其觉于于；一以己为马，一以己为牛；其知情信，其德甚真，而未始入于非人。"②庄子认为，有虞氏的生活方式是相当"源始"的了，但是毕竟是"人"的生活——主体性存在者的生活；而泰氏的生活却是"非人"的生活，亦即根本不是任何主体性存在者的存在——这里，连"此在"那样的"特殊存在者"也是没有的。你可以说人是"马"，也可以说人是"牛"。生活的本源情境就是如此，本源的生活乃是"非人"的生活；这里只有"事之情"，没有"人之情"。③ 当然，在这种本源情境里发生着生活感悟——生活情感、生活领悟；但是，这种生活感悟乃是本源的事情，即是先行于主体性、先行于任何作为存在者的人、物的事情。

但有一天，忽然下起了倾盆大雨，屋顶漏了，恐怕是某一条椽子坏了。这时候，他们忽然"意识到"了房子的"存在"，并开始仔细地打量

---

① 《周易·系辞上传》。
② 《庄子·应帝王》。
③ 《庄子·人间世》。

它、端详它、研究它。突如其来，本源情境便被打破了：房子立即被对象化了，变成了一个存在者，或者说变成了房子里所有东西（人、物）的"存在者整体"；而坏了的椽子，便成了这个存在者整体当中的一个"存在者领域"。用海德格尔的话来说，"上手状态"突然之间落入了"在手状态"。当他们研究椽子这个"存在者领域"时，认识、知识、科学便开始发生了；当他们研究房子这个"存在者整体"时，形而上学便开始发生了。当他们决定要整个地推倒重建这幢破旧的房子的时候，他们开始了"形而上学的重建"工作。

当然，这还仅仅是指"物"；其实，"人"也是如此的。在这座房子里共同生活的这一家子，实际上生活在某些规则、制度中，或者说生活在某种（广义的）伦理中。这种伦理、规则、制度，叫作**规范**；在传统儒家话语中，这就叫"礼"。儒家之所谓"礼"，涵盖了诸如道德规范、法律规范、政治规范、家庭规范、职业规范等社会规范，可以统称为**伦理规范**。这些规范在体制上的落实，便是所谓**制度**。不仅伦理有规范，知识同样有规范：知识规则、知识制度。不过，人们虽然生活在规范中，但是在本源情境里，人们并没有意识到这些规范；不仅没有意识到规范，而且，严格说来，在本源层级的生活感悟中根本就没有所谓"意识"，因为意识之为意识，就是对象意识、自我意识，然而在本源情境里，既无对象，也无自我。这里所发生的一切，都是"无意识"的[①]。这里只有先行于任何存在者、任何"人"、任何"物"的生活情感、生活领悟。

但有一天，这位父亲忽然病逝了。此时此刻，本源情境便骤然被打破了：家庭的支柱倒塌了，种种生存问题接踵而至。悲伤之余、丧事之后，母亲面对着幼弱的子女，开始考虑"这日子今后怎么过下去"的问题。比如，她想到了改嫁的问题：假如不改嫁，她无力独自养活这些孩子。接下来的情况是：一切都被改变了。必须重新考虑整个家庭的问题——存在者整体的问题，这是形而上学的事情；必须重新考虑某些家

[①] 这不是弗洛伊德意义上的"无意识"。

庭成员的问题——存在者领域的问题，这是"社会科学"的事情。不仅如此，而且显然，他们必须改变某些规范、制度。

这一切看起来似乎是很"偶然的"，其实不然，"天要下雨，娘要嫁人"，椽子总有一天是会坏的，父亲总有一天是会死的，在这个意义上，我会承认康德的一种说法：人天生就是形而上学的存在者。形而上学发生于本源情境被突然打破之际，然而本源情境总是要被打破的，在这个意义上，我们说形而上学的建构是"必然的"。如果说形而上学本身就归属于生活，那么，我们总是要去建构形而上学，这就是我们的"天命"：我们去建构形而上学，也是去生活。

在儒家的观念中，重建形而上学、形而下学，所依据的是两个方面：一是变动了的生活方式，二是不变的仁爱。在上面那个例子里，母亲所做出的一切改变，都基于她对孩子们的不变的爱，以及变动了的生活方式。但是，生活方式只不过是生活本身的显示样式：生活便是显示，而显示总是显示为显示样式；这种显示样式被我们存在者化地、对象化地、客观化地打量之际，它就被把握为所谓"生活方式"。生活方式的变动，不过是对生活本身的流行的形而上学把握。因此，这两个方面——不论是仁爱，还是生活方式，都归属于生活本身。这就是说，形而上学、形而下学的重建，都导源于生活。

但我在这里却想顺便强调一下："生活方式"是一个极其重要的概念。民族何以可能？由于生活方式。"民族"就是现代"民族国家"（nation，与"国家"是西来的同一个词），但它并不是一个从来就有的观念，而是一个典型的现代性观念，它是与资本主义、资产阶级的崛起相伴随的，是基于现代性的生活方式的观念。文化何以可能？同样由于生活方式。文化总是被把握为"民族文化"，也就是说，民族乃是文化的先行观念。这就表明了：民族和文化都不是本源的事情。然而，目前某些儒者的立场，无以名之，姑称之为"文化先验主义"吧，cultural transcendentalism。这里，民族文化被悬设为一个先行的根据。而生活儒学的更彻底的发问则是：文化何以可能？民族何以可能？它们都是基于被把握为生活方式的生活显示样式的,唯其如此,它们都是历史地变动的东西——是"器",而不是"道"。

九

问：形而上学就这样被建构起来了。但这样的形而上学建构究竟有什么意义？或者说,它对我们的现实生活究竟有什么意义？

答：其实,这是两个不同的问题：第一,生活儒学不仅仅是形而上学,而且包含着这样三个层级：生活本源、形而上学、形而下学。第二,生活儒学的现实意义,或对现实生活的意义。

问：好吧,咱们先谈第一个问题：生活儒学的**三个层级**,这是什么意思？

答：生活儒学认为,我们的观念包含着三个基本的层级：生活本源、形而上学、形而下学。

首先是"形而上学"和"形而下学"这样两个层级的区分。"形而上者谓之道,形而下者谓之器。"[①] 器就是器物,即是"物";同时,道也是"物"。所谓物,就是某种"东西"——存在者。在哲学所给出的范畴表中,存在者以两种方式给出：要么是实体,要么是实体的某种属性。但属性并不能独立存在,而是依附于实体的,所以归根到底,范畴所标志的就是存在者。[②] 范畴的这种情形同样适用于概念：概念所标志的同样是实体。不过,虽然都是存在者,但这里存在着区分：道这样的物、存在者是形而上的,是"一",对它的思考就是形而上学；而器这样的物、存在者是形而下的,是"多",对它们的思考就是形而下学。科学是形而下学,技术是对这种形而下学的应用；伦理学也是形而下学,社会规范的设计是对这种形而下学的应用。如果说,形而下学是对万物、某种存在者或某个存在者领域的思考,那么,形而上学就是对唯一绝对之物、作为终极根据的那

---

① 《周易·系辞上传》。
② 亚里士多德：《工具论·范畴篇》,李匡武译。

个存在者的思考。形而上学就是狭义的、纯粹的"哲学",它所思考的乃是作为所有存在者的最后根据的那个存在者——本体。这就表明了这样一种生成关系:形而上学 → 形而下学。这种生成关系就是说:形而上学是形而下学的根据。

虽然如此,毕竟形而上学和形而下学所思考的都是存在者、物。在这个意义上,形而下学也是一种形而上学,因为它们都采取同样一种思维方式:以表象的方式去思考存在者。[1] 传统的形而上学思考存在者,而遗忘了存在本身;我们今天重建的形而上学虽然并不遗忘存在本身,但这样的形而上学仍然是思考存在者的。科学仍将思考自然界的存在者,伦理学仍将思考社会界的存在者,而哲学仍将思考作为所有这些存在者的根据的那种存在者。但是,它们并不遗忘存在本身,并不蔽塞生活本身。

于是就引出了另外一种区分:"生活本源"和"形而上学"这样两个层级的区分。形而上学的言说所指涉的是存在者,而生活本源的言说所指涉的是存在本身。这种存在本身,就是生活本身、生活情感、生活领悟。假如我们承认存在本身就是生活本身,那么,我们接受海德格尔所做出的"存在论区分":存在与存在者的区分。我们承认,海德格尔的这个"发现"是划时代的。但我更愿意说:生活儒学所说的存在论区分就是"生活论区分",这就是说,存在与存在者的区分就是生活与生活者的区分。所谓"生活者"并不仅仅指"人",也包括"物",因为在生活儒学的观念中,在本源层级上并没有人与物的划分:它们向来**共同生活**着。所谓"共同生活",所说的就是生活的本源情境:这里并不是说先有了人和物,然后它们来"照面";而是说本来就没有所谓"人"和"物",而只有生活本身。只是在"人和物都是由生活本身生成的"这种意义上,我们才说"共同生活"。儒家所说的"天地万物一体之仁",在本源意义上就是在说这样的本源情境。顺便说说:在当前"生态伦理"的热烈讨论中所面临的"如何克服人类中心主义"这个问题,只有在"共同生活"这样的本源

---

[1] 海德格尔:《面向思的事情》,陈小文、孙周兴译,第68页。

层级上才有可能得到彻底地解决。周敦颐当年"窗前草不除去",是感觉到野草的存在"与自家意思一般"[①],就是缘于他领悟到了:"草"原来是与我共同生活着的"自家人"——草并不是与"人"划界的"物",而是共同生活中的"生活者"。由此,儒家才可能有"民胞物与""一视同仁"的观念。这已经不仅仅是一个生态伦理的问题了。只有回归生活本源,当代哲学的一个基本问题"形而上学何以可能"才能得到彻底地阐明:形而上学是导源于生活的,是导源于生活领悟的。这就意味着这样一种生成关系:生活本源 → 形而上学。

以上讨论表明了:如果说,形而上学是形而下学的根据,那么,生活本身就是形而上学的本源。这就是我所说的生活儒学的三个层级:生活本源 → 形而上学 → 形而下学。

问:这样一来,我们也就明白了这样的问题:"哲学有什么用?"

答:是的。我们经常会遇到这样的疑问:"哲学有什么用?"这个问题就是:形而上学有什么用?人们总是认为,形而下学——科学、伦理学等——才是有用的。这也不能说是一种错误的观念,因为确实只有形而下学才是可以"应用"的。但是,还有另外一种应用:作为形而下学的科学与伦理学,本身首先就在"应用"形而上学的"原理"。这就是另外一层意义上的"奠基"问题:形而下学何以可能?——科学何以可能?伦理学又何以可能?科学与伦理学作为形而下学,乃根据于形而上学。比如,它们都根据于形而上学的"主—客"架构:科学把这个架构应用于"自然界"这个存在者领域,于是"物"才成为我们的"研究对象";而伦理学把这个架构应用于"社会界"这个存在者领域,于是"人"才成为我们的"研究对象"。而这两者同时也是在应用形而上学的"物界"划分:"人—物"或"社会界—自然界"这样的划分本身是由形而上学的范畴给出的。

[①] 周敦颐:《周敦颐集》卷九,陈克明点校,北京:中华书局,1990年。

十

问：按照这种陈述，由生活本源到形而上学，由形而上学到形而下学，最后则落实为规范构造；这种规范构造，其实就是在生活中建立规则，实质地改变生活，即"去生活"。这样一来，显然，生活就不再是本源的，而是形而下学的规范构造了。这岂不是出现了两种生活吗？一种是作为本源的生活，另一种则是作为规范构造的生活。规范的生活是否还是本源的生活呢？

答：实际上，这里并没有所谓"两种生活"。生活就是生活，就是生活本身。但是，生活对于我们来说具有两种不同的意义：固然，一方面，现存的一切，都**曾经**是人们的某种构造，都是人们的去生活而超越的结果，亦即都是规范的生活；但是，另一方面，**当下**现存的一切，都是我们的本源，都是我们的在生活之际遇，亦即都是本源的生活。作为本源，生活本身是没有意义的，因为假如生活是有意义的，那就意味着在生活之外有一个确定这种意义的标准；但作为规范，生活却是有意义的，因为此时，生活恰恰已经被我们对象化了；这样一来，本源的生活本身也就同时获得了一种意义，也就是说，这种意义是在与规范的生活的对待关系中显示的：规范生活是**前此的意义**，本源生活是**当下的意义**。

问：以上分析似乎表明，生活儒学的总体的三个层级"生活本源→形而上学→形而下学"实际上不是层级性的，而是某种循环？

答：也可以这么说。所以，这种关系也可以有其他不同的描述：

……形而上学→形而下学→生活本源→形而上学……
……形而下学→生活本源→形而上学→形而下学……

但是，这却不是一种简单的"循环"；我更愿意说，它具有某种**类似**黑格尔辩证法的特征。但它跟黑格尔辩证法之间却存在着一种根本的区别：黑格尔辩证法乃是纯粹的形而上学体系，诸多形而下学的东西只是这个形而上学体系的内在环节；在黑格尔辩证法那里，根本就没有生活本源，它仅仅是主体的自我反思，而表现为实体的自我展开运动。

问：即便如此，还是存在着一个问题：我们为什么非得从生活本源这个环节开始不可？为什么不能从形而上学或者形而下学这个环节开始呢？

答：我们确实只能从生活本源开始。对此可以做三点阐明：第一，假如从形而上学开始，那么，人类自原创时期以来的观念史已经告诉我们，它必定导致存在本身的遗忘、生活本源的蔽塞。不仅如此，形而上学的"主—客"架构何以可能的问题未经先行阐明，必定使我们陷入"认识论困境"；生活本源层级的揭示，彻底消解了产生"认识论困境"的可能性。第二，假如从形而下学开始，那就必定导致生活本源的蔽塞，甚至导致形而上学的缺席，这就意味着我们必定陷入道德相对主义、知识相对主义，奉行实用主义、丛林原则，这正是"后现代状况"的困境。第三，唯有从生活本源开始，我们才可能避免存在本身的遗忘、生活本源的蔽塞，也才可能说明形而上学何以可能，进而说明形而下学何以可能。

问：但是，前此的规范被我们把握为当下的本源，这是否同样会导致道德相对主义、知识相对主义？是否会导致我们对现存的规范的妥协态度？

答：不会的。当然应该承认：作为本源的在生活之际遇，作为**前形而下学**，乃至**前形而上学**的事情本身，当下现存的一切乃是"中性"的：它们无所谓真、善、美的分别，因为它们无所谓知、意、情的分别（无"人之情"、有"事之情"）。本源的求真无意于求真，本源的向善无意于向善，本源的审美无意于审美。这固然是一种"承认现实"的态度。但这并不意味着妥协态度。生活本身的本源结构决定了，我们总是要去生活，即总是要超越现实的生活，这是一种"改变现实"的态度。我们首先必须承认现实，然后才有可能改变现实；否则，改变现实的愿望只是一种空中楼阁。过去人们不理解孔子对"礼"的态度，就是因为不懂得这个道理：孔子一方面主张"学礼"、"克己复礼"、"非礼勿视，非礼勿听，非礼勿言，非礼勿动"①，另一方面却主张"礼有损益"②，人们感到这似乎是自相矛盾的。其实，"礼"作为规范构造是具有不同的意义的：它固然是前此的规则建构，即是"损益"的结果；但它却是当下的生活际遇，所以首先必须"学礼"。所谓"即凡而圣"（"圣"就是"仁且智"），只能这样理解。

问：最后，能不能对"生活儒学"的总体意义做出某种简要的概括？

答：众所周知，恩格斯曾经把黑格尔辩证法的意义概括为这样两句话：凡是现存的，都是合理的；凡是现存的，都是应当灭亡的。——"这种看法的保守性是相对的，它的革命性质是绝对的。"③仿此，我把生活儒学的意义概括为这样两句话：**凡是现存的，都是本源的；凡是现存的，都是应当超越的**。第一句话的意思是：凡是现存的，都曾经是前此的某种形而下学的构造，但是，无论如何，对于当下的我们来说，它们都是我们的在生活之际遇，我们只有由此出发，才能去生活而超越；第二句话的意思是：凡是现存的，纵然都是我们的在生活之际遇，但是，我们必定去生活而超越它们，而这种去生活而超越，同样归属于我们的在生活之际遇。——这种看法既无所谓"保守"，也无所谓"革命"；生活儒学只是告诉我们：我们向来在生活，并且总是去生活。

---

① 《论语·颜渊》。
② 《论语·为政》。
③ 恩格斯：《路德维希·费尔巴哈和德国古典哲学的终结》，《马克思恩格斯选集》第4卷，北京：人民出版社，1972年，第211—213页。

何谓"哲学"？
——论生活儒学与哲学的关系*

笔者所创"生活儒学"①（包括其内在的次级理论"中国正义论"②）自2004年问世伊始，即为学界所关注：迄今已有介绍、评论和研究文章约200篇（包括不少名家之作）、研究专著两部；已有多家单位联合举办了共三届"生活儒学"全国学术研讨会。众多学者发表了许多意见，包括向生活儒学提出的一系列问难。现趁《畿辅哲学》辑刊邀约之机，谈谈上述诸多问难之中的一个问题，即"生活儒学"与"哲学"的关系问题，同时借此谈谈我对"何为哲学"或"哲学何为"问题的看法。③之所以选择这个话题，是因为近来"什么是哲学"或"哲学是什么"及"怎样做哲学"

---

* 原载《河北大学学报》2021年第2期，第1—8页。
① "生活儒学"著述有：《面向生活本身的儒学——黄玉顺"生活儒学"自选集》（文集）；《爱与思——生活儒学的观念》（专著），成都：四川大学出版社，2006年，成都：四川人民出版社，2017年，增补本；《儒家思想与当代生活——"生活儒学"论集》（文集），北京：光明日报出版社，2009年；《儒学与生活——"生活儒学"论稿》（文集），成都：四川大学出版社，2009年；《生活儒学讲录》（文集），合肥：安徽人民出版社，2012年；《儒教问题研究》（文集），北京：人民出版社，2012年；《从"生活儒学"到"中国正义论"》（文集），北京：中国社会科学出版社，2017年；《生活儒学与现代性问题》（文集），成都：四川人民出版社，2019年；《生活儒学与当代思想》（文集），成都：四川人民出版社，2020年。
② "中国正义论"著述有：《中国正义论的重建——儒家制度伦理学的当代阐释》（文集），合肥：安徽人民出版社，2013年（英文版 *Voice From The East: The Chinese Theory of Justice*, Paths International Ltd., 2016）；《中国正义论的形成——周孔孟荀的制度伦理学传统》（专著），北京：东方出版社，2015年。
③ 这里要特别感谢程志华教授，正是他的约稿信给了我再次反省"生活儒学"的机会。河北大学哲学与社会学学院主办的《畿辅哲学》旨在发表关于河北哲学人物的研究成果，而我这篇文章未能遵守这个规则，实在抱歉。不过，我与"河北哲学"是有一种特殊关系的，例如我曾发表过研究程志华教授的哲学思想的文章《中国哲学怎样"开新"——评"据本开新"方法论》（《东岳论丛》2018年第4期），而程教授就是河北人，且任职于河北大学，他作为一位视野开阔、思想深刻的知名哲学学者，本身就是一位"河北哲学人物"。

之类话题比较火热，让我想起学界朋友对生活儒学的两种截然相反的印象，一种印象是"生活儒学太哲学了"，另一种印象却是"生活儒学不太像哲学"，所关涉的就是生活儒学与哲学的关系问题。

一、"不太像哲学"的存在哲学

有些朋友觉得：生活儒学不太像哲学，至少有些地方不太像。我曾经回应过这类问题，例如："有些朋友觉得生活儒学的代表作《爱与思》许多地方'不像哲学'，其实是因为他们不理解：生活感悟的言说方式，不是哲理的语言，而是诗性的语言。孔子讲'兴于诗，立于礼，成于乐'，最重视诗，就是因为诗是生活情感的言说、生活感悟的表达，而非什么形上学、形下学的哲学建构"；这就是说，"生活儒学在本源层级上的言说并非什么'哲学'，而是前哲学、前理性、前主体性、前存在者的事情，只能说是'生活感悟'——生活情感、生活领悟"。[①]

这需要对生活儒学的全部内容有所了解，笔者曾这样概括过："一、生活儒学的问题意识"；"二、生活儒学与现象学的关系"；"三、生活儒学的思想系统"；"四、生活儒学的本源层级：生活感悟"；"五、生活儒学的形上学建构：变易本体论"；"六、生活儒学的形下学建构：中国正义论"；"七、生活儒学的现代政治哲学"（"国民政治儒学"）；"八、生活儒学的其他维度"。其中"生活儒学的思想系统"主要谈了生活儒学所包含的三大观念层级："1.存在或者生活层级的生活感悟"；"2.形而上存在者层级的本体论建构：变易本体论"；"3.形而下存在者层级的伦理学建构：中国正义论"。[②]

显然，上述"生活儒学的本源层级：生活感悟"或"存在或者生活层级的生活感悟"确实不是哲学，因为通常来说，哲学总是某种"存在者化"的思考，而"生活感悟"却不属于"存在者"，而属于"前存在者"

---

① 黄玉顺：《回望"生活儒学"》，《孔学堂》杂志 2018 年第 1 期。
② 黄玉顺：《回望"生活儒学"》，《孔学堂》杂志 2018 年第 1 期。

的"存在"——"生活"。生活儒学意在突破两千年来的"形上—形下"二级观念框架,通过追溯前存在者的存在——生活,揭示"生活本源→形而上者→形而下者"的三级观念架构。

这里涉及的根本问题就是"奠基"问题,箭头"→"即表示奠基关系。所谓"奠基"(die Grundsteinlegung / the laying of foundation),如果撇开康德、胡塞尔和海德格尔之间的概念差异,那就是说:如果没有 A 的存在就没有 B 的存在,那么,在先的 A 就是为 B 奠基的(这种"在先"既非时空上的在先,亦非逻辑上的在先,而是存在论意义上的在先)。[①]

因此,如果说传统的本体论形上学是为形下学(如科学与伦理学等)奠基的,那么,这种本体论形上学本身也是需要奠基的,这就是某种存在论。这里需要指出:海德格尔没有区分两种存在论,他都是用的"Ontologie",而称前者为"traditional ontology",后者为"fundamental ontology"。其实,应当区分"本体论"和"存在论":关于形而上存在者的理论是 ontology,应译为"本体论";而关于前存在者的存在的理论应当是 theory of Being,这才是真正的"存在论"。

这是海德格尔的"双重奠基"思想,尽管他本人并没有重建形上学、形下学的兴趣,而只关心如何通过解构而还原到"源始生存经验"(这导致他在道德上出现问题)。他说:

> 存在问题的目标不仅在于保障一种使科学成为可能的先天条件,而且也在于保障那使先于任何研究存在者的科学且奠定这种科学的基础的存在论本身成为可能的条件。[②]

这里的"使科学成为可能的先天条件",亦即"先于任何研究存在者的科学且奠定这种科学的基础的存在论本身",指的是海氏所谓"传

[①] 参见黄玉顺:《形而上学的奠基问题——儒学视域中的海德格尔及其所解释的康德哲学》,《四川大学学报》2004 年第 2 期。
[②] 海德格尔:《存在与时间》,陈嘉映、王庆节译,第 13 页。

统存在论"（traditionelle Ontologie）；而"使"这种传统本体论本身"成为可能的条件"，则指的是海氏自己的所谓"基础存在论"（fundamentale Ontologie），即他对此在（Dasein）的生存（Existenz）所进行的分析。海氏的双重奠基关系就是（箭头表示奠基关系）：关于此在之生存或存在的基础存在论→关于形而上存在者的传统本体论→科学。①

与之相应，生活儒学所说的"生活""存在""生活本源""生活感悟""生活情感"等，乃对应于海氏的"基础存在论"，其所思考的不是任何存在者（既不是形而上的存在者，也不是形而下的存在者），而是前存在者的存在，这就是存在论（theory of Being）。

但应注意的是：生活儒学与海氏思想的这种"对应"并非"等同"，因为生活儒学所说的"生活"或"存在"（Being）并不等于海氏所说的"存在"（Sein）。海氏思想潜藏着深刻的矛盾：他一方面认为"存在"先于任何"存在者"，并且给出所有"存在者"，即"存在与存在的结构超出一切存在者之外，超出存在者的一切存在者状态上的可能规定性之外"②，另一方面却说"存在总是某种存在者的存在"③，这就是其思想的矛盾；他区分"存在"与（此在的）"生存"（existence），认为只能"通过对某种存在者即此在特加阐释这样一条途径突入存在概念""我们在此在中将能赢获领会存在和可能解释存在的视野"④，然而"此在是一种存在者"⑤，这里却先行于存在，这也是其思想的矛盾。⑥而在生活儒学，既没有"存在"与"生活"的区分，也没有"此在"的先在；一切存在者皆出于存在而归于存在，或者说出于生活而归于生活。

因此，显而易见，生活儒学的内容远不止是哲学；它更重大的贡献

---

① 参见黄玉顺：《形而上学的奠基问题——儒学视域中的海德格尔及其所解释的康德哲学》，《四川大学学报》2004年第2期。海氏所谓"科学"，泛指关于"存在者整体"以下的任何存在者领域的思考；而关于存在者整体的思考，则是"哲学"或"形而上学"。
② 海德格尔：《存在与时间》，陈嘉映、王庆节译，第44页。
③ 海德格尔：《存在与时间》，陈嘉映、王庆节译，第11页。
④ 海德格尔：《存在与时间》，陈嘉映、王庆节译，第46页。
⑤ 海德格尔：《存在与时间》，陈嘉映、王庆节译，第14页。
⑥ 参见黄玉顺：《生活儒学关键词语之诠释与翻译》，《现代哲学》2012年第1期。

是"前哲学"的、"为哲学奠基"的部分，也就是"生活论"或"生活存在论"。

不过，特别有意思的是，尽管海德格尔宣布了"哲学的终结"，以求开启"思的任务"①，然而他这种"存在之思"却也被人们称为"海德格尔哲学"。这种最宽泛意义上的"哲学"概念，可称之为"存在哲学"（philosophy of Being or Being Philosophy）。这里所谓"存在哲学"并非通常所指的存在主义（existentialism）的"存在哲学"（existential philosophy or Philosophy of Existence）（亦译"生存哲学"），而是"存在之思"（Thinking of Being）。在这个意义上，生活儒学亦可称为"生活哲学"（Life Philosophy）。

二、"太哲学"的形上哲学

学界与上述"生活儒学不太像哲学"截然相反的印象是"生活儒学太哲学"。例如，生活儒学问世之初，就有人称之为"哲学帝国主义"②，意指生活儒学用"哲学"来吞没了"儒学"。又如，拙著《爱与思——生活儒学的观念》在美国出版的过程中，美方编辑坚持要在书名中出现的一个关键词就是"philosophy"③，这反映了他们对生活儒学的单纯哲学化理解。

生活儒学经常遭遇这样的误解。有朋友说："当今儒学的几个流派，您的生活儒学是最有哲学特色的。但也正因为如此，据我所知，有人批评'生活儒学'不是儒学，而是一种哲学。这就涉及这样的问题：儒家的基本学问形态是不是一种哲学？或者说，哲学在儒学中具有怎样的地位和意

---

① 海德格尔：《哲学的终结和思的任务》，载海氏《面向思的事情》，陈小文、孙周兴译。
② 陈明教授语，见《关于"生活儒学"的一场讨论》，载《面向生活本身的儒学——黄玉顺"生活儒学"自选集》，第14—15页。
③ Huang Yushun, *Love and Thought: Life Confucianism as a New Philosophy*, Encino: Bridge 21 Publications, 2019. 对于这种把生活儒学视为"一种新哲学"的看法，我之所以妥协，是考虑到上文所说的"存在哲学"的意谓。

义？甚至'生活儒学'还是儒学吗？"①

我的回答是："如果把'哲学'理解为广义的，即胡适讲的'研究人生切要的问题从根本上着想，要寻一个根本的解决'，那么，整个生活儒学都可以被视为一套哲学思想。但如果狭义地理解'哲学'，即指那种以本体论为核心的形而上学，那么，生活儒学尽管包含了哲学的层级，但并不等于哲学。生活儒学的一个基本意图，恰恰是要突破传统哲学的形而上学思维方式"；"重建儒学意味着：不仅重建儒学的形而下学 —— 伦理学、知识论，而且重建儒学的形而上学、哲学。而重建哲学形而上学则意味着：必须找到比哲学形而上学更本源的观念，找到哲学形而上学的'大本大源'、'源头活水'"。②

确实，生活儒学的内容包括严格的"哲学"部分，即其"形上哲学"。所谓"形上哲学"（metaphysic philosophy）指"纯哲学"，即形而上学，主要是本体论。这是海德格尔的界定：

> 哲学即形而上学。形而上学着眼于存在，着眼于存在中的存在者之共属一体，来思考存在者整体 —— 世界、人类和上帝。形而上学以论证性表象的思维方式来思考存在者之为存在者。③

这就是说，纯粹哲学思考的只是"存在者整体"或"存在者之为存在者"，亦即形而上的存在者。按此定义，所谓《易传》的"周易哲学"其实也不全是哲学，因为"形而上者谓之道，形而下者谓器"④，即只有对形上之"道"的思考才是哲学，然而《易传》的思考还包含了形下之"器"的问题，特别是伦理与政治问题。

---

① 黄玉顺、宋大琦：《从"生活儒学"到"中国正义论" —— 黄玉顺先生访谈录》，载《当代儒学》第6辑，桂林：广西师范大学出版社，2014年。
② 黄玉顺、宋大琦：《从"生活儒学"到"中国正义论" —— 黄玉顺先生访谈录》。
③ 海德格尔：《哲学的终结和思的任务》，载《面向思的事情》，陈小文、孙周兴译，第68—69页。
④ 《周易·系辞上传》。

生活儒学建构了自己的严格意义的形上哲学，因为"这是我所持有的一个基本的信念：'儒学'的复兴，虽然并不等于、但无疑首先是儒家'哲学'的重建"①。

（一）变易本体论

按照上述严格的"哲学"概念，生活儒学的内容之中，只有"形而上存在者层级的本体论建构——变易本体论"部分才是哲学。所谓"变易本体论"（change ontology），是将《周易》所讲的"易"即"变易"作为形上本体。

> 中西本体论之间是相通的，但也存在着根本差异。其相通之处是双方都在追寻形而上者；差异在于双方所追寻到的形而上者颇为不同：就其主流而论，西方哲学中的形而上者往往是某种静止的实体；而中国哲学中的形而上者，有一种是流动的变易，这在《易传》哲学中是最为典型的，其形而上者不是凝滞的东西，而是"易"（变易）。……据此，道即是变，变即是道。如《系辞上传》说"形而上者谓之道"，此"道"就是"变"，即是"变化之道"："道有变动"；"乾道变化"；"形而上者谓之道……化而裁之谓之变"；"四时变化而能久成，圣人久于其道"；"圣人之道四焉……以动者尚其变"等等。②

当然，中国哲学史上的本体也不都是变易的流动，正如西方哲学史上的本体也不都是静止的实体。例如程朱理学的"理"或"天理"，就是静止的实体，亦即未发之"性"。如朱熹说："指体而言者，'寂然不动'是也，此言性也"；"方其未发，此心之体寂然不动"；"方寂然不动，此

---

① 黄玉顺：《面向生活本身的儒学——黄玉顺"生活儒学"自选集》，前言，第2页。
② 黄玉顺：《形而上学的黎明——生活儒学视域中的"变易本体论"建构》，《湖北大学学报》2015年第4期。

理完然，是为性之本体"。①

然而有意思的是，哲学家们不断地建构不同的本体，于是整个一部哲学史恰恰呈现为本体的流动变易；此时如果再建构任何一个新的静止实体作为本体，都不足以概括这种流动变易，唯有"变易"本身能涵盖之：一切皆变，唯变不变。这就是"变易本体论"的初衷。

（二）超越本体论

有朋友可能注意到，笔者最近发表的论文《生活儒学的内在转向》②，是继"变易本体论"之后，意在建构"超越本体论"（Transcendence Ontology）。那么，这两种本体论之间是什么关系呢？简而言之，如果说"变易本体论"意在涵盖中国本体论的历史，那么，"超越本体论"则旨在为关于中国社会现代化的形下探索奠定某种形而上学的基础；前者是普遍的，后者则是特殊的、现代性的。因此，严格来讲，这算不上"转向"。

超越本体论的核心内容，是出自现代社会对于重建儒学与权力和超越之关系格局的特定时代需要，检讨帝国儒学，特别是宋明理学的"内在超越"（immanent transcendence）进路，而返回孔孟儒学的"外在超越"（external transcendence）进路，重建"天"这样的外在神圣的超越者（the Transcendent）。③

（三）关于"反思"的讨论

按照前引海德格尔的界定——"形而上学着眼于存在，着眼于存在中的存在者之共属一体，来思考存在者整体"，那么，哲学（形而上学）与其他学科（形而下学、科学）的区别在于：前者思考的是"存在者整

---

① 黎靖德编：《朱子语类》，北京：中华书局，1986年，第94、119、469页。
② 黄玉顺：《生活儒学的内在转向：神圣外在超越的重建》，《东岳论丛》2020年第3期。
③ 参见黄玉顺：《中国哲学"内在超越"的两个教条——关于人本主义的反思》，《学术界》2020年第2期；《儒学反思：儒家·权力·超越》，载《当代儒学》第18辑，成都：四川人民出版社，2020年，第3—10页。

体"的存在,而后者思考的则只是某个"存在者领域"的存在。这看起来确实可以保证哲学永远都有存在的理由(尽管海德格尔自己宣称"哲学的终结"),因为哲学以外的任何科学、学科都不会思考存在者整体的存在。

不过,关于"何为哲学"或"哲学何为",还有其他说法。例如,有一种较为流行的观念认为,哲学乃是"反思";科学是对象性的,哲学是反思性的。

先看经验主义的"反思"概念。如洛克说:"一切观念都是由感觉(sensation)或反思(reflection)而来的";"外界的物质东西是感觉的对象,自己的心理活动是反思的对象";首先是感觉,"之后,人心又开始反思它自己的感觉观念上所发生的各种作用,因此,它就又得到一套新观念,这套观念便是所谓反思观念"。① 然而,如果按照经验主义的这种"反思"概念,那么,除直接的感知外,科学理论也是反思,一切观念都是反思,即反思不再是哲学的特征。

再说理性主义的"反思"概念。黑格尔的"反思"(Reflexion)概念是最典型的:反思就是以"思想的本身为内容,力求思想自觉其为思想";反思是从知性过渡到理性的中间形式,以便最终"在对立的规定中认识到它们的统一性",这里,"联系的形式只是我们的反思"。② 这显然并不是在规定整个哲学的特征,而只是绝对观念自我展开的辩证运动当中的一个环节。

其实,笛卡儿最早使用"反思"这个词语,我们不妨回到他那种朴素的"反思"概念。他说:"心灵可以同时思考许多问题,并且恰恰在此时还可以随其所愿地反思它的所思并意识到它的思维。"③ 这就是说,心灵不仅思考对象世界,而且思考这种思考本身,后者就是反思。例如,科学思考对象世界,而哲学则反思科学的这种思考。然而,这样的反思

---

① 洛克:《人类理解论》,关文运译,北京:商务印书馆,1959年,第68、70、82页。原译文里,"reflection"均译作"反省"。
② 黑格尔:《小逻辑》,贺麟译,北京:商务印书馆,1980年,第39、181、240页。
③ 转引自倪梁康:《自识与反思》,北京:商务印书馆,2002年,第57页。

其实也未必能保证哲学之存在的必要性：设想，这种反思活动的心理机制、生理机制甚至物理机制有一天被科学加以揭示，哲学也就真正应当"终结"了。

不仅如此，显然，反思也是一种存在者化的思维方式，即主体性的思维方式。因此，"反思"的概念或许可以揭示哲学的特征，但它不足以为哲学奠基，因为：这里有一个主体在反思其所思，然而这个主体本身何以可能？正如海德格尔所说，"什么是哲学研究的事情呢？……这个事情就是意识的主体性"；"作为形而上学的哲学之事情乃是存在者之存在，乃是以实体性和主体性为形态的存在者之在场状态"。① 然而问题在于：这种主体性本身何以可能？存在者何以可能？因此，这种形上哲学需要奠基。

三、生活儒学的形下哲学

除上述严格意义的形上概念外，"哲学"也经常被用来指称某些形下的学科，如"政治哲学""道德哲学"等，指的是这样一些学科的原理部分，可称之为"形下哲学"。所谓"形下哲学"（sub-metaphysic philosophy or physical philosophy）②，其所思考的只是形而下的某个存在者领域的基本原理，如政治哲学是政治领域的基本原理、道德哲学是道德领域的基本原理等。

据此，甚至今天在英美哲学界最流行的"分析哲学"或"语言哲学"，其实也只是一种形下哲学；如果按照上文所讲的严格的"哲学"即形而上学的标准来看，它根本不是哲学，因为其所思考的只是语言系统这样一个形而下的存在者领域。且以塔尔斯基（Alfred Tarski）的语言层次

---

① 海德格尔：《哲学的终结和思的任务》，载《面向思的事情》，陈小文、孙周兴译，第76页。
② 这里的"physical"不是现代科学中"物理学的"之意，而是亚里士多德"形而上学"（metaphysica）之"形"（physica）方面的，即本体论以下的"自然学的"，用以泛指关于本体以下的"万物的"。参见黄玉顺：《形而上学的黎明——生活儒学视域中的"变易本体论"建构》，《湖北大学学报》2015年第4期。

论（the hierarchy theory of languages）为例，如果说科学的语言是对象语言（objective language），而哲学的语言则是赖以给出对象语言的元语言（meta-language），即：元语言（哲学）→ 对象语言（科学）→ 对象界。①这样的哲学确实只是"语言哲学"，即只是以"语言"这个存在者领域为对象。

海德格尔说形而上学哲学是"以论证性表象的思维方式来思考"，其实，作为"形而下学"伦理学、政治哲学乃至科学也都是"以论证性表象的思维方式来思考"；而所谓"表象"也就是关于"存在者"的表象，无论它是形而上的存在者，还是形而下的存在者。②

按照这种较为宽泛一些的"哲学"概念，那么，生活儒学内容当中的"形而下存在者层级的伦理学建构：中国正义论"、"生活儒学的现代政治哲学"（"国民政治儒学"）当然也是哲学。

（一）作为基础伦理学的中国正义论

这里的"中国正义论"（Chinese Theory of Justice）如果也是一种哲学，那只是一种"形下哲学"。中国正义论旨在揭示一切社会规范建构及其制度安排的一般原理，即：仁（仁爱情感）→ 利（利益冲突）→ 知（良知或正义感）→ 义（正义原则）→ 智（理智或理性）→ 礼（规范与制度）→ 乐（社会和谐）。其核心理论结构就是"仁→义→礼"，即以社会规范及其制度的建构作为基本关切。③

这就是说，中国正义论其实就是儒家的制度伦理学（the ethics of institution or institutional ethics）。但是，这种制度伦理学其实乃是"基础伦理学"（fundamental ethics）的建构，它不仅为政治哲学奠基，而且为

---

① 参见黄玉顺：《哲学断想："生活儒学"信札》，成都：四川人民出版社，2019 年，第 508—509 页。
② 参见黄玉顺：《爱与思——生活儒学的观念》，第三讲第二节，"四、想象·形象·表象：领悟之思"，第 127—133 页。
③ 参见黄玉顺：《中国正义论纲要》，《四川大学学报》2009 年第 5 期；《中国正义论的重建——生活儒学的制度伦理学思考》，《文史哲》2011 年第 6 期。

其他伦理学或道德哲学奠基，旨在提出一个崭新的观念：如果道德或伦理仅仅属于"礼"即社会规范及其制度的范畴（即不包括先行的、为之奠基的"仁""义"），那么，事情本身就不是传统观念认为的道德决定制度，而是制度决定道德。①

（二）作为儒家政治哲学的国民政治儒学

上述中国正义论是一套普遍原理，它适用于古今中外所有社会规范建构及其制度安排，而不是单单针对现代政治生活的理论；由前者向后者的演绎，才是作为现代政治哲学的"国民政治儒学"（Civic Political Confucianism）②。如果说中国正义论是儒家政治哲学的原理，那么，国民政治儒学就是儒家的现代政治哲学形态。

总而言之，生活儒学的思想系统包含三大观念层级：前存在者的存在或生活、形而上存在者的存在和形而下存在者的存在。按照最严格的"哲学"概念，即形上哲学，特别是本体论，那么，生活儒学的前存在者层级和形而下存在者层级的内容都不是哲学，只有形而上存在者层级的内容才是哲学；而按照较宽泛的"哲学"概念，生活儒学的形而下存在者层级的内容则是形下哲学；但按照最宽泛的"哲学"概念，生活儒学的前存在者层级的内容就是存在哲学。

---

① 参见黄玉顺：《孔子怎样解构道德——儒家道德哲学纲要》，《学术界》2015 年第 11 期；《作为基础伦理学的正义论——罗尔斯正义论批判》，《社会科学战线》2013 年第 8 期。
② 参见黄玉顺：《国民政治儒学——儒家政治哲学的现代转型》，《东岳论丛》2015 年第 11 期。

第二编　方法论

复归生活，重建儒学
——儒学与现象学比较研究纲领*

本文意在提出这样一个初步的研究纲领：通过儒学与现象学的比较研究，在当代思想前沿的观念上，复归生活，重建儒学。这个课题的提出，出于以下几点关注。

一、几个关注问题

（一）我们今日是否需要重建形而上学？

我们身处所谓"后现代"，据说这是一个"后形而上学"时代，意在摧毁任何一种建立形而上学的企图。这里所谓"形而上学"，指的是所谓"纯粹哲学"，即一般的传统存在论。按照海德格尔的说法，哲学就是形而上学，意在为一切存在者寻求最终的根据，故表现为探求"存在者整体"或"存在者之为存在者"。[①] 这种"反形而上学"的"时代潮流"是不无道理的，因为传统形而上学确实缺乏作为源始的"存在之领会与解释"的基础。但在我看来，这种拒绝"形而上学"的做法不仅是不应当的，也是不可能的。

（1）从学理上来看，形而上学不仅是科学建构的基础，也是伦理建构的基础。根据现象学的观念，作为纯粹哲学存在论的形而上学，虽然本身尚需纯粹先验意识（胡塞尔），或者源始的存在之领会与解释（海德格

---

* 原载《人文杂志》2005 年第 6 期，第 27—35 页；中国人民大学复印报刊资料《中国哲学》2006 年第 1 期转载；*Frontiers of Philosophy in China* 2007 年第 2 卷第 3 期译载；收入作者文集《"生活儒学"论稿》，成都：四川大学出版社，2009 年，第 87—109 页。

① 海德格尔：《哲学的终结和思的任务》，载《面向思的事情》，陈小文、孙周兴译，第 76 页。

尔）的奠基，但它本身是科学建构与伦理建构的基础。胡塞尔说："形而上学的任务在于，对那些未经考察、甚至往往未被注意、然而却至关重要的形而上学前提进行确定和验证，这些前提通常是所有探讨实在现实的科学的基础。"① 海德格尔在一定意义上继承了这个思想，在这个基础上提出了"形而上学本身是如何被奠基的"问题。他区分了两个层面的奠基：基础存在论是为传统存在论奠基的，而传统存在论"哲学"又为"科学"奠基。他说："存在问题的目标不仅在于保障一种使科学成为可能的先天条件，而且也在于保障那使先于任何研究存在者的科学且奠定这种科学的基础的存在论本身成为可能的条件。"② 这就表明，海德格尔实际上认为存在着这样一种奠基关系：生存论（基础存在论）→ 哲学存在论（形而上学）→ 科学与伦理学。（按照海德格尔的看法，伦理学作为对某种存在者领域的"有所论证的揭示"③，同样是一种科学。）因此，假如我们自行放弃了建立形而上学的企图，那么，科学仍会不予理会地自行发展，但却会是一匹脱缰的野马；伦理生活仍会进行，但却会是一种动物的"伦理"。

（2）从现实问题来看，形而上学的坍塌确实不仅导致了科学主义更加肆无忌惮地为所欲为，而且导致了伦理生活中相对主义的泛滥成灾。西方现代伦理生活，本来是在两种伦理精神的协调之下运作的：一是动物伦理，二是宗教伦理。所谓宗教伦理，具体是基督教传统伦理；所谓动物伦理，基于现代主义的基本精神：人是有欲望和理性的动物，他能理智地趋利避害。这种观念的一种典型表达，是社会达尔文主义的丛林伦理。而在中国，自从严复翻译《天演论》以来，在传统形而上学、伦理体系被摧毁的同时，中国人把自己理解为"生存竞争"的动物。那么，动物的"生存"是否存在着"伦理"生活？儒家认为，动物的"生存"只有在与人的生存"共在"（Mitsein）时，才是伦理的。所以，思想者在今日的重任，

---

① 胡塞尔：《逻辑研究》第一卷，倪梁康译，上海：上海译文出版社，1994 年，第 7 页。
② 海德格尔：《存在与时间》，陈嘉映、王庆节译，第 13 页。
③ 参见海德格尔：《现象学与神学》，收入海氏自选文集《路标》，孙周兴译。

不是反形而上学，而是为形而上学奠基。①

（3）事实上，差不多所有的"反形而上学"的思潮，包括某些"后现代"思潮，也有自己的"宏大叙事"，也有自己的形而上学。比如，"反形而上学"是从当初作为实证主义的分析哲学的"拒斥形而上学"就开始了的，但是分析哲学仍有自己的形而上学，这一点，最后终于被奎因以"本体论承诺"的方式羞羞答答地承认了。②

（二）我们今日是否还需重建儒学？

说到为形而上学奠基或重建形而上学，我们作为中国的思想者，自然而然地就会想到儒学的重建。当然，这里存在着一个问题：虽然儒学的重建肯定是形而上学的重建，因为儒学显然是有自己的形而上学传统的；但是，对于中国人来说，形而上学的重建是否必定是儒学的重建？重建形而上学，能否抛开儒学？这个问题其实基于这样一个问题：形而上学有没有民族性？

事实是：形而上学至少曾经历史地就是民族性的东西。这又牵涉到另一个问题，即"历史性视域"问题。鉴于这是下文将要讨论的问题，这里只简单地说：此在的生存的"时间性"奠基着"历史性"视域的无可逃逸，而历史性又奠基着"历史学"观念的无可逃逸。儒学作为中国人的传统，不是某种"现成在手"（vorhanden）的东西，因而不是历史博物馆的陈列品；儒学作为中国人的传统，作为中国人的被抛的"所是"，当下化于我们的现实生活。所以，儒学的重建倒恰恰是作为中国人的我们的"能在"。

而说到民族性，还有一个我所一再强调的观念：现代性，乃至于当代性的问题，本质上是一个民族性问题。所谓现代性，乃至当代性，它所关涉的就是近代以来的"民族"或者"国家"观念——两者是一个词：

---

① 参见海德格尔：《康德和形而上学问题》（导论），邓晓芒译，载孙周兴选编：《海德格尔选集》。
② 奎因：《从逻辑的观点看》，江天骥等译，上海：上海译文出版社，1987年，第一章"论何物存在"，第8页。

nation。在这个意义上，民族性乃是现代性的基本涵项。所谓民族性，在观念上首先关涉的就是民族主体性，这立即就指向民族文化传统。我曾指出：西方的现代化在观念上虽经转换，但也毕竟是继承了"二希传统"（古希腊、希伯来传统），而中国自由主义之所以总是失败，就因为它是反其道而行之，全盘反传统、全盘西化。①

（三）如何重建儒学？

如果重建儒学是我们的"天命"，那么，问题就在于：如何重建儒学？上文其实已经表明：我选择了现象学作为参照。所以我首先须着力说明的是：儒学的重建为什么选择现象学作为参照？为此，我想讨论三点。

（1）"当代哲学主流"问题。当代哲学包括三大运动：分析哲学运动、现象学运动、后现代运动。就西方思想的参照来说，这些就是我们所有的"选言肢"。但后现代思潮是为我们所不取的，上文已有所说明：它是"反形而上学的"，正好与我们的意图相左。分析哲学也不为我所取，因为它不仅同样有"反形而上学"的（形而上学）倾向，而且有科学主义的性质。分析哲学以数学、逻辑、科学——经验主义、逻辑主义——作为自己的根基，而这些东西恰恰是尚待被奠基的。所以我们别无选择：所能取的就是现象学，尤其是胡塞尔、舍勒、海德格尔的现象学，但不是作为"哲学"，而是作为"方法"的现象学。

（2）"中西比较哲学"问题。上面一点讨论，已经带出了另外一个问题：咱们中国儒学的重建，何以需要参照西方的现象学？这是一个严峻的话题，它不断地刺痛着我们的某些民族主义者的神经。这个话题很大，我这里只能简单谈几点思考：

第一，假定我们完全拒绝任何所谓"西方观念"（谁都明白，对于当今中国人来说这是不可能的），我们试图"自行解释"传统文本，那么这

---

① 以上参见黄玉顺：《"自由"的歧路——"五四"自由主义的两大脱离》，《学术界》2001年第3期。

意味着什么呢？这显然意味着一个解释学境遇。而根据当今时代的哲学诠释学的基本观念，这又意味着什么呢？意味着：传统不是某种"现成在手"的东西；传统就在我们的解释之中。那么，我们凭什么去解释？我们据以解释传统文本的源头活水在哪里？就在我们当下的生存、生活感悟当中。

第二，不仅中国传统文本如此，西方文本又何尝不是如此。在谈到所谓"中国人'失语'论"的时候，我曾说过：

> 按当代哲学解释学的观念，所谓"失语"根本就是不可能的。因为显而易见，"失语"说的一个前提是：我们可以在与外来语言的接触中接受纯粹的原汁原味的外语及其观念，或者可以在与传统文本的接触中接受纯粹的原汁原味的传统语言及其观念。在前一种情况下，我们才可能"失语"；在后一种情况下，我们才可能"避免失语"。但我们知道，"失语"论者所持的这样一种观念本身恰恰是一种陈旧的传统观念。而按照当代哲学解释学的观念，那种纯粹的原汁原味的接受根本是不可能的。[1]

我们既不可能接受所谓原汁原味的中国传统，也不可能接受所谓原汁原味的西方观念。当我们翻译时，我们已在解释；甚至当我们尚未翻译地阅读"原版"时，我们也已经在解释。解释的源头活水，仍在我们的当下的生存，在我们当下的那种作为"原始经验"的生活感悟中。因此，所谓"中西哲学比较"这样的提法——包括我的题目"儒学与现象学比较研究"——已经是很陈腐的说法，似乎有所谓客观存在的一个"中"和一个"西"现成地摆在那里，然后容我们去比较它们。

（3）所以，所谓"儒学与现象学的比较"，并不等于说，这里只是简

---

[1] 黄玉顺：《我们的语言与我们的生存——驳所谓"现代中国人'失语'"说》，《南京师范大学文学院学报》2004年第4期。

单地拿现象学的观念来裁剪儒学；而是说，让儒学与现象学在当下的"交往"中展开对话。这种对话的成果，作为一种"视域融合"，肯定既非现成的西方现象学，也不是现成的传统古典儒学。儒学在这里作为被诠释的传统，必将因为现象学的到场而发生视域的转换；而现象学在这里同样也作为某种被诠释的传统，同样会因为儒学的到场而发生视域的转换。所以，"儒学的重建"或许同时也就是"现象学的重建"？于是，我们或可期望一种"现象学儒学"乃至"儒学现象学"的诞生。

现在正式进入我的话题本身。这个话题的展开依赖于以下几个先行观念。

二、几个先行观念

（一）现象学的观念

当然，对于所谓"现象学的观念"并没有一致认同的说法；即便说"面向事情本身"（Zu den Sachen selbst！），但对于何为"事情本身"，也没有一致的看法。我以下的陈述，将主要涉及三个德国现象学家，他们是：胡塞尔、舍勒、海德格尔。他们之间相去甚远，我力图把他们这样"统一"起来：海德格尔帮助我解构某种儒学，具体就是解构孔孟之后、轴心时期以后的儒家的传统形而上学，并还原到一种更为"原始"的儒学，其实也就是还原到海德格尔所谓某种源始的生存经验、我称之为"本源的生活感悟"。在这个大本大源上，胡塞尔的某种进路可以作为参照，帮助我重建儒家形而上学，这种重建，以儒家"心学"为核心资源。但是，他们之间还需要舍勒作为中介，我们才能够切中儒家思想的要领，这个要领，就是"仁爱"。

那么，海德格尔为我们提供了一个总体的参照性架构；而对胡塞尔和舍勒的参照，不过是这个架构中的环节：

（1）解构：解构形而上学的儒学（后轴心期）（参照海德格尔）

（2）还原：还原到生存论的原始儒学（轴心时期）（参照海德格尔）

　　（3）重建：重建儒学
　　a. 儒家生存论 —— 生活感悟（与海德格尔比较）
　　b. 儒家仁爱论 ——（与舍勒比较）
　　c. 儒家存在论 ——（与胡塞尔比较）

　　关于现象学是"解构→还原→重建"，我参照了孙周兴的一种说法："海氏认为，现象学乃是存在论的方法，这种现象学方法有三个基本环节：'现象学的还原（Reduktion）'、'现象学的建构（Konstruktion）'、'现象学的解构（Destruktion）'。"[①] 这里需要说明：海德格尔的解构（Destruktion）不同于德里达的解构（deconstruction）。海德格尔所谓解构，是把形而上学还原为生存的源始经验；但从学理上来讲，这不是抛弃任何形而上学，而是要为形而上学奠基。[②]

　　显然，对于儒学的重建来说，海德格尔的思想具有特别重要的参照价值。但这并不等于说，重建起来的儒学不过是海德格尔思想的翻版。这就涉及另外一个重要的问题：儒家思想与海德格尔思想之关系。[③] 谁都知道，海德格尔提出了一个著名的"存在论区别"（der ontologische Unterschied），即对"存在"（Sein）和"存在者"（Seiendes）的区分；但他还有另外一个区分几乎同等重要，那就是"存在"与"生存"（Existenz）

---

① 见孙周兴为《海德格尔选集》所作的《编者引论》，载孙周兴选编：《海德格尔选集》，第3页。

② 海德格尔：《存在与时间》，陈嘉映、王庆节译，第27页。海德格尔在谈到自己的"解构"时，明确反对那种在存在论问题上导致相对主义的解构，反对"把存在论立场恶劣地加以相对化"。海德格尔明确指出：自己"这种解构工作也没有要摆脱存在论传统的消极意义。这种解构工作倒是要标明存在论传统的各种积极的可能性"；"这个分析任务不是否定地对待过去，它的批判针对'今天'，针对存在论历史上占统治地位的方式"；"这一解构工作并不想把过去埋葬在虚无中，它有积极的目的"。

③ 关于这个问题，可以参看拙文《论生活儒学与海德格尔思想——答张志伟教授》，《四川大学学报》2005年第4期。

的区分。在他的前期思想中,一方面,我们只能通过"此在"(Dasein)、"此在的生存"这条进路,去切入"存在"本身;但是,无论如何也不能说"生存"就是"存在本身"。这就是说,在海德格尔那里,"生存"和"存在"毕竟并不是一回事。唯其如此,才有可能发生海德格尔的后期"转向",即抛弃"生存"进路而试图直接切入"存在"。这不仅涉及海德格尔的"转向"问题,而且涉及儒学与海德格尔的一个基本区别所在:在儒家思想中,区别于"生存"的那个所谓"存在本身",不过是子虚乌有、没有意义的东西;"天地之大德曰生""生生之谓易"① 意味着:生活即是存在,生活之外别无所谓"存在"。后期海德格尔放弃了由"此在的生存"来突入"存在"的进路,而我们却恰恰更加看重他前期的此在的生存论。

(二)历史学的观念

以上关于"解构"的分析,实际上已经涉及了一种历史学的观念。按照通常理解的海德格尔的说法,这种历史学只不过是一种"流俗的时间概念"的表现。但是,问题并不这么简单。海德格尔实际的思想却是这样的:要理解"历史学"观念,就必须理解此在生存的"历史性";要理解历史性境遇,就必理解此在的"时间性";然而也可以反过来说:此在的时间性为历史性奠基,而生存的历史性又为历史学奠基。所以"历史学何以可能"这个问题的最终回答就是:此在的时间性。唯其如此,海德格尔才强调历史学的重要性:虽然"从哲学上讲,首要的事情就不是构造历史学概念的理论,也不是历史学知识的理论,而且也不是历史学对象的历史理论;首要的事情倒是阐释历史上本真的存在者的历史性";"但这个存在者(指此在 —— 引者注)本身是'历史的',所以,以最本己的方式从存在论上对这一存在者透彻地进行解说就必然成为一种'历史学的'解释";所以,"对存在的追问其本身就是以历史性为特征的。这一追问作

---

① 《周易·系辞传》。

为历史的追问，其最本己的存在意义中就包含有一种指示：要去追究这一追问本身的历史，也就是说，要成为历史学的"。① 唯其如此，海德格尔才有他的所谓"返回步伐"（der Schritt zurück），就是历史学地回到古希腊，回到康德问题、笛卡儿问题、亚里士多德问题，这成为《存在与时间》的"纲目构思"的先行观念。②

（三）轴心期的观念

于是，雅斯贝尔斯的历史哲学就可以进入我们的视野。海德格尔在批评他的朋友雅斯贝尔斯时，也给予了他颇高的赞许。③ 但是就我的阅读范围来看，海德格尔的生存论思想没有跟雅斯贝尔斯的"轴心期"（Axial Period）观念明确地结合起来。然而在我看来，这种结合很有意思。结合中国和西方的观念史，海德格尔与雅斯贝尔斯的对应关系大致如下：

前轴心期—西周以前　—古希腊哲学以前—前形而上学
轴心时期—西周春秋战国—古希腊罗马哲学—形而上学建构
后轴心期—秦汉以来　　—中世纪以来　　—形而上学时代

左栏（前轴心期—轴心时期—后轴心期）是"历史"时代；而右栏（前形而上学—形而上学建构—形而上学时代）则是观念之间的"奠基关系"（Fundierungsverhältnis），其实根本不是时代问题，它如何能与左栏相对应呢？这就是海德格尔现象学的一个重要思想，即时代问题是一个历史学问题，奠基问题是一个生存论问题，而它们之间勾连的中介是：此在的时间性→历史性→历史学。这也是一种奠基关系。要理解历史学观念，就必须理解生存的历史性；要理解历史性境遇，就必须理解此在的时间性。因此，对于一个文本的作者来说，他只是一个当下的存在者；但是由

---

① 海德格尔：《存在与时间》，陈嘉映、王庆节译，第 13、46、25 页。
② 海德格尔：《存在与时间》，陈嘉映、王庆节译，第 47 页。
③ 海德格尔：《评卡尔·雅斯贝尔斯〈世界观的心理学〉》，收入《路标》。

于他作为此在的生存的时间性、历史性，他同时是一个历史学的存在者。所以，他的思想观念并不是那么纯粹、单一的。这一点，对于身处轴心时期的人们来说是尤其显著的。海德格尔在分析柏拉图，尤其是亚里士多德时，就是这样把握他们的：他们同时既是源始的存在之领会与解释的言说者，又是后来的形而上学的奠立者。对于儒家的孔子、孟子，也应作如是观。从比较的角度看，就其在思想历史上的地位而言，如果说西方的赫拉克利特极其类似于中国的老子，那么，西方的苏格拉底、柏拉图、亚里士多德之间的谱系，就极其类似于孔子、孟子、荀子之间的谱系。当然，这种"类似"只是观念层级上的对应性。

三、儒学形而上学的解构

参照以上现象学—历史学的观念架构，我才提出了：

（一）新"儒学三期"说

现代新儒家提出了一个"儒学三期"说，我这里提出一个新的"儒学三期"说：

（1）原始的儒学（先秦时代）（轴心时期）
①西周时期：五经原典
②春秋时期：孔子思想
③战国时期：曾思孟荀
（2）蜕变的儒学（古代、现代）
①古代的儒学
②现代的儒学
（3）重建的儒学（当代、未来）

这个分期意味着：孔孟之后，亦即轴心时期以后的儒学，大体上属于应该被解构的形而上学儒学；我们必须回到孔孟，看看他们是如何在本源的生活感悟上去建构儒学的。这样，我们才知道如何在我们当下的生活样式的本源上来重建儒学。

（二）古代、现代儒学的形而上学性质

显然，宋明新儒学、现代新儒学都是形而上学儒学。这里存在着两个基本的标志：作为所有存在者的最后根据的那个存在者整体，或者"存在者之为存在者"，表象为作为终极实体的绝对主体性。① 在西方，黑格尔的著名命题"实体即是主体"是其最为经典的表达；而这个实体或主体，正是作为所有存在者的最后根据的存在者整体，亦即"绝对观念"。② 而在中国儒家，所有存在者之根据，在宋明新儒学那里主要是"心""性""理"之类，在现代新儒学那里则主要是——如牟宗三——"道德主体"。③

（三）作为形而上学的儒学何以可能？

儒学的形而上学建构，本身也是"有本有源"的，问题在于：我们是不是意识到了这种本源？这就是孔孟儒学和轴心时期以后的儒学的根本区别所在。

在当代语境中，它是这样一个问题："形而上学何以可能？"这本来是康德提出的问题，亦即"形而上学奠基"问题④，但康德仍然是在形而上学视域内解决这个问题，即把它归结为"理性"的能力、主体"心灵"的能力。而海德格尔的问法是：主体性本身又何以可能？哲学形而上学把主体性设定为"自明的"前提，但这个主体性仍然是"晦暗不明的"。⑤ 对于儒学来说，我们也可以问："心""性"和"理"这些东西何以可能？

---

① 海德格尔《哲学的终结和思的任务》，载《面向思的事情》，陈小文、孙周兴译，第68、76页。
② 黑格尔：《精神现象学》，贺麟、王玖兴译，北京：商务印书馆，1979年，第15页。
③ 牟宗三：《心体与性体》，台北：中正书局，1968年。
④ 康德：《纯粹理性批判》，蓝公武译，第41—42页。
⑤ 海德格尔：《康德和形而上学问题》，邓晓芒译，载孙周兴选编：《海德格尔选集》。

对于这个问题，历史上有两种回答：（1）"天命之谓性"[①]"道之大原出于天"[②]。这是一个外在的"天"。但"天"仍然是一个"存在者整体""终极根据"的观念，我们仍可以问："天"是如何可能的？答曰：天是"自然"——自己如此。（2）性即是天，是一个内在的"天"，即是作为"自己如此"的"自然"。这就是从子思到孟子的观念转变过程。

但是，这里仍然面临着问题，就是如何理解这个"自己如此"的"自然"。这里又有两种可能的解释：（1）先验论的解释。例如胡塞尔的"自身所予性"（Selbstgegebenheit）。这个观念是从笛卡儿发展来的：观念的原初性来自自明性（笛卡儿），自明性来自自身所予性（胡塞尔）。而这其实也是从孟子到阳明、一直到牟宗三的心学正宗的解释模式。（2）生存论的解释。例如海德格尔所说的：对于"此在"的存在者化的把握。自然并不是一个存在者、一个东西，但作为实体性和主体性的"性""理"却是一个存在者、一个东西。这是如何可能的？海德格尔认为，表示"存在"（eon）的另一个词是 physis（一般译作"自然"，在中文中可译为"原在"），它的含义是："出于自身的开放（比如一朵玫瑰花的开放），自身打开着的展现，以及那在此展开中显现自身并保持在那里、经受住它的状态。"[③] 这就是指"存在本身"。而对于儒学来说，存在本身也就是生活本身。

四、原始儒学的还原

以上讨论意味着：我们必须进行儒学的"还原"，或者用海德格尔的说法——必须采取一种"返回步伐"。我们必须从后轴心期返回到轴心时期，甚至从轴心时期返回到前轴心期。就轴心时期而言，我们必须从《易传》、荀子返回到孟子、子思，再返回到孔子。

[①] 《礼记·中庸》。
[②] 董仲舒：《举贤良对策》。
[③] 海德格尔：《形而上学引论》（*Einführung in die Metaphysik*），Niemeyer，1987，第 11 页。

（一）荀子的性学：伦理学的确立、知识论的奠基

孔子以后，"儒分为八"，其中最重要的，无疑是孟子和荀子这两支，他们各自实现了孔子思想当中所蕴涵的某些可能性。其共同点在于都对"礼"即伦理规范问题非常重视；但是，这种伦理规范的人性论基础预设却似乎截然相反，那就是"性善"与"性恶"的分歧。孟子的特点是直接把形而下的道德主体性提升为形而上的绝对主体性，建构了儒家的道德本体论。而荀子则不然，道德主体不是被形上化，而是被形下化了，成为"化性起伪"①"教""学"的结果。

但是，荀子的"性论"却远不止于此。人们只注意到他的伦理学意义上的"性"观念，而忽略了其知识论意义上的"性"观念。其实，在儒家思想当中，是荀子首次给出了一个知识论意义上的"主—客"架构："凡以知，人之性也；所以知，物之理也。"②"人性—物理"这样的观念架构，正是典型的知识论的"主—客"架构。而我们知道，这样的"主—客"架构是一切知识论得以成立的根本所在。

我们首先回到荀子那里，是要搞清这样的问题：儒家知识论何以成立？何以无须乎牟宗三式的"良知自我坎陷"？它的形而上的、本体论的根据是什么？究竟是怎样的"性"观念？而尤其要紧的是：这样的形而上的"性"观念，在荀子那里是怎样被大本大源——生活感悟——所给出的？

（二）孟子的心学：主体性的确立、伦理学的奠基

孟子比荀子的时代要早，他有比荀子更具本源性的观念。孟子，或者说"思孟学派"建构了"心性论"或者"心学"的形而上学体系；但是，这不同于轴心时期以后的儒家形而上学，而是"有本"③的，而非无本之木、无源之水。

---

① 《荀子·性恶》。
② 《荀子·解蔽》。
③ 《孟子·离娄下》。

孟子的思想，最为充分地体现了在轴心时期里，儒家思想从本源的现象观念向流俗的现象观念的递转：他最终建构起了儒家的一种形而下学，就是儒家伦理学的规范化体系，这里，"仁性"是形而下的道德主体性；这是基于他所建构的儒家"心学"形而上学的，这里，"仁性"是形而上的绝对主体性[①]；而这一切却是源于他把"仁"领悟为"恻隐之心""不忍之心"这样的在生活本身的本源情境中的生活情感。

比如，按照孟子的分类，仁爱作为"原现象"（Urphänomen），有着这样三种显现样式：亲亲、仁民（爱人）、爱物。[②] 过去的理解，都仅仅把这理解为所谓"推己及人""推人及物"的"外推"的逻辑。其实，这里有两点是我们应该注意的：

第一，作为这种"外推"的"根据"的，不是现成的存在者化的"家庭伦理""宗法伦理"之类的东西，而是在生活本身的那样一种显现样式中的生活感悟。后世攻击儒家"封建伦理"的那些人，是典型的"遗忘了存在"——遗忘了生活本身。

第二，孟子那里还有更本源的，或者说更"普世"的"仁爱"观念，而跟血亲毫无关系，这种观念更渊源于生活本身。比如，孟子给出了这样一种本源情境：

> 今人乍见孺子将入于井，皆有怵惕恻隐之心。……由是观之，无恻隐之心，非人也；无羞恶之心，非人也；无辞让之心，非人也；无是非之心，非人也。恻隐之心，仁之端也；羞恶之心，义之端也；辞让之心，礼之端也；是非之心，智之端也。……凡有四端于我者，知皆扩而充之矣，若火之始然、泉之始达。苟能充之，足以保四海；苟不充之，不足以事父母。[③]

[①] 关于"哲学形而上学的事情也就是主体性的事情"，参见海德格尔：《哲学的终结和思的任务》，载《面向思的事情》，陈小文、孙周兴译，第76页。
[②] 《孟子·尽心上》。
[③] 《孟子·公孙丑上》。

这里具有这样的观念层级：其一，"泉之始达"的本源观念，就是作为生活情感的、先行于任何存在者的"怵惕恻隐之心"，这是"仁义礼知"这些概念的"发端"；其二，在这种本源上，主体性的"人"才被给出，进而才有可能通过"扩充"进行形而上学的建构；其三，最后，才有可能进行作为形而下存在者的事情的伦理、政治活动——"事父母""保四海"等等。

（三）孔子的仁学：本源性—可能性

回到孔子，就是回到儒学的最本源性的言说。我们可以说：在儒家形而上学、形而下学的建构上，孔子是不"完备"、不"纯粹"的。这是因为：孔子更多地言说着大本大源。比如，关于"仁爱"，孔子没有固定的说法，这恰恰是因为他还没有把"仁爱"存在者化、物化，还没有把"仁爱"对象化、概念化、专题化。所以，我的看法是：孔子之伟大，既不在于他是一个纯粹的形而上学家，所以，我们绝不能像过去的"中国哲学史"研究那样把孔子形而上学化；也不在于他是一个纯粹的存在哲学家，所以，我们绝不能像当今某些学者那样把孔子海德格尔化；孔子之伟大，就在于他的不"纯粹"，在于他的思想观念的丰富的层级性——在生活本源上，孔子给出了形而上学建构和形而下学（包括伦理学、知识论）建构的可能性。正因为如此，才有后来的孟子和荀子那样的建构的可能。

五、儒学的重建

以上进行的观念史的"解构—还原"，意义不在于历史学，而在于中国的"生存论"——儒家的"生活论"。我们的意图在于：复归生活，重建儒学。在观念史的历史学阐释中，我们获得一种启示：究竟应该怎样从我们当下的生活出发，来重建儒学，重建形而上学、形而下学，乃至重建所有一切规范、制度。

（一）儒家生活论：仁爱何以可能？

毫无疑问，仁爱是儒家的全部思想的出发点。但现有的对"仁爱"的理解存在着巨大的理论困难。比如，如果说仁爱是一种情感，那么它就不是本体范畴，因为按照儒家形而上学的"性体情用"观念，本体是"性"，而不是"情"；如果说仁爱是本体，那么它就不是情感，但这样一来，又如何理解"恻隐之心""不忍之心"这样的显然是情感性的表述？

实际上，这样的所谓"矛盾"是出于不理解儒家"仁爱"观念的内在奠基关系：作为本体的仁爱乃是形而上学建构的初始范畴，是儒家形而上学的主体性观念的确立；然而它奠基于作为生活感悟的仁爱情感，这种情感本是一种"生存现象"。因此，正确地诠释儒家思想的关键，在于回答这个问题：作为本体或主体性的仁爱何以可能？

作为生存现象的仁爱这种情感，不仅区别于现代性的"动物伦理学"，而且区别于海德格尔的"烦""畏"之类的"现身情态"（Befindlichkeit，情绪）；不特如此，儒家的"仁爱"观念也区别于舍勒的"爱"的情感现象学，因为舍勒的"爱的共同体"是由对上帝的人格主义设定来保障的[①]，而儒家的仁爱则是作为"原始现象"或"原现象"的生活情感。无论如何，仁爱作为"事情本身"，不是实体性的存在者，而是一种本源地发生的境域。对此，孔孟均有丰富的言说。

所以，重建儒学首先意味着：回归生活本身，回归生活情感，回归本源性的爱本身。

（二）儒家形而上学：性理何以可能？

儒家形而上学的建构是基于"性理学"的。宋明新儒家的程朱理学和陆王心学的共同之点，就是对"性之理"的认同。所以，"性理"乃是儒家形而上学建构中的奠基性观念。但上文已表明，它远不是最原初的奠

[①] 舍勒：《伦理学的形式主义与质料的价值伦理学》，倪梁康译，北京：生活·读书·新知三联书店，2004年。尤其参见：《爱与认识》《爱与认识》《基督教的爱理念与当今世界》，林克译，载刘小枫选编：《舍勒选集》（下），上海：上海三联书店，1999年。

基性观念,不是"原初所予"(primordial given)。作为形而上学本体范畴的"性理"有时也被表达为"仁",这样的"仁"或"性理"何以可能?对于儒家来说,"原初所予"的事情本身,乃是作为原始的生存现象、生活情感的仁爱。"性理"观念的成立,不过是把作为原始现象的仁爱情感加以对象化、客观化、存在者化、本体论化的结果。这对于形而上学建构来说是必要的,但它同时可能遮蔽仁爱的"自己如此"、自己显现这件"事情本身"。而在孔子那里,仁爱情感的本源地发生这个维度却是存在的。

而我们今天来重建儒学,绝不是要回到或者重新拾起轴心时期以后的儒家形而上学的那些现成固有的观念。否则,我们不过是"儒家原教旨主义"而已。我们固然必须反对"全盘西化论",因为它不切合当今中国的民族性的生活样式;但我们也必须反对儒家原教旨主义,因为它不符合当今中国的现代性的生活样式。

重建儒家形而上学,首先就意味着重建主体性。问题在于:重建怎样的主体性呢?是集体主义的主体性,还是个体主义的主体性?还是另有一种新的主体性建构的可能?这些都是我们必须考虑的基本问题,但这种考虑首先仍然是回到"事情本身"——回到生活本身。这就涉及"现代性"问题,乃至"后现代状况"问题,更涉及在这种生活样式中的"源始"的、本源的生活情感、生活领悟。

(三)儒家形而下学:伦理、科学何以可能?

依照海德格尔的奠基思想,不仅科学,而且伦理学都是奠基于哲学形而上学的。[①] 传统意义上的伦理学,其实也是一门科学。科学之所以奠基于哲学,是因为哲学以范畴表的形式,划定了存在者的基本领域("存在畿域");科学以这种存在者领域作为自己的前提,即把某个存在者领

---

① 参见海德格尔:《现象学与神学》,收入海氏自选文集《路标》;《〈今日神学中一种非客观化的思与言问题〉的神学谈话中主要观点的若干提示》,孙周兴译,载刘小枫选编:《海德格尔与有限性思想》,北京:华夏出版社,2002年。

域执定为自己的对象（"事质领域"）。① 因此，形而上学存在论是科学的前提。在这个意义上，任何"反形而上学"的科学主义，或者后现代主义思想，都不可能没有自己的形而上学。

那么，儒家形而上学如何？在历史上，儒家形而上学建构的完成，是在思孟学派；更具体地说，是在孟子那里。孟子从"仁"出发，建构了"仁—义—礼—智"的形而上学基本架构。只要我们不要遗忘仁爱的情感显现这个层级，那么孟子的这个形而上学架构就是极有意义的。

前面谈到，作为本源现象的仁爱情感被形而上学地把握为本体，于是形而上学得以发生。作为本体的仁爱，在儒家的话语中有过许多表达：性、诚、心、理、气、道等等。如果借用弗雷格的话来说，这些不同的指号，指称着同一的对象，但是传达着不同的涵义。② 这里，我们简单列举把这些符号规定为本体的最具有代表性的经典文本：性——思孟学派；诚——《中庸》；心——陆王心学；理——程朱理学；气——张载；道——几乎所有文本。若加上现代新儒家，还有更多的符号，例如"心灵"（唐君毅）、"道德主体"（牟宗三）等等。它们指称着同样一个东西，那就是作为所有存在者的最后根据的那个"存在者之为存在者"。是它，保证着所有存在者的在场性：例如，在宇宙论模式中的"本原"保证着"本末"关系的成立，在本体论模式中的"本质"保证着"体用"关系的成立。无论科学还是伦理，都是由这种保证来建立的。

1. 仁、义、礼：伦理学

（1）仁：儒家人性论。

人性论在今天是被视为形而上学的观念而被抛弃的，但事实上伦理学的成立却总是依赖于人性论的。因此，有必要重建人性论。在哲学上，人

---

① 参见海德格尔：《存在与时间》，陈嘉映、王庆节译，第 11 页。
② 弗雷格（Gottlob Frege）：《论涵义和指称》（Über Sinn und Bedeutung），原载《哲学和哲学评论》，100，1892 年。汉译文《论涵义和所指》（On Sense and Reference），肖阳译，载于马蒂尼奇（A. P. Martinich）主编：《语言哲学》（The Philosophy of Language, Oxford University Press, 1985），北京：商务印书馆，1998 年。

性论的问题实质上就是从形而上的绝对主体性向形而下的相对主体性的贯彻落实。但对于事情本身，首先是厘清这样一个问题：这种道德主体性，是怎样在本源性的生活情感中被给出的？在儒家，这是"仁"的问题。

儒家的"仁"有着三个不同观念层级的用法，它们之间具有奠基关系：其一，作为本源性的生活情感的爱本身；其二，作为形而上学建构的初始范畴的"性"，亦即绝对主体性；其三，作为道德情感、道德原则的"善"，亦即价值论意义上的相对的"善"（不是作为本体的绝对的"至善"）。

这种被设定为人性的善性，在现代汉语中称作"爱心"。对于儒学的重建来说，伦理学的重建是这样的事情："爱心"作为人性，既不是荀子式的经验论所给出的，也不是孟子式的先验论所给出的，而是在生活本身的本源情境中显现出来的。

（2）义：儒家正义论。

我们知道，规范构造、制度设计是由某种正义原则规定的，因此，正义论是规范论、制度论的基础。儒家正义论的核心观念就是"义"。然而，"义"是一个纯粹形式的伦理原则，它仅仅告诉我们：我们的行为应该是正义的、正当的、公正的、公平的、恰当的、适宜的等等。这对应于英语的 justice。至于我们的行为何以能够如此这般，取决于这样一种奠基关系：一方面，是被它所奠基的规范构造加以充实的，也就是说，"义"的形式原则是由"礼"的实质内容落实下来的；而另一方面，追本溯源，"义"本身是奠基于"仁"的，换句话说，它奠基于生活本身、生活情感。

这后一个方面，自然而然地带出了儒家正义观念的一个极其重要的内涵："时义"性 —— 时宜性。"义"的时宜性，被表达为"与时偕行"的命题。[1] 孟子称孔子为"圣之时者"[2]，就是这个意思。孔子之所以提出"礼"之"损益"的原则[3]，便基于此："君子之于天下也，无适也，无莫

---

[1] 《周易·彖传》。
[2] 《孟子·万章下》。
[3] 《论语·为政》。

也，义之与比。"[1] 这是"义以为质""义以为尚"[2] 的观念。

（3）礼：儒家规范论、制度论。

在儒家，"礼"是一个极为宽泛的名目，它泛指一切社会规范，诸如道德规范、政治规范、经济规范、法律规范等等。这种规范构造，乃是制度设计的前提；但是，这种规范本身却奠基于正义原则。如此看来，如果说，正义原则本身是源于生活情感的，那么，规范构造同样也是源于生活情感的。这就是说，"礼"之规范构造也要遵循"时义"性——时宜性的原则。这也就是孔子提出的"礼有损益"的原则。

不仅如此，如果"义"是纯粹形式的原则，那么"礼"作为规范，就既是形式的，也是实质的。这就产生一个问题："礼"既然奠基于"义"的纯粹形式原则，那么，它的实质性从何而来？显然，"礼"的实质性源于更先行的"仁"。而"仁"——如上所说——不仅仅是形而上、形而下的东西，而首先是本源的生活情感。"仁"作为爱的生活情感，既是形式的，更是实质的（其实无所谓是形式的还是实质的），是一切形式的、实质的东西的本源所在。

因此，儒家规范论、制度论的重建，既区别于西方近代启蒙思想的规范、制度观念，也区别于中国轴心时期以后的既有的传统观念。

2. 智：知识论

儒家知识论的奠立，上文说过，可以追溯到荀子。对于儒学的重建来说，就知识论这一块而言，荀子的思想是一个资源宝库。知识论奠基于"主—客"二元架构，而这个二元架构又是奠基于主体性的。这个主体性，就是儒家所谓"性"。

（1）"性"的两重性。

一提到荀子，人们立即想到所谓"性恶论"。上文说过，这其实是一种极大的误解。荀子在两种意义上谈"性"：一是伦理学意义上的，这就

---

[1] 《论语·里仁》。
[2] 见《论语》的《卫灵公》《阳货》。

是性恶论；另一则是知识论意义上的，可以叫作"性无善恶论"。在后一意义上，荀子给出了作为知识论之基础的"主—客"架构，其具体的给出方式，就是给出了一个认知意义的而非伦理意义的"性"："所以知之在人者，谓之知；知有所合，谓之智。所以能之在人者，谓之能；能有所合，谓之能。"①"在人"是指主体，"所合"是指对象。主体方面，这就是"性"——"知能"（智能）。所以他说："凡以知，人之性也；可以知，物之理也。"② 这就是他给出的"主—客"架构：人性—物理。这样一个架构，对于任何知识论建构来说，都具有普遍永恒的根本意义。

（2）"知"的两重性。

在孟子的"仁—义—礼—智"架构中，这个"智"具有两重性：一是对象性的"智"，这跟荀子的观念一样，是知识论建构的前提；二是"反身"性的"知"，是一种儒家式的"反思"——反思"礼"、反思"义"，乃至于反思"仁"。这就叫作"反身而诚，乐莫大焉"③。这样的"知"是一种直观，但并不是经验的直观，而是：仅就反身于"仁"而言，从形而下的"礼"的存在者，返回到形而上的"仁"的存在者，这就是"万物皆备于我矣"④，这可以说是一种"先验直观"；而更进一步的返回，则是返回到生活情感、生活本身的本源情境之中，这可以叫作"本源直观"。这样的反身性的知，谓之"良知"。

以上内容，可一言以蔽之：复归生活，重建儒学。

---

① 《荀子·正名》。
② 《荀子·解蔽》。
③ 《孟子·尽心上》。
④ 《孟子·尽心上》。

注生我经：论文本的理解与解释的生活渊源
——孟子"论世知人"思想阐释*

我今天要讲的题目，大家都知道了吧？那么，我为什么会选这个题目呢？那天古籍所跟我联系的时候，我想了一下，这个题目比较恰当。第一个原因是：我猜想今天来参加的诸位，可能搞历史和文献的比较多，而这个题目正是文本的解释问题或诠释学问题，这跟搞历史和文献的有密切关系。另外一个考虑是：我自己其实很早就想写这么一篇文章，但一直没抽出空来，现在正好趁这个机会，把一些想法边讲边整理，大家相互学习。

一、问题的提出

我之所以思考这个问题，那是在前年吧，我去开一个会，有一位博士生，很优秀的博士生，我们聊天的时候，他跟我谈了他的一个很大的困惑。在读博士之前，他读《论语》，觉得清清楚楚、明明白白；而现在要作博士论文（他的论文题目是《论语》的诠释史），当然就要读历代的许多《论语》注疏，从何晏到皇侃、朱熹，一直到刘宝楠，最后是他的导师，但是，他越读越感到惶恐。为什么呢？因为原来是很明白的，现在却越读越感到迷惑：各家的说法相去甚远。面对同一个《论语》文本，他原来是很明白的，因为《论语》的语言是很白话的；然而当他去研究历代的解释时，却很困惑。这是一个相当认真的同学，他当初就是要通过对孔子的领会来解决自己的"安身立命"问题。现在这一困惑，就不仅是作论文

---

* 原载《中国社会科学院研究生院学报》2008年第3期（发表时有删节），第44—49页；收入作者文集《"生活儒学"论集》，北京：光明日报出版社，2009年，第107—133页。

的问题了，连怎么做人似乎都成了问题。

我就我自己当时的想法跟他谈了。我说，你现在脑子里一定有一个预设，那就是：某人（比如朱子）对《论语》的诠释，应该是《论语》这个文本的客观意义。但是，假如你仅仅读朱子，而不读其他人的注释，你还可以认同他，甚至觉得朱子讲得简直太到位了，就是客观真理；可是当你又读另一个人的注释的时候，你可能同样也会感到他讲得很有道理。但是这两个人的讲法是不同的，甚至在某些根本的观念上是矛盾、对立的。这就麻烦了。我跟他讲：其实，你这样的想法，自觉不自觉地先就有这样一个预设：有某个人，他有可能完完整整地、客观地把握《论语》的意义，把握孔子的思想。当然，在你没有碰到不同的解释的时候，这个人的解释对你来说可能是不成问题的；但当你碰到不同的解释时，就会感到困惑：到底谁的解释才是客观地把握住了孔子的思想呢？这是很难取舍的。如果要取舍，那么这个尺度又是谁的呢？谁来做这个仲裁者呢？这是一个很大的问题。我不知道在座诸位在研究历史文本时有没有碰到过这样的困惑。

其实，他的这个预设本身就是有问题的，用哲学的话语来表达就是（当然这个表达还是很不准确的）：假定有一个无限的存在者，而你只是一个有限的存在者，你怎么可能把握它呢？有限的存在者怎么可能容纳无限的存在者呢？这是完全不可能的。我给他打了一个比方，西方基督教神学家，他们是很明白的：作为一个人，我是有限者，我通过研究《圣经》去努力理解上帝，但上帝是一个无限者，所以我实际上是不可能理解他的，除非我也是另一个上帝。我给他讲的第一层意思就是这样。然后他就说：照这么说，那岂不成了相对主义了，公说公有理，婆说婆有理，怎么样讲都行？我说：那也不是，但那是另一个问题了。

我当时讲：事情不是这样的。虽然说，从何晏一直到刘宝楠，他们对无限的存在者的把握都是不可能的；但是，反过来讲，假如没有这些人的诠释，那个无限的存在者也就不复存在了。这是一个很麻烦的问题，事实上，这涉及20世纪以来的思想界的一个很前沿的观念。简单说吧，这是一个现象学的观念："现象背后一无所有。"①这就意味着：我们所预设的那个所谓的无限的存在者，恰恰就是在诠释现象中显现出来的。离却这些现象，离却张三李四的解释，这个无限的存在者其实不存在。

我今天讲的这个题目，就跟这个话题有关，就是这么一个现象，即我们做历史研究、文献研究的人，脑子里总是自觉不自觉地有那么一个态度，可以说是"科学的态度"，这个态度就是：当你拿起文本来研究的时候，你觉得自己是可以把它的客观意义搞出来的。假如你一开始就怀疑自己能不能去把握那个客观意义，那你还去研究它干吗呢？在这个问题上，大家不一定很自觉，但实际上你一定有这样一个前设，我称之为"预设信念"。它是不可证的，但却是所有科学研究的一个基本的前提。这是一个方面。但另一方面，大家都不难注意到：历史上的任何一个文本，都会遭遇解释的歧义性。于是，面对各家不同的，甚至截然相反的说法，你无法知道谁对谁错，你没法判断。可以说，几乎任何一个文本，都没有一个公认的结论。那怎么办呢？这就是我今天想讲的问题，这个问题其实是20世纪以来思想界的一个最前沿的问题，就是我的标题"理解与解释"的问题，或者说是"诠释学"问题。

简单来讲，就西方来说，诠释学大概分为三个阶段。

第一阶段是中世纪的古典诠释学。古典诠释学主要是研究《圣经》的。神学家的古典诠释学与我们中国的古典诠释学是一样的，只不过在我们的话语当中叫作"训诂学"；西方是诠释《圣经》，而我们是诠释"十三经"，但也都是读经、解经。西方中世纪的诠释学有两派，但其基本的思想视域都是中世纪的、前现代的那样一种观念。中国也是这样，我待会儿会谈到，包括"六经注我""我注六经"这些问题，都是在传统的思想视域中的观念。

第二阶段，到了西方近代哲学，像生命哲学，以狄尔泰为首的一些哲学家，他们把古典的诠释学扩展了，或者说使它在性质上有了改变。我

---

① 海德格尔：《哲学的终结和思的任务》，见《面向思的事情》，陈小文、孙周兴译，第80页。

们知道，西方文艺复兴以来，科学昌明，以至于所谓的社会科学、人文学术，乃至于哲学，都纷纷效仿自然科学领域的一些方法和做法。但到了狄尔泰等人那里，他们发现这是不对的，完全错了。于是他们就做了一个基本的区分，简单说就是：面对自然界的自然科学，我们是去发现、发明；然而对于人文学术来说，我们却根本不是去发现、发明，完全是两回事。那么，对于人文学术，我们应该怎么做呢？那就是解释、诠释。我们面对历史文本，完全不是像一个科学家面对一个物理现象那样去发现什么客观的东西，而是诠释的问题。在生命哲学家那里，传统的古典诠释学被改造成了所谓的一般人文学科方法论。

第三阶段就是20世纪以来的诠释学，这与现象学有关。伽达默尔的《真理与方法》[①]，大家可能都看过吧？这是一部影响很大的著作。但伽达默尔的诠释学来自他的老师海德格尔，海德格尔的《存在与时间》，就涉及"此在的生存之领会与解释"[②]这样的解释观念，而伽达默尔的《真理与方法》就是把这些观念发挥出来，加以系统化。西方诠释学的这个阶段，人们一般把它叫作"哲学诠释学"。其实它也是有问题的，只不过到现在为止我还没有抽出时间来正面应对这个课题，但我经常有一些思考。

海德格尔和伽达默尔的哲学诠释学，与传统的诠释学有很大的区别：人文科学方法论实际上仍然是建立在《周易》所说的那种"天文""人文"[③]两大块的划分之上，或者用今天的话来说，就是建立在自然界和社会界的划分上。这个划分表明：自然科学应该研究自然界，而人文学科则应该研究人的问题，这里没有什么好发明、好发现的，只是一个诠释的问题。事实上，这么一种划分，用我的话来说，那是"形而下学"的。（"形而下学"这个说法也不是我发明的。）而到了20世纪，现象学基本上是把诠释问题看作存在的问题。我们知道，哲学最核心的部分，所谓纯哲学，就是存在论，ontology，以前译作"本体论"，它是为一切学术

---

① 伽达默尔：《真理与方法》，洪汉鼎译，上海：上海译文出版社，1999年。
② 海德格尔：《存在与时间》，陈嘉映、王庆节译，第2页。
③ 《周易·贲彖传》。原文："观乎天文，以察时变；观乎人文，以化成天下。"

和思想奠基的,是最根本的东西。达到这么一个深度,是当代哲学诠释学的第一个特点。第二个特点是,从海德格尔开始的存在论,不再是传统形而上学意义上的存在论、本体论,他把自己的想法叫作"基础存在论"。海德格尔认为,我们应该回到活生生的现实生存中来理会理解和诠释的问题。这就是说,诠释问题不再是我们通常所理解的在"主—客"观念架构下,一个作为主体的学者去研究一个作为客体的文本,而是,生存就是一种诠释:你在生存着,就在不断地领会着、解释着。当然,我刚才说了,现象学的这么一种诠释观念也是有它的问题的,只不过我现在还没有时间来专门处理这个问题。这不是我今天要讲的话题,我们就把它略过去。

现在书归正传,我们来看看孟子的一段话。这段话,大家应该是很熟悉的,但我还是把它念一遍吧:

孟子曰:"颂其诗,读其书,不知其人可乎?是以论其世也。"[①]

我们会发现,孟子这段话里面,很明显地有三个因素:一是"颂其诗,读其书",二是"知其人",三是"论其世"。用今天的哲学话语来说,这三个因素之间有一种"奠基关系";或者干脆用汉语的说法,它们之间有一种"渊源"关系。

这段话字面上的意思是说:如果你要读懂一个人的诗、书,比如,你要研究《史记》《汉书》等等,你要真正读懂它,这怎么可能呢?孟子一开始就提出了一个问题:如果仅仅面对一个文本,你是不可能真正理解它的。所以,孟子说:"不知其人可乎?"这个意思非常明显:假如你不理解这个作者,你就不可能理解他的文本。所以,这里就有一层奠基关系、渊源关系:首先你要"知其人",然后才能"读其书";假如不知其人,你也就读不了他的书。当然,这对于我们做历史研究的人来说是很

---

① 《孟子·万章下》。

好理解的。比如，我们来读《史记》，可能首先应该读的就是《太史公自序》，甚至是《报任少卿书》，因为这里面会谈到司马迁自己的很多事情，这就是"知人"嘛，我们首先应该"知人"。

但是，孟子接着又说：你怎么可能知人呢？在我们这里就是：你怎么可能理解司马迁呢？你要理解《史记》，首先就得了解司马迁这个人；但你要理解司马迁这个人，还有一个前提，那就是"论其世"，就是了解司马迁的生活。这就是说，你要理解司马迁，就必须先把汉代历史好好研究研究。假如你对汉代的历史没有一个整体的把握，你也就没法理解司马迁。

讲到这里，大家可能觉得很简单，谁都想得到。但是，这里面存在着许多的问题、困境，我们下面一步步地来谈。

首先谈一个浅显的问题，就是关于这个"论其世"也有不同的解释。朱子在《孟子集注》里解释："既观其言，则不可以不知其为人之实，是以又考其行也。"朱子的意思是：孟子讲的"论其世"就是"考其行"。回到刚才所举的例子，就是要考证司马迁的行为。说白了就是：我们没必要去了解整个汉代的历史；我们只要看司马迁的传记就行了，读《太史公自序》就行了。我个人觉得，朱子的这个解释可能是错误的，他把孟子所说的"论其世"的"世"讲成"行"，这从任何一个角度来说都是站不住脚的，因为"行"的意思在中国哲学里是很明白的，那就是"知行"关系这么一对范畴嘛。如果按朱子的解释，孟子的话就是同义反复，没什么意义：我们要知道这个人，就要知道这个人的行为。

所以，我比较倾向于《孟子正义》的解释。首先是赵岐的注：既已"颂其诗，读其书"，然而"犹恐未知古人高下，故论其世以别之也"。显然，他是把"知人"和"论世"分开的，是两回事。如果赵岐这个注还不是很明确，那么孙奭的疏就说得更清楚了，他是这样说的："颂歌其诗、看读其书，如此不知其如是之人可以友也乎？然犹未知其人之可友也，抑又当论其人所居之世如何耳。"这是非常明确的，在孙奭看来，孟子讲的"论其世"的"世"是指这个人的"所居之世"，用我们今天的话语来说，就是这个人生活的时代背景。显然，朱子和赵岐、孙奭的解释是不同的。我不知道大家倾向哪一种解释，我个人觉得《孟子正义》的解释可能要恰当一些。

到目前为止，我们在孟子这段话里面发现了三个要素，而且它们之间有一种渊源关系：首先你要"论其世"，然后才能"知其人"；"知其人"以后，才能"读其书"。这么一种关系是很清楚的。显然，这里存在着这样一种"还原"关系：诵诗读书 → 知人 → 论世。这实际上是反过来揭示的这样一种生成关系：世 → 人 → 诗书。这就是说：如果说，诗书是由其人写作的，那么，其人则是由其时代生活背景生成的。这里涉及的乃是这样一个更为一般的生成序列：生活 → 作者 → 文本。显然，孟子是有一个信念的。一个什么信念呢？就是："论其世"就可以"知其人"，"知其人"就可以"读其书"。

但孟子这个信念能不能成立呢？我们待会儿再说。我现在想说的是：其实这里面还有一个因素，对诠释学来说是非常重要的因素，但孟子没有提到。孟子这几句话都省略了一个主语：到底是谁在读书？谁在"知其人"？谁在"论其世"？孟子这里没有提到这个显然存在的基本因素：读者自己。唯其如此，这才成其为一个解释学问题：解释乃是在读者与文本之间发生的事情；没有读者，就无所谓解释。所以，读者是关于文本的理解与解释问题中的一个不可忽视的因素，因为事实上，这里所存在的不仅有"生活 → 作者 → 文本"的关系问题，而且还有这样的关系：读者 → 文本；读者 → 作者；读者 → 生活。（如下图）

$$世 \to 人 \to 书 \qquad 生活 \to 作者 \to 文本$$
$$\nwarrow \uparrow \nearrow \qquad\qquad \nwarrow \uparrow \nearrow$$
$$（我） \qquad\qquad\qquad 读者$$

这三种关系，也就是在理解与解释问题上的一些最基本的问题：读者怎么可能理解客观的文本？怎么可能理解文本的作者？怎么可能理解作者的生活？

我今天想展开来讲的，就是这么三层关系。在这里面，我们会面临许多今天思想界经常思考的问题，面临一些与理解和解释密切相关的困惑。如果你真正很严肃地思考，你就必然面对这些问题。假如不能彻底地解决这些问题，我们就会觉得不踏实，怎么来安身立命呢？我猜想在座的诸位来研究中国历史、文化、哲学，特别是儒学，可能不仅仅是拿一个文凭或者作一篇论文就完事的吧？据我所知，很多同学，特别是搞中国文化的，都有一个安身立命的问题。

下面我就一个一个地讲我刚才所说的三个维度：第一层是读者和文本的关系，就是"读书"的问题，面临的是"我与书"的关系；第二层是读者和作者的关系，就是"知人"的问题，面临的是"我与人"的问题；第三层是"论世"，即"我之世"与"人之世"的关系问题。最后按我目前的思考和理解，我希望自己能够比较透彻地解决这些问题。

二、读书：我与书——我们怎么可能理解客观的文本？

先说第一个大问题"读书"，即"我与书"的关系。我刚才讲了，当我们研究历史文献的时候，我们自觉不自觉地都有一种预设信念：第一，这个文本是客观实在的，是不以我们的意识为转移的；第二，这个文本具有一种客观的意义，这个客观意义也是不以我们的意识为转移的客观实在。我想，所有研究历史和文献的人，即使没有思考过这个问题，也一定有这样的信念。那么，我们的问题就从这儿开始吧，我把它概括为一种发问方式，即：我们怎么可能理解客观的文本？

这个问题在20世纪哲学界有一个专门的名称，叫作"认识论困境"。由于在座很多同学不是学哲学的，所以我还是简单介绍一下吧。通俗地说，我这儿有一个茶杯，按照日常的经验，我们都知道它是客观实在的，是"不以人的意识为转移的"；我即使转过身去不看它，它还是客观实在的。这是我们的基本信念。但我会问：你凭什么说这个茶杯是客观实在的呢？这个问题就是西方近代以来的哲学的一个最强大的动力。联系到这里讨论的文本问题，我们也可以问：你凭什么说某个文本是客观实在的呢？

凭什么说它有一种客观实在的意义呢？

事实上，你是没法证明这一点的。所以，近代西方哲学实际上是采取了两种方式来回避这个问题。我们知道，近代西方哲学有两大派：经验主义和先验主义。经验主义的想法很简单。记得有一次上课的时候，我也问了这么一个问题：凭什么说这个茶杯是客观实在的呢？大家不约而同、不假思索地回答说：我看见了！我就反问：你"看见了"它就是客观实在的吗？接着我就分析："看见"是一种意识现象，而且是一种低级的意识现象（高级的意识现象，据说是理性、逻辑思维），心理学里的感觉心理学专门研究这个现象。"看见"既然是一种意识现象，这就表明，当你说"看见了它"的时候，这恰恰证明了它是在你的意识之中，而不是在你的意识之外。"我看见了它"只表明了它在你的视觉这么一种意识当中，但你还是不清楚：我的视觉之外的那个东西到底在不在？于是，西方经验主义哲学，从贝克莱到休谟，就把这种态度贯彻到底，认为"看见"就是感觉，而感觉之外的那个客观实在，我没法知道。例如贝克莱的名言"存在就是被感知"[①]。后来马克思主义哲学批判它，称之为"不可知论"。

另一种则是先验论的、理性主义的进路，也是干脆承认：理性以外的客观实在对于我们来说是不可知的。事实上，先验进路和经验进路采取的是相同的方式，就是：意识之外的东西，我们别去管它；管它在不在，我们只认识意识本身。只不过，对经验主义来讲，意识本身的"原初所与"是感知，而先验主义则不这样认为。大家都熟悉笛卡儿吧？他就是把世界、上帝，甚至自我都排除掉、悬搁掉，也就是怀疑一切；但笛卡儿最后发现，尽管可以怀疑一切，但对"我在怀疑"这件事情本身是不能怀疑的。所谓"怀疑"是什么事情呢？就是"思"，在思考嘛。笛卡儿既然把他自己这个肉体和灵魂的统一体都悬搁掉了，那么所谓"思"又是个什么

---

① 贝克莱：《人类知识原理》，I.2—8。转引自《西方哲学原著选读》上卷，北京：商务印书馆，1981年，第503页。在贝克莱看来：客观的实在只不过是观念的存在；"一个观念的存在，就在于被感知"；"所谓不思想的事物完全与它的被感知无关而有绝对的存在，那在我是完全不能了解的。它们的存在就是被感知，它们不可能在心灵或感知它们的能思维的东西以外有任何存在"。

玩意儿呢？笛卡儿认为，这就是思想本身、理性本身。于是他就以此为起点，来重新推出世界、上帝和自我。

到了20世纪现象学的创始人胡塞尔，他解决这个问题比笛卡儿还要透彻，他认为笛卡儿还不彻底，还留有心理主义尾巴。迄今为止，"认识论困境"在胡塞尔那里得到了最为确切的表述：内在意识是不可能"切中"外在实在的。^① 胡塞尔的意思是：我的意识是内在的，而作为客观实在的东西是外在的，它超越了意识，是超越物，那么，我的内在的意识怎么可能"切中"外在的客观实在呢？胡塞尔使用的是"切中"（treffen）这个术语，而我自己对"认识论困境"则是这样表述的，我用了两句话，第一句是：内在意识如何可能"确证"外在实在？第二句是：即便我们承认了这个外在实在，我们的内在意识如何可能"通达"这个外在实在？^②

这个困境对于我们这里所讨论的理解与解释的问题也是同样有效的：我们如何可能确证一个文本及其意义竟是客观实在的呢？我们如何可能通达、理解这个客观的文本及其客观的意义呢？没有办法。我经常打一个比方：你不能设想你能够走出自己的皮肤。当然，这个"皮肤"是个比喻，在这里是比喻意识的边界。你怎么可能走出自己的皮肤去、走出自己的意识呢？面对"认识论困境"，胡塞尔认为：既然是这样，那么，意识之外的东西，我就不予考虑嘛，我现在只研究意识本身，回到纯粹意识本身。

我在这里想强调的是：第一，这么一种"认识论困境"是不可回避的，近代以来的西方哲学一直在试图以各种方式来解决这个问题。马克思也不例外。大家读过马克思的《关于费尔巴哈的提纲》吧？他认为思维和存在的同一性根本就不是一个理论问题，而是一个实践问题，你要在理论

---

① 胡塞尔：《现象学的观念》，倪梁康译，上海：上海译文出版社，1986年，第7、9页。原文："在客观科学那里存在着超越的可疑，问题是：认识如何能够超越自身，它如何能够切中在意识框架内无法找到的存在？""对切中事物本身的认识可能性的反思陷入这样一种困境之中，即：认识如何能够确信自己与自在的事物一致，如何能够'切中'这些事物？"
② 黄玉顺：《爱与思——生活儒学的观念》，第89页。

上去证明它，那是行不通的。① 马克思的这个解决方式是很有意思的。我记得在"文革"时期全民学哲学的时候，人们这样来理解马克思：你不相信客观实在吗？我打你一个耳光，你看是不是客观实在的！事实上，这是把马克思的思想庸俗化了。马克思所说的"实践"不是这个意思。但有一点：马克思的解决方案也是有问题的。我今天就不讲这个话题了，扯得太远了。总之，我们不能回避"认识论困境"问题。在座诸位如果要从事研究，你就会面对历史文本，你就要理解、解释这个文本。那么，你首先就应该想想：这个文本及其客观意义，我是怎么可能知道的呢？这就是"认识论困境"。我想强调的第二点是：像西方近代哲学那样回避认识论困境，那显然是不对的。我刚才讲了，西方近代哲学的那两种进路实际上都是在回避这个问题，它们解决不了问题，而且这很容易导致"不可知论"。先验论者康德也是"不可知论"的，经验论就更是不可知论的了，彻底的经验论就是"不可知论"。

"不可知论"确实是很不对的。打一个很浅显的比方：虽然我不能证明这个茶杯是客观实在的，但我还是得相信它，我渴了就知道端起它来喝，我总不能一边端起它，一边想：这个东西完全是子虚乌有的嘛，我喝的只是符号嘛！再举个例子，待会儿我讲完了以后，大家奔食堂而去，你不可能一边走一边想：这个食堂是不是客观实在的呢？我怎么能证明它呢？事实上，你不用想那么多，这个信念是可靠的，你只管奔那儿去，端起碗来吃吧！但是，作为一个严肃的学者、思想者，你必须思考这样的问题。而我今天就是想在我的理解中来解决这个问题。

在我们中国的前现代的思想中，对这个问题表达得最透彻的是陆九渊。他提出："六经皆我注脚。"② 在这里我想顺便强调：我们当今这个世

---

① 马克思：《关于费尔巴哈的提纲》，《马克思恩格斯选集》第1卷，北京：人民出版社，1995年，第55页。原文："人的思维是否具有客观的真理性，这不是一个理论的问题，而是一个**实践的**问题。人应该在实践中证明自己思维的真理性，即自己思维的现实性和力量，自己思维的此岸性。关于思维——离开实践的思维——的现实性或非现实性的争论，是一个纯粹**经院哲学的**问题。"
② 陆九渊：《陆九渊集·语录上》，钟哲点校，北京：中华书局，1980年。

界很糟糕，我们的精神生活陷入了某种"绝对的相对主义"。现在很多中国人，没有理解陆九渊的意思，他们认为这个"我"就是指陆九渊这个经验的个体，或者今天的任何一个"我"这样的单子性的个体。这样理解是不对的。我们大家应该知道，陆九渊所说的"我"，指的是从孟子开始的儒家传统形而上学所说的"心性本体"，用今天的话来说，就是一个"大我"。

我这里顺便说说，我们现在的年轻人特别喜欢讲"率性"，而且还引经据典：《中庸》讲的"率性之谓道"嘛，所以，我想干什么就干什么！怎么会得出这样的结论呢？有的年轻人酗酒，把肚子都喝坏了，然后说：这就是率性嘛！这就是率性吗？当然不是。这里面有一个前提：那个所率之"性"是什么呢？事实上，《中庸》所讲的"性"，就是儒家先验哲学的心性设定，它既是主体性，又是本体性，不是"小我"，而是"大我"。

我想说的是：陆九渊这么一种"六经皆我注脚"的态度，是一个重大的理论问题。我刚才讲了，我们搞历史和文献的人都会不假思索地有一个信念、一个作为前提的态度，就是客观的"我注六经"的态度：我要客观地把这个文本的客观意义给揭示出来，就像科学家发现客观的规律一样。事实上，这么一种态度在今天的哲学看来是靠不住的了，这简直成了一种"常识"。于是，有的人就有另一种态度，就是"六经注我"，但是是曲解的"六经注我"，把"我"理解为经验中的个体，这是对古人、对陆九渊的误读，这是必须被排除掉的。否则，你就成了极端个人主义，爱干什么干什么；你解释历史文本，也是想怎么说就怎么说。那怎么行呢！

但是，另外一层也是必须强调的：即便我们设定了这么一个先验的心性本体，这在我们今天的思想看来仍然是有问题的。我们面对一个文本，即便采取"六经注我"的态度，而且这个"我"是指心性本体，然而这在今天的思想观念看来，却是典型的形而上学思维方式，因为你首先就设定了一个先验的本体，包括人性论，不论是主张性善还是性恶，你都预先设定了一个先验的本体。这样一种思维方式，和我刚才所讲的西方先验主义的思维方式本质上是一样的。按照这种思维方式，我们在阅读、解释文本的时候，既不是我在解释它，也不是文本本身的客观意义在呈现出来，而是那个所谓"本体"在那里呈现。这样一种先验的思路，它在一定意义上能够避免经验主义的那种相对主义态度、唯我论的态度；但是，它也是有问题的，今天的思想就是要解构这种先验的设定。

这就是我们中国人所熟悉的两种说法："我注六经"的经验论态度，"六经注我"的先验论态度。在今天看来，这两种态度都不能彻底解决问题。如果按我自己的说法，我会这样表达："注生我经"。意思是说，"我"这样一个主体性存在者（读者）和"经"这样一个对象性存在者（文本）其实还不是"究竟"，我们要问的是：这样的存在者是从哪儿来的？它们如何在观念中呈现为对象，从而规定我这样一个主体？用哲学的话语来说就是：这个"主—客"架构是如何生成的、如何被给出来的？在我看来，就是在"注"这样的事情中生成的。最本源的事情就是"注"本身。"注"不是一个名词，而是一个动词，就是一种"在"。或者用我的说法："注"本身是生活的一种显现样式；所有的实体性、存在者性质的东西，都是在这样的事情当中显现出来的。但这是我要在第三个大问题当中谈的话题，这里暂且按下。

我刚才讲了，"认识论困境"迫使我们思考文本的客观性及其客观意义是怎么可能的问题，但这并不意味着我们对文本及其意义的客观性的否定。当然，如果你陷入了一种相对主义、唯我论的态度（当今很多人都持这样一种人生态度），那实际上就是对客观性的否定。否定了客观性，就陷入了唯我论。但是，按今天的思想的发问方式，我们可以追问："我"这样一个主体性的存在者是从哪里来的？

为此，我经常举一个例子。今天很多年轻人为了彰显自己的个性，经常挂在嘴边的一句话就是："我就是我！"可是我们可以追问：你以为你是谁呀！这是北方人的一句口头禅。从逻辑的角度讲，这是同义反复。同义反复即同一律，这确实是一个伟大的真理，它是一切逻辑的基础嘛。但是，我们现在不妨来做一个实验。你拿一张纸和一支笔，然后开始写"我是……"。你写下去，写一句和写一万句都是同样的结果："我"是

"非我"。不信你们试试。比如说,我写"我是四川大学的教师"。但是,"四川大学"不是"我"啊,我死掉了,四川大学仍然存在;"教师"也不是"我"啊,教师是"他者",不是"我"。再比如,我写"我是我爸的儿子",可是,儿子不是"我",爸也不是"我";即使世界上没有我这个人,还是有爸和儿子,对不对?其实,这是很简单的道理。马克思说:人的本质是社会关系的总和。① 因此,个体的本质就是社会关系的总和。你所写下的各种各样的"我是……"其实就是在揭示你的各种各样的复杂的社会关系,如此而已。这就像一个坐标,个体是上面的一个点,这个点是被坐标所规定的,而不是相反;没有这个坐标,这个点就显示不出来。

但是,这样一种解释也还是一种很传统的解释,它虽然可以在一定层面上揭示某种真理——自我是被他者规定的,但这还是不够的。"自我"被"他者"所规定,这里仍然还是两个存在者,仍然是一种"主—客"架构,仍然会面临"认识论困境"。

三、知人:我与人——我们怎么可能理解文本的作者?

这就涉及第二个大问题,或者说第二个层次上的问题:我与人(读者与作者)的关系问题。我把第一个问题概括为:我怎么可能理解客观的文本;把第二个问题概括为:我怎么可能理解文本的作者。第一个问题,我是从"认识论困境"的角度来谈的;现在我从另外一个角度,现在哲学界比较热门的话题之一"交互主体性"来谈第二个问题。在我看来,"交互主体性"也面临着困境。要理解这个问题,我得先简要地谈谈胡塞尔的相关思想。

胡塞尔的现象学,其实就是把先验的进路、理性的进路发挥到极致、极端。胡塞尔也是从解决"认识论困境"入手的,他认为,既然意识之外的东西没法证明,没法"切中",那么,我现在研究科学、哲学,就只是

---

① 马克思:《关于费尔巴哈的提纲》,《马克思恩格斯选集》第 1 卷,第 56 页。原文:"人的本质不是单个人所固有的抽象物,在其现实性上,它是一切社会关系的总和。"

研究"纯粹意识"本身。但是，胡塞尔后期面临一个很大的问题。假定在座诸位都信守胡塞尔的立场，凡是意识之外的东西，我都把它"放入括号"存而不论，把它当作"超越物"而"悬搁"掉，那么，当你回家见到你的爸爸妈妈和亲人的时候，你怎么面对他们呢？你总不能在心里想"我的爸爸妈妈是不是客观实在的呢"这样的愚蠢问题吧？刚才我们面对的是一个物，比如一个文本；而现在我们面对的却是人，他也是一个主体。这样一来，问题就非常严峻了。这就导致别人对胡塞尔的指责：不管你怎样讲，不管你怎样想排除经验主义，你实质上还是唯我论，是一个排除异己的"独存的我"（solus ipse）①。

比如，现象学的先验的"本质直观"，在胡塞尔的观念中，不是指的一个经验的个体在那里直观，那样的经验直观是看不到本质的。胡塞尔让我们拿出一张红纸，然后教我们如何看"红本身"。但是，我怎么也看不到红本身，看不到红的本质、本质的红。固然，在胡塞尔看来，先验直观和经验直观本质上是不同的；但实际上，当我们具体地进行直观活动的时候，却总是张三、李四这个经验的个体在直观。比如说，我现在举着这个茶杯，然后学着胡塞尔那样去直观它的本质，可是我始终看不到这个茶杯的本质，我看不进柏拉图的"理念世界"里面去。因为我是一个在经验世界中的经验的个体，所以，我在本质直观的具体操作中，是不可能穿透经验的边界的。只要你一具体操作，先验的直观马上就变成一种个体性的、经验性的活动了。这样一来，我的意识之外的他者的主体性又是怎么被确定的呢？你总不能说这个世界上除了我，其他人都是非人、都不存在吧？这显然是很荒诞的。

为了解决这个问题，胡塞尔后期提出了一个概念：交互主体性（inter-subjectivity，或译为"主体间性"）。他的意思是说：原来大家攻击我的，是我所设定的那么一个单子性的意识个体；而事情本身不是这样的，原初

---

① 胡塞尔：《生活世界现象学》，黑尔德编，倪梁康、张廷国译，上海：上海译文出版社，2002年，第150页。

的事情,不是单子性的意识个体的存在,而是若干个主体的交互性的共同存在。

但是,无论他怎样辩解,按胡塞尔的先验论,他始终不可能逃脱这样的两难困境:假如"交互主体性"是一个存在于经验世界中的事实,它就是超越物,就应该首先被悬置起来;假如"交互主体性"是一个存在于先验意识中的事实,它就仍然不能解决在经验世界中"他者的主体性的确立是如何可能的"的问题。这其实是所有一切先验哲学的共同困境:从先验领域到经验领域的跨越,这是如何可能的?胡塞尔的立场当然是后者,也就是说,他人的存在乃是纯粹意识当中的一种直接的被给予性。但是这样一来,胡塞尔仍然逃脱不了唯我论,因为在这种观念中,他人的存在只不过是"纯粹作为我的我思相关物"[①]。

所以,假如坚持必须把不依赖于"我"而客观存在的东西视为超越物而加以悬置,那就必须放弃那种不依赖于"我"而客观存在的"他人",也就是说,"主体间性"的观念就是不能成立的;假如承认"他人"是不依赖于"我"而客观存在的,那就必须放弃对超越物的悬置,也就是说,必须放弃他的先验现象学的根本态度。目前,关于胡塞尔提出的"交互主体性"概念是否真正解决了他的意识现象学所面临的困难,国内国外的现象学界也是有争议的。有的学者认为胡塞尔通过"交互主体性"这个概念解决了他的困境,而有的学者则认为"交互主体性"根本就没法解决这样的问题。

我们现在面对文本的理解和解释,也面临这样的问题。我们要"读其书"就要"知其人",也就是说,要理解作为"他者"的作者。不仅如此,其实,对作者的理解,就是回到了开头,还是对文本的理解问题。因为,你怎么能"知人"呢?读书嘛。不过,这里还是存在着一点区别的:第一部分是就读书而论读书,是读作者的作品;而这里则是为知人而读书,是读关于作者的传记之类的书籍。但是无论如何,"知人"问题还是

---

① 胡塞尔:《生活世界现象学》,黑尔德编,倪梁康、张廷国译,第152页。

"读书"问题，即还是文本的理解与解释的问题。

然而按胡塞尔的问题，你作为读者而理解文本的作者，但你是一个主体，他却是另一个主体，那么问题在于，你如何可能确证他这样一个主体的存在呢？俗话说，"知人知面不知心"啊，当今这个时代，我们感到人与人之间越来越难以理解，似乎每个人都戴着一个面具。按照西方传统的哲学观念，你面对一个人，不管他是熟人还是陌生人，他都是一堆"现象"，而且这个人的"本质"是不可知的。但在现象学看来，"现象背后一无所有"，现象就是本质。尽管如此，胡塞尔的先验的现象学仍然面临着严峻的问题：我是无法确证他人的存在的。因此，我们是不可能理解作者的。

然而事实上，我们今天应该很清楚，问题并不在于如何"证明"他人的客观存在，因为这根本就不是任何理论思维可以解决的问题；而在于弄清楚：我们怎么会产生出关于"他人"及其"客观存在"的观念？我必须再一次强调：这根本就不是任何理论思维可以胜任的任务。我们获得关于他人客观存在的观念，这根本上就是一种前理论、前思维的事情。这既不是理性认识可以解决的问题，也不是任何感性认识可以解决的问题。这根本就不是认识论的问题。

简而言之，这是一种"生活领悟"。唯其如此，孟子根本就不涉及"他人的客观存在怎么可能"这样的问题。孟子是从已经确信他人的客观存在出发的，他提出的问题仅仅是：我们怎么可能理解这个在我之外客观存在的他人？我们怎么可能"知人"？孟子的回答是：论其世。

四、论世：我之世与人之世 ——我们怎么可能理解作者的生活？

所以，现在我讲第三个大问题"论世"，并由此而逼近我们如何解决上述问题。现在的问题在于：即便我们已经明白，主体性存在者是由生活生成的，但是，读者有读者的生活，作者有作者的生活，这毕竟是两个不同的生活。因此，本篇开头的那个图应该改为：

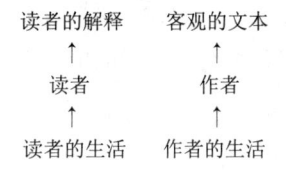

```
读者的解释    客观的文本
   ↑            ↑
  读者         作者
   ↑            ↑
 读者的生活   作者的生活
```

这里的问题就是：读者所试图理解的是作者的生活，而非读者自己的生活，但是，这两种生活显然是不同的，那么，由自己的生活所生成的读者，怎么可能理解作者的生活呢？比如说，我来读《论语》，可是我是21世纪中华人民共和国的一个公民，而孔子却是春秋末年的人，我们俩的生活差别太大了。这就面临一个问题。什么问题呢？这直接与"历史"这个观念有关。我今天也想把"历史"观念"解构"一下。如果说，我能够理解这个人，是因为我能够理解他的生活，那么，我们可以问：你怎么可能理解他的生活呢？孟子说得很清楚，你要"知其人"就要"论其世"，意思就是说，作者是由他的生活塑造的，所以，你要理解他的生活，才能理解这个人。但是，作者的生活并没有塑造我啊！我是被我的生活塑造的，而我的生活与他的生活又是不同的。因此，从目前的分析来看，我是不可能理解作者的。僧肇的《物不迁论》，大家读过吧？什么叫"物不迁"？就是"昔物不至今"。[①] 那么，"历史"这个观念是怎么可能的呢？按照这种观念，我不可能理解历史。作为一个21世纪全球化背景下生成的人，我怎么可能理解古代的历史呢？所以，历史的流动在传统形而上学的思维模式下是不可能的，是流不起来的。我经常讲，我们做历史研究的人，其实都自觉不自觉地有一个历史哲学的背景。你在研究历史的时候，总是会基于一个这样或那样的历史观，那就是历史哲学的问题。

这似乎又回到了第一个大问题：读书的问题。你要理解司马迁的《史记》，就得理解司马迁其人；要理解司马迁其人，就得理解司马迁其人的生活背景，就得理解汉代的生活。但是这样一来，你还是得去读《史

---

① 僧肇：《物不迁论》，见元康《肇论疏》卷上，载《大正藏》第45册，台北：新文丰出版公司，1975年，影印本。

记》。但即使读了《史记》，上述问题依然存在：我们作为一个被当下生活所给出来的人，怎么可能置身于作者的生活之中呢？

对于这个问题，20世纪的思想给出了一种解决方式。首先，我要区分三个词语。读者和作者有一个共同点，哲学上把他们都叫作"存在者"，或者更确切地说，主体性的存在者。这是第一个概念：存在者。然后，读者的生活和作者的生活也有一个共同点，我们把它们叫作"存在者的存在"。这是第二个概念。按照孟子给出的渊源关系的序列，他应该有这样一个观念：存在者是被存在者的生活所规定的；用我们的话说就是：作者是被他的生活塑造的。然而这两个概念却还停留在形而上学的思维方式中。这种思维方式的特点，就是把历史、生活对象化、客观化，认为历史、生活是在我之外的客观实在，已经摆在那里，然后我这个主体可以去研究历史、思考生活等等。这是一种对象化的思维方式，即始终在"主—客"架构下来思考问题。然而我刚才已经说了，这必然会面临"认识论困境"：你怎么可能穿透你的"皮肤"、意识的边界，去通达文本的客观意义呢？

近代西方哲学一直试图解决这个问题，但没有人真正解决了这个问题。然而20世纪的思想却开启了解决这个问题的可能性，就是：我们应该换一个思维方式来思考这个问题。我们之所以陷入所谓的"认识论困境"，是因为我们总是在"主—客"架构下来思考问题。但是，困境归困境，我刚才说了：你怎么胆敢否认茶水、食物的客观实在性呢！所以，很显然，所谓"认识论困境"可能本身就是一个很荒诞的问题。因此，现在我们应该换一个发问方式，即："主—客"架构是怎么可能的？主体和客体都是存在者，所以我们的问题也可以转换成：存在者是怎么可能的？这就意味着，当我们面对历史文本的时候，我们应该问：这个客观的历史文本是如何可能的？它怎么会在我们的观念当中显现为一个客观实在的对象？并且我们还应该进一步反躬自问：我这个作为主体性存在者的研究者、诠释者本身又是何以可能的？这样一种思维方式，就把"认识论困境"问题给消解掉了；同时这也意味着，我们应该回到"存在"本身，或者"生活"本身。这就是第三个词语。

我刚才提出了两个概念：存在者和存在者的存在，或者作者和作者的生活、读者和读者的生活。现在我们要进一步追溯那种真正先行于任何存在者及其存在的"存在"本身，或者说追溯那种真正先行于读者、作者和文本的"生活"本身。这样的生活，就不再是我刚才说的存在者的存在、生活者的生活了，不再是读者或作者的生活了，因为"读者的生活""作者的生活"这样的观念有两个前提：第一，必须把生活对象化，置于主体的对面；第二，对生活进行历时的切分、时间观念的切分，然后就产生了僧肇所说的"昔物不至今"的问题，从而，穿透历史就成为不可能。

一般来说，对于"存在者何以可能"这个问题，有两种可能的回答。第一种是传统形而上学的回答方式。通俗地讲，比如说，一个小孩跟他妈妈的对话："我是从哪儿来的？""妈妈生的呗！""妈妈又是从哪儿来的？""姥姥生的呗！"……但是，妈妈和姥姥仍然是存在者啊。最后，我们可以从大千世界一直追溯到上帝、本体。可是，上帝和本体仍然还是存在者啊。这仍然不能回答"存在者何以可能"的问题。这就是传统形而上学思维方式的极限。所以，20世纪的思想就有了第二种回答：存在。今天，最前沿、最核心的问题就是"存在"问题。用《老子》的话来说，就是："天下万物生于有，有生于无。"① "万物"从"有"而来，而"有"本身在宗教形而上学中就是"上帝"，在哲学形而上学中就是"本体"。但进一步讲，"有生于无"，"无"就是存在本身，就是生活本身。为什么说存在、生活是"无"呢？因为这不是存在者，这里无物存在。

然后，我们再回过头来理解历史文本、作者、作者的生活，就可以基本解决问题了。

五、问题的解决

先回到第三个问题。当我们说"读者的生活""作者的生活"的时

---

① 《老子》第四十章。

候,就一定会产生困惑。而事实上,不管是作者的生活,还是读者的生活,都是程子所说的"体用一源"①,即:皆源于生活本身。而生活本身,是浑然的、浑沦的。我们不说"浑然一体",因为说到"体"就麻烦了。这里没有"体","神无方而易无体"②。而所谓"读者的生活"和"作者的生活",其实都是生活本身在我们的观念中的某种显现样式。

刚才谈到陆九渊时,我说我自己的观念是"注生我经"。这里,"注"作为一个动词,就是指生活的一种显现样式。当然,我们可以这样陈述:有一位搞历史或文献的学者,他的生活方式就是"作注"。但是,我们这样表达,就会陷入困境,因为这样一种表达意味着一个学者、一个主体性的存在者已然先行了,然后他才可能作注或不作注。这样一种思维方式必然会陷入"认识论困境"。因此,如果你是一个彻底的思想者,就应该反过来想这个问题:如果没有"作注"这样的事情本身,那么这个研究者、作注者就是不存在的。当然,这个人是存在的,他是张三、李四,张三、李四是存在者;但他们不是这里的作注者,不是作注者这样的存在者。假如没有"作注"这样的事情发生,那个作注者就是不存在的,那个被诠释的文本作为存在者也是不存在的。我们面前固然摆着一个文本,但是如果没有"作注"这样的事情发生,这个文本就根本不是一个"注本"(被注的文本),你可以把它作任何用途,拿去烧火也行。

我经常讲儒家的仁爱观念,也是这个意思。比如母爱,就是仁爱的一种显现样式。母爱不是一个存在者,而是先行于存在者的事情;母亲和儿子这样的存在者,都是被这种爱所造就的。为什么这么讲呢?因为假如母爱这种作为存在本身之显现的情感还没有显现出来,那就根本还没有母亲,或者说,这个女人就还不成其为一个母亲。同样,我们可以说:假如没有阅读这样的事情发生,历史就不存在;假如没有作注这样的事情发生,文本也不存在。实际上,文本、作者、读者,都是被共同涵摄于当下

---

① 程颐:《伊川易传·序》,《二程集》。
② 《周易·系辞上传》。

的生活之中的。

　　这就涉及一个很重要的问题。不论是主观主义的历史观，还是客观主义的历史观，都是错误的，或者说是不究竟的，因为这样必然陷入困境。客观主义的历史观的前提是：历史在空间上是在我的生活之外，在时间上是在我的生活之前。但这样一来，我就没法通达它。客观主义的历史观必然陷入"昔物不至今"的困境。而主观主义的历史观也面临一个问题，这就是我刚才讲的"主体间性"问题。我们都是主体，你讲一套历史，我讲一套历史，到底谁对谁错呢？没有仲裁者，大家都是主观的。事实上，主观主义的历史观和客观主义的历史观都仍然是在"主—客"架构之下思考问题的。现在我们说：历史并不在当下的生活之外，而就在当下的生活之中。这样我们就导向一个更深刻的问题：生活或存在本身究竟是如何涵摄了历史、文本、传统的？

　　如今我们经常把"传统"挂在嘴边。但一般来说，当我们谈到"传统"的时候，会不假思索地认定它有两个特点：时间上在我之前，空间上在我之外；或者说，时间上在当下的生活之前，空间上在当下的生活之外。你这样想就完了，你马上陷入困境。

　　作为存在的生活，这可能是一个比较难以把握的观念。我猜想大家很容易以传统的思维方式来看待我所说的"生活"或"存在"，就是把生活对象化，作为一个客体来打量。如果这样理解，那么生活还是在你之外，或者是摆在你面前。生活怎么可能摆在你面前呢？太奇怪了。我们之所以有这样的思维方式，根本的原因是生活被我们对象化、存在者化了。其实，生活本身不是一个对象，不是一个东西；在生活本身的层级上，原本没有所谓"作者的生活""读者的生活"。生活就是生活，如此而已。生活就是存在，而不是任何存在者的存在；一切存在者的存在，乃至一切存在者本身，都是由生活所生成的。这是一切跨时间、跨空间的理解与解释之所以可能的渊源所在。而所谓"作者的生活"和"读者的生活"，那不过是生活本身的一种显现层级：生活本身显现为了某种存在者的存在，显现为了某种生活者的生活。

在这里，我要强调的是：第一，作者的生活和读者的生活都渊源于生活，生活本身乃是浑然的；第二，这种浑然的生活乃是前时间性、非时间性的；因此，第三，我们理解文本、理解文本的作者、理解作者的生活才是可能的。我们可以用下图来表示这一观念：

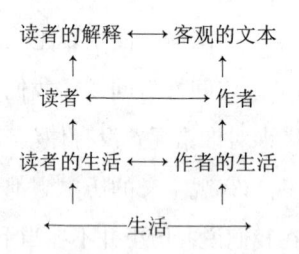

```
     读者的解释 ←——→ 客观的文本
        ↑                ↑
      读者   ←————→    作者
        ↑                ↑
     读者的生活 ←——→ 作者的生活
            ←———生活———→
```

因此，"有我"的生活固然是存在的，这就是某种存在者的存在；但是，"有我"的生活渊源于"无我"的生活。我经常讲：生活本身乃是非人的生活。因为所谓"人"，那就是一个主体性的存在者；所谓"非人"的生活是说：此时此刻，作为主体性存在者的人还没有生成。

现在我们回到开头的问题。我今天讲座的宗旨，诸位切莫误解。我绝不是要否定文本的客观意义。因为如果采取这么一种立场，那就陷入了那种被误解的"六经注我"，我就是一个主观主义者了。我开始时谈到了，我们在研究文本的时候总是有一个预设信念：它是客观实在的，是有客观意义的，并且这种客观意义是不以我的意识为转移的。但同时呢，我们又总是遭遇理解和解释的歧义性，使得我们无从选择。

我想说的第一层意思是：我们绝不能否定文本及其意义的客观性；但是，如果你仅仅承认这一点，你马上就会陷入"认识论困境"。因此，我们应该换一种思维方式，我们应该去追问：文本为什么会有这样的客观实在性？文本意义的客观性是如何可能的？通过这样的追问，我们就回到了存在，回到了生活本身。"回到生活本身"在这里是什么意思呢？那就是说：你不能把文本设想成是在当下生活之外、之前的东西，而应该意识到它是被当下的生活所涵摄的东西。

第二层意思是：文本的歧义性是依然存在的。因此，我们应该追问：文本为什么会有歧义性呢？这跟第一个层面的问题是相关的。我这里想强调的是：我现在所说的"客观性"不是传统意义上的"客观性"，就是说，我们现在不能像过去的传统形而上学思维方式那样去理解文本的客观性。我刚才描述过这种形而上学思维方式的特征，就是：时间上在当下生活之前，空间上在当下生活之外。但事实上，这样的客观性是不可能的；恰恰相反，文本乃是被涵摄于当下的生活之中的：文本作为一种存在者，是当下生活的一种显现样式，是当下的"注"的一个结果。唯其如此，当我说"生活本身"时，它是无所谓主观和客观的，而是先行于、超越于"主—客"架构；然而唯其如此，"主—客"架构中的主观性和客观性才是可能的。

这就是我想强调的两点：文本是有客观性的，而不是可以任意解释的，只不过这里所说的"客观性"不是传统形而上学所理解的客观性；同时，歧义性本身就是一种客观性，而追本溯源，歧义性本身就是生活的显现。

我记得有一次，有人问我："生活的意义是什么？"当时我回答说："生活无意义。"这令他很惊诧。但我这样说的前提是：我所说的生活不是什么"读者的生活""作者的生活"，不是你的生活、我的生活，不是指的存在者的存在，而是指的作为存在本身的生活本身。存在本身没有任何意义。为什么呢？我们可以换一个方式来思考这个问题。当我说"生活没有意义"时，那个人马上反问："那我活着还有什么意义呢！"实际上，从逻辑的角度来说，他这里已经偷换概念了：我说的"生活"不是"我活着"。我告诉他：你的生活当然是有意义的；作为一个主体性存在者的存在，你的生活的意义是被你创造的。我的意思是：你作为一个存在者，你在创造你的生活的意义；但是，你这个创造意义的存在者本身却是被生活给出来的，而生活本身却是没有意义的；否则，你就会在生活之外去设定一个尺度。然而"生活之外"是一件没法设想的事情，根本就不存在什么"生活之外"。如果生活就是存在本身，那么我可以仿照巴门尼德的话说：生活之外就是"不存在"。

因此，我们必须严格区分如下三个词语：存在者、存在者的存在、存在。这其实也就是海德格尔做出的一个基本的区分。对于存在或生活，在我们两千年来的传统思维方式中是很难理解、很难把握的。这就是《老子》讲的"道可道，非常道"[①]。但可惜的是，我们总是言说着某个存在者以及这个存在者的存在，然而"遗忘"了存在本身；我们总是言说着某种生活者以及这种生活者的生活，然而"遗忘"了生活本身。

最后，我做一个简单的小结。我今天来讲孟子的这么一番话，是想揭示一点，就是孟子的这段论述实际上蕴涵着他的一些先行的思想观念，所以他才会有这种"论世知人"的信念：我们"论其世"，就能"知其人"；我们"知其人"，就能"读其书"。我们今天的话题没有涉及孟子的这一信念是怎么可能的问题，那是另外的问题，我自己现在就在做这方面的研究工作，在我看来，孟子那里是有很多关于生活本身及其情感显现的言说的。但这不是我们今天的话题。事实上，正因为孟子有那样一些最本源层级上的生活观念，他才可能有"论世知人"的信念，而认为那是不言而喻的。孟子确信：我们能够理解作者的生活、作者、文本。那么，他显然一定有自己的关于生活本身、存在本身的观念。理解了这一点，那就好办了，就是：我们可以理解文本、文本的作者、作者的生活，从而把握历史文本的客观性，这是因为所有这一切都是"一源"的，即所有这一切都是由生活本身生成的。

再回到那个博士生的问题。在他当时看来，历代对《论语》的诠释是不同的，完全没有客观标准，令人困惑。我想：他所说的"客观"也就是传统形而上学所讲的"客观"，而那是不对的，哪里有那样的客观？我现在特别想强调一点：从何晏开始，一直到这个博士生的导师，他们关于《论语》所做的那一系列不同的诠释，也就是现象学所说的"现象"，都是存在的显现、生活的显现，都是很有意义的。这种"注"背后有什么东西呢？没有。"现象背后一无所有"。注本身是生活的一种显现样式；如

[①] 《老子》第一章。

果没有这样的显现样式,《论语》这个文本本身也就不复存在。因此,我想告诉那个博士生的是:你做的诠释工作是有意义的,你的诠释同样是生活的显现、存在的显现;或者用我们中国人的话来讲,这就是"天命"。所谓"天命"就是存在、生活本身的言说,或者说是存在、生活本身的显现。作注就是存在或者生活本身的一种显现方式;离却作注,就什么都没有:既没有注释者,也没有被注释的文本。

　　好了,今天就谈这么多吧。我不知道我讲明白了没有,这里面涉及的一些观念确实比较麻烦,理解起来可能困难一点。但我今天总不能白讲吧?你们总应该还是有些感觉的吧?谢谢!

前主体性诠释
——中国诠释学的奠基性观念[*]

近 20 年来，在中国哲学界，"诠释"与"诠释学"成了热词。这显然是一种新的"西学东渐"[①]，因为"诠释"（interpretation）与"诠释学"（hermeneutics）都是外来词，影响最大的是从海德格尔到伽达默尔的"哲学诠释学"（philosophische Hermeneutik）。于是就有了一种问题意识："诠释学的中国化"[②]；有学者提出要建立"中国解释学"[③]，更有学者创办了辑刊《中国诠释学》[④]；几乎所有研究中国古代经典的活动，都贴上了"经典诠释"的标签。

一、当前"经典诠释"的审视

但到目前为止，"中国诠释学"的实质体系仍没有真正建立起来，因为这里面所牵涉的问题实在太多。最根本的问题是：究竟何谓"中国诠释学"？

笔者曾谈道：应该重新审视国内近年"经典诠释热"中的所谓"诠释学"。目前凡以某种方式解释经典，乃至传统的注释方法都被冠之以

---

[*] 原载《浙江社会科学》2020 年第 12 期，第 95—97 页。
[①] 黄玉顺：《反应·对应·回应——现代儒家对"西学东渐"之态度》，《上海师范大学学报》2009 年第 5 期；《从"西学东渐"到"中学西进"——当代中国哲学学者的历史使命》，《学术月刊》2012 年 11 月号。
[②] 参见潘德荣：《诠释学的中国化研究述评》，《哲学动态》1993 年第 10 期；洪汉鼎：《诠释学的中国化——一种普遍性的经典诠释学构想》，《中国社会科学》2020 年第 1 期。
[③] 汤一介：《能否创建中国的"解释学"》，载《学人》第 13 辑，陈平原、王守常、汪晖主编，江苏文艺出版社，1998 年；《再论创建中国解释学问题》，《中国社会科学》2000 年第 1 期；《三论创建中国解释学问题》，《中国文化研究》2000 年第 2 期。另可参见李清良、张洪志：《中国诠释学研究 40 年》，《中国文化研究》2019 年第 4 期。
[④] 《中国诠释学》创刊于 2002 年，山东大学中国诠释学研究中心主办，洪汉鼎、傅永军主编。

"经典诠释"，其实是对"诠释"的误解；不仅如此，即便是伽达默尔哲学诠释学方法也是值得商榷的。真正的经典诠释并非某种既有的诠释者和被诠释经典之间的事情，即既非"我注六经"，也非"六经注我"①，而应当是"注生我经"——"注释"活动"生成"了"我"和"经典"，即诠释者和被诠释的经典都是在诠释活动之中生成的。这种注释活动乃是生活的一种显现方式；而作为诠释者的"我"和作为被诠释文本的"经"都是在"注"这种活动之中被给出的，因而"注"之后的"我"已不再是之前的"我"，而"注"之后的"经"也不再是之前的"经"了。简言之，经典是被诠释出来的经典，而诠释是当下生活的事情。唯有如此，经典和主体才能不断地获得新开展的可能性。②

这里提到的"注生我经"出自拙文《注生我经：论文本的理解与解释的生活渊源》③，那是笔者首次系统地论述儒家的诠释学，其特点是干脆绕开海德格尔与伽达默尔，直接谈中国的诠释学。

二、对"哲学诠释学"的批判

笔者也曾直面海德格尔与伽达默尔，那是在另外一些文章里对诠释学的批判。例如拙文《"直"与"法"：情感与正义》谈道，海德格尔的诠释学无法回答一个问题："此在"（Dasein）可能性的展开，意味着已经"溢出""超越"了原来既定的那种"被抛"的"所是"，即意味着不仅超出了此在原来的那个"前判断"，而且超出了此在原来的生存及其"前结构"，亦即超出了诠释活动的生存论基础，那么，这是何以可能的？这个"溢出"部分来自何处？对此，哲学诠释学解释为"视域融合"，即此在的生存（existence）与生存之外的存在（Sein）之间的融合。因此，海德格尔才会严格区分"生存"与"存在"。但是这样一来，存在乃是在生存

---

① 陆九渊：《陆九渊集·语录上》。
② 黄玉顺：《中国学术从"经学"到"国学"的时代转型》，《中国哲学史》2012年第1期。
③ 黄玉顺：《注生我经：论文本的理解与解释的生活渊源——孟子"论世知人"思想阐释》，《中国社科院研究生院学报》2008年第3期。

之外的事情，那么，此在又如何能超出自己的生存而去追寻存在？①

此文紧接着引证了我在另一篇文章里对海德格尔的根本质疑：海德格尔其实是自相矛盾的，他一方面认为存在是先行于任何存在者的，"存在与存在的结构超出一切存在者之外，超出存在者的一切存在者状态上的可能规定性之外"②，这意味着存在也是先行于此在的，因为"此在是一种存在者"③；然而另一方面，他又认为，探索存在必须通过此在这种"特殊存在者"，即只有"通过对某种存在者即此在特加阐释这样一条途径突入存在概念"，"我们在此在中将能赢获领会存在和可能解释存在的视野"④。假如这只是在区分"存在概念的普遍性"和"探索""领会""解释"存在概念的"特殊性"⑤，这还不算是自相矛盾；然而当他宣称"存在总是某种存在者的存在"⑥时，那就是彻底的自相矛盾了，因为这里的存在已不再是先行于任何存在者的了。⑦

三、"前主体性诠释"的提出

基于上述思考，笔者最终提出了"前主体性诠释"（pre-subjective interpretation）概念，见于笔者2019年的一篇文章《前主体性诠释：主体性诠释的解构》，其中谈道："东亚儒学"的经典诠释接受了海德格尔和伽达默尔的诠释学，即并没有超越传统的主体性诠释模式，因为在这种模式下，不论原创者和经典之间，还是诠释者和诠释之间，都是"主—客"关系。这种主体性诠释模式必然导致"认识论困境"，即导致本源存在的遮蔽，因为它无法回答"存在者何以可能""主体性何以可能"这样

---

① 黄玉顺：《"直"与"法"：情感与正义——与王庆节教授商榷"父子相隐"问题》，《社会科学研究》2017年第6期。
② 海德格尔：《存在与时间》，陈嘉映、王庆节译，第44页。
③ 海德格尔：《存在与时间》，陈嘉映、王庆节译，第14页。
④ 海德格尔：《存在与时间》，陈嘉映、王庆节译，第46页。
⑤ 海德格尔：《存在与时间》，陈嘉映、王庆节译，第46页。
⑥ 海德格尔：《存在与时间》，陈嘉映、王庆节译，第11页。
⑦ 黄玉顺：《生活儒学关键词语之诠释与翻译》，《现代哲学》2012年第1期。

的根本问题，即无法真正透彻地理解和解释原创者及其经典、诠释者及其诠释的生成。因此，应当提出一种"前主体性诠释"模式，将诠释活动视为前主体性、前存在者的存在，正是这种诠释活动给出了新的主体与对象——诠释者及其诠释，由此彻底地回答原创者与经典、诠释者与诠释何以可能的问题。①

四、"前主体性诠释"的观念背景拓展

这个"前主体性诠释"概念其实隶属于一个更广阔的概念——"前主体性"（pre-subjectivity）；而"前主体性"概念又隶属于一个最广阔的概念——"前存在者"（pre-being）②，因为主体是一种存在者，即主体性存在者（subjective being）。这里的"前存在者"是笔者的"生活儒学"的一个基础性概念。③ 生活儒学旨在揭示所有一切存在者（包括形而上的存在者、形而下的存在者）的本源即存在，亦即生活；而存在或生活就是"前主体性的"（pre-subjective）事情。

因此，这种"前主体性诠释"即"生活儒学的诠释学"（the Hermeneutics of Life Confucianism）广泛涉及诸如文本、经典、阅读、理解、解释、翻译、比较、对话、语言、文字、符号、话语、言说方式等话题，这些话题都可以收摄于"诠释"（interpretation）概念之下。

例如关于"比较"，拙文《比较：作为存在》提出的"真切的比较观念"概念，实际上就是"前主体性比较"（pre-subjective comparison）的概念。所谓"真切的比较观念"是说：这样一种比较活动生成了新的主体、新的对象。这是因为真切意义的"比较"活动本质上是一种生活方式，或

---

① 黄玉顺：《前主体性诠释：主体性诠释的解构——评"东亚儒学"的经典诠释模式》，《哲学研究》2019年第1期。
② 在英文里，"前存在者"和"存在者"这样的概念很难表达，因为三个不同层级的概念——存在（Being、being）、形而上的存在者（the Being）和形而下的存在者（the being、beings），都用"being"表达，极易混淆。
③ 关于"生活儒学"，参见黄玉顺：《面向生活本身的儒学——黄玉顺"生活儒学"自选集》《爱与思——生活儒学的观念》《生活儒学讲录》。

者说是某种生活方式的一种特定显现形式。这里，尽管确实是有一个既存的主体在对若干既存的对象进行对比，但这种活动的结果却使得这个主体获得新的主体性，同时也使得这些对象获得新的对象性。因此，比较活动也就获得了先行于存在者（包括主体性存在者）的存在的意义。①

又如关于"对话"，拙文《前主体性对话：对话与人的解放问题》提出了"前主体性对话"（pre-subjective dialogue）的概念。如果一种新的主体性乃是在某种对话中生成的，那么，这种对话显然并非"主体间的"活动，而是"前主体性的"活动。这就是"前主体性对话范式"。这种"前主体性对话"的范式奠基于一种崭新的思想视域：存在——生活。这里的"存在"并不是某种既有的存在者的存在，"生活"也不是某种既有的人的生活；这里的"存在""生活"是前存在者、前主体性的事情。只有在这样的生活或存在的思想视域之中，对话才可能生成一种新的主体性，对话活动本身也才可能获得真正的存在论意义。②

这里再举一个关于"阅读"的例子，见于朱熹引程颐的一番话："今人不会读书。如读《论语》，未读时是此等人，读了后又只是此等人，便是不曾读。"③所谓"此等人"当然指的是某种既定的主体性；这样的阅读可称之为"主体性阅读"，即没有改变"此等人"的既有主体性。而程颐所期待的阅读则可称之为"前主体性阅读"（pre-subjective reading），即改变了"此等人"的主体性，或者说使他获得了某种新的主体性，从而成为一个新的主体；那么，对于这个新的主体性来说，阅读就是一种前主体性的活动。

总之，"前主体性诠释"就是将阅读、理解、解释、翻译、比较、对话等活动视为前存在者、前主体性、前对象性的事情，由此阐明"存在者何以可能""主体性何以可能""物何以可能"这样的当今思想前沿的根本

---

① 黄玉顺：《比较：作为存在——关于"中西比较"的反思》，《社会科学战线》2015 年第 12 期。
② 黄玉顺：《前主体性对话：对话与人的解放问题——评哈贝马斯"对话伦理学"》，《江苏行政学院学报》2014 年第 5 期。
③ 朱熹：《论语集注·论语序说》，《四书章句集注》，上海：上海古籍出版社，2006 年。

问题：正是在诠释活动中，新的主体和新的对象——新的存在者得以生成。这里不是"人在诠释文本"，而是"人与文本在诠释中生成"；不是"诠释在世界中进行"，而是"世界在诠释中生成"。因此，诠释不是主体、存在者的事情，而是存在的事情，即生活的事情。

那么，这样的前主体性诠释为什么可称之为"中国的"诠释学呢？首先，它基于对"哲学诠释学"那样的"西方的"诠释学的批判；其次，它是通过对"中国的"儒学的诠释而阐发出来的；最后，更具体地说，它隶属于作为一种中国当代儒学形态的"生活儒学"。

第三编　生活情感本源论

生活儒学的"生活"观念 *

我这些年一直在做儒学的当代诠释,也就是所谓的"生活儒学"。昨天开会,我发言之后,还有人向我提了一个问题:"你这个'生活儒学',我看了半天没看懂,能不能简要地解释一下?"当时学术会议的讨论时间是很短的,在那么短的时间之内,要我把"生活儒学"讲清楚,实在是太难为我了。今天也是这样。"生活儒学"是很"宏大叙事"的,在这么短的时间内要把它讲清楚是不可能的,所以我只能简要地给大家讲一下我所谓的"生活"的观念。

当年我刚刚正式提出"生活儒学"的时候,很多人一看到"生活"这个符号就很感兴趣,感觉很亲切,大概他们觉得以前的儒学太不生活了,太学术化了,太学究气了,现在终于要进入生活了!一个比较典型的例子,有一位教授,是我的好朋友,很有趣,有一天问我:"晚上没有其他安排吧?那就一起吃饭吧。'生活儒学'嘛!"他当然是开玩笑的。否则,照这么理解的话,生活儒学就是"吃饭儒学"了。所以我今天要解释一下生活不是吃饭,解释一下"生活"的观念。

一

"生活"这个词,在现代汉语当中使用得非常普遍,比如大家见面时说:"最近生活怎么样啊?""某人把生活搞得一团糟!"等等。那是"生活"的日常用法,是指"某人的生活"。我所说的"生活"远不止这个意思。大家都是学哲学的,既然是讲哲学嘛,我还是哲学化一点儿吧。

---

* 此文收入作者文集《儒家思想与当代生活 ——"生活儒学"论集》,北京:光明日报出版社,2009 年,第 57—75 页。

我有一个基本的表达："生活即是存在，生活之外别无存在。"所以，我就先说一下"存在"这个观念。西学东渐以来，现代汉语确实受到西方文化，包括西方哲学的影响，很多词语都是通过日语而从西方转译过来的，日本人先把西方的某个词语翻译为日文的汉字，然后中国留日学生感觉这个翻译不错，就把它拿过来用，于是延续下来。比如 philosophy 这个词，就是日本人首先翻译为"哲学"的。"存在"这个概念也是这样。在英文中，"存在"就是动词"to be"，就像哈姆雷特所说的："To be or not to be, that's the question."，德文里面则是"Sein"。"to be"的名词化，或动名词，就是 being 或 beings，比如"人类"就是"human beings"。所以，只要我的文章里面出现了"存在"这个词语，许多中国读者就认为这是西方的观念，觉得我的哲学是西方的东西。其实这是很大的误解。这个问题，我在我的书里已有专节讨论过①，这里再做一些解释。

不仅仅是"存在"和"to be"，所有词语，在中国和世界交流之初，都存在这样的问题。例如，一个不懂英文的中国老板和一个美国人谈生意，问美国人的商品怎么卖，如果答案是 five dollars，这个中国商人肯定无法理解那是什么意思，这时候就有一个翻译，他把 dollar 翻译为人民币的"元"这样一个对应词，中国老板一听就明白了：哦，五元。于是砍价，又翻译过去："four dollars"。这其实是一个诠释学问题，就是说，在不同的民族语言之间的对应词，比如美国人讲的"dollar"和中国人讲的货币单位"元"，是一回事吗？答案当然是否定的，尽管我们现在可以计算它们之间具体的比值是多少，但二者在很多方面相差还是很远的，并不是一回事。这就导致了今天学界关于翻译和诠释的一种说法，我是很不赞同的，他们认为：严格说来，不同民族语言之间是不可翻译的。这就意味着我们完全无法和外国人交流，我们和他们之间根本不可能互相理解。这种观点是错误的，因为它不符合生活的实情。不同民族语言实际上是需要翻译，而且可以翻译的，翻译过来了，我们就能够相互理解了，刚才所举

---

① 黄玉顺：《爱与思——生活儒学的观念》，第一讲第一节"等同与对应：定名与虚位"。

的那个商人的例子就是。

再比如说,有一个至高无上的"位"——king 或者 queen,就是"王"的意思。设想一下,假如大清皇朝第一次接待英国的使臣,皇上听他说到他们的 king,肯定不知道那代表什么。翻译官就会找一个与之对应的汉语词语"王"来翻译,皇上一听就明白了。这样也就理解了。可是实际上,汉语的"王"和英语的"king"的意思却是大相径庭的。但是,如果我们只注意问题的这个方面,因为其区别太大就说这是不可翻译的,那就过于片面了,事实上皇上已经理解了翻译的意思:原来英国也有像咱们的"王"这样一个至高无上的"位"叫作 king 啊。但是,反过来也不能说两个"王"就是一回事,那样也错了,因为我们知道,甚至中国本身历代的"王"的意义就已经不是一回事了,三代之王和秦汉以后的王就不是一回事,更何况和英国的王相比较了。

所以,我提出了一对方法论概念来解释这个现象,那就是"可对应性"和"非等同性"。这是我从韩愈那里得到的启发。可能很多同学都读过韩愈的《原道》[1],里面谈到儒家和道家都谈"仁义道德",但两家的立场和观点却不同,甚至截然对立。比如对于"仁义",儒家持一种肯定的立场,而道家则相反;对于"道德",尽管两家都谈,但其观念的实质也是不同的。但是,双方并非完全不能互相理解。对于这种现象,韩愈就给它们起了一种名字,叫作"定名"与"虚位"。"仁"与"义"的含义是确定的,叫作"定名",所以两家的立场相反;而"道"与"德"的含义却不是确定的,所以儒道两家都谈,自说自话。我们不能说儒家是肯定"道""德"的、道家是否定"道""德"的,事实上两家都是对"道""德"持肯定态度的;而是说两家所谈的"道""德"的意思并不是一回事。所以,"仁与义为定名,道与德为虚位"[2]。但有意思的是,比如说,一个儒家学者,一个道家学者,两个人在那里谈论"道""德"问题,

---

[1] 韩愈:《原道》。
[2] 韩愈:《原道》。

他们之间尽管可能因为立场不同、观点不同而不能完全理解对方，但也不是完全不能理解对方，双方其实都明白对方在说什么事情、在谈什么问题，双方在一定程度上是可以互相理解的。

我的进一步看法是：韩愈对"定名"与"虚位"的区分，其实既同时适用于"仁"与"义"，也同时适用于"道"与"德"。这就是说：不论"仁义"还是"道德"，一方面，它们都有"虚位"的一面，双方所说的"仁义道德"之间是具有对应性的，所以双方能够理解对方在说什么；但另一方面，它们也都有"定名"的一面，双方所说的"仁义道德"之间并不具有等同性，所以也可以说双方不能理解对方。这种现象也适用于两个不同民族语言之间的情况。把这种现象用现代汉语表达，我的说法是："定名"说的是两种话语系统之间的"对等""等同"问题，严格来讲，两者之间存在着"非等同性"；"虚位"说的是两种话语系统之间的"对应"问题，应该承认，两者之间确实存在着"可对应性"。任何两种话语系统之间，比如儒道之间、英汉之间、德汉之间，都是这样一种关系。英文的"king"，从"定名"的角度来说，和汉语的"王"不是一回事，两者之间不存在等同性；但是通过把"king"翻译为"王"，我们就能很好地理解其意义，这说明两者之间具有一种"虚位"上的对应性，"王"和"king"都代表了一种政治结构当中的最高位，从而在观念层级上相互对应。

我们再回到"存在"这个概念上来。你不能一看到"存在"，就把它与西方的"to be"等同起来；但是，两者之间确实存在着可对应性，所以可以互相翻译。我们用汉语去翻译西方的东西，翻译就是诠释，它必定会带上我们汉语自己的观念。我们用汉语固有的"存在"这个词语去翻译西方的"to be"或者"being"，这其实就意味着二者之间是具有对应性的，所以才是可理解、可翻译的。但另外一方面，我们汉语所说的"存在"，和西方的"to be"或"being"之间并没有等同性，二者是不能划等号的。所以，如果有人在看我的作品的时候有一种感觉，觉得西化色彩太浓了，那是因为他不明白这个道理：其实，要把一个观念完全西化，那是不可能的，想要西化都无法做到。我自己经常搞中国传统的文字音韵训诂，当我把中国最古老的"存在"观念分析出来以后发现，与西方的"to be"或者"being"相比较，两者之间同样存在着上述"定名"和"虚位"，或者"非等同性"和"可对应性"两个方面。确实，不同的族群之间，他们的观念系统之间的层级结构是具有对应性的，否则我们无法互相理解；但由于我们的生活方式、文化传统等因素的不同，这种对应只是"虚位"上的对应，而"定名"上的实质是有很大的区别的。"存在"问题也同样是如此。所以，对于自己发明的这样一种说法，我是比较得意的，它确实能说明很多问题。

刚才说到，生活儒学认为：生活即是存在。反过来说也是一样的：存在即是生活。所以，下面我就发挥一下本人的看家本领——文字音韵训诂，讲讲"生""活""存""在"这四个字。把这四个字讲完了，你可能也就明白了何谓生活。

二

先说"生"字。大家设想一下：当古人最初要谈到他们的生活的时候，脑海中出现一个生活的观念，他就会找一个相应的词语去表达，于是想到"sheng"这样一个发音，这么一个 voice，后来发展到要用汉字书面符号去标识这个 voice，于是发明了"生"这个汉字。这个字是由"土"和"屮"组成的："土"指的是大地；"屮"指的是草木刚刚发芽的那个样子。两个"屮"并列，就成为"艸"，后来变为形声字"草"，这在文字学上属于古今字。"生"字传达的消息，就是"草木生长在大地上"。有一位著名的山水诗人谢灵运，写过很多山水诗，我不怎么喜欢，我觉得，他写了一辈子，只有一句特别好，那是有一天他在梦中得到的一个佳句："池塘生春草。"[①] 这是对"生机"的一种感悟，也就是对"生"的感悟，我称之为"生活感悟"。

---

① 谢灵运：《登池上楼》，《文选》，李善注，南宋淳熙八年尤袤刻本，北京：中华书局，1974年，影印本。

大家注意，现在我要问的问题是：当远古先民在想到、说到、写到他们自己的、人的生活的时候，他们居然用了这样的词、这样的字来表达——不是人生活在大地上，而是草木生长在大地上，这是为什么？这非常有意思！这个问题，单从语言学的角度是无法理解的。我在"生活儒学"的建构过程中不断碰到这样的问题，很多问题我都跟一些语言学专家讨论过，他们都无法给出很好的解释，有很多问题是无法"科学地"理解的，他们认为，反正当时就这么说了、这么写了，后来就成了这样一个事实，于是"约定俗成"。但是，我们做哲学、做思想的人，是要去追问的：远古先民在谈到自己作为人的生活时，为什么没有用人生活在大地上，而是用草木生长在大地上来表达呢？这其实就是他们对生活的理解，也就是他们对存在的理解，就是他们的生活感悟。今天我们至少还可以领悟到一点：说人的生活，却用草木的生长来说，这意味着在他们的观念中，人和草木之间是没有区别的，至少没有像我们今天这样的截然的区别。我们今天的观念，一边是一个人类社会界，另一边是草木的所谓"自然界"，nature，两者是分离的。而在远古的时候，两者浑然一体，没有这种区分。

　　这样的没有区分，是因为他们根本就没有我们这种截然区分开来的"人"与"草木"的观念。这就意味着：作为存在者而存在的人与草木，尚未存在。这就犹如老子所说的"无物"。这在今天，其实是一个很前沿的观念："共在"，或者叫作"共同生活"。这种共生共在意味着：生活首先不是你的生活、我的生活，不是某种存在者的存在，而是先在于任何存在者之存在的存在。这是通过"生"字揭示出来的一个古老观念，其实正是 20 世纪以来我们所讨论的一个最前沿的观念。所以我有一个说法，"最远的就是最近的"，我们今天经常讨论的最新的观念其实往往是最古老的观念。20 世纪对哲学形而上学进行"解构"和"还原"，重新获得一些"原始经验"，这些经验恰恰正是远在轴心期、原创期之前的远古先民那里已有的一种观念，只不过两千多年来我们已经将其遗忘了、遮蔽了。

三

再说"在"字。这个字是由两个字构成的:"才"字和"土"字。它和生活的"生"字的结构非常接近,都有"土"。中国人对大地是非常崇拜的。我们知道,20世纪的前沿思想对大地也是非常崇拜的。我们原初崇尚的就是"厚德载物"的大地,就是"大地啊,母亲!"而且,"才"和"生"字上面的"屮"的意思也相近,二者基本同义,有一句诗"小荷才露尖尖角",就是对"才"的最好的解释。"才"是个象形字,是画的小草刚发芽、长出第一片叶子的样子。但今天我们已经看不出来了,今天的字已经大大地变样了。越早的字越象形,就像一幅抽象画。而"屮"就稍微比"才"多了一点儿,小草已经长出了两片叶子。所以,"在"字所说的还是草木生长在大地上。由此可见,我们的原初的"存在"观念和西方人的观念是很不相同的。

我们今天所说的"在",也有"人是否还活着"的意思,比如:"某某大爷还在吗?""早就不在了。"(已经去世了。)这说的就是人在不在的意思。"在"的这种用法,早在《尚书》当中就已经有了,就是指"人在哪里"。这很有意思,就像刚才我们所说的问题:这里分明问的是人在不在,说的却是草木在不在,没有说人。这就进一步印证了我们刚才的观点:原初的观念,是没有人和物的区分的。后来也有人,比如周敦颐(宋明理学的开山鼻祖)能够达到这样的境界。他的院子里长了杂草,他的学生想替他收拾一下,把杂草除掉,他拒绝说:这样挺好的啊,"与自家意思一般"[①]。就是说:我看到这棵草,和我感受到自己的生活是完全一样的亲切,没有分别。这是他的一种很高的领悟,非常难得。在两千年的哲学当中,这样的领悟极其少见,更多地见于诗人的作品当中。记得有一次,我说到"大唐气象",可是我的一个学生说:大唐固然很好,可是唐朝的哲学不行啊。我说:既然生活好,还要哲学做什么呢?如果在两者之间选

[①] 周敦颐:《周濂溪集》卷九,《丛书集成初编》本,北京:中华书局,1985年。

择,我宁愿要大唐气象,而不要哲学。"国家不幸诗家幸",出大哲学家的时候,往往就是国家不幸、社会动乱的时候。你学哲学是干吗的呢?其实就是为人们谋个好生活嘛。(陈明插话:这是道家的观念,"相濡以沫"肯定不如"相忘于江湖"好,那实际上就是"青青草不除也",跟道家一样的。)咱们今天不讲道家,简单说吧,其实儒、道两家也是可以相通的,道家的老庄,甚至佛家个别的高僧大德,境界都是非常高的,而当他们达到最高境界的时候,其实也就是回到了最原初的领悟,在这点上,儒、道、佛都是相通的。刚才我们说的人与草木没有区分,那样一种原初的领悟,也可以用佛家的话来说,叫作"无分别智"。

这里不妨稍微展开一点:今天很热门的话题——"环境"问题、"生态"问题,我看了很多人写的文章,包括西方人写的文章,都没有搔到痒处,面临很多问题,例如关于人以外的物的价值何以自足的问题等,他们都无法回答。实际上,在我们的传统观念当中,对于这些问题的解决都有很好的思想资源。如果你能够在观念上真正回归到本真状态,你自然不会把自然界当作自己的敌人而去征服它,搞得血淋淋的。这也就是儒家所说的:自然乃是你的大父母啊!你怎么能这样虐待自己的父母呢?这是另外一个问题,这里就不展开了。

四

我们再看存在的"存"字。它和"在"字有一个共同点,就是"才"。"存"是"才子",但这不是说的"才子佳人"那个"才子"。"才"是"草木之初",而"子"是"人之初"。"存"字并不归入"才"部,而是归入"子"部。设想一下:远古先民在理解存在的时候,在言说、书写存在的时候,居然用了这样一个字,这就带出了一种观念——人之初生犹如草木之初生。这儿仍然没有分别。承接着刚才的"生""在"的观念,这个"存"字更传达出了一个消息:远古先民所理解的存在,就是人和草木、人和非人、人和他人的共同存在——共在。"共在"也是今天思想界最前沿的一个观念。

为了把我的"生活"观念讲得更透彻一点，我们来谈谈"主体性"问题。大家都是学哲学的，"主体间性"或者"主体际性"——intersubjectivity——这个词是大家经常见到的吧？这是胡塞尔提出来的，他对此津津乐道，凡是遇到解释不清的问题，他总是把这个概念搬出来。其实，"主体间性"或者"主体际性"这个概念是很成问题的，因为其前提仍然是主体的预先存在，然后他们之间才有一种共在的关系。这就跟我们刚才所说的意思完全相反了。我们从古老的汉字"生""在""存"一步步分析下来，就会发现：在我们的最原初的思想观念当中，人和物并没有区别；既然人和物没有区别，那就是根本没有主体的存在、对象的存在，既没有人，也没有物的存在。某一存在者，或者某一实体之所以成立，就在于它有一种特定的、与"他者"相区别的本质特点，也就是要和别人、他物相区分，在观念上划清"界限"，所以叫作"界定"，这种区分在定义上就表现为"种差"；那么，反过来讲，如果这个区分并不存在，那就意味着主体性的人也不存在。注意：我所说的主体性存在者或者人的"不存在"，是指观念当中的呈现方式，而不是从历史学或者生物学角度来说的，不是指从猿到人的进化还没有完成。我说的是：我们观念当中的那种作为主体性的人，此时还没有诞生；反过来讲，人和非人之物都是在"无"——没有存在者存在就是"无""无物"——这种渊源当中诞生出来的。这一点，很多人总是不明白，因为这和通常的想法不同，但这其实正是我们的最原初的观念实情。

以上我们讲了三个字，通过对这三个字的解释，带出一些中国原初的"存在"观念来，然后与西方"存在"观念做了一些比较，以突出我们中国人的"存在"观念的一些特征。

刚才我讲的人的诞生，不是指的母亲生孩子，不是生物学、生理学意义上的"生"。我们这里谈的不是科学的问题，而是观念的生成问题。比如说"我"这个观念、自我意识的诞生。现在的年轻人都喜欢说："我就是我！"用来表明他自己很有独立性，很有个性。所谓"我就是我"，在逻辑上是同语反复，它是符合形式逻辑的第一定律——同一律的，这固然没有错,但是,"我就是我"这样的同语反复是无法解释任何东西的。那么,你怎么才能理解和把握这个"我"呢?我们可以来做一个"实验",你拿出纸和笔来,开始描绘这个"我",你一句一句地写下去,"我是某某""我是某某",结果是,你写一句和写一万句,在本质上是没有区别的,都只是一个基本的结构:我是非我。比如说,"我是教师",可是"教师"并不就是"我",有一天"我"不在了,但"教师"还在。这意味着什么呢?意味着:自我意识的诞生、人的诞生,是以"我"与"非我"、"我"与"他者"的区分作为前提条件的;但你要意识到"我"与"他者"的区分,首先你得意识到"他者"的存在,这里,"他者"是一个先在的存在者,然后才能成就"我"这个存在者。这就是我们前面所说的问题:在人和自然界无分别的情境中,存在者是如何诞生的,包括主体性存在者、对象性存在者是如何生成的。有了存在者的观念,然后才可能有进一步的"万物"观念,才有对"万物"、众多相对存在者的划分,才有亚里士多德那样的"范畴表",才可能有作为形而下学的科学的门类。所谓一门科学,就是研究一个存在者领域,把这个存在者领域作为指定的对象,科学才能成立。而现在我们追问的是:存在者是如何诞生的?人与物是如何诞生的?存在者何以可能?于是我们追溯到远古的观念——无人、无物。所以,我常开玩笑说:今天思想界的最前沿问题,就是谈清楚怎么样"无中生有"。这就是说,存在者是从"无"产生的。这类似于老子所说的:"天下万物生于有,有生于无。"①

不仅如此,存在的"存"字还有一个用法,也是"存"字最初的一种基本用法,与"在"的意思一样古老。大家知道,东汉许慎的《说文解字》是专门解释汉字的本义的。书中解释说:"存,恤问也。"② 这儿有两层意思。第一,中心词是"问"。"存"是"问"的意思。古典文献,乃至于民国年间都还有这样的用法,叫作"存问"。第二,怎么问?修饰语是"恤"。也许你马上就会想到"抚恤金"之类的词语。它是"怜惜"之

---

① 《老子》第四十章。
② 许慎:《说文解字》,徐铉等校定。

义。注意:这并不是今天所说的"可怜",而是"疼爱"的意思。(陈明插话:"莲[怜]子清如水。"长沙话"温存"今天还有这个意思。)假如有人生病了,我们置之不理,儒家管这叫作"麻木不仁";我们应该去"问"他——慰问他、问候他,这时候你肯定是带着一种情感的,那就是"恤"——怜惜的感情,实际上就是儒家所说的"仁",也就是今天我们所说的"爱"。

顺便说一下"爱"这个字。它有丰富的含义,但最底层的含义就是"惜",所以才有"爱惜"这个词。通俗点说,"爱"就是"舍不得"。在座的诸位如果爱过,那就应该体验过"舍不得"的情绪感受。每一种爱都有这样的情绪感受。这种"舍不得",也就是孟子所说的"不忍"①。

不论对于任何人、任何物,都带着这样的情感去问,这就叫作"存"。这就很有意思了:我们的远古先民在想到"存在"的时候,马上就带出了这样一种情感,这就是说,在他们的观念当中,"仁爱"和"存在"就是一回事。这一点更是和西方的"存在"观念截然不同的。对于"to be",西方现代语言哲学里面的几种解释都是冷冰冰的,和我们所说的"温存"有天壤之别。把"存"字当中的这两层意思——"在"与"爱"——结合起来,就成了我的"生活儒学"的一个根本观点,我的说法就是:生活或存在首先显现为仁爱情感;爱是存在的直接显现。这个观念就是中国远古的"存在"观念:生活、存在、仁爱实际上是一回事。最近我写了一篇文章《爱,所以在》,是把儒家的这种思想和笛卡儿的"我思故我在"相比较。我想揭示一点:儒家推崇"仁爱",不是偶然的,人们以为在孔子之前的中国文化中"仁爱"不是核心观念,直到孔子才把"仁"提高到最根本观念的高度,这其实是不对的,孔子并不是一下子就凭空提出了"仁"的观念,他是"述而不作"的,是继承了三代文明,而在三代文明中,"仁"本身就是极其原初、极其基本的观念,是和"存在"观念浑然一体的。总之,哲学最基本的问题就是"存在",而"存在"在

---

① 《孟子·公孙丑上》。

中国人的观念当中就是"生活",就是"爱"。

五

我之所以从文字学的角度,比如说《说文解字》对汉字的解释,来说明我们中国的"存在"观念,是因为这些古老的汉字其实是中国人前轴心期的原初观念的凝聚。今天我们做哲学、做思想的人,就是要"解构"轴心期以后的那种形而上学的哲学,"还原"到原初的观念,在这种大本大源之上来解释和重建形而上学,然后再切入到我们的当下生活:我们的生活如此这般,这样的生活将会绽放出怎样一种别样的主体性?如果我们今天重新建构哲学或者政治学等,该怎么做?如何定位我们当下的生活方式以及生存的问题?这些都是很有现实意义的。

这也表明,"生活"这个词语还有一层意思,这层意思是大家最容易理解的。譬如,我们常说"我的生活如此这般""你的生活如此这般"等等,这个"生活"是有一个主词的,有一个 subject,有一个主体,意味着有一个主体性的存在者。但是,当你这样说"生活"的时候,这么一个观念指的是"存在者的存在",而不是"存在"本身、"生活"本身。一个人、一个物的在或者不在,这是存在者的观念,它不是我们的原初的观念,而是后起的观念。可是,"某存在者的存在"能够成立的前提,是"某存在者",而我们要追问的是:作为这个前提的"存在者"何以可能?比如说人、物、草、木等,这些存在者本身是何以可能的?于是,我们就追溯到了先在于任何存在者的存在,我们通常把这叫作"存在本身"。我们追溯的生活,不是某人的生活,而是生活本身。

我们之所以成为如此这般的某某人,首先是生活给出了我们,而不是相反。因此,我们一定要把这个"存在"本身和"某存在者的存在"做严格的区分。生活儒学所讲的"生活",首先就是这样的"生活"本身。所以,经常有人问我:"生活本身是什么?"我会说:这样的问法本身就是不对的,因为当你问"生活是什么"的时候,这个"什么"就已经是一个存在者了。"某东西是什么",这个句子结构意味着前面的存在者属于后面的存在者,这样就已经把生活理解为存在者了。所以,这种问法本身和我谈的"存在"或者"生活"就不是一回事了。但假如你一定要追问我所说的"生活"本身究竟是"什么",那么我只能说:生活是"无";就是说:无物存在。在观念的本源层级上,没有人,也没有物,"目中无人""目中无物"。

这么一种生活,首先显现为爱,即显现为一种情感。比如母爱,按照两千年来形成的思维方式,你就会想:首先,有一个母亲和一个儿子,两个存在者,然后,他们之间发生了一种情感联系,从母亲到儿子这个角度的情感我们命名为"母爱"。这就是我们习惯的思维方式,它完全遮蔽了中国先民的原初的本真的观念。其实应该颠倒过来:首先是有母爱情感的显现,然后才由此给出了儿子和母亲;假如没有母爱,儿子和母亲都不存在。固然,在我们的人伦关系当中,有母亲和儿子这样的主体性存在者,但是,并不是母亲给出了母爱,而是母爱造就了母亲。通俗点说就是:没有母爱的母亲,那不是真正的母亲。正是母爱给出了母亲和儿子这两个主体。当这两个主体还没有被给出来时,母子关系也是不存在的。这应该是很好理解的,可是我不明白为什么人们老是不理解!不仅仅母爱,所有的爱都是如此。比如恋爱,虽然事先已经有两个人、两个主体存在,但是如果没有爱,那么他们就不成其为"恋人"这样的主体,恋人关系也不存在,他们只是两个单独的、与爱无关的个体而已。没有爱的显现,就没有爱的主体,也就没有关系的产生。总之,爱是先行的。这是儒家的基本思想,而被长久遗忘了,或者说被"茅塞""物蔽"了。

这种作为存在或者生活的直接显现的仁爱,是所有一切的大本大源,这是儒家的最重要的观念。可惜后来思孟学派之后的儒家形而上学将其颠倒了。对儒家"仁爱"的阐释有三层,后世儒家只把握了其中两层,即作为"形而上者"之存在的仁爱和作为"形而下者"之存在的仁爱。形而上者的存在指的是先验本体的存在,比如孟子所说的"万物皆备于我"[①],这

[①] 《孟子·尽心上》。

个"我"是世界的本体,并不是孟子这个经验的个体,而是"诚者天之道也"①,就是先验的良心。后世儒家把这个存在者命名为"性",如朱子所说的"人生而静,天之性也";然后才"感于物而动",产生情感。② 这样一来,就把仁爱情感理解为一种形而下存在者的存在了。但形而上者和形而下者都是存在者,都是实体性的东西,而我们今天重新发现的儒家的本真观念,或者说中国人的本真观念表明:还有一种更加本源、更加本真的情感,就是作为生活本身或者存在本身显现的仁爱情感本身,由此给出了一切形而上者、形而下者。道家也有这样的观念。老子说:"天下万物生于有,有生于无。"儒、道这种观念,在"虚位"上是具有对应性的,只不过其实质内容不一样,也就是没有"定名"上的等同性。老子的"无"就是存在本身,但是不会有人把这理解为仁爱情感。老子说:"失道而后德,失德而后仁。"③ 他是不谈"仁爱"的。

六

最后谈一下生活的"活"字。这个字是形声字,右边的"舌"是声符,不是舌头,读 kuo,表示"活"字的读音,在这里是没有意义的;"活"字的义符才有意义,就是左边的"水",《说文解字》的解释是:"活,水流声。"这就非常有趣了:为什么远古先民在说到生活的时候,就想到了"水流声"呢?最初选择这个字来指称"生活",这确实很令人纳闷:怎么会是这样的呢?于是,我们也就进入了 20 世纪以来的一个非常前沿的哲学问题——关于语言、言说的问题。

不说西方,就拿我们中国来说,很多核心的观念,具有本体性、本源性的观念,都与说话有关系。比如"天命"的"命",是"口令"的意思;"诚者天之道"的"诚",也是从"言"。"道"字也这样,一开始"道"字就有两层意思:"走路"和"说话"。我问过一些语言学专家,他

---

① 《孟子·离娄上》。
② 朱熹:《诗集传·序》,上海:上海古籍出版社,1980 年。
③ 《老子》第三十八章。

们说"道"的"言说"意义是"比喻义"。这种解释是不对的,因为比喻是有条件的,本体和喻体之间必须有相似性,那么试问:走路和说话的相似性在何处?"命"字也是很有意思的。中文的"命"和西方的"命"——destiny——是很不同的,"天命"并不是说有个老天爷在那里发号施令,大家乖乖地俯首听命。老天说什么话!孔子说:"天何言哉?四时行焉,百物生焉,天何言哉!"① 既然老天不说话,为什么人们偏说这是"命"、是"口令"呢?这是一个非常前沿的问题。世界哲学的第三次转向,就是语言学的转向;20 世纪的三大思想运动,分析哲学就是语言哲学,现象学、后现代主义也不用说,都是符号学、语言学的转向,都是对于语言的理解。我们中国的思想,包括儒家的孔孟、道家的老庄,对"道",既作为本源、又作为言说的道,本来是有很多非常好的观念的,但如果我们今天不具备一种思想平台,那么读到他们的书就会感觉很困惑,不知所云。比如孔子说"天何言哉",可是又说"天命",说"君子有三畏",首先就是"畏天命"②,"命"就是一种说话啊,这不是自相矛盾吗?其实孔子哪有什么矛盾!是我们自己不理解。我前面说"爱"与"在"其实是一回事,现在进一步说,"在"与"说"也是一回事。如果我们能够倾听"天命",能够"反身而诚"③,就能"得道",就能达到圣人的境界。

这个"圣"字本来是繁体,写作"聖",也是很有意思的:下面的"壬"在甲骨文当中画的就是一个"人",这个并不重要;重要的是上面的"耳"和"口",就是说,人要成为圣人,首先是倾听,然后是言说。倾听什么呢?就是听"命"、听"道",听"活"的"水流声"。那么,听谁的呢?轴心期以后有了形而上学的建构,就导致了这样一种观念:要倾听形而上者,如"上帝""神"的话。基督教的神学也是一种形而上学,是神学形态的形而上学。《圣经》第一篇《创世记》讲上帝怎样创造世界,就是通过说话:上帝说"应该有光",于是就有了光;上帝说"应该有

---

① 《论语·阳货》。
② 《论语·季氏》。
③ 《孟子·尽心上》。

水",于是就有了水。但是在我的理解里,在一种更加先在的、还没有存在者的存在之时,你听谁说话呢?听"无"。但这不是佛教的"空",而是很"实在"的,就是倾听"生活"、倾听"仁爱"、倾听"爱的呼唤"。这是"圣"的首要的一点。圣的首要维度就是"仁爱","博施于民而能济众"①。但是,光是倾听还不足以为圣人,"圣"字还有一个"口",还有一张嘴巴,还要言说。这就是"智",智慧的"智"。在汉代以前没有这个字,就写作知道的"知",读"智",是形声字,其中的"矢"是没有意义的声符,意义在于"口",就是说话。读孔孟的文本,你就会发现,他们对"圣"的理解就是"仁且智"②,这就是说,能倾听爱并言说爱,就是圣人。但是,这种"爱"不是"性之所发"的形下的爱,而是最本真的本源情感,是作为生活的直接显现或者存在的直接显现的那种作为大本大源的爱。这好像有点类似于今天哲学的诠释学"hermeneutics",它的词根是从"Hermes"来的,就是赫尔墨斯,他是希腊神话中的神的信使,负责在神与人之间传递消息。这是他们在那种文化背景下的说法,那是古希腊轴心时代,也就是建构形而上学的时代,它设定了形而上者的神和形而下者的人,赫尔墨斯是两者之间的消息传递者,三者都是存在者。仅仅从"倾听—言说"的架构上说,这和我们所说的"仁且智"是有一致性的,具有对应性;区别在于,真正达到了圣人境界,那就不是倾听什么神了,"子不语怪力乱神"③,而是倾听作为生活本身之显现的爱,然后将其言说出来,以唤醒人们的被遮蔽的爱,这就是圣人。

这是最高的境界。但圣人并不是那么高深莫测,我在我的著作里谈到,最高的境界其实就是自觉地回到最低的境界,而所谓"最低的境界"其实就是最本真的仁爱。在那种情境里,你从来没有把你的所爱者作为一个对象去认识,这里只有爱的显现,这意味着他(她)在你眼里根本不是一个对象性的存在者,这就叫作"目中无人",这样,你自身也就不是一

---

① 《论语·雍也》。
② 《孟子·公孙丑上》。
③ 《论语·述而》。

个主体性的存在者。你们都不是存在者。这就回到了开始我们所说的人和物无分别的情境。人和物作为存在者不存在，这才是我们最本真的境界。还是拿母爱来说吧，母亲对儿子的爱，她不是像医生面对病人一样把儿子作为一个对象去看待。我们往往对自己所爱的人"丧失判断力"，例如丧失审美判断力，其实就是因为他已经不再是你审视、打量的对象，这里已经不是认知性架构了。但这种状态很容易被打破，如果有一天别人忽然问这个母亲：你为什么这么爱这个儿子？那母亲就会开始对儿子进行认知性的打量，把儿子审视一番、研究一番，我把这叫作"本源情境的打破"。（陈明插话：那也叫"良知坎陷"。）也可以这么说，但这和牟宗三的"坎陷"是根本不同的，"坎陷"的前提是已经设定了一个形而上者。打破本源情境以后，就进入了一种认知的状态当中，儿子就成了一个认识对象，母亲成了一个认识主体，这样，主客架构就成立了。这是一切认知观念的基本架构，没有这个架构，一切认知都不可能，真理也不可能。但这毕竟是从本源情境中跌落出来了。成为圣人，就是超越这种架构，重新回到原来的本真情境之中。

回到"活"这个字。我们感悟存在，就是倾听生活，倾听生活之爱。可是生活的存在乃是无物存在，乃是无言；然而我们分明听到了某种声音、某种消息、某种呼唤，所以我们才称之为"命"，称之为"道"，称之为"诚"，称之为"活"——"水流声"。这并非什么"比喻义"，而是本源的、本真的生活感悟。正因为如此，儒、道两家都很崇尚"水"。孔子见了水，便赞叹曰："水哉！水哉！"[①] 但他并没有说水是何物，因为这里的水并不是任何存在者，并不是物，不是什么"一氧化二氢"（H_2O）。关于"子在川上曰：'逝者如斯夫！'"[②] 后来人们的解释，是说时光流逝太快，应该抓紧时间做点事情，这样理解就没多大意思了，已经不是孔子的思想了。所以，我们要倾听，只有倾听才能"活"，这就是中国人

[①]《孟子·离娄下》。
[②]《论语·子罕》。

对"活"的最本真的理解。这是非常珍贵的思想。否则,你就没有真正地"活"过。不倾听生活,不倾听仁爱,你就不成其为一个真正的"活"人。

　　总而言之,"生活"的观念包含了三层意思:第一,存在。但首先不是存在者的存在,而是存在本身。生活即是存在,生活之外别无存在。这是无法界定的,无法像弗雷格所说的有"指称"(reference),或者是索绪尔所说的有"所指"(signification)。真正的诗人可以通达存在,他们直接言说着存在。所以,孔子特别重诗,说"兴于诗"[①]。今天学者有"道言"和"人言"的区分。"人言"无论怎么说都只是一种形而下存在者的存在。而"道言"有两种可能的理解:可以理解为形而上者的言说;但我们今天重新发现一个更古老的观念,如果说形而上者这样的存在者尚未存在,那么"道言"就是"道""命""诚""活",这一切都应该理解为动词,先行于任何名词性的实体性的东西。这在我们两千年来形成的形而上学思维里是很难理解的。第二,生活直接显现为爱。时间关系,这就不展开说了。第三,爱被我们所倾听,然后我们才可能成为一个主体性的存在者。孔子讲的"兴于诗"就是这个意思,就是在说主体性存在者怎样"兴起"。

　　由于时间关系,我只能讲这么多了。对于整个生活儒学来说,这些只是一些最基本的观念。我不知道我讲清楚了没有,也不知道大家明白了没有。谢谢大家!

[①] 《论语·泰伯》。

爱的观念
——儒学的奠基性观念[*]

我今天要讲的是这么一个话题,可以用一个字来概括,那就是:爱。我希望通过对这个观念的解释,能给大家提供一个 20 世纪思想所达到的最前沿的观念平台。

一

所以,我的题目是"爱的观念"。而我的副标题叫作"儒学的奠基性观念",因此,我先把"奠基性"这个概念解释一下。什么叫"奠基性"呢?从字面上来看,这是一个比喻。比如今天,到处都在破土,在盖房子。盖房子就要打基础,就要奠基,还要举行奠基仪式什么的。"奠基性"就是这么一个比喻,意思是说,假定有一个思想学术的系统,或者说一个观念的体系,我们把它比喻为一座建筑物,那么,它的基础如何?地基如何?这在表面上看似是一个很浅显的问题,其实,在 20 世纪的思想中,这是一个非常前沿的课题。

奠基问题最早是康德提出来的。康德有一段话,大家可能比较熟悉,他说:人类的理性有一种爱好,总喜欢不断地把自己建造的房子拆掉,去看看地基是否牢靠。[①] 在这个比喻里,这个房子就是形而上学。当然,这

---

[*] 原载《求是学刊》2008 年第 4 期,第 11—19 页,题为《爱的观念:儒学的奠基性观念——儒学与现象学比较研究》;收入作者文集《儒家思想与当代生活——"生活儒学"论集》,北京:光明日报出版社,2009 年,第 3—24 页。
[①] 康德:《任何一种能够作为科学出现的未来形而上学导论》,庞景仁译,第 4 页。原文汉译:"当人们看到一门科学经过长期努力之后得到长足发展而惊叹不已时,有人竟想到要提出这样的一门科学究竟是不是可能的以及是怎样可能的这样的问题,这本来是不足为奇的,因为人类理性非常爱好建设,不只一次地把一座塔建成了以后又拆掉,以便察看一下地基情况如何。"

个"形而上学"不是马克思主义教科书里面的用法，而是哲学界更常见的一个用法，指的是纯哲学，主要指的是存在论这个部分。康德的意思是说：理性建构了形而上学的大厦，然后不断地把它拆毁，来看看这个形而上学的大厦建立在什么样的地基上。这就叫作"奠基"。这意味着：在这个形而上学大厦的下面，在这个大厦的主体建筑之外，还有一个更要紧的东西。

我们知道，康德提出了几个很重要的问题，后来影响了哲学这么多年，一直到今天。第一个问题是：纯粹数学何以可能？第二个问题是：纯粹自然科学何以可能？第三个问题是：形而上学何以可能？这就是著名的康德问题。[①] 头两个问题，数学、自然科学何以可能，20世纪的思想把它们叫作"科学奠基"问题，是说：纯哲学以外的整个知识领域，包括科学，是建筑在什么样的基础之上的？而第三个问题，叫作"形而上学奠基"问题，它是20世纪思想中最核心的课题，就是：形而上学何以可能？所以，康德的三个问题可以归结为两类问题：一类是科学何以可能，一类是形而上学何以可能。

这样的问题，在康德的解决方案中，科学作为形而下学，是建立在形而上学的基础之上的；换句话说，是形而上学为形而下学奠基。当然，"形而上学"和"形而下学"是我们对西方哲学概念的一种翻译，这种翻译是根据中国的言说方式。《周易》里讲："形而上者谓之道，形而下者谓之器。"[②] 如果说"形而上学"翻译的是 metaphysics，那么"形而下学"翻译的就是 physics，也就是物理学，这里是科学的代名词。科学这样的东西，也包括伦理学这样的东西，叫作形而下学，它是建立在形而上学的基础上的。

康德的第三个问题是：形而上学何以可能？他的回答是：理性。这是康德的基本答案：是理性为形而上学奠基。但是，康德这个解决方式，

---

① 康德：《纯粹理性批判》，蓝公武译第 41—42 页。
② 《周易·系辞传》。

到了20世纪，却受到了一种批判，主要是受到现象学的批判。而现象学，我们知道是由胡塞尔创立的。胡塞尔提出现象学，实际上也是想解决"形而上学何以可能"这个问题。因为，"科学何以可能"的问题是从来就解决了的：就西方的情况来看，从古希腊开始，从雅典哲学开始，从苏格拉底到亚里士多德，他们就建构了西方的形而上学的纯哲学体系；正是在这个基础上，西方的知识论和科学才得以展开。但问题是：形而上学本身又是何以可能的？

但对于胡塞尔来讲，"形而上学奠基"问题的解决方式是与康德的解决方式截然不同的。比如，康德的一个最基本的思想框架，就是"现象与物自身"，这实质上就是"现象与本质"的二元架构，那是一种"前现象学"的观念，而不是现象学的观念。现象学的观念是：现象背后没有本质，现象背后一无所有。①

那么，胡塞尔是如何解决问题的呢？他是从这样一种问题开始的，就是所谓"认识论困境"。比如，我问大家一个问题：这个矿泉水瓶子，你们说它是不是客观实在的？是。然后我继续问，这才是我的真问题：大家想想，你们凭什么说它是客观实在的？有没有同学能够回答？我听到有个同学悄悄地说："看得见。"又有同学说："摸得着。"我告诉大家：这样的回答是错误的。大家从中学就开始学习哲学，我们给"客观实在"下一个定义，是我们大家都非常熟悉的："不以人的意识为转移的"。大家想想，你"看得见"或"摸得着"，都是一种意识现象，就是感知嘛，那是一种经验直观。你说你看得见、摸得着它，就表明它已经在你的意识之中，怎么能说它是"不以人的意识为转移的"呢？这就是现代哲学的一个重大问题，叫作"认识论困境"。用佛教的话来说，这就叫作"不可思议"：不以人的意识为转移的客观实在是"不可思议"的，因为当你思之、议之的时候，它就在你的意识之中。

近代整个西方哲学的"认识论转向"，导致了这样一个"认识论困

---

① 海德格尔：《哲学的终结和思的任务》，见《面向思的事情》，陈小文、孙周兴译，第80页。

境"。因为，认识论的前提就是"主体—客体"的二分：我作为一个认识的主体，设定了一个不以我的意识为转移的客体、对象；这个客观对象在我的意识之外，然后我的意识去认识它、反映它。这就是认识论的基本框架："主—客"二元架构。但胡塞尔会说：你是怎么知道你的意识之外的那个玩意儿的呢？你凭什么这样讲呢？胡塞尔的解决方式，就是很著名的"悬搁"，他还有一种说法是"放入括弧"，意思是说：这个所谓客观实在，我不知道它有还是没有，我就把它搁置起来。这有点像庄子的说法："六合之外，圣人存而不论。"[1] 胡塞尔说：既然如此，那我们就"面向事情本身"吧。这是现象学的一句著名口号，在胡塞尔看来，那就是回到纯粹先验的内在意识本身。这就是胡塞尔的解决方式。

二

因此，我们对康德的哲学可以有一个基本的批判：康德的基本架构就是"现象"和"物自身"，他莫名其妙地设置了一个藏在"现象"背后的"物自身"，他所谓"现象"还是前现象学的"现象"概念。这个前现象学的"现象"概念是特别有意思的："现象"这个词语隐藏着西方哲学两千年来的全部秘密。我们来看一个图示：

本体论 ——→　　　　　　　　　←—— 认识论
S_1 ————————→ $A=O$ ————————→ S_2
（substance）　　　（appearance = object）　　　（subject）

这里的"现象"具有双重意义：对于本质、本体、实体 S_1（substance）来说，它是现象 A（appearance），这就是传统本体论的"本质—现象"架构；对于主体 S_2（subject）来说，它是对象、客体 O（object），这就是传统认识论的"主—客"架构。中间的那个"A=O"是最关键的：现象即是对象。西方哲学从古代的本体论到现代的认识论转

---
[1] 《庄子·齐物论》。

向，只不过是这个总体结构的展开，其实就是"现象"概念所固有的预设蕴涵的展开。

就本体论来看，什么是现象呢？"现象"就是"呈现"，那么显然，现象的背后必定有一个东西在呈现出来。那么，是**什么**东西在呈现呢？这个东西叫作实体，substance，或者叫作本质。于是就出现了传统的"现象与本质"，或者康德的"现象与物自身"那样的观念架构。在近代发生"认识论转向"之前，西方哲学的主要精力就是放在这样的本体论或者存在论上面的。这原因很简单，有一句话大家肯定特别熟悉，叫作"透过现象看本质"，意思是说：我们的五官感觉只能认识到现象，可是现象背后有一种东西隐藏着，看不见、摸不着，但是它在；我们的理性思维，就致力于通过归纳等方法把它抽绎出来。

这就是传统哲学上的一个基本设定：如果说，每一个现象的背后必定有一个本质，那么，世界上的所有现象的背后必定有一个终极的本质，哲学上就叫作"本体"。从古希腊哲学开始，一直到中世纪神学，不外乎两种本体：一种是哲学上讲的本体；另一种是宗教上讲的本体，比如上帝。它们都是终极的本质，终极的实体，终极的实在。由此可见，认识论转向之前的全部西方哲学，早就蕴涵在了"现象"这个观念之中。

所以，整个西方哲学的形而上学建构的开端，就是古希腊哲学中的"拯救现象运动"。"拯救现象"的意思是说：对于整个经验世界，我们没法理解，没法解释，那么怎么办呢？怎么"拯救"它呢？你就必须设定它是被什么东西给出来的，这样才能解释它。这就是所谓"本体论"的由来，也就是图当中的"$S_1 \to A$"部分的由来。例如，柏拉图认为，这个经验世界是理念世界的影子、摹本，理念世界和经验世界的关系就是本质和现象的关系。但是，我们今天用现象学的观点来看，当时的所谓"拯救现象"，其实恰恰就是"谋杀现象"。

就认识论来看，现象之所以被称作"现象"，就是因为它是"呈现"，而呈现总是向某一种东西的呈现。那么，是向**谁**呈现呢？向我、向你、向他呈现，就是向人呈现，也就是向主体 subject 呈现。现象向人呈现，人是主体，现象就是客体、对象。这就是所谓"认识论"的由来，也就是图当中的"O→S$_2$"部分的由来。这就是说，近代哲学的"认识论转向"，不过是"现象"概念的另外一个固有的预设蕴涵的展开。到了近代，人们问：人，主体如何有这个能力，可以通过现象看出本质？于是，近代哲学开始着力研究这个问题，研究人的主体性、理性能力，这就是所谓"认识论转向"。

这就是全部西方哲学由"现象"概念展开的基本架构。20世纪的思想就致力于"解构"这个架构，要把它破除掉。

一方面是对"S$_1$→A"的解构，即对传统本体论的解构。现象学的观念是：现象背后没有什么东西，现象即是本质。胡塞尔讲"本质直观"，就是这个意思："直观"本来只是经验的行为，只能通达现象；但是，本质直观能够直接把握"本质"。海德格尔曾经引用歌德的诗句，用以说明现象学的这个观念："现象背后一无所有，现象就是最好的指南。"[①] 大家记住了这句诗，并且理解了它，也就理解了现象学的一个基本观念。

另一方面则是对"O→S$_2$"的解构，即对传统认识论的解构。在胡塞尔看来，从"认识论困境"的角度来看，既然主体意识之外的所谓客观对象、客观实在，那个"O"，我是无法通达的，因为它已经超出了我的意识的边界，是"超越物"，那么，我就不考虑它，我就把它悬搁掉，我只考虑主体意识本身的事情，只考虑"S$_2$"的问题。胡塞尔讲，哲学其实就是研究这个主体意识的，所以，胡塞尔的现象学叫作"意识现象学"。

胡塞尔破除了前现象学的"现象"观念，实质上是把"S$_1$→A=O→S$_2$"压缩了：S$_2$就是S$_1$，主体即是本体。因为悬搁了"客观现象"之后，主体即是现象；并且，通过"本质直观"之后，现象即是本质；所以主体即是本质。其实，这种压缩，黑格尔已经尝试过，他说"实体在本

[①] 海德格尔：《哲学的终结和思的任务》，见《面向思的事情》，陈小文、孙周兴译，第80页。

质上即是主体"①，意思就是：S_1 即是 S_2。不过，黑格尔在这里所说的"主体"不是认识论层面上的相对主体，而是本体论层面上的绝对主体，亦即所谓"绝对观念"，那其实是传统本体论意义上的本体观念。而胡塞尔的意思尽管也是"S_1 即是 S_2"，但这个合并起来的 S 却不是传统本体论意义上的本体，而是主体的内在意识。这也就是"现象"——意识现象学意义上的"现象"。

三

胡塞尔这样去研究"现象"，研究先验意识、先验理性，其实就是把西方的理性主义传统发挥到了极致，但仍然还是一种形而上学的观念，只不过在破除"本质—现象"架构、"主体—客体"架构方面迈出了第一步。尽管如此，这个思想确实是人类思想的一个跨时代的飞跃。但是我们知道，胡塞尔有一个弟子，海德格尔，他的思想对他的老师是一种背叛，他的意思是：你那还是形而上学嘛！海德格尔有一个很重要的表达：哲学就是形而上学，形而上学是干什么的呢？就是致力于思考"存在者整体"或者"存在者之为存在者"。②他的另外一种表达是：什么是哲学的事情呢？哲学的事情就是主体性的事情。③

这里的这个"主体性"观念，大家以前可能没有接触过，我得解释一下。我刚才讲，在"形而下学"的层面上，在科学、认识论、知识论的层面上，一个根本的框架就是"主—客"架构。但这样的主体性只是相对的主体性。那么，还有一种主体性，是绝对的主体性。比如说，刚才谈到胡塞尔，他把"主体和客体""现象和本质"压缩、合并起来了，现象

---

① 黑格尔：《精神现象学》，贺麟、王玖兴译，第15页。
② 海德格尔：《哲学的终结和思的任务》，见《面向思的事情》，陈小文、孙周兴译，第68页。原文："哲学即形而上学。形而上学着眼于存在，着眼于存在中的存在者之共属一体，来思考存在者整体——世界、人类和上帝。"
③ 海德格尔：《哲学的终结和思的任务》，见《面向思的事情》，陈小文、孙周兴译，第76页。原文："什么是哲学研究的事情呢？……这个事情就是意识的主体性"；"作为形而上学的哲学之事情乃是存在者之存在，乃是以实体性和主体性为形态的存在者之在场状态"。

就是本质,这个本质其实就是主体、主体意识。但这是绝对的主体性,因为它就是一切,而不是"主—客"架构下的主体性。因为"主—客"架构下的那么一个主体,意味着在它之外还有一个客体、客观实在。胡塞尔会说:我现在不考虑这个客观实在。但胡塞尔还是得解决认识的问题啊。认识什么呢?用他的话来说:"意识总是对物的意识。"① 换句话说,意识始终都有一个"主—客"架构的问题。那么,胡塞尔是如何解决这个问题的呢?他是这样解决的:"主—客"这么一种相对的架构,它其实是内在于绝对主体性的,在胡塞尔那里,叫作"意向结构",他用了希腊语"Noesis—Noema",即"意向性"和"意向相关物"来刻画这一结构。但这个意向结构是内在于主体意识的,而不是那个应该被悬搁的外在超越物。但是,海德格尔认为:这仍然是一种主体性,尽管是一种绝对的主体性。

那么,主体性是一个什么玩意儿呢?是一个存在者。话说到这里,我现在给大家介绍20世纪思想所达到的一个最重要的观念。这是一个什么样的观念呢?

我先来问大家一个问题:"存在者"是什么意思?我来解释一下。比如说,我们现在所看到的一切,俗话所说的"东西",包括所有的人、物,一切的一切,都是存在者,也就是"存在着的东西"。用西方人的话来讲,叫作substance,就是实体;用汉语讲,叫作"物"。

存在者有两种:一种是形而下的存在者,一种是形而上的存在者。形而下的存在者,比如科学所研究的东西,乃是众多的、相对的存在者,我们中国人称之为"万物"。我们在经验世界中所能看到的和所能想象到的所有的东西,构成这一个世界,它们全都是形而下的、众多相对的存在者。那么,人们会问:这些东西是从哪儿来的呢?这是一个真正的哲学问题、形而上学问题。人天生就是一个哲学家。比如一个小孩,会问他妈

---

① 胡塞尔:《纯粹现象学通论》(《纯粹现象学和现象学哲学的观念》第一卷),舒曼编,李幼蒸译,北京:商务印书馆,1992年,§36。

妈:"我是从哪儿来的呀?"妈妈会说:"我生的呗!"孩子会继续问,打破砂锅问到底:"你又是从哪儿来的呀?""姥姥生的呗!"这样不断地问下去,最后问到一个地方,会戛然而止,不能再问了。举例来讲,一个基督教文化背景下的人,他不断地问下去,就会问到一个人,这个人叫"耶和华",就是上帝。假如这个小孩继续问他妈妈:"上帝是从哪儿来的呀?"在基督教文化背景下,这个问法就是不合法的,可能要挨耳光了。宗教上的上帝这样的存在者,或者哲学上所讲的本体,包括物质、理念这样的东西,它们都是这样一种存在者,我把它叫作唯一的、绝对的存在者,形而上的存在者。这就是《周易》里所讲的:"形而上者谓之道,形而下者谓之器。"道是唯一的、绝对的,而器则是众多的、相对的。道是一,器是多。器作为现象,是道的显现;而道,就是本体。

两千多年来,哲学上的这些东西,不管它是形而上的存在者还是形而下的存在者,不管它是主体还是客体,都不外乎是存在者。而我们要问的是:存在者是何以可能的?这个问题,可以有两种不同的回答方式。比如刚才所说的那个小孩子问他妈妈"我是从哪儿来的",这个"我"就是一个存在者,一个相对的主体性存在者。他妈妈回答说"我生的",他妈妈这个"我"也是一个相对的主体性存在者。小孩一直问到上帝,上帝创造了整个世界,亚当夏娃都是上帝创造出来的,但问题是,上帝还是一个存在者,只不过是一个绝对的存在者。追问到上帝这儿就停住了,或者,哲学上,追问到本体这儿就停住了,这就是说,追问到一个形而上的绝对存在者为止。这是一种回答方式。但是,20世纪的思想认为,这是一种不彻底的回答方式,因为这并没有回答"存在者何以可能",或者通俗地说"存在者是从哪里来的"。你找出一个终极的存在者,它还是一个存在者,还是没有回答问题。

所以,还有另外一种回答方式,我很通俗地讲,就叫作:一个存在者之所以成其为一个存在者,是因为它存在着。换句话说,是存在给出了存在者。这里新出现了一个词语"存在",而不是"存在者"。存在——这就是对"存在者何以可能"问题的最简单的回答,但切不可小看了,这就是20世纪人类思想所达到的一个最前沿的观念平台。这是一个什么样的观念呢？按照海德格尔的说法，这叫作"存在论区别"，也就是存在和存在者的区别：存在不是存在者。

四

于是，你可能会问：那么，存在是什么？但当你这样问的时候，你已经错了。这个发问方式是不合法的，因为，当你问"存在是什么"的时候，你已经预先把存在设想成了一个存在者。那么，存在究竟是什么？存在并不是"什么"。"什么"说的是有"东西"存在着，说的是有存在者，说的是"有"；在这个意义上，存在本身是"无"，就是还没有存在者。

其实，海德格尔的这个观念，我们可以用中国的话语来表达。海德格尔是全世界公认的20世纪最深邃的思想家之一，也是一个很高傲的人，但他最崇拜一个中国人，这个人大家都"认识"，他的名字叫老子——李耳、老聃。我现在用老子的话语来翻译或解释海德格尔的观念，这样你们听起来可能会感到亲切一些，容易理解一些。

老子有一句著名的话，我给大家介绍一下，但我的解释跟过去的解释不同。这句话是："天下万物生于有，有生于无。"① 这话大家都很熟悉，但这是什么意思呢？这里出现了三个关键词：万物、有、无。这里所谓"万物"，其实就是我刚才讲的形而下的众多相对的存在者。那么，万物从哪里来的？老子说："生于有。"这个"有"，也就是我刚才讲的形而上的唯一绝对的存在者，哲学上称之为本体，宗教上称之为上帝或者其他至上神。黑格尔也讲这个"有"，大家应该比较熟悉：他的哲学全书，逻辑学—自然哲学—精神哲学，把整个世界的全部存在者都重新给出来，但它是从哪儿开始的呢？是从第一部第一编第一章第一节第一个范畴"有"开始的。② 这是纯粹的"有"，"有"本身。这个"有"是什么玩意儿？你

---

① 《老子》第四十章。
② 黑格尔：《逻辑学》上卷，杨一之译，北京：商务印书馆，1966年，第69页。

没法定义它，因为此时它的内容尚未展开；它内容的展开就是黑格尔辩证法的哲学体系，就是这个世界的生成，也就是所有存在者的生成。这个纯粹的"有"，跟老子讲的天下万物生于有的"有"是相当的。那么，这个"有"，这个上帝一样的唯一绝对的存在者，它又是哪里来的呢？老子又说："有生于无。"这就是说，这个绝对存在者生于"无"。为什么我刚才讲"存在是无"呢？因为这个"无"说的就是"无物"，就是还没有存在者，没有东西，只有存在本身。这就是我用老子的话语、中国人的话语来诠释海德格尔的这样一个现象学观念。我希望大家记住：你以后思考什么哲学问题，千万不要忘记了这样一个观念平台。

话说到这里，有可能你们还是觉得不好理解，还是比较抽象。我是研究儒学的，我来讲讲儒家的说法。刚才主持人介绍说，我这几年在搞"生活儒学"，我在这里顺便解释一下：我所说的"生活儒学"，并不是要把儒学日常生活化、通俗化。我绝不是这个意思，你们千万别这样想。在我看来，生活就是存在，而不是存在者。这是我的一个最基本的命题：生活即是存在，生活之外别无存在。你不能设想生活之外的东西，不能设想生活之外居然还有什么存在者存在着。生活之外的存在者是不可思议的。我是通过跟海德格尔进行对话，对他进行了一种批判，而得出我自己的一种观念来：存在即是生活。①

存在就是生活，那么，生活又是什么？你这样问，那就错了。因为：生活不是个东西。生活是无，或者说，是存在本身。当你说"生活是什么"时，你已经预先把它想成了一个存在者；但生活不是存在者，恰恰相反，生活是包容一切存在者的存在。一切存在者都是由生活给出的，都由生活生成。这是我的"生活儒学"的一个最基本的观念。

我这样说，是有根据的。我刚才讲，我不是要把儒学"通俗化"。我今天来做讲座，也不会给大家很学究化地来解说一通。但我们也不妨考证一番，言之有据嘛。我说"生活即是存在"，这是可以考据的，在我的文

---

① 黄玉顺：《论生活儒学与海德格尔思想》，《四川大学学报》2005年第4期。

章、著作中，我会做一些非常严谨的考据。这里，我就随便举些例子来讲吧。比如"存在"，我们中国人本来就是有这个词语的；同时，我们把海德格尔的西方语言的"Sein"翻译成"存在"，那也是有道理的。

存在的"在"字是什么意思？许慎的《说文解字》是中国最古老的字典，专门解释汉字的本义。他是这样解释的："在，存也。"① 这就是说："在"就是"存"，也就是存在。特别值得注意的是，"在"字是由"土"和"才"组成的。"才"又是什么意思呢？许慎解释："才，草木之初也。"② "才"字是一个象形字，画的就是草木萌发、刚刚冒出地面的样子。那么，存在的"在"的本义是：在大地上，草木生长出来。

这个存在的"在"，也就是生活的"生"的意思。我们来看看生活的"生"字。许慎解释"生"字是"象草木生出土上"。"生"字的下面是"土"字，上面是一个"屮"字。这个"屮"字和刚才讲的"才"字是同源字，都是画的草木初生的样子。不过"才"是刚刚才出土，而"屮"是已经长出了两片小叶儿。因此，"生"字和"在"字的字形和意思都是非常接近的：下面都是"土"，上面都是草木初生的样子。所以，存在之"在"就是生活之"生"，存在就是生活。

还有一个存在的"存"字，更有意思，是这样写的：才、子。刚才说了，"才"是"草木之初"；那么"子"呢？就是"人之初"，也就是小孩子。把这几个字联系起来看，我们就能发现，中国人所讲的"存在"，原来是这么一种情境：人和草木共同生长在大地上。其实，这也就是海德格尔所说的"共在"——共同存在、Mitsein。这样的情境，我称之为生活的"本源情境"。

这种本源情境，人和草木、一切存在者，共同生活于大地上，他们之间没有区分，没有"分别相"，这叫作"浑沌"。注意，不是"混沌"，不是混乱的意思，而是"浑沌"，是浑然一体的"浑"。"浑沌"是庄子的

---

① 许慎：《说文解字》，徐铉等校定。
② 许慎：《说文解字·才部》："从丨上贯一，将生枝叶；一，地也。"

说法①，海德格尔的说法，叫作尚无"存在者领域"的划分，就是庄子所说的没有"物际"②，就是没有"物界"的划分，也就是没有存在者领域的划界。为什么会这样呢？因为此时此刻根本还没有所谓"物"，还没有存在者的观念，更没有主体性存在者的观念、区别于物的人的观念。所以，我们才会用草木之"生"来说我们自己的人之"生"，来说我们自己的"生活""存在"，这是很有意思的，说明那个时候我们还没有把草木看成我们的异类。显而易见，中国远古先民在造字的时候，他们有一种领悟，我称之为"生活领悟"，那是前概念的、前形而上学的本真的领悟。这种领悟就是"浑沌"，就是生活的本源情境，就是没有存在者之间的区分，就是现象学所谓的"共在"。人和草木共同生活在大地上，因为根本就不存在人和草木的区分，根本就没有"大写的人"。而我们今天的人，什么环境危机啊，生态危机啊，都是因为人的主体性太强了，我们把人和自然物，甚至人和人之间区分得太清楚了，我们太"人"了，才会导致这些问题。用海德格尔的话来说，是因为我们已经长久地"遗忘了存在"；用我的话来说，就是因为我们已经长久地遗忘了生活，遗忘了最本源、最本真的生活情境——共同生活、共同存在。

五

还有一点是特别有意思的，就是这个存在的"存"字，还有一种古老的用法。通过解释这种用法，我要引到我今天要讲的"爱"这个题目上来。"存"字的这种用法，许慎解释："存，恤问也。"这是"存"字的最早的语义之一，它在现代汉语的一个词语里保留下来了，那就是我们经常说的"温存"这个词。所谓"恤问"，就是温存地问，就是为之不安、为

---

① 《庄子·应帝王》。原文："南海之帝为儵，北海之帝为忽，中央之帝为浑沌。儵与忽时相与遇于浑沌之地，浑沌待之甚善。儵与忽谋报浑沌之德，曰：'人皆有七窍，以视、听、食、息；此独无有。尝试凿之。'日凿一窍，七日，而浑沌死。"
② 《庄子·知北游》。原文："物物者非物"，"物物者与物无际；而物有际者，所谓物际者也；不际之际，际之不际者也"。

他感到担忧地问①，比如"问安""慰问"等等。所以，古代还有一个常用词语，叫作"存问"。总之，"存"字既是存在、生活的意思，又是温存的意思。存在就是温存，很有意思吧？

但问题是：你为什么这样温存？你为什么为他担忧？这是很简单的：因为你爱他嘛。这种爱，儒家叫作"仁"——仁爱。仁爱这样的情感，我称之为"生活情感"。在生活的本源情境中，这种仁爱情感显现出来。所以，生活就是仁爱，存在就是温存。这是儒家的一个非常重要的思想，极其核心的思想。所以，我的导师蒙培元先生才讲：儒家的哲学其实就是"情感哲学"。② 他把情感看作是在存在层面上、本源层面上的这么一种事情。

这种生活情感属于作为存在本身的生活本身，这种情感就是生活的显现、存在的显现。用现象学的话语来讲，生活本身不是个东西，生活情感也不是个东西，也就是说，不是个存在者。生活是显现，情感是显现。然而这种显现并不是说它背后有一个东西，然后这个东西显现出来、成为现象。现象背后一无所有，现象就是显现本身。这种显现，对于儒家来说就是生活的仁爱情感。

当然，情感的种类有很多，古人有"七情"的说法：喜、怒、哀、乐、爱、恶、欲。但在儒家看来，爱是一切情感中最本源的情感。我这里给大家介绍另外一个现象学家，他是胡塞尔的"大弟子"，海德格尔的"师兄"，那就是非常著名的马克斯·舍勒。他是一个多产的思想家，但影响最大的还是他的"情感现象学"。舍勒的情感现象学内容很丰富，我简单介绍一下他的思想要点。他把所有存在者所构成的这么一个世界叫作什么呢？叫作"爱的共同体"，就像一句歌词所说的"让世界充满爱"。在他的思想中，有两个最基本的价值原则，是他的情感现象学的基本原则：第一，情感优先于认知，因此价值优先于知识；第二，就情感本身来

---

① 许慎：《说文解字·心部》："恤，忧也。"
② 参见蒙培元：《情感与理性》。

讲，爱优先于恨。① 或者换个说法，用一开始我解释过的"奠基性"概念来说，舍勒用一种非常现象学的方式证明了这样两个基本原则：第一，知识，包括科学，是被情感奠基的；第二，就情感本身来讲，恨是被爱奠基的。若是用我的"生活儒学"的话语来讲，那么，情感是比知识更加"本源"的事情，爱是比恨更加"本源"的事情。

当然，舍勒是用一种先验现象学的方法来论证的，而且，他的现象学具有强烈的基督教背景，这是我所不能同意的。他把整个世界这么一个"爱的共同体"看成是由若干"人格"构成的一个金字塔结构，这是一种人格主义，而他所说的这个"人格"，不是心理学意义上的，而是基督教意义上的 Person 或者 Hypostasis，这个词语是从基督教的"位格"这个词语来的。② 这就是说，这个"爱的共同体"有一个终极的保障者，那就是上帝、上帝之爱。但是，儒家是不会同意他这样的说法的，孔夫子不会这样讲。孔夫子是"子不语怪力乱神"③ 的，是"敬鬼神而远之"④ 的，孔夫子只讲最真诚的生活情感。

不过，舍勒论证的那两条原则，跟儒家的想法倒是相通的，在儒家看起来，事情也是这样：情感一定优先于认知，爱一定优先于恨。我给大家举个例子，"四书"里面有一个叫《中庸》的文本，是讲什么的呢？就讲一个"诚"字。⑤ 但我们今天通常很误解这个《中庸》，一看到"诚"，就以为它是讲"诚信"，就把它理解为一个道德原则，一个形而下学的原则，那是大错而特错的。"诚"是一种形而上的，甚至比形而上更加本源的事情。我刚才讲了，不管是知识论、科学，还是伦理学、道德，都是形而下学的事情。什么叫形而下学呢？就是处理众多相对的存在者之间的关系，形而下的存在者之间的关系的学问。而《中庸》所讲的"诚"，在儒

---

① 舍勒：《爱与认识》《爱的秩序》，林克译，载刘小枫选编：《舍勒选集》(下)，上海：上海三联书店，1999年。
② 参见舍勒：《伦理学的形式主义与质料的价值伦理学》，倪梁康译。
③ 《论语·述而》。
④ 《论语·雍也》。
⑤ 《礼记·中庸》。

家的话语中，因为是在轴心时期（《中庸》这个文本相传是子思所作的），它有两种基本含义：第一，是唯一绝对的形而上的存在者[1]；第二，有一种更为本源的意义，指的是一种作为存在本身的生活情感本身，简单来说，就是本源性的爱。这种爱是先于存在者、先于任何物的，这种爱是一切存在者、一切物的本源所在。所以，《中庸》里面有一个很著名的、非常重要的表达："不诚无物。"这意思就是说：如果没有诚，或者这样来说吧，如果没有真诚的爱，就没有任何存在者的存在。这就是儒家的一个最核心、最基本的观念——爱的观念。简单来说，就是：爱不是个东西，不是个存在者，那它是什么呢？就是存在本身。在中国人的话语中，这个存在本身也就是生活本身、生活情感本身。这是第一。第二，天地万物、一切存在者都是被爱、被诚所生成、所给出的，这就叫作"不诚无物"，而诚能够"成己""成物"[2]。所以，诚，或者爱，就是儒学的"大本大源""源头活水"，就是儒家的最本源的奠基性观念。

六

这就是儒家的最基本的观念。可能你们觉得还不太理解，我再举些例子，其实是很好懂的，只要你在生活着，你有情感，你就会懂的。爱有各种各样的"显现样式"，比如说，母爱啊，友爱啊，爱情啊，等等，都是爱的显现样式。

就拿母爱来说吧，两千年来所形成的习惯性的形而上学思维方式是这样来理解、表达母爱的：有一个母亲，有一个孩子，然后呢，这个母亲对这个孩子有了一种感情，我们把这种感情命名为"母爱"。我们总是很难摆脱这样的形而上学的思维方式，似乎先有母亲、孩子，先有主体性存在者，然后才有母爱这样的感情，才有存在本身、生活本身。这完全把事情弄反了，本末倒置。而我会这样表达：没有母爱，母亲不在。或者这样

---

[1] 《礼记·中庸》："诚者，天之道也"；"中也者，天下之大本也"。
[2] 《礼记·中庸》："诚者，非自成己而已也，所以成物也。"

说吧：没有母爱的显现，就没有母亲。这就是说，先有存在、生活、母爱这样的生活情感，然后才有母亲、孩子这样的存在者。母亲这样的存在者是被母爱生成的，而不是相反。或者这样说吧：如果母爱这样的情感尚未显现，那么这个女人就不配称为"母亲"。没有母爱，她根本就不是个母亲，她根本就不成其为一个母亲，她作为母亲这样一种主体性存在者尚未被给出。这也就是所谓"不诚无物"，而诚"成己""成物"。

我再举个例子。有人问一个母亲："你为什么爱你的孩子呢？"这是荒诞的问题！这个问法是典型的"透过现象看本质"，就是预先设定了母爱这样的"现象"背后另有"本质"、另有企图。这就是两千年来的习惯性的形而上学思维方式。母亲为什么爱孩子？当你这样问的时候，你已经把母爱视为了一种手段，它背后另有目的。但事情本身是：为什么要爱？她不为什么。这就是我刚才讲的现象学的一个基本观念：现象背后一无所有。情感就是现象，同时就是本质；然而既然现象背后没有所谓本质，那也就无所谓现象还是本质了。

爱情也是这样的，男女之间的爱也是爱的一种显现样式。而我们习惯于形而上学的思维方式，会这样表达：有一个男同学，有一个女同学，然后因缘巧合，他们遭遇了，发生了一种感情，我们把它命名为"爱情"。这好像很符合经验事实，但我会说：这也是本末倒置，完全把事情说反了。因为在爱情这样的事情当中的主体性存在者不是抽象的，人也不是抽象的，不是我们所说的什么"男同学""女同学"，而是具体的"爱人"，或者叫作"恋人"。反过来讲，爱人或者恋人才是爱情当中的主体性存在者，而我们要问的是：这样的主体性存在者何以可能？那是由存在本身生成的，即是由作为生活情感的爱情生成的。如果爱情本身没有显现，那么爱人尚未诞生。恋人作为主体性存在者，是被爱情所给出的，而不是相反。

如果是相反的，设想先有某种主体性存在者，然后他们之间"创造"一种爱情什么的，那就很成问题了。当然，这倒符合某种情形，比如俗话说"男大当婚，女大当嫁"，于是通过别人给介绍一个朋友，两个人开始谈对象。"谈对象"这个说法倒是很准确：一个男同学认识了一个女同学，但这个时候是没有爱情的。没有感情的时候去"谈"，所谈的当然就是一个"对象"、一个 object、一个客体：这个时候，你就会把这个女人或这个男人作为一个对象去打量、去认识、去分析研究，从内到外地衡量一番条件，看看是否般配之类。但这一切都是知识化的、认知性的考量，而不是爱情，与情感无关。

七

所以，"谈恋爱"与"谈对象"是不同的。恋爱根本不需要"谈"，尽管在恋爱中我们总是在"谈"。这也是一种现象学观念，其实也是中国本土的一种观念。用海德格尔的话来说：这不是人在说话，而是话在说人。[①] 这是什么意思呢？我再举个例子。你不难观察到，恋爱中的男女会有两种非常极端的言说方式，是很有意思的：

第一种典型情境是：通常是那个男同学，他非常激动，在那里滔滔不绝、喋喋不休、说个不停。那个女孩突然问他："你说什么？"他会一愣："啊，我说什么？"是啊，他什么也没有说。他说了"什么"并不重要，重要的是他在"说"。这其实是对 20 世纪的科学语言学和语言哲学的一种颠覆：作为情感显现、存在显现的言说方式，是"言之无物"的。而科学的语言学的观念，比如索绪尔的语言学观念却是：语言是符号，符号有能指、所指，这个所指指向语言以外的某种客观对象或者意义。[②] 然而作为生活情感显现的言说方式，是无所指的。这种无所指的、"言之无物"的言说方式，才是最本真的、最本源的话语。用国学大师王国维的话说，诗词的最高境界乃是"无我之境"。何为"无我之境"？就是"不知何者为我，何者为物"。[③] 而我们知道，诗词恰恰是情感的表达、情感的显现。然而这里既没有"我"，没有主体性存在者，也没有"物"，没有对象性

[①] 海德格尔：《语言的本质》，见文集《在通向语言的途中》，孙周兴译，商务印书馆，1997 年。
[②] 索绪尔：《普通语言学教程》，高名凯译，北京：商务印书馆，1999 年。
[③] 王国维：《人间词话》，见滕咸惠校注：《人间词话新注》（修订本），1.03。

存在者；这里根本没有"主—客"架构，根本就没有存在者——无物存在，只有存在本身。这种言说方式不是作为什么"符号"，而是情感本身的显现；这种言说方式并不指向情感以外的什么对象或者"意义"，因为情感本身、言说本身就是意义。

热恋中的男女还有另一种典型的情境：相顾无言。这也是一种最本真的言说方式。这种言说方式，用海德格尔的话来说，叫作"道言"：大道的言说。① 大道之言说，乃是无声之宁静，然而传达着许多许多的消息。有恋爱经历的人都知道，这就叫作"此时无声胜有声"。其实这也是在说话，并且是在倾听。但是，这样一种说话，不是人作为主体在说话，不是作为存在者在表达一种意图，而是"话在说人"。这"话"就是海德格尔所说的"道言"，就是孔子所说的"天命"，其实就是生活情感的显现。而我们之所以能够生活、能够说话，就是因为我们总是在倾听着大道之言说，倾听天命，倾听生活。

大道之言说，在汉语中就是"活"这个字的意思。生活之"活"，是一个形声字：右边的"舌"是声旁，可以不管它；左边的"三点水"是形旁，是这个字的含义。我们查一查许慎的《说文解字》，他解释："活，水流声。"生活之"活"原来是指水流的声音，那么，你们可能感到奇怪：中华民族的远古先民，他们为什么会想到用"水流声"这么一个意象来表示我们的"生活"？这实际上是一种本真的生活领悟，传达着一个非常重要的观念：我们要想"活"下来，就得首先倾听这种"水流声"——倾听大道的无声的言说，倾听天命，倾听生活。生活、生活情感的显现，那是无声的，但你必须倾听；不倾听，你就不能活。

大道之言说，在中国叫"命"或者"天命"。所以，孔夫子讲"君子有三畏"，第一个就是"畏天命"。② 所谓"畏天命"，是指怀着敬畏、诚敬的心情倾听生活、倾听存在本身。能够很好地倾听生活，并且言说生活

---

① 海德格尔：《语言的本质》，见文集《在通向语言的途中》，孙周兴译。
② 《论语·季氏》。

的人，就是圣人。"圣"字的甲骨文就是这样写的：一个人，有一只大大的耳朵，还有一张大大的嘴巴。这只耳朵不仅善于听"人言"，而且善于听"道言"，听"天命"，听存在本身，其实就是倾听生活情感，倾听仁爱情感。

比如我刚才讲的，有人问一个母亲"为什么爱你的孩子"。这个母亲千万不要听他的，不要听这种语言。假如这个母亲听了他的话，那就糟糕了，她就会想：是啊，我为什么会爱这个又丑又笨的娃娃？养儿防老吗？这样一想的时候，这个母亲立刻就从最本真、最真诚的本源情境当中跌落出来，落入一个"主—客"架构当中：她作为一个主体挺立起来，而她的孩子则作为一个对象，一个被她判断、被她审视的东西，她就开始认识他、改造他。这里还有母爱吗？再也没有了。所以，这个母亲只需倾听一件事情，那就是生活，那就是生活情感，那就是作为生活情感的爱。

这就是儒家的观念：倾听爱。比如孟子，他说人人都有"恻隐之心"，就是真诚的仁爱之心，举例说，有一天，你忽然遇见这样一种生活情境：眼看一个小孩马上就要掉到井里了，你心里面不禁"咯噔"一下，就会不假思索地采取行动。① 这个时候，我们实际上首先倾听到了"天命"，这样的天命叫作"良知"或者"良心"。② 这么一种声音，当然是耳朵听不见的，但实际上你却能够听见：你所听见的不是人言，而是道言，就是无声的天命，就是良知、良心。此时此刻，你只是倾听你的"恻隐之心"这样一种情感的呼唤。

这样的情感，就是一切的一切的大本大源，儒学的全部的理论建构都从这里开始。这样的源头活水，孟子的原话叫作"源泉混混，不舍昼夜"③。孟子其实是在解释孔子的话，孔子的那番话大家都很熟悉，但一般都错误地理解了。《论语》记载："子在川上曰：'逝者如斯夫，不舍昼

---

① 《孟子·公孙丑上》。
② 《孟子·尽心上》。
③ 《孟子·离娄下》。

夜。'"① 以前的解释以为孔子是在感叹时间过得太快，时不我待，要抓紧时间做事情。其实不然，孔子不是这个意思。孟子的解释比较符合孔子的原意，"源泉混混，不舍昼夜"是指生活情感，如我经常所讲的：生活如水，情感如流。我们就是要倾听这样的"流水声"。儒家思想如此，道家思想也是这样的，老子也这样讲："上善若水。"② 他特别欣赏水。孔子也是这样，一见到水就说："水哉！水哉！"③ 用现在的话来讲就是："水啊！水啊！"再没有其他的话了。水究竟怎么样？不怎么样。你不能去解释，一解释就把它具体化、对象化、存在者化了。

八

我今天给大家讲这么一个"爱"字，是希望大家记住两点：

第一，儒家的思想博大精深，在于它有着丰富的观念层级性：有形而下学，有形而上学；更有其本源性的言说，这才是最重要的。儒家的这个最本源、最核心的思想，其实就是一个"爱"字。所以，我的希望是：我们不要遗忘了最真诚的爱。

第二，我想说的是：这样的爱绝非事不关己的，而是我们自己的最切己的事情。我经常讲一句话 ——"最远的就是最近的"，是什么意思呢？"最远的"是说：我们长久地遗忘了存在，遗忘了生活，遗忘了最真诚的爱；我们"离家出走"，已经走得太远了，现在我们应该回去。回哪里去呢？我们要通过解构两千年来的形而上学，而回到轴心时期甚至前轴心期，也就是回到人类最本源的状态；在中国来讲，那就是回到诸子百家之前、"绝地天通"之前的那么一种天地人神"杂糅"、"共在"、共同生活的和谐的本源情境当中。④ 这从经验的时空来讲，当然是最远的地方；但实际上，这恰恰是"最近的"地方，就是我们的当下的生活、当下的生

---

① 《论语·子罕》。
② 《老子》第八章。
③ 《孟子·离娄下》。
④ 黄玉顺：《绝地天通：天地人神的原始本真关系的蜕变》，《哲学动态》2005年第5期。

活情感。我们每一个人，按照儒家的观念，都是被这样的生活情感所生成、所给出的，只不过你的本真状态往往是被遮蔽了：你被"茅塞"了，这是孟子的说法；或者用荀子的话来说，你被"物蔽"了。你现在需要做什么呢？就是"解蔽"，就是使你自己"茅塞顿开"，也就是回到你自己的最真诚的爱之中。

所以，我今天所讲的实际上是一个很现实的问题，是跟在座的各位息息相关的事情。当你们坐在这儿的时候，你们每一个人的父母可能正在想念着你、思念着你。没准儿，待会儿你妈就会打电话来。她是在爱之中，是在生活的本源情境之中。那么我问大家：你们多久才给你老爸、老妈打一次电话？可能有的打得多一些，有的少一些。而有的会说："我钱用完了就打。"你这就是"茅塞""物蔽"了。我今天传达"爱"这么一个观念，希望你们待会儿回到寝室，首先就给家里打个电话。为什么呢？那就是我刚才所讲的：回到最近处，回到你的当下，回到你的最真诚的爱之中。

爱，所以在
——儒学与笛卡儿哲学的比较*

本文将在中西比较的视域中重新阐释儒家"爱"的观念。如果说笛卡儿的命题"我思，所以我在"（Je pense, donc je suis）[①]可以视为西方理性主义传统的一种经典表达，那么儒家的一种最具有本源性的观念就可以表达为"爱，所以在"。儒家"爱所以在"的观念首先意味着：因为爱，所以才存在；然后才有"物"（对象性存在者）存在、"我"（主体性存在者）存在。因此，在"性情"问题上，孔子儒学的原初观念并非"性→情"的形而上学架构，而是"情→性"的本源观念。

一、笛卡儿的沉思

本文的标题"爱，所以在"会使人联想到笛卡儿的著名命题"我思，所以我在"，因此，在儒学与笛卡儿哲学之间进行一番比较是很有必要的。

在《谈谈方法》中，笛卡儿关于"我思，所以我在"的主要论述如下：

> 任何一种看法，只要我能够想象到有一点可疑之处，就应该把它当成绝对虚假的抛掉，看看这样清洗之后我心里是不是还剩下一点东西完全无可怀疑。……可是我马上就注意到：既然我因此宁愿认为一切都是假的，那么，我那样想的时候，那个在想的我就必然应当是个东西。我发现，**"我思，所以我在"**这条真理是十分确实、

---

* 本文收入作者文集《儒家思想与当代生活——"生活儒学"论集》，第 201—216 页。
① 拉丁文为：Cogito, ergo sum.

十分可靠的，怀疑派的任何一种最狂妄的假定都不能使它发生动摇，所以我毫不犹豫地予以采纳，作为我所寻求的那种哲学的第一条原理。①

笛卡儿试图为一切知识寻求一种绝对可靠的基础，此基础必须是自明的（self-evident），或者如笛卡儿所说的"clair"（清楚）、"distinct"（分明），亦即：既不能是通过感觉经验获得的，也不能是通过逻辑推理获得的。这种既非感知结果，亦非逻辑结果的东西，其实就是后来胡塞尔现象学所谓"原初所予性"（ursprünglich Gegebenheit）——"自身所予性"（Selbstgegebenheit）。

然而以当今所应有的思想视域看来，所谓知识，其实就是一些关于"存在者"的观念，例如关于世界万物、自我、上帝的观念；既然如此，那么，作为一切知识的"基础"的东西，其本身就不能是任何关于存在者的观念，恰恰相反，正是这个基础才给出了所有一切存在者。但是，在这个问题上，笛卡儿的思想"方法"其实远不是人们所认为的那么彻底。

首先，笛卡儿所找到的这个基础还是依赖了逻辑的，因为这条所谓"第一原理"本身就是一个逻辑推理的表达"……所以……"。如果将其恢复为一个完整的三段论，就是："（但凡某物思想着，它就存在着；）我思想着；所以，我存在着。"笛卡儿首先确定的事实是其小前提"我思"（其实这里还有一个跳跃，即从"我怀疑"跳跃到"我思想"，这也缺乏一个前提：怀疑是否等于思想？），他由此而推出结论"我在"；但他却隐藏了这个推理的大前提：凡是思想着的就是存在着的。因此，我们可以追问：这个大前提是从哪里来的？它是否也只是一个应该加以怀疑的成见而已？不难看出，笛卡儿的"第一原理"其实远非什么"自明的"。

这且不论。其实，笛卡儿那里还有一个更先行的预设："存在"；更

---

① 笛卡儿：《谈谈方法》，王太庆译，北京：商务印书馆，2000年，第26—27页。"我思，所以我在"王译本翻译为"我想，所以我是"。

准确地说，是"存在者的存在"。尽管他怀疑某些具体的存在者的存在，但他却并没有怀疑存在者存在，即并没有怀疑"必定有物存在"。可以说，笛卡儿的全部思考都是基于"有物存在"这个预设信念的，这就正如舍勒针对笛卡儿而指出的："第一自明性也是直接的自明性，早在建构'怀疑某物'的语义时，即已被设定为前提，这种自明性实即一种自明的认识，它断言，毕竟有物存在，说得更极端些，无是不在的。"[①]（当然，舍勒是在肯定的意义上谈到这一点的，这与我们的看法不同。）然而我们知道，当代思想的前沿之"思"恰恰在于"思无"，而此"无"乃是"存在"本身，而非"存在者的存在"——"某物存在"。

说到存在，在当代思想的视域中，必须严格区分"存在"和"存在者的存在"，这是两个完全不同的观念。当代思想的前沿视域应为：任何存在者的存在，包括笛卡儿那个在"思"着的"我"的存在，都源出于存在本身。在这个问题上，甚至海德格尔的"存在"观念也是不够彻底的，他认为"存在总是存在者的存在"[②]。其实，存在本身不仅先行于所有一切存在者，而且先行于任何存在者的存在。然而笛卡儿根本就还没有"存在本身"的观念，他所预设的那个存在，只是"某物的存在"，亦即某种存在者的存在，而不是存在本身。

具体说来，笛卡儿所确信的"毕竟有物存在"这个"物"，就是"我思"之"我"。这就是笛卡儿思想方法的另外一个根本预设。因此，"我在"其实根本就无须由他来推出，因为这个"我在"一向已经是他的全部思考的基本前提——他的整个"沉思"都是这个"我"的沉思，诸如"我怀疑""我思考"等等。笛卡儿自己就说过："事情本身是如此明显，是我在怀疑，在了解，在希望，以致在这里用不着增加什么来解释它。"[③]因此，从"我思"推出"我在"就完全是多此一举，因为那个"我"作为"思想着的东西"早已先行存在着了。正因为如此，海德格尔才会批评笛

---

① 舍勒：《哲学与世界观》，曹卫东译，上海：上海人民出版社，2003年，第58页。
② 海德格尔：《存在与时间》，陈嘉映、王庆节译，第11页。
③ 笛卡儿：《第一哲学沉思集》，庞景仁译，北京：商务印书馆，1986年，第28页。

卡儿的不彻底性：那还是形而上学的主体性哲学。①

总之，用中国的话来说，笛卡儿从一开始就没有真正做到"物我两忘"。

就笛卡儿的话题而论，我们这里所要追问的是：这个"我"是何以可能的？亦即：自我意识作为主体性存在者的观念，是怎样在观念中显现出来的？显而易见，这样的追问其实已经蕴涵着：存在着某种先在于"我"的"存在"观念。进一步说，既然万物、上帝等存在者都是由"我"这个存在者所推出的，而"我"本身也并不是自明的，并且这些也就是全部可能的存在者，那么，也就存在着这样一种"存在"观念：这种存在是区别于、先在于所有一切存在者及其存在的。不仅世界、上帝，而且自我，总之，所有一切存在者是何以可能的？这就是20世纪以来的思想的一个最根本的任务：追问存在。

二、中国的本源存在观念

然而对于原始儒家来说，对于存在无须"追问"，因为他们一向是从生活情感出发的，而此生活情感正是存在本身的事情。这就正如蒙培元先生所指出的：儒学本质上是"情感哲学"。② 儒家的本源观念，并非什么"我思，所以我在（I think, therefore I am）"，而是"爱，所以在（Loving, therefore being）"。与笛卡儿哲学相比较，这里存在着两点最根本的区别：第一，就存在与存在者的"关系"而论，"我"作为一种存在者（包括"此在"[Dasein]那样的存在者），并非先行的事情，而是后起的东西，是由作为存在之显现的仁爱情感所生成的；第二，就存在本身而论，最本源的存在的显现并非什么"思"③，而是爱。

---

① 海德格尔：《哲学的终结和思的任务》，见《面向思的事情》，陈小文、孙周兴译，第76页。
② 参见蒙培元：《情感与理性》。
③ 这里所说的"思"（thinking）是西方哲学的认知性的"思想"。然而在汉语、中国思想中，"思"却首先是情感性的事情，是爱之思。参见黄玉顺：《爱与思——生活儒学的观念》，第三讲"思的观念"。

儒家这种"爱，所以在"的观念，有其更为古老的思想渊源。

（一）在：生活即是存在

谈到中国的"存在"观念，"存""在"这两个古老的词语即已透露出重大的消息。我们先来看看这个"在"字。中国历史上第一部字典——许慎的《说文解字》，乃是专门探求汉字的本义的。许慎解释：

> 在：存也。从土，才声。

在这个解释中，有三点是值得注意的：

（1）"在"就是"存"，亦即存在。这就是中国最古老的"存在"言说。例如，中国最古老的一部词典《尔雅》解释说："存存，在也"；邢昺疏："在，谓存也"。[①] 这在中国的训诂学中是有其音韵学根据的："存""在"二字原来声母相同，最初都是由"才"得声；而其韵母则以声母为枢纽而发生"一声之转"[②]，因此两者代表的是一对同源词。

（2）所谓"才声"意思是说，这个"才"仅仅是"在"字的声符，不是义符，并不表示意义。但事实上，这个"才"字在"在"字里是有意义的。这涉及汉字中的形声字的一种构造法则，叫作"声兼义"：许多形声字中的声符，同时也是义符。许慎《说文解字》中也有不少这样的字例，其解释体例为："从某，某亦声。"这是因为，根据乾嘉学派以来的汉语专家公认的看法：一个形声字与它的声符字，代表的往往是一对同源词，也就是说，两者在语音上和语义上都是相通的。[③] 根据这个理论，"在"与"才"也是同源词，在语义上也是相通的。按照《说文解字》的体例，"在"字的结构应该分析为："从土，从才，才亦声。"那么，"才"

[①] 《尔雅注疏·释训》，郭璞注，邢昺疏，《十三经注疏》本，北京：中华书局，1980年，影印本。
[②] "一声之转"是乾嘉学派致力于"以声音通训诂"而发现并确立的音韵训诂原则：语义相通的同源词在语音上表现为由同一声母为枢纽的一组词语。
[③] 王力：《同源字典》，北京：商务印书馆，1982年。

是什么意思呢？这跟"中"字的意思是很接近的。《说文解字》解释：

> 才：草木之初也。从丨上贯一，将生枝叶；一，地也。
> 中：草木初生也。象丨出形，有枝茎也。古文或以为"草"字。

这就是说，"才"与"中"是两个象形字，都是指草木的初生。"在"字从"才"表明：中国远古先民是从草木的生长中领悟到了存在。

（3）同时，"在"字"从土"，这与生活之"生"相同。《说文解字》解释：

> 生：进也。象草木生出土上。[从中、从土。①]

这里，"在"字从"才"与"土"，而"生"字也从"中"与"土"，两者表示的都是：草木在大地上生长。这就表明："在"即是"生"。这是中国远古先民的存在领悟——生活领悟：存在即是生活，生活即是存在。这与海德格尔将"生存"（Existenz）与"存在"（Sein）区分开来是很不同的。②

至此，一个令人惊异的问题浮现出来：中国先民为什么会用草木之"生"来说人之生，用草木的生长来说人的生活？例如，孟子说过："民非水火不生活。"③荀子也说："生，人之始也。"④这难道仅仅是一种所谓"比喻"吗？其实，这个"问题"仅仅对于今天早已"遗忘存在"的我们来说，才是一个问题；对于远古先民来说，却根本就不成其为问题，否

---

① 许慎没有谈到"生"字的构造，但"生"显然是一个会意字，由"中"与"土"组成。
② 海德格尔实际上有两种区分：存在与存在者的区分（存在论区别）、存在与生存的区分。唯其如此，海德格尔才有可能在后期"转向"后，尽管继续"追问存在"，但却放弃了"此在的生存"的致思进路。参见黄玉顺：《论生活儒学与海德格尔思想——答张志伟教授》，《四川大学学报》2005年第4期。
③ 《孟子·尽心上》。这可能是"生活"这个词语在汉语文献中的首次出现。
④ 《荀子·礼论》。

则，他们不会那样说话。这显然是因为他们已然先行领悟了：人之生与草木之生，皆渊源于生活；而作为存在本身的生活本身，还没有被区分为"草木的生活"与"人的生活"；在这样的生活之中，草木与人之间是没有分别的"浑沌"①——"共在"（Mitsein）。这样的"无分别智"意味着：人与草木都还没有显现为存在者；于是，唯有存在存在着——唯有无在。

（二）存：存在显现为爱

这样的存在领悟、生活领悟，在"存"字里更为充分地传达出来。"存"最初有两种基本的用法：

（1）"存"即存在。汉字"存"的最古老的一种含义，就是存在。例如《庄子·齐物论》说："道恶乎往而不存？言恶乎存而不可？"成玄英疏："存，在也。"②因此，朱骏声对许慎《说文解字》的解释进行了修正："存，本训当与'在'同。"③意思是说："存"的本义就是"在"。

（2）"存"为爱之显现。

但是，许慎却是这样解释"存"字的：

> 存：恤问也。从子，才声。

关于"才声"上文已经说过，如同在"在"字中一样，此"才"在"存"字中也是有意义的，应解释为："从才，才亦声。"于是，"存"字的构造悄然向我们透露出一种非常紧要的消息：如果"才"是指草木之初生，那么"子"就是指人之初生；因此，"存"意味着人与草木的共同生长。这就是上文讨论过的中国先民的本真感悟：共同生活——共同存在。

同时，特别值得注意的还有"恤问"这个解释。"恤问"又叫"存

---

① 《庄子·应帝王》。
② 成玄英：《南华真经注疏》，曹础基、黄兰发点校，北京：中华书局，1998年。
③ 朱骏声：《说文通训定声》，北京：中华书局，1984年，影印本。

问"，这是汉字"存"的另一个几乎同样古老的含义。何谓"恤问"？《说文解字》说："恤，忧也。"可见所谓"恤问"就是担忧地问：为某人担忧而问候某人。然而何以会为某人担忧呢？当然是出于爱，正如《礼记·祭义》所说："致爱则存。"假如对某人没有爱，就会"不闻不问"。例如商汤征讨暴君夏桀，陈师鞠旅，在誓师时告诉所率众人：你们不要以为"我后不恤我众"（我们的君主不爱我等众人），实在因为"夏氏有罪，予畏上帝，不敢不正"。① 商汤所说的"恤众"也就是孔子说的"泛爱众"②。圣人应该"爱人"③，故《礼记·大传》说："圣人南面而听天下，……存爱。"其实"存"就是"爱"，或者说就是"出于爱"。这就正如孟子所说："虽存乎人者，岂无仁义之心哉？"④ 故汉字"存"的原始含义就是：由爱之而忧之，由忧之而问之。这种含义，至今还保留在现代汉语的"温存"这个词语之中。

"存"字的这两层含义——爱之显现、存在——已经表明了这样的观念：爱，所以在。"才"作为草木这样的存在者，"子"作为人这样的存在者，这些存在者的"存在"，是由"温存""存问"的仁爱情感生成的；假如没有爱，则草木不存，人亦不存。

（三）诚：存在者在爱中生成

这种本源观念，在作为"四书"之一的《礼记·中庸》里另有表述：作为存在本身或生活本身之显现的仁爱情感，《中庸》称之为"诚"。王念孙曾考证"诚"即是"情"："《吕氏春秋·具备篇》：'慈母之爱谕焉，诚也'；《淮南·缪称篇》'诚'作'情'。《汉书·礼乐志》：'正人足以副其诚'；《汉纪》'诚'作'情'。"⑤ 由此可见，诚即仁爱之情。

---

① 《尚书·汤誓》，《十三经注疏》本，北京：中华书局，1980年，影印本。
② 《论语·学而》。
③ 《论语·颜渊》。
④ 《孟子·告子上》。
⑤ 王念孙：《读书杂志·墨子第一·尚同下》，南京：江苏古籍出版社，1985年。

王氏所引《吕氏春秋》"慈母之爱谕焉，诚也"一语，可作为对"诚即是爱"的一种很好的解释。(1) 联系到"存"字的"从子"，我们可以理解"诚"在此说的是"慈母之爱"。(2)"谕"与"诚"皆从"言"，意为告诉、使之明晓，故训为"明"。例如《吕氏春秋·慎小》："欲谕其信于民"；高诱注："谕，明也。"① 故《中庸》说："诚则明矣，明则诚矣。"而何事在明晓？是慈母之爱在明晓着、显现着。(3) 此显现其实是"无言"的，犹如孔子所说："天何言哉？"② 例如孟子曾说：仁爱之心"施于四体，四体不言而喻"③。古代"喻"与"谕"通，例如《大戴礼记·曾子大孝》："谕父母之道"；王聘珍解诂："谕者，不言而喻也。"④ 总之，慈母之爱，其"诚"其"谕"，乃是"不言而喻"，就是母爱的显现而已。

然而，过去人们仅仅把"诚"理解为一种形而下的道德原则，亦即通常所谓"诚信"；至多理解为某种形而上者，亦即所谓"性"；其实，《中庸》的"诚"首先是本源性的存在显现。关于"诚"的本源性，《中庸》指出：

> 诚者自成也，而道自道也。诚者，物之终始，不诚无物。……诚者，非自成己而已也，所以成物也。

这里首先要注意的是，这里所说的并不是"诚者"（某种存在者），而是"诚"（存在）；因为这个"者"不过是古代汉语中的陈述句的一种句法形态："……者，……也。"所以，"诚者自成也"译为现代汉语应该是：诚是自成。其余几句亦然。《中庸》这番话传达出三层意思：

(1) 诚是自成——诚作为存在，并不是任何存在者所给出的，而是自己如此。这个"自己如此"，就是古代汉语"自然"的原意。⑤

---

① 《吕氏春秋》，高诱注，上海：上海书店，1986年，影印版（据世界书局《诸子集成》本）。
② 《论语·阳货》。
③ 《孟子·尽心上》。
④ 王聘珍：《大戴礼记解诂》，北京：中华书局，1983年。
⑤ 黄玉顺：《中西自然价值观差异之我见》，《理论学刊》2004年第3期。

这种"自然""自成""自己如此"并非胡塞尔所谓"自身所予性"（Selbstgegebenheit），因为所谓"自身所予性"还是一种形而上学的主体性观念。① 然而"诚"乃是说：存在自己如此，生活自己如此，情感自己如此，仁爱自己如此。

（2）不诚无物 —— 没有诚，就没有任何物；没有存在之显现，就没有任何存在者。这是一个极其深刻的思想：假如没有作为生活情感的仁爱，就没有任何存在者存在。这或许令人想起马克斯·舍勒"情感现象学"的"爱"的观念："在人是思之在者或意愿之在者之前，他就已是爱之在者。"② 但在舍勒那里，无论是思之在者、意愿之在者，还是爱之在者，都已经是存在者。然而我们可以追问：这种存在者本身是何以可能的？物是何以可能的？《中庸》的回答就是：

（3）诚能成己成物 —— 诚作为存在的显现，即作为本真的生活情感，既成就了主体性的存在者"己"，也成就了对象性的存在者"物"。这正是"爱，所以在"的意义：正是在"诚"的这种成就中，"主—客"架构方才得以可能；然后，知识论才得以可能，伦理学才得以可能。这里，是"诚"在"造物"；然而，"诚"却并非"造物者"。

但最后要指出，《中庸》这个文本颇为特别。表面看来，《中庸》思想似乎自相矛盾：一方面，如上所述，情感是本源性的，是所有一切存在者的大本大源；但另一方面，情感却又是派生性的：先有作为形而上者的"性"，然后才有作为形而下者的"情"。其表述为：

> 喜怒哀乐之未发，谓之中；发而皆中节，谓之和。中也者，天下之大本也；和也者，天下之达道也。致中和，天地位焉，万物育焉。

所谓"未发"之"中"就是"性"，这是儒家心学的一种先验设定，

---

① 海德格尔：《哲学的终结和思的任务》，见《面向思的事情》，陈小文、孙周兴译，第76页。
② 舍勒：《爱的秩序》，林克译，载刘小枫选编：《舍勒选集》（下），第751页。

就是作为"大本"的形而上的绝对主体性；而其所"发"则"情"，即是由"性"派生出的形而下的道德情感，其"中节"（合乎礼）则善，即"和"，而不"中节"则恶。朱熹后来就是这样解释的。[①] 其实，这种"矛盾"所反映的是儒家思想在中国原创时期[②]的蜕变过程：原来的本源性的情感观念逐渐地被"一分为二"，一方面被"提升"为形而上的本体——作为绝对存在者的绝对主体性，而另一方面又被"降格"为形而下的道德情感——作为相对存在者的相对主体性。

三、"情→性"与"性→情"的分辨

上述《中庸》思想的这种过渡性质，正好为我们分辨出儒学当中存在着的两种截然不同的情感观念：原创时期的"情→性"观念；后原创期、秦汉以来的"性→情"观念。

后面一种"性→情"架构，朱熹的表述最为典型：

> 人生而静，天之性也；感于物而动，性之欲也。[③]
> 心主于身；其所以为体者，性也；所以为用者，情也。[④]
> 性者，心之理也；情者，心之用也。[⑤]

这种形而上学的"性→情"观念，简而言之就是：性为体，情为用。"体→用"乃是中国哲学形而上学的一种基本架构，略相当于西方哲学的"本体→现象"或者"本质→现象"；在这种架构中，体是形而上者，用

---

① 朱熹：《太极说》，见《朱文公文集》卷六十七，《四部丛刊》本，台北：台湾商务印书馆，1980年。
② 所谓"原创时期"，略相当于雅斯贝尔斯所谓"轴心期"（Axial Period），在中国也就是百家争鸣的时代。中国的原创时期包括三个阶段：西周、春秋、战国。参见黄玉顺：《"生活儒学"导论》，载《原道》第十辑，北京：北京大学出版社，2005年；另见文集《面向生活本身的儒学——黄玉顺"生活儒学"自选集》。
③ 朱熹：《诗集传·序》。
④ 朱熹：《答何叔京二十九》，见《朱文公文集》卷四十。
⑤ 黎靖德编：《朱子语类》卷九十八。

是形而下者。《周易·系辞传》所提出的就是这样的架构:"形而上者谓之道,形而下者谓之器。"这种观念在儒家心学中的体现就是"性→情"架构。

这种观念是由孔子之后的"思孟学派"逐渐完成的,这就是儒学在原创时代中的形而上学化的过程。上文谈到的属于子思一系的《中庸》[①]所表现出来的"矛盾",就是这种形而上学化过程的体现;而这种形而上学化的最终完成,是在子思的再传弟子孟子那里:"孟子道性善,言必称尧舜。"[②] 孟子在其《尽心》篇里集中论"性"。他说:虽然可以说"形色,天性也",但毕竟"口之于味也,目之于色也,耳之于声也,鼻之于臭也,四肢之于安佚也:性也;有命焉,君子不谓性也。仁之于父子也,义之于君臣也,礼之于宾主也,知之于贤者也,圣人之于天道也:命也;有性焉,君子不谓命也"。这就是说,他所谓"性"不是说的"形色天性",而是说的"仁义礼智",即是说的"君子所性,仁义礼智根于心"。由此可见,此"性"并非经验的生理上的先天性,而是先验的道德上的主体性。

但是,孟子与秦汉以后,即原创时期以后的儒学之间却有一个根本区别:他并没有遗忘大本大源,而是明确地知道,仁爱的情感乃是所有一切的源泉。事实上,在孟子心目中,仁义礼智之"性"渊源于本真的生活情感:

> 所以谓人皆有不忍人之心者,今人乍见孺子将入于井,皆有怵惕恻隐之心。……恻隐之心,仁之端也;羞恶之心,义之端也;辞让之心,礼之端也;是非之心,智之端也。……凡有四端于我者,知皆扩而充之矣,若火之始然、泉之始达。[③]

---

① 按传统的说法,《中庸》是子思所作,虽然不尽可信,但《中庸》属子思学派,这应该是没有疑问的。
② 《孟子·滕文公上》。
③ 《孟子·公孙丑上》。

这里，对作为形而上学观念的"仁义礼智"，与作为仁义礼智之"端"（发端、发源）的恻隐情感、不忍的情感，孟子做出了明确的区分，并将后者视为前者的源泉，犹如"火之始然（燃）、泉之始达"。由情感性的"四端"到先验化的"四德"（仁义礼智），体现的正是本文所要揭示的儒家本源思想：爱，所以在。因此，在孟子那里，性与情的关系并非"性→情"，而是"情→性"；或更完整地表述应该是：情→性→情。前一"情"是本源性的生活情感，后一"情"是形而下的道德情感。"情→性→情"正是对儒学在中国原创时期中的演变历程的概括。

孟子对仁爱的本源性理解，符合孔子的思想。子贡曾感叹道："夫子之文章，可得而闻也；夫子之言性与天道，不可得而闻也。"[1] 确实，孔子那里基本上不存在什么本体论的"性"、形而上学的"天道"。他总是直接从本源的仁爱情感出发，来阐明人伦与物理。例如：

> 宰我问："三年之丧，期已久矣：君子三年不为礼，礼必坏；三年不为乐，乐必崩。……"子曰："食夫稻，衣夫锦，于女安乎？"曰："安。""女安则为之！夫君子之居丧，食旨不甘，闻乐不乐，居处不安，故不为也。今女安，则为之！"宰我出。子曰："予之不仁也！子生三年，然后免于父母之怀。夫三年之丧，天下之通丧也。予也有三年之爱于其父母乎？"[2]

宰予质疑守丧三年的礼制规定，孔子似乎可以很简单地回答他：三年之丧，"礼也"；而不守三年之丧，"非礼也"。这是当时（春秋时期已是中国原创时期的中期）人们惯常的思考方式，我们从《左传》中可以读到大量的这种"礼也""非礼也"的判断。但是，孔子不这样讲，而是从本真的仁爱情感说起："三年之丧"的礼制规定，乃渊源于父母子女之

---

[1] 《论语·公冶长》。
[2] 《论语·阳货》。

间的"三年之爱"。无此三年之爱,就是"不仁";而"人而不仁,如礼何?"① 没有仁爱,何来礼制?这就是说,社会规范的建构须渊源于本真的仁爱情感。

其实,按照孔子的思想,三年之丧的礼制规定也并不是不能改变的。这就是孔子所提出的一个极其重要的思想:礼有损益。孔子指出:"殷因于夏礼,所损益可知也;周因于殷礼,所损益可知也;其或继周者,虽百世可知也。"② 就是说,任何"礼",即任何社会规范的建构及其制度的安排,都是可以,而且应该与时偕行、随时损益的。这正如王船山所说:"洪荒无揖让之道,唐虞无吊伐之道,汉唐无今日之道,则今日无他年之道多矣。"③ 所以,孔子从来不是一个"原教旨主义者",而是"圣之时者"④。然而关键的问题在于:凭什么来损益?凭什么来进行社会规范的重建?孔子的答案就是:仁爱情感。我们来看这段对话:

> 子夏问曰:"'巧笑倩兮,美目盼兮,素以为绚兮',何谓也?"子曰:"绘事后素。"曰:"礼后乎?"子曰:"起予者商也,始可与言《诗》已矣!"⑤

所谓"绘事后素"就是"礼后",亦即:礼是后起的事情。那么,孰先?这里先行的"素"是什么意思?再看一个例子,孔子说过:"先进于礼乐,野人也;后进于礼乐,君子也。如用之,则吾从先进。"⑥ 孔子竟然宁愿遵从野人而非君子,这是什么意思?朱熹把这句话中的"先进""后进"解释为"前辈""后辈",其实根本就讲不通;倒是他所引的程子的话,比较合乎原意:"先进于礼乐,文质得宜,今反谓之质朴、而以为野

---

① 《论语·八佾》。
② 《论语·为政》。
③ 王夫之:《周易外传·系辞上》,北京:中华书局,1977 年。
④ 《孟子·万章下》。
⑤ 《论语·八佾》。
⑥ 《论语·先进》。

人；后进之于礼乐，文过其质，今反谓之彬彬、而以为君子。盖周末文胜，故时人之言如此，不自知其过于文也。"① 可见"绘事后素"之"素"是说的"文质彬彬"之"质"。孔子认为："质胜文则野，文胜质则史；文质彬彬，然后君子。"② 君子是"立于礼"的人，而这里所说的"野人"却是先于礼的人；所谓"先进于礼"，也就是先行于社会规范的建构，就是处于本真的生活情感之中。孔子说他愿从"先进"的"野人"，显然是在强调"质""素"——本真的情感。

所以孔子才说：首先是"兴于诗"，然后才"立于礼"。③ 这是因为：诗是情感的言说、情感的显现；这正如《诗大序》所说："诗者，志之所之也：在心为志，发言为诗；情动于中，而形于言。"④ 这也就是孔子特别重诗的缘由所在。孔子的诗学纲领就是："小子！何莫学夫诗？诗可以兴，可以观，可以群，可以怨；迩之事父，远之事君；多识于鸟兽草木之名。"⑤ 这里首先就是本源性的"兴观群怨"的情感，然后才是伦理性的"事父""事君"之礼，最后才是知识性的"多识"。所以，"兴于诗，立于礼"的意义就是：人要成为主体性存在者，成为"仁者"，首先要在诗情之中确立起来，然后才在礼制之中站住脚。而主体性存在者是在诗情之中确立起来的，也就是：爱，所以在。

最后回到与笛卡儿哲学的比较上来。简而言之，若就儒家的本源性的爱的观念而论，那么，这种仁爱不是笛卡儿式的"思"，更不是笛卡儿式的"我思"，而是先行于"我"之"思"的事情——作为存在之显现的爱的生活情感。

---

① 朱熹：《论语集注·先进》，《四书章句集注》，《四书五经》本，上册，北京：中国书店，1985年。
② 《论语·雍也》。
③ 《论语·泰伯》。
④ 《毛诗正义》，《十三经注疏》本，北京：中华书局，1980年，影印本。
⑤ 《论语·阳货》。

如何获得新生？
——再论"前主体性"概念*

本文讨论的"新生",指一个人在精神上获得新的生命(to get a new life);以哲学的话语讲,则是获得新的主体性(subjectivity)。这既是意大利文艺复兴诗人但丁(Dante Alighieri)的代表作之一《新生》(La Vita Nuova)的主题,也是儒家工夫论、境界论的基本课题。传说商汤的"盘"(沐浴之盆)铭刻着"苟日新,日日新,又日新"[①],叫作《盘铭》,以此时时告诫自己不断"自新"。问题是:一个人怎样才能够自新呢?怎样才能够获得"新生"呢?其实就是解构自己的旧的主体性,回到"前主体性"(pre-subjectivity)情境,从而获得新的主体性。

早在 2004 年,笔者刚提出"生活儒学",便已经提出了"前主体性"概念:"生活儒学所要回归的,乃是非先验性的、前主体性的本源情境,亦即生活本身";"例如在孟子的思想中,如果说,作为'性'(主体性、实体性)的'仁'是根据,甚至是终极根据,那么,作为生活感悟的'爱'(前主体性、前实体性)的'仁'才是那本源。这种本源,就是作为生活情感的'恻隐之心'、'不忍之心',就是本源的爱"。[②] 此后迄今,笔者在一系列文章和著作中不断深化与拓展这个概念。鉴于"前主体性"乃是生活儒学的一个基础性、关键性概念,却引起了学界朋友的疑惑与不解,本文在此给予系统的集中阐述。

---

* 原载《吉林师范大学学报》2021 年第 2 期,第 36—42 页。
① 《礼记·大学》。
② 黄玉顺:《"生活儒学"导论》,载《原道》第十辑,北京:北京大学出版社,2005 年。此文作于 2004 年 7 月至 9 月,当时中国人民大学哲学系牵头的"青年儒学论坛"于 2004 年 12 月 11 日专题讨论此文。

一、"前主体性"理论的现象学外缘

"前主体性"观念的提出，需要一种崭新的"思想视域"（the horizon of thought）。"思想视域"这个概念最初出现于笔者回复著名哲学家李幼蒸先生的一封信中："'生活儒学'虽是一种理论的探索，但其关怀则是指向现实生活的"；"为此，我在思想上需要一种视域，这种思想视域能够保证我达到上述目标"。[1] 这里所说的"思想视域"，指的是超越两千年来的那种存在者化的思维方式，追溯"前存在者"的观念。

这种思想视域与现象学密切相关。20世纪西方哲学兴起了一场"现象学运动"[2]，其中影响最大的无疑是海德格尔现象学。而"生活儒学"及其"前主体性""前存在者"的观念，正是在与现象学，特别是与海德格尔现象学的批判性对话中形成的。在上述信件中，我紧接着谈道："这样的一种视域，我是通过对现象学的一种批判性的接纳而获得的。比如，我从对海德格尔'此在的生存'观念的不彻底性的批判，而获得自己的'生活'观念——生活即是存在，这是先在于任何存在者，包括'此在'那样的存在者的事情。"[3] 具体到"前主体性"概念，笔者曾谈道：

> 所谓广义的"哲学"，例如，尽管海德格尔宣称"哲学的终结"而揭示"思的任务"[4]，但人们仍然称其"思"（Denken）为"海德格尔哲学"，即他所谓"思"亦属于广义的"哲学"。那么，"生活儒学"亦属这样的广义"哲学"：其中既有最狭义的"哲学"，即以本体论为核心的"形上学"；亦有较为广义一些的"哲学"，即包括知

---

[1] 李幼蒸：《请用"仁学"代替"儒学"——给儒学朋友的一封信》，《四川大学学报》2007年第2期；黄玉顺：《"儒学"与"仁学"及"生活儒学"问题——与李幼蒸先生商榷》，《四川大学学报》2008年第1期。
[2] 参见赫伯特·施皮格伯格：《现象学运动》，王炳文、张金言译，北京：商务印书馆，2011年。
[3] 黄玉顺：《"儒学"与"仁学"及"生活儒学"问题——与李幼蒸先生商榷》，《四川大学学报》2008年第1期。
[4] 参见海德格尔：《哲学的终结和思的任务》，载《面向思的事情》，陈小文、孙周兴译。

识论与伦理学及政治哲学等在内的"形下学";更有最广义的"哲学",即海德格尔所谓"思",实即更加本源的、超越传统"形上—形下"观念架构的"思想",正是这种前存在者、前主体性的"思想"——"生活感悟"(生活情感—生活领悟)才使形上学、形下学成为可能。①

而众所周知,现象学乃是胡塞尔所开创的。显然,与"前主体性"问题密切相关的,在胡塞尔那里就是他提出的"主体间性"(inter-subjectivity)概念。对此,笔者曾经谈道:"无论如何,'主体间性'的前提毕竟还是主体的已然存在,而非真正的前主体性的存在。"②这是显而易见的:"主体之间"关系的前提就是"主体"这样的实体的先行存在。这种以"实体"为"关系"前提的观念,作为西方哲学的一种传统观念,可以追溯到亚里士多德的《范畴篇》③,"按照亚里士多德《范》④的观念,关系是由实体,最终是由第一实体决定的:关系就是实体之间的关系,没有实体,哪来关系?"⑤然而20世纪以来的思想追问的终极问题是:这种实体、主体或存在者本身又是何以可能的?这就导向了前存在者、前主体性的视域。

现象学的另一位大师是舍勒,笔者曾系统地分析过他的"情感现象学"⑥,并与儒家的情感观念加以比较:"舍勒以基督教为背景的情感现象学认为:其一,情感先于认知;其二,在情感中,爱先于恨;其三,世界

---

① 黄玉顺:《哲学断想:"生活儒学"信札》,"序",第1—2页。
② 黄玉顺:《论经典诠释与生活存在的关系——乾嘉学术"实事求是"命题的意义》,载《生活儒学与现代性问题》,成都:四川人民出版社,2019年,第74页。
③ 参见亚里士多德:《工具论·范畴篇》,李匡武译。
④ 《范》指《范畴篇》。
⑤ 参见黄玉顺:《中西思维方式的比较——对〈尚书·洪范〉和〈工具论·范畴篇〉的分析》,《西南师范大学学报》2003年第5期。
⑥ 黄玉顺:《论"恻隐"与"同情"》,《中国社科院研究生院学报》2007年第3期;《论"仁"与"爱"》,《东岳论丛》2007年第6期;《论"一体之仁"与"爱的共同体"》,《社会科学研究》2007年第6期。

是一个'爱的共同体'。只不过舍勒所讲的是上帝之爱，而儒家所讲的是人之爱。但双方的共同点是：爱的情感是人之为人的本源所在；爱不仅是一个主体性的观念，而且具有前主体性的存在论意义……"① 这里涉及的是儒家的情感观念，将在下文中加以讨论。

正是在上述与现象学的对话中，笔者形成了生活儒学的"生活"观念及"前主体性""前存在者"观念。

二、中国哲学史上的前主体性观念

将"前主体性"视为儒学乃至中国哲学的一种基础性观念，并非空穴来风、煞有介事。事实上，中国哲学史上确实存在着这种观念，但被人们长久地遗忘了。这种"前主体性"观念主要存在于先秦时代的原始儒学和原始道家思想之中。

（一）儒家的前主体性观念

谈到儒家的"前主体性"观念，必须注意儒家的"情感"观念，因为儒家思想系统的展开与"性情"观念或"情性"观念密切相关，即其"本末"和"体用"观念都是在"性情"观念中呈现出来的。对此，笔者谈道："儒家的情感观念一开始并不是'性→情'的观念架构。在原创时代的儒学中，'情'与'性'并没有严格的本质区分；'情'既指情感，也指事情、实情、情实，乃是一个本源性的观念，即是一个前主体性、前哲学、前形而上学的观念。""这就是说，儒家有两种不同含义的情感观念：一种是作为主体的人的情感，被后世的儒家理解为'性'之'已发'；另一种却是前主体性的本源情感，同时被理解为'实情'、'情实'、'事情'，这是原典儒学的观念。"② 这就是原始儒家"情性"观念和宋明儒家"性情"观念的根本区别。③

---

① 黄玉顺：《世界儒学——世界文化新秩序建构中的儒学自我变革》，《孔学堂》2015 年第 4 期。
② 黄玉顺：《儒家的情感观念》，《江西社会科学》2014 年第 5 期。
③ 参见黄玉顺：《爱与思——生活儒学的观念》（增补本），第 53—55 页。

（1）关于孔子。笔者曾谈到孔子所讲的"'父子相隐'这个案例，儿子发现'其父攘羊'①，这就是一种生活情境……生活情境往往解构旧的主体性（旧的思想观念），催生新的主体性（新的思想观念）。对于新的主体性的生成来说，生活情境乃是前主体性的事情，即是存在。"这是因为："从观念的层级看，'隐'作为一种'直'的情感反应，是前伦理、前道德、前主体性的事情，而非伦理、道德范畴的事情，即非制度规范建构的事情。对亲人错误行为或犯罪行为的'隐'，显然是源于对亲人的爱，而这种爱属于儒家所说的'仁爱'。……本源性的仁爱情感乃是前伦理、前道德的事情，乃是不假思索的、直接的情感显现，故谓之'直'。"②这就是说，无论"其子证之"还是"父子相隐"，这个儿子都在这种情境性的选择中获得了某种新的主体性。③

（2）关于荀子。笔者曾经谈道："荀子的'约定俗成'说还有其更深刻的意义：如果说'约定'必定是主体间的事情，那么'俗成'则不一定是主体性的事情。这取决于我们对'俗'的理解：那是主体的生存，还是某种更其本源的前主体性的生活情境？"④"实际上，荀子所说的'俗成'是对'约定'的更深一层揭示：主体性的有意识的人为'约定'，其实是源于前主体性的'无意识'的生活感悟，亦即'俗成'的。人们将在特定生活方式下的生活情境之中所获得的生活感悟，如正义感（a sense of justice）加以理性化、原则化（这通常也是由圣贤或社会精英来表达），由此形成正义原则（'义'、'正义'或'礼义'）；并在此原则基础上建构社会规范及其制度（'礼制'）及其外在表现形式（'礼仪'）。"⑤

儒家这种前主体性的观念并不限于先秦儒学，后世儒家如王夫之亦

---

① 《论语·子路》。
② 黄玉顺：《"直"与"法"：情感与正义——与王庆节教授商榷"父子相隐"问题》，《社会科学研究》2017年第6期。
③ 参见黄玉顺：《"刑"与"直"：礼法与情感——孔子究竟如何看待"证父攘羊"？》，《哲学动态》2007年第11期。
④ 黄玉顺：《符号的诞生——中国哲学视域中的符号现象学问题》，《中山大学学报》2009年第3期。
⑤ 黄玉顺：《中国正义论的形成——周孔孟荀的制度伦理学传统》，第348页。

然。笔者曾经谈道:"对于这种新的主体性存在者而言,现实生活就是前主体性、前存在者的存在。……这其实也是王夫之的一个观点,就是'性日生而日成'①——人性是在生活中不断地生成的。所以,人性、德性是不断地生长着的,而不是传统儒学所讲的那样生下来就一成不变的。"② 这就是说,王夫之与生活儒学一样,解构了宋明儒家的先验人性论,而将人性的不断生成归因于前主体性的生活情境。

(二)道家的前主体性观念

不仅儒家,原始道家同样具有这样的"前主体性"观念。

(1)关于老子。笔者曾经联系老子的思想,解释具体的"人"这样的形而下存在者是何以可能的问题:"我之所以成为如此这般的一个人,之所以成为如此这般的一个形而下的存在者,从而构造出如此这般的一种哲学,是因为当下的生活给出了我的如此这般的一种主体性,使我成为如此这般的一个人。对于我这么一个主体性存在者的生成来讲,生活是前存在者的、前主体性的存在。在这个意义上,生活就是老子讲的'无':'天下万物生于有,有生于无。'"③ 老子的观念架构其实亦如生活儒学的三个观念层级:"无"(前存在者、前主体性)→"有"(形而上的绝对存在者、绝对主体性)→"万物"(形而下的相对存在者,包括相对主体性)。

(2)关于庄子。前面谈到儒家具有一种前主体性的情感观念,其实道家庄子亦然:"汉语'情'兼指情感和事情,这与西语截然不同。这种语用现象,意味深长。庄子有'事之情'与'人之情'之分④,主张'有人之形,无人之情'⑤。'人之情'是指的主体之情,即情感,'事之情'是指的本源之情,即事情,庄子意在解构主体性,而回归本源存在;但庄子

---

① 王夫之:《尚书引义·太甲上》,北京:中华书局,1962年。
② 黄玉顺:《生活儒学与进步儒学的对话》,《齐鲁学刊》2017年第4期。
③ 黄玉顺:《生活儒学与进步儒学的对话》,《齐鲁学刊》2017年第4期。
④ 《庄子·人间世》,王先谦《庄子集解》本,《诸子集成》本,北京:中华书局,1957年。
⑤ 《庄子·德充符》。

并不是'无情',而其实是回归本源情感,也就是说,前主体性的本源情感就是实情。"① 此外,笔者还曾谈到庄子的"浑沌之死"寓言:"更有意思的是,'人皆有七窍'是主体性的观念,而'此(浑沌)独无有'正是'非主体性'、'前主体性'的观念。"② 这个寓言其实是说:当赋予浑沌以人的主体性特征之际,就遮蔽了前主体性的存在情境。

三、前主体性观念的视域及其显示样式

自轴心期之后,无论中西,哲学基本上是在某种二级观念架构中展开的,即"形而上—形而下"的观念架构,在中国哲学中则表现为"本—末""体—用""性—情"的观念架构。而生活儒学的"前主体性"观念则意味着追溯到"形而上的存在者—形而下的存在者"之前的"存在"观念,即"前存在者"(pre-being)观念。

(一)生活儒学的"前存在者"视域

关于"前存在者"——"前主体性"的视域,笔者曾经概括地谈道:"生活儒学的思想系统分为三个层级:(1)生活论的存在论。诸如:生活本源、本源的仁爱情感显现、生活的本源情境(前主体性的共同生活)、生活的本源结构(在生活→去生活)等等。(2)形而上学的重建。包括:主体性的重建、本体论的重建。(3)形而下学的重建。包括:重建关于人的伦理学、重建关于自然界的知识论。"③ 这就是说,如果说主体是一种存在者,即主体性的存在者,那么,"前主体性"即意味着"前存在者"。

那么,究竟何为"前存在者"的生活存在情境?笔者在与美国知名哲学家安靖如对话时曾谈及这个问题:"当下的这种'无',这种前存在者的生活,其实是过去的形而下的理论和实践的结果,它其实就是以前的

---

① 黄玉顺:《情感与存在及正义问题——生活儒学及中国正义论的情感观念》,《社会科学》2014年第5期。
② 黄玉顺:《中国正义论的形成——周孔孟荀的制度伦理学传统》,第42页。
③ 黄玉顺:《生活儒学——黄玉顺说儒》,孔学堂书局2014年版,"导读",第3—4页。

形而下者。这就产生一个'缠绕'。我们说这是'无',是'存在',这是相对于我们作为新的存在者、新的主体性的生成来讲的;但是,就我们过去的旧的主体性而论,这种生活其实恰恰就是我们过去的主体性的形而下活动的结果。这是一个循环。后面一个方面,正是安靖如教授所讲的情况:我们在生活当中遇到了压迫或者压制或者阻碍,这会反过来影响我们的德性的发挥。我的理解是:现实生活中的问题,会影响到我们的主体性,在这个意义上,实际上正是现实生活催生了一种新的主体性;那么,对于这种新的主体性存在者而言,现实生活就是前主体性、前存在者的存在。"①

"到目前为止,在三个观念层级中,我用力最多的是揭示和阐明最本源的观念层级,即'存在'或'生活'本源、'仁爱'或'爱'的情感、'无'等观念,这些都是前哲学、前形而上学、前存在者、前主体性的观念"②。当然,在这种"前主体性"观念下,笔者也建构了某种形上学,以及一些形下学的理论。③

例如笔者所建构的"中国正义论"④,作为生活儒学的一种内在的次级理论,也牵涉到"前主体性"观念:"更深层的思想视域问题,亦即'主体的诞生'问题,因为:差等之爱的前提是主体性存在者(己、亲、民)及对象性存在者(物)的生成,而主体性本身却渊源于前主体性的生活存在,及其前差等性的仁爱情感;至于一体之仁,则是超越主体性的差等性而复归于前主体性的仁爱情感,亦即由'礼'而'乐'了。假如没有这样的思想视域,就不可能阐明人们对于他者私利、群体公利的尊重何以可能,也就不能阐明正义原则何以'当然''实然''必然'。"⑤

这种正义论并非针对特定的社会形态,而是作为一种普遍原理的

---

① 黄玉顺:《生活儒学与进步儒学的对话》,《齐鲁学刊》2017年第4期。
② 黄玉顺、宋大琦:《从"生活儒学"到"中国正义论"——黄玉顺先生访谈录》。
③ 参见黄玉顺:《生活儒学:面向现代生活的儒学》,胡骄键编,济南:济南出版社,2020年。
④ 关于"中国正义论",参见黄玉顺:《中国正义论的重建——儒家制度伦理学的当代阐释》《中国正义论的形成——周孔孟荀的制度伦理学传统》。
⑤ 黄玉顺:《中国正义论纲要》,《四川大学学报》2009年第5期。

"基础伦理学"①。至于它的现代性运用，则可以演绎出一系列的现代性的价值观念。例如"自由"观念与"前主体性"观念的关系，笔者在谈到青年学者郭萍的"自由儒学"时说过："郭著系统地探讨了形下的'政治自由'、形上的'本体自由'，尤其前主体性的'本源自由'（自由的本源）等一系列问题，从而建构了一个'自由儒学'的理论体系。"②

（二）前主体性观念的显示样式

这种"前主体性"观念在人类社会生活的方方面面都体现出来，人类由此得以进步。可以这样说：凡是能使人获得某种新的主体性的行为和活动，都是前主体性的行为和活动。这里且谈谈笔者所特别注重的几种前主体性活动。

1. 前主体性对话

对话活动是人类生活中的一种日常活动。笔者曾专文讨论过这个问题，提出了一个新的概念——"前主体性对话"③。笔者在另外一篇文章里也谈道：

> 哈贝马斯的观点也存在着错误：他误以为迄今为止的启蒙和现代化之所以出现问题，是由于观念上的"主体性范式"（subjective paradigm）；因此，要兑现启蒙承诺，就需要实行"范式的转换"（change of paradigm），从主体性范式转变为"交互主体性"（inter-subjectivity）（或译"主体间性"）范式。这是德国哲学一向的毛病：总是把现实的问题归结为观念的问题。事实正好相反：启蒙承诺所要解放的"人"，恰恰是作为"个体"的"主体"，而不是什么"交

---

① 参见黄玉顺：《作为基础伦理学的正义论——罗尔斯正义论批判》，《社会科学战线》2013年第8期。
② 黄玉顺：《评"自由儒学"的创构——读郭萍〈自由儒学的先声〉》，载《当代儒学》第12辑，桂林：广西师范大学出版社，2017年。
③ 黄玉顺：《前主体性对话：对话与人的解放问题——评哈贝马斯"对话伦理学"》，《江苏行政学院学报》2014年第5期。

互主体"，真正的社群主义（communitarianism）也不是要推翻现实的自由社会的基本制度安排；实际需要的乃是"前主体性"的，亦即存在论（Being theory）意义上的现实生活的社会运动，由此促成真正的人或个人的诞生。①

这种"前主体性对话"的意识，在当今的中国和西方的对话、中国哲学和西方哲学的对话中尤其显得重要。笔者曾经指出："中西思想之间需要对话，需要互相诠释。这种对话、诠释不是主体性的，甚至不是'主体间'的，因为：通过对话、诠释，中学、西学双方都会获得某种新的主体性，都会在某种程度上改变自身。对话与诠释生成了某种主体性，在这种意义上，对话与诠释是前主体性的，具有存在论的意义。"②

2. 前主体性比较

比较活动，即一个主体对另一个或一个以上的对象进行比较，这也是人类生活中的一种极为常见的活动。近代以来，中国人就一直在进行"中西比较"。笔者也曾专文讨论过这个问题，即通过对"中西比较"的反思，上升到人类一般的比较活动，从而提出了"流俗的比较观念"（common concept of comparison）与"真切的比较观念"（real concept of comparison）的划分；后者就是"通过对百年来的中西比较的反思，揭示流俗的'比较'观念的困境，提出一种真切的'比较'观念——'前主体性比较'（pre-subjective comparison）的观念"，它是"这样一种比较活动，这种活动生成了新的主体、新的对象，亦即给予了比较主体以新的主体性、比较对象以新的客观性意义"。③

3. 前主体性诠释

最近20年来，"诠释"（interpretation）与"诠释学"（hermeneutics）

---

① 黄玉顺：《论"儒家启蒙主义"》，载《战略与管理》2017年第1期，北京：中国发展出版社，2017年。
② 黄玉顺、宋大琦：《从"生活儒学"到"中国正义论"——黄玉顺先生访谈录》。
③ 黄玉顺：《比较：作为存在——关于"中西比较"的反思》，《社会科学战线》2015年第12期。

成为中国哲学界的一个热门话题。笔者也曾专文讨论过这个问题,即通过对"东亚儒学"经典诠释模式的分析与评论,上升到一般哲学的层面,提出了"主体性诠释"(subjective interpretation)与"前主体性诠释"(pre-subjective interpretation)的划分。① "前主体性诠释"意味着通过诠释活动,诠释者获得了某些新的观念而成为新的主体,被诠释文本获得了某些新的意义而成为新的文本。

因此,应当重新审视国内近年"经典诠释热"的所谓"诠释学"。真正的前主体性的经典诠释,并非某种既有的诠释者和被诠释经典之间的事情,既非"我注六经",也非"六经注我"②,而是"注生我经",即:"注释"活动作为生活的一种显现方式、生活情境,"生成"了新的"我"和新的"经典"。③

一言以蔽之,生活儒学的诠释学就是"前主体性诠释",当然也可以称之为"前对象性诠释"(pre-objective interpretation),总之就是"前存在者诠释"(the interpretation of pre-beings),亦即将诠释活动视为前存在者、前主体性、前对象性的事情,以此阐明"存在者何以可能""主体性何以可能""物何以可能"这样的当今思想前沿的根本问题。不是"人在诠释文本",而是"人与文本在诠释中生成";不是"诠释在世界中进行",而是"世界在诠释中生成"。因此,这样的诠释学乃是一种真正的存在论(a theory of Being,而非 ontology)。

四、余论

最后,笔者在此通过提出"前主体性阅读"(pre-subjective reading)的概念,来结束本文关于"怎样获得新生"的讨论。朱熹曾引用程颐的一

---

① 黄玉顺:《前主体性诠释:主体性诠释的解构——评"东亚儒学"的经典诠释模式》,《哲学研究》2019 年第 1 期。
② 陆九渊:《陆九渊集·语录上》。
③ 黄玉顺:《注生我经:论文本的理解与解释的生活渊源——孟子"论世知人"思想阐释》,《中国社科院研究生院学报》2008 年第 3 期。

番话，意蕴深刻：

> 今人不会读书。如读《论语》，未读时是此等人，读了后又只是此等人，便是不曾读。①

这里所说的"此等人"，当然指的是某种既定的主体性。因此，这样的阅读可称之为"主体性阅读"（subjective reading），因为这种阅读自始至终没有改变"此等人"的既有主体性。而程颐所赞赏的阅读则可称之为"前主体性阅读"，因为这种阅读改变了"此等人"的主体性，或者说使他获得了某种新的主体性，从而成为一个新的主体；那么，对于这个新的主体性来说，此前的阅读显然就是一种前主体性的活动，正是在这种活动中诞生了一个新的主体。

总之，人，不论是个人，还是一个族群，怎样才能够获得"新生"？首先必须解构自己的旧的主体性，进入"前主体性"情境，从而获得新的主体性。"前主体性"概念是在与现象学，特别是海德格尔现象学的批判性对话中形成的，然而这种观念在中国哲学史上，特别是在儒家思想和道家思想中源远流长。"前主体性"概念乃是"生活儒学"的基础性、关键性概念，其思想视域是"前存在者"的"存在"——"生活"观念。这种"前主体性"在生活的方方面面都呈现出来，人类由此得以进步。

---

① 朱熹：《论语集注·论语序说》，《四书章句集注》，上海：上海古籍出版社，2006年。

第四编　形上学·本体论

形而上学的奠基问题
—— 儒学视域中的海德格尔及其所解释的康德哲学*

本文意在通过双重透视 —— 通过海德格尔视域对康德的透视,通过儒学视域对康德、海德格尔的透视 —— 来探索哲学中的一个根本问题:形而上学的奠基问题。奠基(Fundierung)本是胡塞尔现象学的一个基本概念,他在《逻辑研究》第二卷中给出了一个经典的定义。[①] 后来海德格尔在一种有所修订的意义上继续使用这个概念,特指所谓的"形而上学奠基",亦即为传统存在论哲学奠定基础的工作,这就是"基础存在论"(Fundamentalontologie)。儒家哲学的重建也有自己的形而上学奠基问题;但是,儒家形而上学的奠基却不同于康德、海德格尔的思路:它不是康德式的理性奠基,而是由情感来奠基;但它也不是由海德格尔式的"烦"的情绪来奠基,而是由"爱"的情感来奠基。

一

海德格尔指出,形而上学奠基具有两层含义:第一,"形而上学虽然不是什么已完成的大厦,但毕竟是作为'自然的倾向'[②]而现实地存在于一切人心中。据此,形而上学的奠基也许可以这样来看:为这种自然的形而上学倾向底下放置一个基础,更确切地说,使一个已经奠立的基础由

---

* 原载《四川大学学报》2004 年第 2 期,第 36—45 页;中国人民大学复印报刊资料《外国哲学》2004 年第 5 期转载;收入作者文集《面向生活本身的儒学 —— 黄玉顺"生活儒学"自选集》,成都:四川大学出版社,2006 年,第 215—237 页。
① "如果一个 α 本身本质规律性地只能在一个与 μ 相联结的广泛统一之中**存在**,那么我们就要说:一个 α 本身需要由一个 μ 来奠基。"(胡塞尔:《逻辑研究》第二卷第一部分,倪梁康译,上海:上海译文出版社,1998 年,第 285 页)
② 参见康德:《纯粹理性批判》,导言之六,蓝公武译,第 41—42 页。

一个新的基础来置换"①。第二,"奠基是对建筑计划本身的筹划,要使这个计划一开始就提供出指示,指明这个大厦要建立在什么之上以及如何建立"②。这就是说,奠基不仅为形而上学提供新的基础,而且这个新基础将决定形而上学本身的重建。不同于传统存在论之处在于,海德格尔所说的奠基不是指"奠立根据"(gründen),而是指"奠定基础",因为"根据"(Grund)正是传统形而上学的"本体"所在③,它恰恰是要通过被解构而被奠基的东西。

说到解构,我想说的是,海德格尔的基本宗旨,至少以《存在与时间》为代表的前期思想的基本宗旨④,可以用两个关键词来概括,这就是"解构"(Destruktion)与"奠基"(Fundierung)。他原计划中的《存在与时间》两大部分与此对应:第二部"依时间状态问题为指导线索对存在论历史进行现象学解析"就是解构;第一部"依时间性阐释此在,解说时间之为存在问题的超越的视野"则是奠基。⑤ 这是因为,海德格尔既然采纳了现象学方法,他的思路就必然具有现象学的步骤特征。"海氏认为,现象学乃是存在论的方法,这种现象学方法有三个基本环节:现象学的还原(Reduktion)、现象学的建构(Konstruktion)和现象学的解构(Destruktion)。"⑥ 如果不从海德格尔安排的叙述次序来看,而是从他实际的"思""路"来看,那么,这里所包含的三个环节应该是这样的顺序:解构→还原→建构。其具体内容是:

  解构(Destruktion)——传统存在论的批判性分析
  还原(Reduktion)——面向事情本身:存在、生存

---

① 海德格尔:《康德和形而上学问题》(导论、第一章、第四章),邓晓芒译,载孙周兴选编:《海德格尔选集》,第82页。
② 海德格尔:《康德和形而上学问题》,邓晓芒译,载孙周兴选编:《海德格尔选集》,第82页。
③ 海德格尔:《哲学的终结和思的任务》,载《面向思的事情》,陈小文、孙周兴译,第69页。
④ 在我看来,海德格尔后期思想仍然遵循这个基本宗旨。不过,这是一个应该另文讨论的问题。
⑤ 海德格尔:《存在与时间》,陈嘉映、王庆节译,第46页。
⑥ 孙周兴选编:《海德格尔选集》,编者引论,第3页。

建构（Konstruktion）——作为基础存在论的此在诠释学

解构之所以是一个逻辑地先行的环节，乃是因为这是追问存在意义问题本身的必然要求："对存在的追问其本身就是以历史性为特征的。这一追问作为历史的追问，其最本己的存在意义中就包含一种指示：要去追究这一追问本身的历史，也就是说，要成为历史学的。要好好解答存在问题，就必须听取这一指示，以便使自己在积极地据过去为己有的情况下来充分占有最本己的问题的可能性。"① 这就是说，解构的目的在于"积极地据过去为己有"，在这种条件下，才有可能"充分占有最本己的问题的可能性"，亦即才有可能突入存在问题。所以，解构是还原的前提，而还原又是建构的前提。

不过，这是分而言之；如果合而言之，也可以说：解构就是还原，还原就是建构。

首先，**解构本身就是还原**。解构本身之所以在实质上已经是一种还原，是因为它把传统存在论还原为原始经验。海德格尔表示："我们把这个任务了解为：以存在问题为线索，把古代存在论传下来的内容解构成一些原始经验——那些最初的、以后一直起着主导作用的存在规定就是从这些源始经验获得的。"② 然而这些原始经验已经就是"事情本身"（Sache selbst），亦即此在在生存中的源始的存在之领会与解释；我们面向这种事情本身，正是所谓还原。

进一步说，这种**还原本身就是建构**。所谓建构，就是通过生存论分析所达到的基础存在论构造；而还原不仅是作为基础存在论的生存论分析的前提，同时本身就是内在于这种分析的首要环节。海德格尔明确说：《存在与时间》"这部探索的专题对象"就是"存在者的存在，或一般存在的意义"。③ 所谓"这部探索"，也就是基础存在论的建构；而作为这种

---

① 海德格尔：《存在与时间》，陈嘉映、王庆节译，第25页。
② 海德格尔：《存在与时间》，陈嘉映、王庆节译，第26页。
③ 海德格尔：《存在与时间》，陈嘉映、王庆节译，第32页。

建构的基础的"存在者的存在或一般存在的意义",正是由还原而通达的事情本身。

基础存在论的建构,也就是形而上学的奠基。这是因为,"基础存在论是为了使形而上学成为可能而必然要求的、人的此在的形而上学"①。因此,解构作为向原始经验的还原,其实已经是在为形而上学奠基。所以,海德格尔明确指出:"这种解构工作也没有要摆脱存在论传统的消极意义。这种解构工作倒是要标明存在论传统的各种积极的可能性";"这个分析任务不是否定地对待过去";"这一解构工作并不想把过去埋葬在虚无中,它有积极的目的"。② 在这个意义上,海德格尔的解构(destruction)不同于德里达的解构(deconstruction)。这就是说,解构是为了奠基;或者更确切地说,解构本身就是一种奠基。

海德格尔区分了两个层面的奠基:基础存在论是为传统存在论奠基的,而传统存在论"哲学"则又是为"科学"奠基的。③ 他说:"存在问题的目标不仅在于保障一种使科学成为可能的先天条件,而且也在于保障那使先于任何研究存在者的科学且奠定这种科学的基础的存在论本身成为可能的条件。"④ 不过,在海德格尔那里,奠基通常指的是后者,亦即为传统的存在论奠定基础——形而上学奠基。

海德格尔的基础存在论就是为存在论奠基的。这是因为,传统存在论所研究的不是存在(Sein)本身,而是存在者(Seiendes)整体,而存在本身却是存在者之存在的前提条件,所以,"如果就范畴的论证是否适当是否充分来考虑存在论基本概念所产生的基地,则只有以澄清和解答存在问题为前提,古代存在论才能得到充分的阐释"⑤。但是,由于人或此在

---

① 海德格尔:《康德和形而上学问题》,邓晓芒译,载孙周兴选编:《海德格尔选集》,第 81 页。
② 海德格尔:《存在与时间》,陈嘉映、王庆节译,第 27 页。
③ 海德格尔区分了两种科学:形而上学哲学作为广义的科学,其对象是存在者整体,或者存在者之为存在者;自然科学、神学、人学作为狭义的科学,其对象是个别特殊的存在者领域。参见海德格尔:《现象学与神学》,载《路标》,孙周兴译,第 54—57 页;《哲学的终结和思的任务》,载《面向思的事情》,陈小文、孙周兴译,第 68—69 页。
④ 海德格尔:《存在与时间》,陈嘉映、王庆节译,第 13 页。
⑤ 海德格尔:《存在与时间》,陈嘉映、王庆节译,第 4 页。

所具有的在存在者层次上、在存在论上的双重优先地位，所以，我们只能"通过对某种存在者即此在特加阐释这样一条途径突入存在概念"①。然而此在的存在就是生存。因此，奠基工作的基本途径就是"此在的存在论分析"，亦即生存论分析。他说："如果哲学认识的可能性和必然性确实得到了理解，生存上的解释就会要求进行生存论分析"；"对此在的生存论的分析工作本身就构成基础存在论"；"其它一切存在论所源出的基础存在论必须在对此在的生存论分析中来寻找"。②总之，"只有把哲学研究的追问本身就从生存上理解为生存着的此在的一种存在可能性，才有可能开展出生存的生存论结构，从而也才有可能着手进行有充分根据的一般性的存在论问题的讨论"③。

但是更进一步，此在的生存论分析这种奠基工作本身，却又是被奠基于此在的源始的存在之领会与解释的。此在的存在之领会与解释作为源始的现象（Phänomen），或表现为假象（Schein），或表现为现相（Erscheinung）。但是，"现相与假象以形形色色的方式奠基于现象"④。这是因为，"在现相中，即在流俗领会的现象中，向来已经有一种东西先行显现出来了，并始终显现着；这种如此这般就其本身显示自身的东西（'直观形式'）就是现象学的现象"⑤。形而上学的奠基，最终就奠基于此在的存在之领会与解释这种源始的现象。

二

正是在奠基这个形而上学"建筑"的问题上，海德格尔找到了康德与自己的契合处："作为建筑计划的筹划，形而上学的奠基又决不是抽象地建立一个体系及其各个层面，而是对形而上学的内在可能性进行建筑术

---

① 海德格尔：《存在与时间》，陈嘉映、王庆节译，第46页。
② 海德格尔：《存在与时间》，陈嘉映、王庆节译，第19、17、16页。
③ 海德格尔：《存在与时间》，陈嘉映、王庆节译，第16页。
④ 海德格尔：《存在与时间》，陈嘉映、王庆节译，第36页。
⑤ 海德格尔：《存在与时间》，陈嘉映、王庆节译，第37页。

上的范围界定和标记，也就是说，对其本质进行具体规定。"① 奠基不是建筑物本身，而是建筑物的地基，是对建筑物的内在可能性的本质规定。这种"建筑行业"术语正是继承康德而来的。② 康德在谈到"像形而上学这种东西究竟是不是可能的"时说过："当人们看到一门科学经过长期努力之后得到长足发展而惊叹不已时，有人竟想到要提出这样的一门科学究竟是不是可能的以及是怎样可能的这样的问题，这本来是不足为奇的，因为人类理性非常爱好建设，不只一次地把一座塔建成了以后又拆掉，以便察看一下地基情况如何。"③

海德格尔所说的奠基就是探索形而上学的内在可能性，这正是康德的问题：形而上学何以可能？康德的三个问题——纯粹数学何以可能、纯粹自然科学何以可能、视为学问之玄学（即视为科学的形而上学④）何以可能⑤——都是奠基问题，它们都是在承认既成事实的前提下发问：何以可能？虽然在康德看来，后一个形而上学的既成事实与前两个的有所不同，但实质上还是一致的：虽然作为科学的形而上学未必就是事实，但是作为人之自然倾向（metaphysica naturalis）的形而上学确是既成事实。⑥因而这种发问不是"是否可能"，而是"何以可能"，即是说：形而上学的基础或者地基究竟是什么？这正是海德格尔所认同的奠基观念："通过把《纯粹理性批判》解释为形而上学之奠基而阐明一种基础存在论的观念。"⑦ 因此，海德格尔自己的"基础存在论，是指对有限的人类本质所作的那样一种存在论分析，它应当为'属于人的自然本性'的形而上学准备基础"⑧。

---

① 海德格尔：《康德和形而上学问题》，邓晓芒译，载孙周兴选编：《海德格尔选集》，第82页。
② 海德格尔：《康德和形而上学问题》，邓晓芒译，载孙周兴选编：《海德格尔选集》，第82页。
③ 康德：《任何一种能够作为科学出现的未来形而上学导论》，庞景仁译，第4页。
④ "视为学问之玄学"乃是对"视为科学的形而上学（Metaphysik）"的另译。
⑤ 康德：《纯粹理性批判》，蓝公武译，第41—42页。
⑥ 海德格尔：《存在与时间》，陈嘉映、王庆节译，第20页。
⑦ 海德格尔：《康德和形而上学问题》，邓晓芒译，载孙周兴选编：《海德格尔选集》，第83页。
⑧ 海德格尔：《康德和形而上学问题》，邓晓芒译，载孙周兴选编：《海德格尔选集》，第81页。

海德格尔认为，这种奠基乃是基于对传统存在论，包括对康德哲学的解构的。《存在与时间》原计划第二部中有三篇，第一篇就是对康德的解构，即是以解构"康德的图型说和时间学说"为"提出时间状态问题的先导"。[1] 然而这是一种怎样的解构呢？海德格尔在《康德和形而上学问题》一开篇就表明了："将康德的《纯粹理性批判》解释为形而上学的一种奠基，这样来强调，形而上学问题是某种基础存在论的问题。"[2] 这就是说：对康德的解构就是对康德所做的奠基工作的批判地继承，而这种批判地继承本身仍然是一种形而上学奠基，也就是在海德格尔自己的基础存在论建构中根本性的时间性问题。这进一步证明了本文的看法：解构就是奠基。对康德的解构，就是对康德所做的形而上学奠基工作的扬弃。这就要求首先发现并且肯定：康德哲学的意义就在于它乃是"形而上学的一次奠基"；"为总体的形而上学奠基，就是揭示存在论的内在可能性。这就是在康德'哥白尼式革命'这个题目之下总是被人误解的思想的真正意义"。[3]

但是，海德格尔认为，康德虽然致力于形而上学奠基，却未能提供形而上学的真正基础。在《存在与时间》里，海德格尔曾表达了这样一个意思：此在的基础分析"意在建立一种可能的人类学及其存在论基础"，意在"使'哲学'人类学这样的东西站到充分的哲学基地上面"。[4] 但在康德，"在他那里没有以此在为专题的存在论，用康德的口气说，就是没有先行对主体之主体性进行存在论分析"[5]。这是理解海德格尔所解释的康德哲学之关键所在。这就是说，基础存在论作为"以此在为专题的存在论"其实就是"先行对主体之主体性进行存在论分析"；换句话说，基础存在论也就是为主体性奠基。

---

[1] 海德格尔：《存在与时间》，陈嘉映、王庆节译，第47页。
[2] 海德格尔：《康德和形而上学问题》，邓晓芒译，载孙周兴选编：《海德格尔选集》，第81页。
[3] 海德格尔：《康德和形而上学问题》，邓晓芒译，载孙周兴选编：《海德格尔选集》，第83、90页。
[4] 海德格尔：《存在与时间》，陈嘉映、王庆节译，第20页。
[5] 海德格尔：《存在与时间》，陈嘉映、王庆节译，第28页。

这是海德格尔前期、后期的一贯思想：他在**前期**谈及传统的"认识论困境"问题时指出："这个进行认识的主体怎么从他的内在'范围'出来并进入'一个不同的外在的'范围？认识究竟怎么能有一个对象？必须怎样来设想这个对象才能使主体最终认识这个对象而且不必冒跃入另一个范围之险？这一入手处尽可千变万化，但随之却始终漏过了这个认识主体的存在方式问题。……认识被首先锁闭于其中的那种内在的'内'的肯定的含义是什么，或认识的这种'在内'的存在性质如何奠基于主体的存在方式——对这些问题却都讳莫如深。"① 所以，"分析工作的首要任务之一就是指明：从首先给定的'我'和主体入手就会完全错失此在的现象上的情形。尽管人们可以在存在者层次上起劲反对'灵魂实体'或'意识的物质化'这类东西，但任何'主体'观念——设若事先未经存在论基本规定加以净化——在存在论上都依然共同设置了 subjectum 这个假定"②。又在**后期**谈到传统的哲学观念时指出："什么是哲学研究的事情呢？……这个事情就是意识的主体性"；"作为形而上学的哲学之事情乃是存在者之存在，乃是以实体性和主体性为形态的存在者之在场状态"。③ 但这个主体性尚待奠基。在这个意义上，康德虽为形而上学"奠立根据（Grund）"，即确立了主体性，却未能为形而上学"奠定基础（Fundierung）"，即未能说明主体性何以可能。由此可见，如果说传统形而上学存在论的最终根据就是主体性，那么，为形而上学奠基实质上也就是为主体性奠基。"形而上学何以可能"的问题，实质是"主体性何以可能"的问题。

据此，海德格尔展开了他对康德哲学的批判。海德格尔进一步表明，这种主体性的实质，就是人的问题：它的核心是作为人的此在（Dasein），或者作为此在的人。他设问并回答："在康德的奠基工作中发生了什么？最重要的是：对存在论的内在可能性的证明使自己成为对超验性、亦即对

---

① 海德格尔：《存在与时间》，陈嘉映、王庆节译，第 71 页。
② 海德格尔：《存在与时间》，陈嘉映、王庆节译，第 54 页。
③ 海德格尔：《面向思的事情》，陈小文、孙周兴译，第 76 页。

人的主体之主体性的一种揭示。……康德的这一奠基表明：对形而上学的证明就是对人、亦即对人类学的证明。"① 但是，"如果人被看作这样一个存在者，他在建立某种绝对确定的知识时在次序上是绝对最先给予和最确定的东西，那么这样设计的哲学大厦就必定会把人的主体性带进自己核心的根基之中"②。康德哲学正是这样的一座建基于人类学的哲学大厦，如他自己所说：形而上学奠基"这个问题不属于形而上学的系统，而是在人类学的范围之内的"③。形而上学被奠基于形而上学之外的人的主体性，但这个主体性本身却是无根的。

本来，奠基作为"对人的主体之主体性的一种揭示"，这也正是海德格尔本人的观念，因为，形而上学奠基作为主体性奠基，就是要"阐明一个基础存在论观念，这就意味着：将此在的这一特别标明的存在论分析作为必然要求来阐明，并由此而说明，在何种意图和方式之中，在何种界限之内和哪些条件之下，它提出'什么是人？'这个具体问题"④。因此，康德的奠基工作的"真正成果"是他试图回答这个问题：人是什么？这个问题涵盖了康德的另外三个基本问题：我能知道什么（宇宙学）？我应做什么（心理学）？我可希望什么（神学）？⑤ 由此，海德格尔还是高度评价了康德的工作。在谈到"时间"问题时，海德格尔指出："按照解构工作的积极倾向，首先就须提出这个问题：在一般存在论的历史发展过程中，对存在的解释究竟是否以及在何种程度上曾经或至少曾能够同时间现象专题地结合在一起？为此必须探讨的时间状态的成问题之处是否在原则上曾被或至少曾能够被清理出来？曾经向时间性这一维度探索了一程的第一人或唯一一人，或者说，曾经让自己被现象本身所迫而走到这条道路上的第

---

① 海德格尔：《康德和形而上学问题》，邓晓芒译，载孙周兴选编：《海德格尔选集》，第97页。
② 海德格尔：《康德和形而上学问题》，邓晓芒译，载孙周兴选编：《海德格尔选集》，第102页。
③ 康德：《任何一种能够作为科学出现的未来形而上学导论》，庞景仁译，第155页。
④ 海德格尔：《康德和形而上学问题》，邓晓芒译，载孙周兴选编：《海德格尔选集》，第82页。
⑤ 海德格尔：《康德和形而上学问题》，邓晓芒译，载孙周兴选编：《海德格尔选集》，第98—99页。

一人与唯一一人，是康德。"① 唯有康德曾经一度通过时间这个维度逼近了存在的意义问题；但康德最终对存在的意义"望而却步"了。而海德格尔对康德的解构就是针对康德的"时间状态成问题之处"，说明"为什么康德终究无法窥时间问题之堂奥"。②

所以，海德格尔认为，康德的奠基工作错失了正确的方向：不是主体本身的能力如何，而是主体的存在方式如何。在他看来，康德的奠基意味着，"对形而上学本质的探讨就是对人的'心灵'诸基本能力之统一性的探讨"③，即对理性能力的探讨。然而按照海德格尔的思路，形而上学奠基应该是这样的问题：主体性本身何以可能？或曰：主体性的基础是什么？但康德的问题却是：主体性如何？或曰：主体性是什么？换句话说，形而上学"何以可能"已被康德自己置换成了主体性"如何"这样的问题。这样的发问，其前提正是主体性的设定；然而这样的主体性却是一个现成在手的（vorhanden）东西，亦即这个主体性本身还是一个尚待奠基的东西。

这种被设为前提的主体性，就是康德的"理性"（Vernunft），或者更确切地说，就是理性的根据。康德在设定主体性的前提下来设定理性的"现成在手"（Vorhandenheit），然后追究这个理性本身的究竟"如何"。于是，"为形而上学奠基是作为对纯粹理性的批判来进行的"；"为形而上学奠基作为对存在论的本质的揭示，就是'对纯粹理性的批判'"。④ 然而，这个理性却是以主体性这个存在者为前提。这是因为，"康德按照传统把认识理解为判断"；"既然任何判断本身已经是一个'我联结'，即对主词和谓词的联结；作为判断，即使是分析判断也已经是综合的，哪怕这里主谓词联结的一致性根据仅在主观表象之中；但这样一来，综合判断的

---

① 海德格尔：《存在与时间》，陈嘉映、王庆节译，第27页。
② 海德格尔：《存在与时间》，陈嘉映、王庆节译，第27—28页。
③ 海德格尔：《康德和形而上学问题》，邓晓芒译，载孙周兴选编：《海德格尔选集》，第97页。
④ 海德格尔：《康德和形而上学问题》，邓晓芒译，载孙周兴选编：《海德格尔选集》，第91、92页。

'综合'便有了双重意义：一是作为一般判断；二是作为这种情况，即表象的'联结'（综合）的合法性是由判断所及的存在者本身中'得知'的（综合）"。① 一方面是"我"这个进行判断的主体性存在者（主体），另一方面则是判断所及的存在者（客体），它们都是一类东西：现成在手的东西。

但是，人的主体性及其理性能力仍然有待奠基。这是因为，康德"在由他自己所奠立的基础面前退缩了"；这个基础就是时间性、"先验想象力"②。③ 这样一来，"对人的探讨成了问题，这是一个在康德为形而上学奠基的过程中暴露出来的困惑。这时才显示出：康德在他自己所揭示的基础面前，在先验想象力面前的退缩，就是 —— 为了拯救纯粹理性，亦即为了确立它自己的地基 —— 哲学研究的那种活动，它揭示了这一地基的崩陷，因而揭示了形而上学的无基础的深渊（Abgrund）"④。

三

就形而上学首先并且始终是关于人的问题这一点来看，康德和海德格尔一开始就与儒学相通。但是，问题在于对人的理解如何。在儒学看来，根本的问题是，康德和海德格尔对**人的有限性**的规定，必然导致不可克服的理论困难。儒学认为，人是既有限而又无限的。

就康德而言，其困难在于：无限的上帝是有限的人的理性的设定。然而这是一个矛盾。讨论如下：

1. 人是有限的，还是无限的？

康德的回答是：人是有限的。康德的纯粹理性批判"为纯粹理性的

---

① 海德格尔：《康德和形而上学问题》，邓晓芒译，载孙周兴选编：《海德格尔选集》，第91、93页。
② 海德格尔把康德所说的"先验想象力"视为类似于自己提出的"存在之领会"那样源始的东西。
③ 海德格尔：《康德和形而上学问题》，邓晓芒译，载孙周兴选编：《海德格尔选集》，第104—105页。
④ 海德格尔：《康德和形而上学问题》，邓晓芒译，载孙周兴选编：《海德格尔选集》，第105页。

本质划定范围……也就是将它局限和限制在其本质的可能性上"[1]；而对理性的限制，就是对人本身的限制。海德格尔对此深感认同，他正是从康德关于人的有限性的思想中引出了自己关于此在的有限性的思想。具体来说，他是从康德的三个问题（我能知道什么？我应做什么？我可希望什么？）中引出了人的有限性：（1）"凡是在一种'能够'成为问题并想在其可能性中为自己划定范围的地方，这种能够本身就已经处于不能够中了。一种全能的本质不需要问：我能怎样，亦即我不能怎样？它不光不需要如此提问，它按其本质来说就不能提出这种问题。……谁要这样问：我能怎样？他就以此表示了某种有限性。凡是完全在其最内在的关切中受这个问题所触动的东西，就在其本质的最深处显出了有限性。"[2]（2）"凡是一种'应当'成为问题的地方，那提问的生物便摇摆于'是'和'否'之间，它在为它所不应当的事感到烦恼。这个生物在从根本上对某种应当感到关切时，便在一种'尚未满足'中意识到自身，也就是说，在它看来它一般地说应当怎样这点成了问题。一个自身尚未规定的满足的这种'尚未'表明，一个使自己最内在的关切取决于某种应当的生物，根本上是有限的。"[3]（3）"凡是在一种'可以'成为问题的地方，就插进了提问者所已经认可或是仍然拒绝的东西。被问的是这样一种可能对之提出期望和不可能对之提出期望的东西。但一切期望都表明某种匮乏。只要这种需要在人类理性最内在的关切中产生出来，那么它就证明自己是一种本质上有限的需要。"[4]海德格尔由此指出："人类理性在这些问题中不仅泄露了其有限性，而且其最内在的关切是指向有限性本身的。"[5]

2. 上帝是有限的，还是无限的？

康德肯定：上帝是无限的。康德说："人们赋予上帝以各种特性，……

---

[1] 海德格尔：《康德和形而上学问题》，邓晓芒译，载孙周兴选编：《海德格尔选集》，第92页。
[2] 海德格尔：《康德和形而上学问题》，邓晓芒译，载孙周兴选编：《海德格尔选集》，第106页。
[3] 海德格尔：《康德和形而上学问题》，邓晓芒译，载孙周兴选编：《海德格尔选集》，第106页。
[4] 海德格尔：《康德和形而上学问题》，邓晓芒译，载孙周兴选编：《海德格尔选集》，第107页。
[5] 海德格尔：《康德和形而上学问题》，邓晓芒译，载孙周兴选编：《海德格尔选集》，第107页。

这些特性在上帝那里被提升到了极限程度，比如力量，知识，在场，善等等被命名为全能，全知，全在，全善等等；……这些概念已经具备无限制性。"① 其理由是："只有在以具有至上完满性的世界创造者为先决条件时，道德的原理才允许它有可能性。它必须是全知的，以在一切可能的情况下和在全部未来中认识我的举止，直至我最内在的意向；它必须是全能的，以判断这种举止的恰当后果；它同样必须是全在的、永恒的等等。"②

3. 上帝是不是理性的设定？

康德认为：上帝是理性的设定。根据康德的思路，上帝是实践理性的公设，实践理性的公设源于道德性的原理，而道德性的原理又是理性的一种法则（"理性借以直接决定意志的法则"③）。实践理性通过设定"独立不依的至善"亦即"上帝的此在"而保证思辨理性之理智世界的至善。④ 具体来说，"道德法则通过作为纯粹实践理性对象的至善概念规定了作为至上存在者的源始存在者概念"；"在理性的无可回避的任务里面，也就是在意志必然指向至善的任务里面，不仅这样一种必然性，即认定与这个至善在这个世界上的可能性相关联的这样一种源始存在者的必然性展现出来了，而且最可注意的是，理性在沿着自然途径前进时完全缺乏的某种东西，也就是一个得到精确规定的这种源始存在者的概念，也展现出来了"。⑤ 由此可见，"纯粹实践理性的公设根据必然的实践法则设定了一个对象（上帝和灵魂不朽）自身的可能性，所以只是为了实践理性而已；因为这种设定的可能性完全不具有理论的可靠性，从而也不具有必然的可靠性，这就是说，不是就客体而言已认识到的必然性，而只是就主体遵守它客观的然而实践的法则而言乃必然的认定，因此，它只是一个必然的假设"⑥。进一步说，即便上帝是物自身，它仍然是理性的设定，因为按照康

---

① 康德：《实践理性批判》，韩水法译，北京：商务印书馆，1999 年，第 143 页原注。
② 康德：《实践理性批判》，韩水法译，第 153 页。
③ 康德：《实践理性批判》，韩水法译，第 144 页。
④ 康德：《实践理性批判》，韩水法译，第 145 页。
⑤ 康德：《实践理性批判》，韩水法译，第 153、152 页。
⑥ 康德：《实践理性批判》，韩水法译，第 9 页原注。

德的思想,自在之物、物自身本身也都是理性的设定:"我们一定要设想一个非物质性存在体,一个理智世界和一个一切存在体(纯粹的本体)中的至上存在体。因为理性只有在作为自在之物本身的这些东西上才得到彻底和满足。"①

4. 理性是人的理性吗?

康德所说的理性,包括思辨理性、实践理性、纯粹理性,归根到底是人的理性。他说,作为"一个存在体(人)","我们在我们里边有一种能力","这个能力叫做理性"。② 这个理性"在我们里边",亦即在人、主体性里边。因此,在康德那里,"理性""人的理性""我们的理性"都是同等的概念。例如,他说:"我们的理性,像生了自己的珍爱的子女一样,生了形而上学。……形而上学有其不同于其他任何科学的基本特点,即它是自然界本身建立在我们心里的东西。"③

5. 理性是有限的,还是无限的?

根据康德关于上帝是理性的设定这个观点来看,理性必定是无限的,否则,它不可能设定无限的上帝;但是根据康德关于理性是人的理性这个观点来看,理性又必定是有限的,否则,它就不可能是有限的人的理性。于是,我们发现了康德哲学的一个根本的矛盾:作为有限存在者的人的理性,居然为自己设定了上帝的无限性。

康德一向持有这样一种看法:理性为自己设置了具有无限性的存在者,但它却永远无法理解这样的存在者。换句话说,理性不能理解自己。理性从未向自己提出过这样的问题:理性何以可能?理性不能提出,遑论解答自己的问题。康德在《纯粹理性批判》第一版序言中已自知:"人类理性具有此种特殊运命,即在其所有知识之一门类中,为种种问题所困,此等问题以其为理性自身之本质所加于其自身者,故不能置之不顾,但又

---

① 康德:《任何一种能够作为科学出现的未来形而上学导论》,庞景仁译,第 144 页。
② 康德:《任何一种能够作为科学出现的未来形而上学导论》,庞景仁译,第 130 页。
③ 康德:《任何一种能够作为科学出现的未来形而上学导论》,庞景仁译,第 142—143 页。

因其超越理性所有之一切能力,故又不能解答之也。"① 由此可见,理性乃是这样一条可怜虫,它似乎能够认识一切,却不能"认识你自己"。

儒学的思想与之大异其趣。在儒学,不需要上帝那样的无限性存在者的设定,则不至于陷入这个无限性存在者与其设定者,即作为有限存在者的人之间的矛盾。这是因为儒学认为,人本身是既有限又无限的。牟宗三先生对此已有充分的论述。他指出:"现象与物之在其自己②之超越的区分是康德哲学底全部系统底重大关键","是其最高而又最根源的洞见",但是康德自己却未能证成这一点;"要想超越的区分能充分被证成,充分被稳得住,吾人必须依中国的传统肯定'人虽有限而可无限'以及'人可有这两义'。"③ "此中重要的关键即在智的直觉之有无。依康德,智的直觉只属于上帝,吾人不能有之";"我反观中国的哲学,若以康德的词语衡之,我乃见出无论儒释或道,似乎都已肯定了吾人可有智的直觉,否则成圣成佛,乃至成真人,俱不可能。因此,智的直觉不能单划给上帝;人虽有限而可无限"。④ 总之,以儒学的观点看,康德的问题在于把人的主体性的本质规定为有限的"理性",结果这个理性使自己陷入了有限与无限的矛盾之中。而儒学则不然,人的主体性的本质在于"性情"或者"性—情"(详下)。

四

在康德问题上,儒学与海德格尔是可以达成一致的:康德所高扬的人的理性,乃至于人的主体性本身,仍然缺乏奠基;理性,或者拥有理性的人的主体性,被康德设定为一种先验的事实,被理解为一种最后的"根据"。但是,在儒学与海德格尔之间也存在着根本分歧:海德格尔对于康

---

① 康德:《纯粹理性批判》,蓝公武译,第3页。
② "物之在其自己"即"物自身"(Ding an sich)。现象与物自身的区分是一种典型的前现象学的传统观念,即把现象与本质(本体)割裂开来、对立起来的思维模式。
③ 牟宗三:《现象与物自身》,台北:学生书局,1996年,第4页。
④ 牟宗三:《现象与物自身》,第3页。

德来说乃是一种"接着讲"(冯友兰语),亦即从人的有限性引导出他自己的基础存在论,这样来为形而上学奠基。

海德格尔形而上学奠基的根本任务在于追问"一般存在的意义";但在他看来,我们只能"通过对某种存在者即**此在**特加阐释这样一条途径突入存在概念。因为我们在此在中将能赢获领会存在和可能解释存在的视野"①。这就是说,追问存在的意义只能通过追问此在的生存才是可能的。这一开始就与儒家的意图有所不同:儒学并不关心一般的所谓"存在的意义",而只关心人之生存的意义。海德格尔所说的一般存在的"超越"意义,在儒者看来是没有意义的。海德格尔在两种意义上谈到超越:一是存在之为存在的超越意义,一是此在从被抛的"所是"向本真的"能在"的超越。儒家关心的只是后者:这样的超越何以可能?人何以能从被抛的所是向本真的能在超越?或者用儒家的话来说:常人从小人而变为君子乃至圣人何以可能?在儒家思想中,这个问题就是:本心之性的确立何以可能?

为此,儒家也是从生存论的视域切入的。关键的工作就在于对此在即人的存在做生存论分析,这件事乃是由作为"此在的基本建构"的"在世"(In-der-Welt-sein,在世之中存在)决定了的,海德格尔将其视为"首要的存在实情"②,并把它作为自己全部的生存论分析的"基础分析":它领先于全部的本体论、认识论之类的形而上学课题,并为它们奠基。儒家首先将人视为一种特殊的生命存在,因为"天地之大德曰生","生生之谓易",所以注重"观我生""观其生"。③ 而海德格尔也正是经由"生命存在"而达到生存论视野的,他说:"说到底,当代哲学的问题主要集中在作为'原始现象'(Urphänomen)的'生命'上";正由此,他"要讨论的真正对象被确定为生存"。④ 由于这种在世结构"源始地始终地"

---

① 海德格尔:《存在与时间》,陈嘉映、王庆节译,第46页。
② 海德格尔:《存在与时间》,陈嘉映、王庆节译,第62页。
③ 《周易·系辞传》。
④ 海德格尔:《评卡尔·雅斯贝尔斯〈世界观的心理学〉》,载《路标》,孙周兴译,第18页。

就是"向来在先"的"先天结构",我们必须始终把这个结构"整体保持在眼界之中"。① 这也正是儒家的一个基本观念:我们的根基始终就在现世的"人生在世"之中,就在源始的人伦结构这种"共同在世"之中。

海德格尔进而言之:"此在整体性的生存论存在论建构根据于时间性。因此,必定是绽出的时间性本身的一种源始到时方式使对一般存在的绽出的筹划成为可能。"② 所以,时间性乃是生存论分析的根本的源始视域。而说到时间性,儒家的"义"即"时义"或者"时宜"的观念就是一个非常值得注意的课题:作为规范建构、制度建构的"礼",正是奠基于这种时间性的"义"之中的。③ 就人的生存的时间性来看,海德格尔认为,此在的存在包含两个基本的方面:一是沉沦的方面,即其被抛的"所是";二是超越的方面,即其本真的"能在"。就超越方面看,海德格尔所提出的最积极的思想之一就是:人"这种存在者的'本质'在于它**去存在**(Zu-sein)";换句话说,"此在是什么,依赖于它怎样去是[它自己],依赖于它将是什么"。④ 这样的超越之说正好应合着儒家所说的真正意义的"内在超越",因为,在这里,修身成圣,亦即人之自我超越,始终仍然是"在世"的而非彼岸的。在这个意义上,海德格尔的"在世"观念与儒家的"入世"观念确实是相通的。

但我们所关心的是:这种在世的生存论分析如何导向本性良心的确立?孟子所说的"先立乎其大者"⑤(率先确立作为大体的本心)何以可能?为此,海德格尔在对"在之中"的分析中,讨论了"现身情态"(Befindlichkeit):"我们在存在论上用现身情态这个名称所指的东西,在存在者层次上乃是最熟知和最日常的东西:情绪;有情绪。"⑥ 然而问题在

---

① 海德格尔:《存在与时间》,陈嘉映、王庆节译,第48页。
② 海德格尔:《存在与时间》,陈嘉映、王庆节译,第494页。
③ 儒家对"义"的基本训释就是"宜",也就是"时宜"的观念,这在《周易·象传》的阐发中,表述为"时义"。
④ 海德格尔:《存在与时间》,陈嘉映、王庆节译,第49页。
⑤ 《孟子·告子上》。
⑥ 海德格尔:《存在与时间》,陈嘉映、王庆节译,第156页。

于，这是一种怎样的情绪？这里便突显了海德格尔与儒学之间的分野。海德格尔特别突出地分析了烦、畏，尤其是畏死的情绪，由此而导向能在、导向所谓"良知"。① 但是，如此的导出存在着这样的问题：它始终是在基础存在论的层面上说话，而没有导向一种真正形而上学意义上的**伦理学的良知建构**；换句话说，他所谓"良知"并不是伦理学意义上的，即实际上仍然没有真正解决**为伦理学奠基**的问题。而在儒家，儒者的生存领会不是一种情绪，而是一种情感；不是烦、畏那样的情绪，而是仁、爱这样的情感。这是儒家与海德格尔之间的一个根本性分歧。根据儒家思想，并不是那来自"无何有之乡"的"畏"②，而是"我欲仁"③，导向了本真的能在、本心的确立。所以，对于儒学来说，问题在于：在从被抛的所是向本真能在的超越中，"我欲仁"是如何显现的？

海德格尔"直追究到那些同在世一样源始的此在结构上面。这些结构就是：共同存在（Mitsein）与共同此在（Mit-das-Sein）。日常的自己存在的样式就奠基在这种存在方式之中"④。他解释说："此在的世界是共同世界。'在之中'就是与他人共同存在。他人的在世界之内的自在存在就是共同此在。"⑤ 这种"日常的自己存在的样式"就是"可称为日常生活的'主体'的东西：常人（das Man）"⑥。这些也都是与儒家思想相通的。这种常人，儒家称为"小人"⑦，也就是沉沦于世的普通人。但是对于儒家来说，问题在于，这种"常人"向本真能在超越时，"恻隐之心"是如何被奠基的？或者说，"本心"是如何显现出来的？

海德格尔的分析当然不会回答这样的问题。其实，本来按照海德格

---

① 人们把海德格尔所谓 Gewissen 译"良知"，其实与儒家所谓"良知"相去甚远。但这是个应该专文讨论的问题。
② 海德格尔：《存在与时间》，陈嘉映、王庆节译，第 215 页。
③ 《论语·述而》。
④ 海德格尔：《存在与时间》，陈嘉映、王庆节译，第 132 页。
⑤ 海德格尔：《存在与时间》，陈嘉映、王庆节译，第 138 页。
⑥ 海德格尔：《存在与时间》，陈嘉映、王庆节译，第 132 页。
⑦ 孔子所谓"小人"并不必然蕴涵道德上的恶，只是指尚未成为君子、圣人的常人而已。

尔提供的某种理路,仁爱之心也是可能必然地显现出来的。这是因为,"他人的共同此在的展开属于共在";而"此在作为共在在本质上是为他人之故而'存在'。这一点必须作为生存论的本质命题来领会"。① 因为,在共在中的烦或操心(Sorge)分为两种:一种是对于物的 Besorge;一种是对于人的 Fürsorge。后者可以译为"牵挂"②,它又"有两种极端的可能性":一种是"代庖(einspringen)控制",在这种情况下,"他人可能变成依附者或被控制者";另一种可能性是"率先(vorspringen)解放",这是"为他人的能在做出表率;不是要从他人那里揽过'操心'来,倒恰要把'操心'真正作为操心给回他。这种操持本质上涉及本真的操心,也就是说,涉及他人的生存,而不是涉及他人所操劳的'什么'。这种操持有助于他人在他的操心中把自身看透并使他自己为操心而自由"③。这种牵挂作为"本真的操心",就是儒家所说的"戒慎恐惧";仁爱之心、良心就奠基于这种戒慎恐惧之中。这是因为:从正面讲,这样的牵挂"是由顾视与顾惜来指引的";从反面讲,这种"顾视与顾惜各自都有一系列残缺和淡漠的样式,直至不管不顾与由淡漠所引导的熟视无睹"。④ 这种反面的不管不顾和熟视无睹,就是儒家所说的"麻木不仁";而那正面的顾视和顾惜,就是儒家所说的"仁者爱人"。

但这不是海德格尔的进路,而是儒家的进路。关于良心如何在一种本真的源始的生存之领会与解释中显现出来,以及如何在这个基础上建构形而上学,孟子给出了这样一个典型情景,并作了一种初步的阐释:

> 人皆有不忍人之心。……所以谓人皆有不忍人之心者,今人乍见孺子将入于井,皆有怵惕恻隐之心;非所以交内于孺子之父母也,非所以要誉于乡党朋友也,非恶其声而然也。……恻隐之心,仁之

---

① 海德格尔:《存在与时间》,陈嘉映、王庆节译,第143页。
② 中译本《存在与时间》译为"操持"。
③ 海德格尔:《存在与时间》,陈嘉映、王庆节译,第142页。
④ 海德格尔:《存在与时间》,陈嘉映、王庆节译,第142页。

端也；羞恶之心，义之端也；辞让之心，礼之端也；是非之心，智之端也。……凡有四端于我者，知皆扩而充之矣，若火之始然，泉之始达。苟能充之，足以保四海；苟不充之，不足以事父母。①

猛然看见一个孩子将要掉进井里，"不忍之心""怵惕恻隐之心"这样一种本真的情感就立即发生。这就是良知的瞬间发动，也就是良心的当下呈现。这种"火之始然（燃），泉之始达"也就是海德格尔所说的"源始性"（Ursprünglichkeit）。这里，良心的显现乃是在我们的"在世"中的一种"源始现象"（ursprünglich Phänomen）或"原现象"（Urphänomen）。这种情感现象就是仁爱之"端"，也就是为仁爱这种伦理学意义上的道德情感奠基的东西；正是在这个基础上，"仁—义—礼—智"这样的形而上学建构得以成立。但"怵惕恻隐之心"这种原初的源始的情感现象本身，还是未经"思"的幼弱的萌芽状态；奠基还需要孟子所说的"思"，只有通过"思"才可能使之得到"扩而充之"。经过"思"，就奠立起作为本体本心的仁爱，由此出发，而建构起整个"仁—义—礼—智"的形而上学。

这就是说，仁爱并非通常理解的那样一种"现成在手的"先验设定，而是一种当下显现的源始现象。按照以往人们对儒学的先验论的理解，我们先天地具有一种"性"，它感于物而动，而发为一种"情"。但这样的阐释将会面临这样的问题：仁爱究竟是性，还是情？根据通常将"仁"理解为"本体"的观点来看，仁爱应该是性，因为根据儒家一贯的"性体情用"的思想，性才是本体；但像"恻隐之心"这样的"仁者爱人"之爱，却分明是一种情感。这岂不是自相矛盾？这样的矛盾，源于"性"这样的主体性设定缺乏奠基。这是一种前现象学的观念，其前提是将"性"与"情"视为两事：情是现象，性是现象背后的本质。但是根据现象学的观

---

① 《孟子·公孙丑上》。

念,"现象背后一无所有"[①],现象就是本质。这正是儒家的观念:性与情并不是两个东西。仁、爱、恻隐之心这样的事情,作为显现,既是现象、也是本质。

在这样的奠基的基础上,我们就能采纳胡塞尔现象学、孟子心学那样的先验的建构,而有**仁**(仁爱情感)→ **义**(正义原则)→ **礼**(规范建构)→ **知**(知识构造)的形而上学组建环节,而有我们的整个"生活世界"或者意义世界。

[①] 海德格尔:《面向思的事情》,陈小文、孙周兴译,第 80 页。

形而上学的黎明

——生活儒学视域下的"变易本体论"建构*

本文的主旨是既反对原教旨主义墨守传统形而上学的态度，也反对后现代主义拒绝任何形而上学的态度，而尝试在生活儒学的视域中，即在生活或存在的本源上重建形而上学，尤其是重建作为形而上学之核心的本体论。"黎明"比喻形而上学的现状：一方面，"昨天"的即传统的形而上学已经被解构，消解于暗淡之中，尽管仍然有人满足于与其幻影相拥而眠；而另一方面，"今天"的即某种新型的形而上学曙光初露，尽管有人还在酣梦之中，而未见其喷薄欲出的光芒。为此，我们将通过对《易传》的解读，尝试建构"变易本体论"。

一、什么是形而上学

既然讨论形而上学问题，那么，首要的问题就是：什么是形而上学？

众所周知，英语"形而上学"（metaphysics）字面意思是"物理学之后"，原是亚里士多德的一部汇编著作的名称：亚氏去世二百多年之后，古希腊罗德岛的安德罗尼柯（Andronicus）在编排亚氏著作时，将讨论超越经验以外的对象的若干著作安排在《物理学》一书之后，意谓《物理学之后诸卷》，其汉译为《形而上学》[①]。这里须注意的是：（1）所谓"物理学"（physics）并非今天的"物理学"概念，亦可译为"自然学"，意指自然科学中最基本的部分。（2）英语"metaphysics"出自拉丁文 metaphysica，由拉丁化的 metá（希腊文 μετά，意谓"之后"或"之

---

* 原载《湖北大学学报》2015年第4期，第66—71页；收入作者文集《从"生活儒学"到"中国正义论"》，北京：中国社会科学出版社，2017年，第273—286页。
① 参见亚里士多德：《形而上学》，吴寿彭译，北京：商务印书馆，1959年。

上")和 physiká(希腊文 φυσικά,意谓"自然"或"自然的产物")合成。(3)"meta"这个前缀有"之后""超越""基础"等含义,这正好与亚氏第一哲学的"being as being"之意相符。但必须指出的是:按照海德格尔的"存在论区分"(der ontologische Unterschied),这里的"being"其实并非"存在"(Sein)观念,而是"存在者"(Seiende)观念,故"being as being"不应译为"存在之为存在",而应译为"存在者之为存在者",意指作为众多相对存在者背后的终极根据的那个绝对存在者,亦即所谓"本体"(noumenon)(来自 onta)——"形而上者"。

与之相应,汉语"形而上学"不仅仅是英语"metaphysics"的翻译,而且自有其中国本土文献的渊源,那就是《易传》所说的"形而上者"。众所周知,此语出自《周易·系辞上传》:"形而上者谓之道,形而下者谓之器。"所谓"形而上学",顾名思义,就是对"形而上者"的思考与言说。日本近代哲学家井上哲次郎(1855—1944)用汉字"形而上学"去翻译"metaphysics"[①],得到了广泛认可,这意味着汉语"形而上学"与英语"metaphysics"之间确实存在着对应关系,尽管两者并不完全等同。[②]

曾有学者与我争论,他说:中国古代既无"形而上学"之名,亦无形而上学之实。[③] 我反驳道:"这是一种极为常见,却极成问题的逻辑:因为中国过去没有用过某个'概念',所以中国过去没有由这个概念所指称的事实。按照这种逻辑,我们会说:因为中国古代没有用过'消化系统'这个概念,所以中国古代没有消化系统;……这难道不荒谬吗?……'形而上学'这个译名出自'形而上者谓之道,形而下者谓之

[①] 井上哲次郎:《哲学字汇》,东京:早稻田大学图书馆,1881 年。严复就曾经反对将"metaphysics"译为"形而上学",而主张译为"玄学",但并不被人们接受,这说明将"metaphysics"译为"形而上学"是颇有道理的。
[②] 参见我提出的"可对应性"和"非等同性"概念,见拙著:《爱与思——生活儒学的观念》,第一讲第一节"等同与对应:定名与虚位",第 4—8 页。
[③] 张志伟:《关于海德格尔与中国哲学之间关系的几点思考——对黄玉顺〈生活儒学导论〉的批评》,《四川大学学报》2005 年第 3 期。

器'。那么，假如我们已然思考了'形而上者'，却还没有将这种思考命名为'形而上学'，这难道就可以证明这种思考不是形而上学吗？"①

那么，何谓"形而上者"？孔颖达解释说：

> "是故形而上者谓之道，形而下者谓之器"者，道是无体之名，形是有质之称。凡有从无而生，形由道而立，是先道而后形，是道在形之上，形在道之下。故自形外已上者谓之"道"也，自形内而下者谓之"器"也。形虽处道、器两畔之际，形在器，不在道也。既有形质，可为器用，故云"形而下者谓之器"也。②

这就是将一切存在者区分为有形的"器"和无形的"道"，即"形而下者"和"形而上者"。须注意的是，孔颖达在这段话里所说的"道是无体之名"，所谓"体"是指形体或形质，所以《易传》说"神无方而易无体"③，即是说，作为形而上者的易道是无形体或形质的；但这并非汉语哲学中"体"的唯一用法。汉语哲学所谓"体"，其实有两种用法：有时是指形而下的形体或形质，即"器"；而有时则是指形而上的实体或本体，即"道"。后者尽管并没有形体或形质，但仍然是一种"体"，即"实体""本体"，亦即仍然是作为"形而上者"的某种"东西"。这就是说，在汉语哲学中，"体"并不一定是指具有形体或形质的东西。

"实体"概念便是如此。例如朱熹《中庸章句》第一章题解："道之本原出于天而不可易，其实体备于己而不可离。"④ 按照朱熹的哲学，这里的"实体"不论是指的天理（出于天）抑或人性（备于己），都不是指具有形体或形质的"形而下者"，而是指无形的"形而上者"。朱熹哲学，乃至整个宋明理学的一个主题，就是讨论这个"实体"，即"本体"与

---

① 黄玉顺：《论生活儒学与海德格尔思想——答张志伟教授》，《四川大学学报》2005 年第 4 期。
② 《十三经注疏·周易正义·系辞上传》。
③ 《周易·系辞上传》。
④ 参见朱熹：《四书章句集注》，中国书店《四书五经》本。

"工夫"的关系。

"本体"概念亦然。如朱熹说:"虚灵自是心之本体,非我所能虚也。耳目之视听,所以视听者即其心也,岂有形象?然有耳目以视听之,则犹有形象也。若心之虚灵,何尝有物!"[①] 所以,形而上者尽管没有形体或形质,但这并不妨碍它作为形而上者、本体、实体。在这个意义上,形而上者毕竟是一种存在者,而非存在。其实,西方形而上学也是一样的,无论宗教形而上学还是哲学形而上学,形而上者作为"实体""本体",往往都是无形体或形质的。例如柏拉图的"理念"(idea),尽管是一切有形之物的原型,但它本身却是无形体或形质的。

"物"的概念亦如此。上引朱熹所说形而上者"何尝有物",那只是"物"的一种用法,即指形而下者。但"物"也可以指形而上者。例如,《老子》就说"道之为物"[②]。道家所谓"道"有三种用法:有时说的是本源之道,即是"无"或"无物"存在,因此,复归于道即"复归于无物"[③];有时说的是形下之道,即是"万物"的存在,这种用法《庄子》里特别多,例如养生之道[④],有区分的"天道"与"人道""帝道""圣道"[⑤],特定的"夫子之道"[⑥]"多骈旁枝之道"[⑦]"从水(游泳)之道"[⑧],乃至"盗亦有道"[⑨]等等,真可谓"闻道百"[⑩];而有时则说的是这里所谈的形上之道,即是形而上存在者的存在,如《老子》明确讲:"道之为物,惟恍惟惚。……恍兮惚兮,其中有物。"[⑪] 又说:"有物混成,……吾不知其名,

---

① 黎靖德编:《朱子语类》卷五,第87页。
② 《老子》第二十一章。《老子》王弼本,楼宇烈校释:《王弼集校释》,北京:中华书局,1980年。
③ 《老子》第十四章。
④ 《庄子·养生主》,王先谦《庄子集解》本,上海:商务印书馆,1934年,"国学基本丛书"本。
⑤ 见《庄子》之《人间世》《在宥》《天道》。
⑥ 《庄子·应帝王》。
⑦ 《庄子·骈拇》。
⑧ 《庄子·达生》。
⑨ 《庄子·胠箧》。
⑩ 《庄子·秋水》。
⑪ 《老子》第二十一章。

强字之曰'道'。"① 这也说明,《老子》所谓"道"有时说的是非存在者化的纯粹存在,谓之"无";有时则说的是作为存在者的形而上者,谓之"有"。故《老子》说:"反者道之动,……天下万物生于有,有生于无。"② 这里的"有"即形上之道、形而上存在者、绝对之"物";"无"即本源之道、存在、"无物"。这些用法不仅存在于道家文本之中,而且同样存在于儒家文本之中。

要之,形而上学就是对"道之为物"这种存在者化的形而上者,或终极实体,或本体的思考与言说,意在据此阐明所有形而下者、"万物"何以可能。

这样的形而上者、绝对实体就是本体。因此,形而上学的核心即本体论。

二、什么是本体论

现代汉语哲学中的"本体论"这个词语,有两种来源:一种是对英语"ontology"的翻译;另一种则是对中国古代哲学固有的"本体"一词的沿用。而这两者又是相通的,即存在着我们所说的"非等同性"和"可对应性"的关系,所以两者之间可以互译。

汉语"本体"一词来源甚早。阮籍《乐论》:"八音有本体,五声有自然。"③《后汉书·应劭传》:"又集驳议三十篇,以类相从,凡八十二事,其见《汉书》二十五,《汉记》四,皆删叙润色,以全本体。"④《北史·魏彭城王勰传》:"帝曰:'虽雕琢一字,犹是玉之本体。'"⑤ 郦道元《水经注·河水四》:"余按周处此志……更为失志记之本体,差实录之常经矣。"⑥ 刘勰《文心雕龙·诸子》:"然繁辞虽积,而本体易总,述道言治,

---

① 《老子》第二十五章。
② 《老子》第四十章。
③ 阮籍:《阮籍集》,上海:上海古籍出版社,1978 年。
④ 范晔:《后汉书》,北京:中华书局,1965 年。
⑤ 李延寿:《北史》,北京:中华书局,1974 年。
⑥ 郦道元:《水经注》,北京:商务印书馆,1965 年。

枝条《五经》。"①

当然，这些都还不是作为形而上者的本体，而是形而下者的实体或其本质。但经汉译佛教袭用此词，称诸法的根本自体，或与应身相对的法身为"本体"，本体便有了形而上者的意味。如《大日经》卷七："一身与二身，乃至无量身，同入本体。"② 到了宋明理学，众所周知，其主要话题就是"本体"与"工夫"的关系问题，而分别为"本体论"与"工夫论"。如朱熹说："未发之际，便是中，便是'敬以直内'，便是心之本体。"③ 这样的"本体"便已经是上文谈过的作为"形而上者"的终极"实体"了，因为这里的"心之本体"其实说的是"天理"，这正是上引朱熹所讲的"道之本原出于天而不可易（天理），其实体备于己而不可离（心之本体）"。

汉语哲学的"本体论"和西方哲学的"ontology"之间的对应性和一致性，在于两者所思考和言说的对象——本体，都是作为形而上者的终极实体。

这里还有一点需要说明。近些年来，汉语哲学界一些人主张将"ontology"译为"存在论"。④ 但这种主张很容易导致概念混乱，因为汉语"存在论"在字面上可以有两种截然相反的理解：一种是关于存在，而不是存在者的理论，英译应为"theory of Being"⑤，然而这并不是英语"ontology"的意思，因为传统 ontology 恰恰"遗忘了存在"（海德格尔语）⑥；另一种理解则并不是关于存在，而是关于终极存在者的理论，而这正是 ontology 的特征。西方 ontology 就是思考本体的，即思考形而上者、唯一绝对的存在者，而这正符合汉语"本体论"的语义，即讨论"本—

---

① 刘勰：《文心雕龙》，周振甫：《文心雕龙注释》，北京：人民文学出版社，1981年。
② 《大日经》，《大毗卢遮那成佛神变加持经》，善无畏、一行等译，载《大正藏》第十八册，台北：财团法人佛陀教育基金会出版部，1990年。
③ 黎靖德编：《朱子语类》卷八十七，第2262页。
④ 此外还有"是论""有论"等主张，兹不赘述。
⑤ 这里的"Being"表示存在，而不是存在者，亦即不是"the Being"的意思。
⑥ 海德格尔所谓"基础存在论"（foundational ontology）之名，其实也是很成问题的。

末"关系（宇宙论模式）、"体—用"关系（本体论模式）。

不论中西，本体论所讨论的问题，可以分为两个方向：首先是透过现象追寻本体，即由众多相对的形而下者出发，寻求它们背后的唯一绝对的形而上者，这也就是古希腊哲学"拯救现象"的意图；然后以这个本体来阐明现象，即以形而上者为终极根据，由此阐明诸多形而下者何以可能，这也就是西方哲学所谓"奠基"（foundation-laying）[①]，中国哲学谓之"立极"。

西方哲学的"奠基"概念虽是康德最早明确提出的，但"奠基"观念其实始于古希腊的"拯救现象运动"。"拯救现象"并不仅仅具有天体物理学、自然哲学上的意义，更具有一般哲学上的意义，就是人们出于对变动不居的诸多现象的忧虑，试图在现象背后找出某种唯一的永恒不变的本质或本体，由此而形成了"本质与现象""形上—形下"等一般哲学的形而上学思维模式。因此，西方哲学的本体论所思考的往往都是某种永恒不变的实体。直到黑格尔的辩证法，尽管强调"变"，但其终极根据恰恰是那个永恒不变的"绝对观念"，即《逻辑学》的第一范畴"纯有"[②]，犹如《老子》讲的"天下万物生于有"。[③]

这与中国哲学并不完全等同，甚至相反。例如"周易哲学"——《易传》的哲学，尽管也是寻找诸多现象背后的唯一本体，但与西方本体论正相反，其本体并非永恒不变的实体，倒是"变"本身，这正是"易"的基本含义。

[①] 黄玉顺：《形而上学的奠基问题：儒学视域中的海德格尔及其所解释的康德哲学》，《四川大学学报》2004年第2期；《为科学奠基——中国古代科学的现象学考察》，载《面向生活本身的儒学——黄玉顺"生活儒学"自选集》。
[②] 黑格尔：《逻辑学》上卷，杨一之译，第69页。
[③] 黑格尔讲的"纯有即无"和《老子》讲的"有生于无"不是一回事：黑格尔所谓"无"是绝对观念"有"的本质规定——"无规定性"（参见黑格尔：《逻辑学》上卷，杨一之译，第69—70页），即海德格尔在《存在与时间》导言中所拒绝的传统形而上学的那种本体概念，即"最普遍的""不可定义"的绝对存在者概念（参见海德格尔：《存在与时间》修订译本，陈嘉映、王庆节译，北京：生活·读书·新知三联书店，2006年，导论，第4—5页）；而《老子》的"无"不是指绝对存在者，而是指先于任何存在者的存在，所以海德格尔引老子为同道。

这样的"奠基"——用唯一的形而上者来阐明众多的形而下者何以可能，中国哲学叫作"立极"，犹如孟子所说的"先立乎其大者"①。西方哲学的"奠基"概念与中国哲学的"立极"概念，都是用建筑术语来比喻形而上者对形而下者的根本意义，但亦有所不同。《易传》所谓"太极"，字面意思就是"大栋"。《说文解字·木部》："极：栋也。"② 段玉裁注："极者，谓屋至高之处。"③ 这就是说，"极"本义指房屋最高处的大栋梁，它对整座建筑居于摄覆地位，故以比喻唯一形而上者对于众多形而下者的摄覆作用。故《系辞上传》说："易有太极，是生两仪，两仪生四象，四象生八卦，八卦定吉凶，吉凶生大业。"这里的"太极"其实也就是"易"，所以不说"易生太极"而说"易有太极"；而"太极"以下则说"生"，才是生成、奠基的观念：太极或易是统摄一切存在者的本体。上文谈过，"易"即变易；这里以之为"太极"，也就是以变易本身为本体。这就是《易传》的"变易本体论"。

三、为什么要解构传统形而上学

哲学——形而上学、本体论等，绝非经院中、书斋里的概念游戏；哲学是一种生活，或者说是生活的可能性的一种敞开——通过建构一个可能世界，从而获得一种可能生活；哲学就是由"在生活"而积极地"去生活"。④ 更通俗地说，哲学的宗旨就是从根本观念上解决生活问题。

然而，传统的形而上学及其本体论已不能解决我们当下的生活问题，这就需要解构旧的形而上学，以建构起新的形而上学。结果我们看到：人类不断地重建形而上学。这取决于哲学解决生活问题的特定方式：形而上学并非直接地处理当下生活问题，而是间接地通过形而下学，即通过直接

---

① 《孟子·告子上》。
② 许慎：《说文解字》，徐铉等校定。
③ 段玉裁：《说文解字注》，上海：上海古籍出版社，1981 年。
④ 参见黄玉顺：《爱与思——生活儒学的观念》，附论二、生活本源论，"三、本源结构：在生活并且去生活"，第 222—237 页。

面对自然界的知识论建构和直接面对社会界的伦理学建构,去处理和解决生活问题。这种"形上—形下"的关系,西方哲学谓之"奠基",中国哲学谓之"立极";总之,就是由一个绝对的形而上者来给出众多相对的形而下者,从而建构一个意义世界,进而改造现实世界。

这样一来,不难发现:生活的流变要求我们不断地解构旧形而上学、建构新形而上学。且就社会伦理生活而论,这里存在着一种必然的逻辑关系:一方面,社会共同体的共同生活要求建立一套社会规范及其制度(即儒家所谓"礼""人伦"),这是伦理学范畴,它显然属于形而下学的课题,而这种形而下学又需要一种特定的形而上学为之奠基;但另一方面,当社会生活方式发生了转换,人们就需要一套新的制度规范,即新的伦理学(孔子称这种"解构—建构"为礼之"损益"①),这就需要建构起一种新的形而上学来为之奠基。这种关系可以图示如下:

$$
\begin{array}{ccc}
\text{形而上学}_1 & \to & \text{形而上学}_2 \\
\updownarrow & & \updownarrow \\
\text{伦理规范}_1 & & \text{伦理规范}_2 \\
\updownarrow & & \updownarrow \\
\text{生活方式}_1 & \to & \text{生活方式}_2
\end{array}
$$

这里的双向箭头"↕"的含义是:"生活方式→伦理规范→形而上学"的序列表示"渊源"关系或曰"生成"关系,意谓一切皆渊源于生活,特定的伦理规范及其形而上学是由特定的生活方式生成的;"形而上学→伦理规范→生活方式"的序列表示"奠基"关系,意谓在观念上,形而上学为伦理规范奠基,而特定的伦理规范旨在解决特定生活方式中的群体生存秩序问题。

例如,中国人在帝国时代(自秦至清)的家族社会生活方式,要求建立一套适应这种生活方式的制度规范,由此保证中华帝国的共同生活秩序;而这种伦理学需要一种特定的形而上学,其主流就是儒家"心性论"

---

① 《论语·为政》。

哲学。众所周知，这种伦理学的核心即"三纲"——君为臣纲、父为子纲、夫为妻纲，而这套"纲常"的经典宪章即《白虎通义》①；而为之奠基的形而上学，就是呈现在广义"经学"中的帝国时代的儒家哲学，它表现为"汉学"（如董仲舒）和"宋学"（如程朱理学）等学术形态。但今天的中国人正在走向现代性的生活方式，这显然需要建立起一套新的制度规范；然而这种现代性的伦理学绝非前现代的形而上学能够合乎逻辑地给出的。正因为如此，不论是否成功，现代新儒家致力于建构一套新的形而上学。这个道理显而易见：程朱理学式的传统心性论形而上学根本无法合乎逻辑地导出中国人现代性的生活方式所需要的伦理规范与政治制度。② 所以，不难理解，20世纪的现代新儒家、21世纪的大陆新儒家（至少其中一部分人）都在探索某种新型的形而上学。

四、形而上学为何不可逃逸

以上讨论已从一个侧面表明：形而上学乃是不可逃逸的。唯其如此，我曾在以往的著述中多次谈到重建形而上学的问题；特别是我发表于2013年的一篇论文，更明确而集中地讨论了"当代中国哲学的形而上学重建问题"③。这些文字都涉及"形而上学为何不可逃逸"的问题，即：对于形而下学（伦理学及道德、知识论及科学）来说，形而上学乃是不可或缺的东西。唯其如此，自从理性觉醒的两千多年以来，人类都在不断地进行形而上学的建构。

形而上学之所以是必然的，根本原因乃在于人类思想观念之构造的一种内在的逻辑承诺：对任何一个存在者领域之存在，甚至对任何个别存在者之存在的承诺，都已蕴涵着对存在者整体之存在的承诺。当我们说

---

① 参见黄玉顺：《大汉帝国的正义观念及其现代启示——〈白虎通义〉之"义"的诠释》，《齐鲁学刊》2008年第6期；人大复印资料《中国哲学》2009年第1期全文转载。
② 冯友兰的"新理学"虽然号称是接着程朱理学讲的，但实质上绝非程朱理学。
③ 黄玉顺：《主体性的重建与心灵问题——当代中国哲学的形而上学重建问题》，《山东大学学报》2013年第1期；人大复印资料《中国哲学》2013年第4期全文转载。

"a是B"或者"A是B"的时候（小写字母表示个体，大写字母表示一个集合、种类），对a或A的存在承诺已经蕴涵了对B的存在承诺；如此递进下去，我们最终必然走向对一个终极X的承诺，这个X就是存在者整体，亦即本体或上帝之类的形而上者。

这一点最典型地体现在定义的规则中：定义始终意味着我们必须为这个被定义概念找到一个上位概念——比被定义概念外延更大的概念；如此递进下去，我们最终会找到一个不可定义的最高概念，这就是形而上者的观念。例如，从"某某是……的人""人是……的动物""动物是……的生物"一直到"……是造物"就是这样的递进序列。形而上学的本质，就是用唯一绝对的存在者来说明众多相对的存在者何以可能；而任何一个陈述，最终都指向了形而上学。

其实，荀子已从"正名"的角度上讨论过这个问题。按他的逻辑，有"别名"，有"共名"，最终有一个"大共名"，那就是"物"。他说：

> 万物虽众，有时而欲遍举之，故谓之"物"。"物"也者，大共名也。推而共之，共则有共，至于无共然后止。有时而欲偏举①之，故谓之"鸟"、"兽"。"鸟"、"兽"也者，大别名也。推而别之，别则有别，至于无别然后止。②

所谓"至于无别"的最小之物，就是个体，其所以"无别"（不能分割），是因为一旦分割，就不再是这种事物；"至于无共"的最大之物，就是形而上者，"无共"意味着没有上位概念，所以不可定义。按照惠施的说法，前者就是"至小无内，谓之小一"；后者则是"至大无外，谓之大一"。③"大一"又叫"太一"（上古"大""太"不分），即最大的一个物，亦即形而上者，"至大无外"就是说：它是所有一切存在者的整体。

---

① "偏举"原文误作"遍举"，据王先谦《荀子集解》本校改。
② 《荀子·正名》。
③ 《庄子·天下》。

五、变易本体论

上文谈到，形而上学的核心是本体论。因此，新形而上学首先需要建构起新的本体论。为此，本文围绕"本体"观念，从《易传》哲学中引申出"变易本体论"（change ontology）的基本观念。

中西本体论之间是相通的，但也存在着根本差异。其相通之处是双方都在追寻形而上者；差异在于双方所追寻到的形而上者颇为不同：就其主流而论，西方哲学中的形而上者往往是某种静止的实体①；而中国哲学中的形而上者，有一种是流动的变易，这在《易传》哲学中是最为典型的，其形而上者不是凝滞的东西，而是"易"（变易）。故《系辞下传》说：

> 《易》之为书也不可远，为道也屡迁，变动不居，周流六虚，上下无常，刚柔相易，不可为典要，唯变所适。

这里的《易》实质上是指《易传》；其为书，实言道；此道即"形而上者谓之道"，其特征是周流变动、相易无常，既非唯物，亦非唯心，乃"唯变"。换言之，变就是作为形而上者的本体。亚里士多德讲"存在者之为存在者"，《易传》则讲"变之为变"。这样的本体论，可谓"变易本体论"。

唯此之故，西方人将《周易》翻译为"变易之书"（The Book of Changes），颇有道理："易"的基本含义就是"变易"或"变"（change）。《易纬·乾凿度》说："易者，易也，变易也，不易也。"②刘义庆《世说新语·文学》注引郑玄《序易》说："'易'之为名也，一言而函三义：简

---

① 西方哲学史上也有注重流变的观念，如赫拉克利特主张的"万物皆流"，但这并非西方哲学史上的主流思想。黑格尔辩证法的流变，也只是"绝对观念"的展开形式而已，并不是那个作为本体的"绝对观念"本身。
② 《易纬》，林忠军：《〈易纬〉导读》，济南：齐鲁书社，2002 年。

易一也，变易二也，不易三也。"① 这三义其实都是讲的变易："简易"是说"变易"乃是极为简单的道理；"不易"是说永恒不变的道理就是"变易"本身。至于《说文解字》所谓"易，蜥易、蝘蜓、守宫也"，恐非"易"字的本义；徐中舒《甲骨文字典》指出：此字"象两酒器相倾注承受之形，故会赐与之义，引申之而有更易之义"②。按"易"本义当指交易（交换）而变易。《易》之为书，旨在变易；而之所以变易，乃源于阴阳之交易（交感）。

据此，道即是变，变即是道。如《系辞上传》说"形而上者谓之道"，此"道"就是"变"，即是"变化之道"③："道有变动"④；"乾道变化"⑤；"形而上者谓之道……化而裁之谓之变"⑥；"四时变化而能久成，圣人久于其道"⑦；"圣人之道四焉……以动者尚其变"⑧ 等等。

然而《系辞上传》有一段话似乎与这种观念自相矛盾："易，无思也，无为也，寂然不动，感而遂通天下之故。"其实，这并不矛盾。孔颖达疏："任运自然，不关心虑，是'无思'也；任运自动，不须营造，是'无为'也。'寂然不动，感而遂通天下之故'者，既无思无为，故寂然不动，有感必应，万事皆通，是感而遂通天下之故也。"这就是说，所谓"寂然不动"并不是说形而上者无关变动，而是说它的变动乃是无思无为、自然而然的，即这个本体"不关心虑"之动、"不须营造"之变，便能够"自动"。也就是说，所谓"不动"并不是说作为形而上者的本体不动不变，而是说这种变动是不必动心思、劳人为的。其所谓"感"，也不是说这个本体去"感"其他外物，而是说它本身就是阴阳交感；这绝非朱熹所

---

① 刘义庆：《世说新语》，刘孝标注，余嘉锡《世说新语笺疏》本，北京：中华书局，2008 年。
② 徐中舒主编：《甲骨文字典》，成都：四川辞书出版社，1998 年。
③ 《周易·系辞上传》。
④ 《周易·系辞下传》。
⑤ 《周易·乾彖传》。
⑥ 《周易·系辞上传》。
⑦ 《周易·恒彖传》。
⑧ 《周易·系辞上传》。

说的"人生而静""感于物而动"①那种"主—客"架构下的区分内外的"感"。在《易传》哲学,形而上者的"感动"是本体的自感自动。

这种阴阳感动的观念,其实是源于生活感悟的,是生活感悟的存在者化、本体化、形而上学化的结果。这种感悟来源于对生活的观察:"圣人有以见天下之动,而观其会通"②;"仰则观象于天,俯则观法于地,观鸟兽之文与地之宜,近取诸身,远取诸物"③。首先是人自己的性生活,即"近取诸身":"夫乾,其静也专(抟),其动也直,是以大生焉;夫坤,其静也翕,其动也辟,是以广生焉。"④然后是人类的日常生活,乃至草木以及万物的"生活",即"远取诸物":"'观我生',观民也;'观其生',志未平也"⑤;"地中生木,升"⑥;"屯者,物之始生也"⑦;"观其所感,而天地万物之情可见矣"⑧。最后是形而上学化的表达:"有天地,然后万物生焉"⑨;"天地感而万物化生"⑩;"天地之大德曰生"⑪;"生生之谓易"⑫。通过这样"观变于阴阳而立卦"⑬,于是乎就有了变易本体论的建构。这就表明,变易本体论渊源于生活。生活在流变、变易;变易本体论不外乎是在讲流变之为流变、变易之为变易。

---

① 朱熹:《诗集传·序》。
② 《周易·系辞上传》。
③ 《周易·系辞下传》。
④ 《周易·系辞上传》。
⑤ 《周易·观象传》。
⑥ 《周易·升象传》。
⑦ 《周易·序卦传》。
⑧ 《周易·咸彖传》。
⑨ 《周易·序卦传》。
⑩ 《周易·咸彖传》。
⑪ 《周易·系辞下传》。
⑫ 《周易·系辞上传》。
⑬ 《周易·说卦传》。

生活儒学的内在转向
——神圣外在超越的重建*

"生活儒学"（Life Confucianism）是笔者2004年正式提出的、儒家思想体系的重建。① 本文提出生活儒学的"内在转向"（an internal turn）：所谓"转向"主要是说生活儒学的本体论建构的转变，即建构一种新的本体论；而所谓"内在"则是说这种转向并未超出生活儒学的"生活"思想视域。这个转向标志着笔者关于"儒教"的思想观念的修正。② 为此，本文仍将采取生活儒学"解构→还原→建构"的步骤。③ 解构（deconstruction）是破除既有的形上学本体论；还原（reduction）是回溯到前存在者、前形上学的存在——生活；建构（construction）是重建形上学，即本文的主旨"超越本体论"（Transcendence Ontology）。

一、对轴心期以来"内在超越"的解构

解构的对象当然是旧的形上学本体论。就生活儒学来说，首先要解

---

* 原载《东岳论丛》2020年第3期，第160—171页；人大复印报刊资料《中国哲学》2020年第5期转载，第108—118页。

① 关于"生活儒学"，参见黄玉顺：《面向生活本身的儒学——黄玉顺"生活儒学"自选集》《爱与思——生活儒学的观念》《儒家思想与当代生活——"生活儒学"论集》《儒学与生活——"生活儒学"论稿》《生活儒学讲录》《中国正义论的重建——儒家制度伦理学的当代阐释》《中国正义论的形成——周孔孟荀的制度伦理学传统》。关于生活儒学的"完成"，参见黄玉顺：《哲学断想："生活儒学"信札》。此书分为四卷：第一卷"生活儒学的形成"（2001年至2004年）；第二卷"生活儒学的发展"（2005年至2010年）；第三卷"生活儒学的完善"（2011年至2015年）；第四卷"生活儒学的总结"（2016年至2018年）。

② 参见黄玉顺：《儒教问题研究》；黄玉顺主编：《庚寅"儒教"问题争鸣录》。

③ 参见黄玉顺：《"生活儒学"导论》，载《原道》第十辑，陈明主编；《形而上学的奠基问题——儒学视域中的海德格尔及其所解释的康德哲学》，《四川大学学报》2004年第2期。

构的当然是它自己的"变易本体论"(change ontology)①,因为这种本体论是以《易传》的"变易"哲学作为范型的,即仍然没有突破轴心时代以来的本体论形上学。然而这也恰恰指示我们:解构的真正对象乃是中国的轴心时代——"周秦之变"以来的传统的、所谓"内在超越"的形上学本体论。

(一)"内在超越"的两个教条

中国轴心时代建构的形上学本体论,最基本的特征即所谓"内在超越"(immanent transcendence)。正因为如此,"内在超越"这些年成为一个热门话题。

最早阐述"内在超越"理论的是牟宗三。1955年,他提出"儒家所肯定之人伦……亦超越亦内在,并不隔离"②;1956年,他讲儒家"有'心性之学'之教……此为彻上彻下,既超越而又内在,一理贯之而不隔也"③;1963年,他进一步说:

> 天道高高在上,有超越的意义。天道贯注于人身之时,又内在于人而为人的性,这时天道又是内在的(Immanent)。因此,我们可以康德喜用的字眼,说天道一方面是超越的(Transcendent),另一方面又是内在的(Immanent 与 Transcendent 是相反字)。天道既超越又内在,此时可谓兼具宗教与道德的意味,宗教重超越义,而道德重内在义。④

自此以后,尤其是20世纪80年代以来,"内在超越"之说逐渐流

---

① 黄玉顺:《形而上学的黎明——生活儒学视域中的"变易本体论"建构》,《湖北大学学报》2015年第4期。
② 牟宗三:《人文主义与宗教》,见氏著《生命的学问》,台北:三民书局,1970年,第74页。
③ 牟宗三:《陆王一系之心性之学(三)——刘蕺山的诚意之学》,《自由学人》第1卷第3期,1956年10月。
④ 牟宗三:《中国哲学的特质》,台北:学生书局,1974年,第30—31页。

行开来。海外最著名的代表是余英时，他于 1984 年发表的文章《从价值系统看中国文化的现代意义》开始探究"内在超越"①；后来又将"内在超越"改为"内向超越"（inward transcendence）②；最后，专著《论天人之际》列有专章"结局：内向超越"，该书的"代序：中国轴心突破及其历史进程"更是详论"内在超越"③。而在中国大陆，最有代表性的是汤一介，他说："从 1987 年起我就在考虑一个问题，即中国传统哲学的内在超越性问题。"④ 这些年来，中国哲学"内在超越"几乎成为学界"定见"。

所谓"内在超越"，其背景仍然是中国近代以来的"中西文化比较"的视野。⑤ 郑家栋曾指出："80 年代以来'内在超越'一语的流行及相关问题的讨论，实际上关涉到中国（特别是儒家）思想文化在中西比较架构中的重新定位。"⑥ 在这种视野下，"内在超越"之说主要包括两个基本判断：

（1）中国哲学的"内在超越"乃是区别于西方哲学"外在超越"的独有的特征。例如汤一介说："如果相比较地说，中国哲学是以内在超越为特征，而西方哲学（包括基督教哲学）是以外在超越为特征"⑦；"内在超越"不仅是儒家哲学的特征，而且整个"中国哲学以'内在超越'为特征"⑧。

（2）中国哲学的"内在超越"优越于西方哲学的"外在超越"。例如牟宗三说：儒家"有'心性之学'之教，则可迎接神明于自己之生命内而

---

① 余英时：《从价值系统看中国文化的现代意义》，载《文史传统与文化重建》，北京：生活·读书·新知三联书店，2004 年。
② 李怀宇：《余英时谈新著〈论天人之际〉：中国精神归宿于"内向超越"》，《时代周报》"时代在线"（www.time-weekly.com）2014-03-27。
③ 余英时：《论天人之际：中国古代思想起源试探》，台北：联经出版事业股份有限公司，2014 年。
④ 汤一介：《儒道释与内在超越问题》，南昌：江西人民出版社，1991 年，自序，第 1 页。
⑤ 黄玉顺：《现代中国"哲学"的困窘：西方强势话语阴影之下的"文化纠缠"》，《天府新论》2004 年第 3 期。
⑥ 郑家栋：《从"内在超越"说起》，《哲学动态》1998 年第 2 期。
⑦ 汤一介：《儒道释与内在超越问题》，自序，第 1 页。
⑧ 汤一介：《论禅宗思想中的内在性和超越性问题》，《北京社会科学》1990 年第 4 期；《论老庄哲学中的内在性与超越性问题》，《中国哲学史》1992 年第 1 期。

引发自己生命中神明以成为润身之德。……如是，吾人之生命可以恒常如理顺性，调适上遂，而直通于超越之神明，此为彻上彻下，既超越而又内在，一理贯之而不隔也"①。余英时说："孔子创建'仁礼一体'的新说是内向超越在中国思想史上破天荒之举；他将作为价值之源的超越世界第一次从外在的'天'移入人的内心并取得高度的成功。"②

总之，较之西方哲学，"内在超越"不仅是中国哲学独有的，而且是优越的。这两个判断，我们不妨称之为"'内在超越'的两个教条"（the two dogmas of "Immanent Transcendence"）。

对于"内在超越"之说，已有学者提出批评。例如，安乐哲就认为，牟宗三的"内在超越"是把西方的"超越"观念强加于中国哲学。③ 这个指责其实未必可取，因为这里应当注意的不是有没有某个名词，而是有没有这个名词所指的事实；例如中国古代没有"metaphysics""vitamin"之名，却有"形而上学""维生素"之实。④ 张汝伦也认为，"内在超越"之说误用了西方哲学的"超越"概念，而且纯属"以西释中"。⑤ 其实，"以西释中"之类的指责都是基于"中—西"对峙的存在者化的思维模式，而将中国哲学与西方哲学都视为"特殊的地方知识"，而不理解双方作为人类的"共在"，尽管存在着"非等同性"，但也存在着"可对应性"。⑥

李泽厚则指出，"内在超越"这个措辞，"内在"与"超越"是自相矛盾的。⑦ 其实，牟宗三自己未尝不知道，"Immanent 与 Transcendent 是相反字"⑧；所以他才会说，人与天之间的"这种契接的方式显然不是超越

---

① 牟宗三：《陆王一系之心性之学（三）——刘蕺山的诚意之学》，《自由学人》第 1 卷第 3 期，1956 年 10 月。
② 余英时：《论天人之际：中国古代思想起源试探》，第 229 页。
③ 安乐哲：《自我的圆成：中西互镜下的古典儒学与道家》，石家庄：河北人民出版社，2006 年，第 43—48 页。
④ 黄玉顺：《论生活儒学与海德格尔思想——答张志伟教授》，《四川大学学报》2005 年第 4 期。
⑤ 张汝伦：《论"内在超越"》，《哲学研究》2018 年第 3 期。
⑥ 参见黄玉顺：《爱与思——生活儒学的观念》（增补本），第 4—9 页。
⑦ 李泽厚：《由巫到礼 释礼归仁》，北京：生活·读书·新知三联书店，2015 年，第 133 页。
⑧ 牟宗三：《中国哲学的特质》，第 30—31 页。

的，而是内在的"①，即把两者对立起来看待。余英时也意识到这种矛盾，所以才将"内在超越"改为"内向超越"并且加以解释。② 但在笔者看来，"内在超越"这个创造性的概括是可以成立的，因为它确实说出了轴心时代以来的一种基本的观念事实（详下）。

（二）"内在超越"中国哲学独有论的解构

牟宗三等以为"内在超越"是中国哲学所独有的，这其实是大谬不然的"臆见"。事实上，西方哲学自从近代发生所谓"认识论转向"即主体性转向以来，其主流同样是内在超越的。

这种内在超越分为两种进路，即理性主义和经验主义。理性主义进路是笛卡儿开辟的。他首先以怀疑主义（skepticism）态度搁置一切外在的存在者，再以内在的纯粹理性的"我思"（cogito）给出这些存在者；于是，上帝那样的超越者（Transcendent）就成为内在理性的"被给予者"（the given）。这显然是一种内在超越。经验主义进路是培根开辟的，而最具代表性的则是休谟。他的"不可知论"（agnosticism）态度同样是首先搁置一切外在的客观的存在者，却以内在的感知"印象"（impression）给出这些存在者。这同样是一种内在超越，因为上帝那样的超越者观念无疑也是内在的感知印象的一种重构。

康德试图调和以上两种进路，而根本上仍然是走的不可知论的理性主义进路；所以，上帝那样的超越者不过是内在的实践理性的一个"公设"③。顺便说说，牟宗三对康德的一种批评是站不住脚的，在他看来，康德只承认上帝才具有"自由无限心"——"智的直觉"，而在中国儒家哲学这里，人就具有"智的直觉"，所以"人虽有限而可无限"。④ 牟宗三

---

① 牟宗三：《中国哲学的特质》，第35页。
② 李怀宇：《余英时谈新著〈论天人之际〉：中国精神归宿于"内向超越"》，《时代周报》"时代在线"（www.time-weekly.com）2014-03-27。
③ 康德：《纯粹理性批判》，第1部，第2卷，VI；转引自《西方哲学原著选读》下卷，北京：商务印书馆，1982年，第318—319页。
④ 牟宗三：《现象与物自身》，台北：学生书局，1976年，第38页。

没有意识到：康德固然认为上帝才有"智的直觉"，但他同时认为上帝是实践理性的公设，而实践理性却是人的理性，即是人的理性给出了具有"智的直觉"的上帝。这同样是典型的内在超越。所以，郑家栋曾指出："牟氏所成就者也不过是康德意义上的'超越的观念论'；是则牟对于康德哲学的改造也不过是叠床架屋，故弄玄虚，最后所完成者实与康德并无二致。"①

沿着这条理性主义进路走向极致的是胡塞尔，他的意识现象学也是首先"悬搁"外在的"超越物"，而还原到内在的先验意识的"意向性"（Noesis / intentionality），以此来为一切存在者，包括为超越者上帝的观念"奠基"。饶有趣味的是，他悬搁了外在的"超越物"（transcendence），而他所达到的内在理性的意向性本身却是"超越的"（transcendental）（"先验的"只不过是这个词语的不同的汉译而已）。这就是说，内在意识的意向性乃是超越性的。这难道不正是一种典型的内在超越？

不仅如此，西方哲学的这种内在超越甚至可以追溯到古希腊的雅典哲学。雅斯贝尔斯将这种内在转向归结为轴心时代的一个基本特征：

> 哲学家首次出现了，人敢于依靠个人自身。中国的隐士和云游哲人，印度的苦行者，希腊的哲学家和以色列的先知，尽管其彼此的信仰、思想内容与内在气质迥然不同，但都统统属于哲学家之列。人证明自己有能力，从精神上将自己和整个宇宙进行对比。他在自身内部发现了可以将他提高到自身和世界之上的本原。②

这里的"自身内部"是指内在性，而"自身和世界之上"是指超越性。因此，在很大程度上可以说，内在超越是哲学的一个普遍特征，而不仅是中国哲学的特征。当然，苏格拉底也和孔子一样（详下），并未否定

---

① 郑家栋：《"超越"与"内在超越"——牟宗三与康德之间》，《中国社会科学》2001年第4期。
② 雅斯贝尔斯：《历史的起源与目标》，魏楚雄、俞新天译，第10页。

外在超越之"神"的存在；但是，古希腊哲学从苏格拉底开始发生了"哲学转向"①，或曰"人学转向"②，即从自然哲学的本体论转向"实践哲学"的伦理政治学，这本质上乃是人文主义转向、理性主义转向。众所周知，苏格拉底追寻真理，是要让真理在人与人的理性对话中自己显现出来，这就是他的"精神助产术"或"辩证法"，意味着是人的理性给出了真理或超越的"逻各斯"。这种古代人文主义、理性主义在近代伴随着文艺复兴和启蒙运动而发扬光大，这才有了上述的近代哲学"认识论转向"——主体性转向。

（三）"内在超越"优越论的解构

牟宗三等以为"内在超越"是中国哲学比西方哲学优越之处，这同样是大谬不然的"臆见"。事实上，不论是西方哲学，还是中国哲学，"内在超越"都未必是好事，至多是一把双刃剑，可称之为"内在超越的迷思"（the myth of immanent transcendence）。

1. 西方哲学"内在超越"带来的问题

前面谈到，西方哲学走上内在超越之路，可以追溯到古希腊哲学。当时乃是欧洲的第一次社会大转型，结果是欧洲社会进入中世纪前期的罗马帝国时代，犹如中国第一次社会大转型之后也进入了中世纪的帝国时代。③ 但这种社会转型所伴随的"轴心时代"所创造的精神世界，中西之间确实颇为不同：中国以儒学为主流的观念形态，逐渐弃绝了外在神圣超越的维度，这在宋明理学达到顶峰；而欧洲却兴起了一个新的外在神圣超越者——基督教的上帝。这就是说，在欧洲人的心目中，"二希"传统——古希腊理性传统和希伯来信仰传统是并存的。这是理性与信仰的并存，也可以说是内在超越与外在超越的并存。众所周知，这种并存对于欧洲中世纪后期的封建化，以及第二次社会大转型即走向现代性发挥了重

---

① 参见陈志军：《论苏格拉底的哲学转向》，《安庆师范学院学报（社会科学版）》2008 年第 1 期。
② 参见黄峰：《苏格拉底人学转向的诞生》，《中共济南市委党校学报》2011 年第 2 期。
③ 参见黄玉顺：《论儒学的现代性》，《社会科学研究》2016 年第 6 期。

大的观念基础作用。

西方哲学真正彻底走上内在超越之路，上文已经谈过，是在文艺复兴、宗教改革、启蒙运动的时代，这在哲学领域即所谓"认识论转向"。这当然是值得肯定的历史趋势，但同时也带来了许多问题。如今，思想界有不少人在进行所谓"启蒙反思"（Reflection on Enlightenment）、"现代性批判"（Criticism of Modernity），确实，迄今为止的现代化带来了种种问题；但这些"反思"和"批判"却来自不同的方向、不同的价值立场，其中既有前现代的复古主义，也有现代性的威权主义乃至总体主义，这些东西也是值得反思的。[①] 而奇怪的是，却罕有人反思"人文主义"（humanism）（或译"人本主义"[②]）。其实，在我看来，最值得反思的是"人神之际"或"天人之际"的问题。近代西方哲学之所以转向内在超越，从而带来许多问题，显然是以近代人文主义时代潮流的兴起为背景的。

这种人文主义潮流的本质，尼采一言以蔽之："上帝死了。"换言之，人文主义的本质是：人取代了神圣超越者，自以为至善而全能。内在超越取代了外在超越，意味着一种有限的存在者取代了无限的存在者，世俗者取代了神圣者，或是自命为神圣者。但实际情况是：绝没有任何人是至善而全能的；恰恰相反，我们看到的是人的欲望的膨胀、理性的狂妄，诸如权力的肆虐、资本的傲慢，于是就有了种种危机的出现、种种灾难的发生。显然，如果仍然以人文主义来应对这些问题，那就纯属南辕北辙了。

2. 中国哲学"内在超越"带来的问题

中国哲学也和西方哲学一样，从轴心时代就开始走上内在超越之路，而且似乎更加"纯粹"，更加"早熟"。但是，这条道路充满艰辛、危险。

汤一介尽管倡导"内在超越"之说，但他本人对此有所反省。他说：内在超越"有着鲜明的主观主义特色，它必然导致否定任何客观标准和客

[①] 参见黄玉顺：《论"儒家启蒙主义"》，《战略与管理》2017年第1期，北京：中国发展出版社，2017年。
[②] 这里的"人本主义"不是说的狭义的"Anthropologismus"。后者其实是前者的一种表现，即是近代以来的整个人文主义时代潮流的一种产物。

观有效性","这既不利于外在世界的探讨和建立客观有效的社会制度和法律秩序,同时在探讨宇宙人生终极关切问题上也不无缺陷"。① 他还说:"在中国为什么比较难以建立起客观有效的政治法律制度,而西方则比较容易建立起客观有效的政治法律制度,我认为这不能说与西方以'外在超越'为特征的宗教和哲学无关。"② 这确实是一种相当清醒的认识,从知识与科学、伦理与政治方面及信仰与宗教等方面反省了内在超越带来的严重问题。

中国哲学走向内在超越的时代,正是中国社会的第一次大转型的时代。众所周知,这次转型的结果是中国社会进入了皇权专制的帝制时代,而儒学也成为皇权帝制的意识形态。其实,儒家当初之所以走向内在超越,就是因为与权力之间的紧张(详下);社会转型以后,儒家似乎更为尴尬:一方面,儒家始终都在寻求自己的独立的生命存在形式,试图据此制约皇权;但另一方面,儒家却始终是臣属的身份,充当着世俗权力的论证者、辩护者。神圣界的代言人,却是世俗界的权力的臣属,这样一种吊诡,乃是周公时代即已确定的格局(详下),儒家始终在这种困局中挣扎不已。

以上不仅是对中国哲学"内在超越"的解构,而且是对西方近代以来,乃至人类轴心时代以来的整个"内在超越"的解构。

二、中国前轴心期"外在超越"的还原

以上是对"内在超越"的解构;解构的目的是为了还原。近年来,来自英美的"保守主义"话语在中国学界流行起来,然而人们却不知所要保守的究竟是什么;尤其是一部分儒家学者,他们所说的"中国保守主义"本质上却是某种"原教旨主义"。因此,谈到"中国保守主义"这个问题,要有一个清醒的意识。例如,我们应当保守"内在超越"这个

---

① 汤一介:《论禅宗思想中的内在性和超越性问题》,《北京社会科学》1990 年第 4 期。
② 汤一介:《论老庄哲学中的内在性与超越性问题》,《中国哲学史》1992 年第 1 期。

传统吗？

（一）周公的神圣超越世界及其问题

关于中国哲学的内在超越，有学者追溯到殷周之际："中国近三千年主要价值追求的第一个转折点，即商代西周开始的价值观从宗教主义向尘世主义和人文主义的转折，政治与宗教开始比较明显地分离。……而西周的统治者则开始强调以德配天、敬天保民，重心放在人力可为的范围，主要关心人间而非天上的事务。这一脱离宗教的超越信仰，或者说与一神论宗教拉开距离的转向……中国人的价值观再没有向宗教方向发展，而是向人文方向发展，这倒是也吻合了现代世界世俗化的潮流。现代中国不需要'脱神'，不需要经历一个近代西方和其他文明'上帝死了'的精神挣脱过程，它在世俗化方面早就准备好了。"①

这里所讲的其实就是"殷周之变"，作者是颇为敏锐的，但恐怕还是没有抓住问题的核心实质，仿佛是说西周已经转向内在超越了。若是这样，哪里还有后来孔子的"轴心突破"（Axial Breakthrough）②？孔子的突破之根本点，就是"以仁释礼"，这才开始（只是开始）走向内在超越："礼"本来是外在的，而"仁"则是内在的。众所周知，西周的"礼"是周公制定的；孔子所要突破的，正是周公之"礼"。简单来说，周公思想还是外在超越的；孔子开辟了由"仁"通往内在超越的路径，但仍保留着外在超越的维度（详下）；经过思孟学派，特别是到了宋明理学，中国哲学才彻底走上了内在超越之路。

问题在于：孔子为什么要"以仁释礼"？儒家为什么会走上"内在超越"之路？这里需要生活儒学的"生活存在论"的视域，才能够看清问题的实质。

---

① 何怀宏：《中国改革开放经济发展的文化价值动因》，《武汉大学学报（哲学社会科学版）》2019 年第 3 期。
② 余英时：《中国轴心突破及其历史进程》，见《论天人之际——中国古代思想起源试探》，代序，第 1 页。

这里涉及的是神圣界与世俗界的关系，尤其是与世俗权力的关系，以及神圣界本身的结构、世俗界本身的结构，这些都是需要重新认识的。自有人类社会以来，人们总是需要一个神圣界，来对世俗界加以规训，特别是对世俗权力加以制约；这种规训与制约，自然需要神圣界的代言人，以沟通人神；这种代言人当然也是人，即是世俗界的有限存在者，但显然必须独立于世俗权力系统之外，即具有自己独立的生命存在形式，而不能是权力的臣属，否则就不可能真正发挥规训制约的作用。这就合乎逻辑地蕴涵着：神圣界及其世俗代言人的存在，必然要求世俗界权力系统的非隶属化格局。

然而，"殷周之变"的结果却是与此相反的：作为神圣界代言人的巫史，却是世俗权力的臣仆，隶属于宗法权力体系。所谓"周公制礼"，其实就是建立了一套严格的宗法制度。王国维《殷周制度论》指出："中国政治与文化之变革，莫剧于殷周之际"；"欲观周之所以定天下，必自其制度始矣"；"周人制度之大异于商者，一曰'立子立嫡'之制，由是而生宗法及丧服之制，并由是而有封建子弟之制，君天子、臣诸侯之制"；"此种制度，固亦由时势之所趋；然手定此者，实惟周公"；"由是制度，乃生典礼"。① 所以，这套制度"典礼"就叫作"礼"，实质是一个"大一统"的权力系统。神圣界的代言人——巫史，即隶属于这个系统。这样一来，世俗界的权力也就可以影响甚至操控神圣界的"天意"。

那么，世俗权力如何操控神圣的天意？我们看看《尚书·金縢》就会明白。西周时期，至上的神圣超越者是"上帝"（这个词语在《今文尚书》中出现 22 次），或简称"帝"，或称为"天"。除一个至上神以外，还有若干祖先神；"神必共父祖同处"②，即祖先神就是至上神的身边近臣；此外，还有其他众多"天神地祇"。当然，这些神的地位是不一样的，上帝神是唯一的至上神，拥有"天命"的最终决定权；但祖先神作为至上神

---

① 王国维：《殷周制度论》，《观堂集林》卷十，"史林二"，北京：中华书局，1959 年。
② 《尚书正义·金縢》，《十三经注疏·尚书正义》，北京：中华书局，1981 年，影印本。

的近臣却是"近水楼台",可以向至上神递话,如《金縢》所记载,周公通过祖先神(三王——太王、王季、文王)而转请于至上神,即孔颖达所说的"(周公)欲令(三王)请之于天也""欲使为之请命也"①。

世俗的帝王是不能与上帝直接对话的,必须通过巫史和祖先神的中介。巫史通过两种方式直接与祖先神、间接与至上神沟通,即祭祀和龟卜。一是祭祀的祝祷,如《金縢》所记载:"公乃自以为功,为三坛同墠(shàn)。……乃告大王、王季、文王。……史乃册,祝曰……"二是龟卜的占问,如《金縢》所记载:"乃卜三龟,一习吉;启籥(yuè)见书,乃并是吉。公曰:'体,王其罔害。予小子新命于三王……'"

总之,西周王权作为世俗权力,通过巫史的龟卜与祭祀、祖先神的请托转达,能够影响甚至操控至上神的天意。这意味着世俗权力对神圣超越者、神圣话语权的垄断。陈梦家说,殷商时代"由巫而史,而为王者的行政官吏;王者自己虽为政治领袖,同时仍为群巫之长"②。而到了西周,王者并非"群巫之长",巫史及其长官都是王者的官吏,接受世俗权力的管制,没有自己独立的存在形式。

而这一切之所以可能,终究是依赖于宗法制度,即"周制",也就是"周礼"③。因此,所谓孔子的"轴心突破",本质上就是对这种"礼"的突破,即对权力垄断的突破。因此,传统所谓"周孔之道"的说法、孔子试图"恢复周礼"的说法等等,掩盖了真正的周孔关系的实质,从而掩盖了孔子"轴心突破"的本质。试想:如果孔子对于周公来说只是"述而不作"④"从周"⑤,那么,哪里还有什么"突破"可言?其实,周孔之际存在着深刻的、可称之为"周孔之变"的思想转向:周公的思想还是外在超越

---

① 《尚书正义·金縢》。
② 陈梦家:《陈梦家学术论文集》,北京:中华书局,2016年,第91页。
③ 这里所说的"周礼"不是《周礼》这个文本的内容,而是历史上实际存在过的"周制"及其思想观念。参见黄玉顺:《"周礼"现代价值究竟何在——〈周礼〉社会正义观念诠释》,《学术界》2011年第6期。
④ 《论语·述而》。
⑤ 《论语·八佾》。

的，并且以世俗权力之"礼"垄断了神圣话语；孔子才另辟蹊径而走向内在超越，即以内在心性之"仁"突破世俗权力的垄断。周公确立了"礼"的规范，但他之所谓"礼"只是特殊的宗法制度的"周礼"；孔子虽然继承了周公的"礼"观念，但却通过内在的"仁→义→礼"的建构、"礼有损益"的思想而使"礼"观念获得了更普遍的"正义论"意义。①

这样我们就能理解这个问题：孔子究竟为什么不得不另辟蹊径，走向内在超越之路？答案必须从周公"周礼"的形上根据之中去寻找。王国维说："任天者定，任人者争；定之以天，争乃不生"；"周人既立嫡长，则天位素定，其余嫡子庶子，皆视其贵贱贤否，畴以国邑"。② 这揭示的是外在的"天→礼"之间的奠基关系；周公之所谓"天"，就是外在超越的"上帝"。上帝既是西周政权合法性的形上根据，即所谓"天命"；也是西周的"礼"——宗法制度的形上根据。

（二）孔子的外在超越者及其神圣性

孔子虽然通过"以仁释礼"实现了"轴心突破"，但他那里仍然保留着外在的超越者及其神圣性。孔子思想的根本结构是：天—德—仁。内在的"仁"统率人道，包括开出"礼"即社会规范及其制度的建构；外在的"天"则是天道，是神圣的超越者；而"德"则是天人之际、内外之际的转枢，所谓"德者得也"，"德"乃"得"自外在之"天"，即孔子所说的"天生德于予"③，它与《中庸》"天命之谓性"的表达是同构的。

1. 孔子的鬼神观念

孔子的人格性的"天"属于"神"的范畴，与孔子的"鬼神"观念密切相关。不少学者以为孔子的"鬼神"观念是很淡漠的，这是一种误解。

最著名的一句话是《论语》记载的"子不语怪、力、乱、神"④。首

---

① 参见黄玉顺：《孔子的正义论》，《中国社科院研究生院学报》2010 年第 2 期。
② 王国维：《殷周制度论》。
③ 《论语·述而》。
④ 《十三经注疏·论语注疏·述而》。

先，这并不是孔子的话，而是《论语》编者的话。其次，这个说法并不符合实际，仅看《论语》，孔子谈"神"就有四次，岂是"不语"？只是"罕言"而已。又次，孔子为何罕言鬼神？何晏认为其原因有两类："或无益于教化，或所不忍言。"这是值得商榷的。朱熹认为："鬼神，造化之迹，虽非不正，然非穷理之至，有未易明者，故亦不轻以语人也。"① 这个解释虽然也存在理学化之嫌，但将"不语"理解为"不轻以语人"则是不错的。那么，孔子究竟为何不轻易谈鬼神之事？朱熹说是因为鬼神乃是"未易明者"，这显然是一个重要原因；这与孔子说"未能事人，焉能事鬼"同理，何晏引陈氏的解释为"鬼神及死事难明"②。另外一个原因，则可能与下面这个例子有关。

孔子说过"敬鬼神而远之"③。何晏注引包氏："敬鬼神而不渎"；邢昺疏："恭敬鬼神而疏远之，不亵渎"。可见"远"并不是淡漠的意思，恰恰相反，是为了表示"恭敬"而"不亵渎"。可见孔子之所以对鬼神"远之"而"不轻以语人"，恰恰是出于对鬼神"恭敬"而"不亵渎"的态度。况且，鬼神之事既然"未易明"，那么，过多地谈论，显然是"不智"，这是回答"樊迟问知（智）"。

另一个常被人引证的例子："季路问事鬼神。子曰：'未能事人，焉能事鬼？'曰：'敢问死。'曰：'未知生，焉知死？'"④ 何晏引陈氏说，这是因为"鬼神及死事难明，语之无益，故不答"。这与上文朱熹解释孔子何以"不语"鬼神的原因一样，是因为鬼神之事"有未易明者"。但朱熹对此还有更深刻的理解："死者，人之所必有，不可不知，皆切问也。然非诚敬足以事人，则必不能事神；非原始而知所以生，则必不能反终而知所以死。……程子曰：'昼夜者，死生之道也。知生之道，则知死之道；尽事人之道，则尽事鬼之道。死生人鬼，一而二、二而一者也。或言

---

① 朱熹：《论语集注·述而》，《四书章句集注》，北京：中华书局，1983年。
② 《十三经注疏·论语注疏·先进》。
③ 《十三经注疏·论语注疏·雍也》。
④ 《十三经注疏·论语注疏·先进》。

夫子不告子路，不知此乃所以深告之也。'"① 这不禁让我们想起海德格尔的"向死而在"，亦即"向死而生"（这里的"在"即"存在"[Sein]，指人的"生存"[Existence]），就是从"先行到死"中追寻"存在的意义"，即在死亡中领会生存的意义；而孔子则反之，即"向生而死"，就是在生存中追寻死亡的意义，在生活中领会鬼神的意义。

下面这个例子亦如上例，亦即追寻存在的意义，却又是海德格尔式的"向死而在"，亦即从死亡、鬼神中追寻生存的意义："祭如在，祭神如神在。"② 邢昺指出："此章言孔子重祭礼。'祭如在'者，谓祭宗庙必致其敬，如其亲存。言事死如事生也。'祭神如神在'者，谓祭百神亦如神之存在而致敬也。"这是从鬼神的存在中领会我们的生存的意义。因此，孔子非常重视祭祀鬼神，他盛赞大禹，而引为同道："禹，吾无间然矣。菲饮食，而致孝乎鬼神……"③

至于作为至上神的"天"，那也是"神"的范畴，孔子更是大谈特谈，这是下文所要讨论的事实。

2. 孔子之"天"的人格性

对于孔子的"天"观念，存在着各种不同的理解；其中最常见的一种误解，是认为孔子那里有几个不同的"天"概念。影响最大的是冯友兰的观点，认为中国古典的"天""至少有五种意义"，即"物质之天"（天空）、"主宰之天"或"意志之天"（天帝、天神）、"命运之天"（天命）、"自然之天"（天性、天然）和"义理之天"或"道德之天"（天理）。④ 然而，孔子那里只有一个天，那是一个外在而神圣的超越者。傅斯年曾指出："孔子所信之天命仍偏于宗教成分为多。"⑤ 这个说法还是不够彻底的。其实，即便是倡导"内在超越"的牟宗三，也承认孔子之"天"乃是一个

---

① 朱熹：《论语集注·先进》。
② 《十三经注疏·论语注疏·八佾》。
③ 《论语·泰伯》。
④ 冯友兰：《中国哲学史新编》上卷，北京：人民出版社，1998年，第103页。
⑤ 傅斯年：《性命古训辨证》，见《中国现代学术经典·傅斯年卷》，石家庄：河北教育出版社，1996年，第54页。

外在而神圣的超越者[1]：

> 孔子在他与天遥契的精神境界中，不但没有把天拉下来，而且把天推远一点。在其自己生命中可与天遥契，但是天仍然保持着它的超越性，高高在上而为人所敬畏。因此，孔子所说的天比较含有宗教上"人格神"的意味。而因宗教意识属于超越意识，我们可以称这种遥契为"超越的"（Transcendent）遥契。否则，"知我者其天"等话是无法理解的。我们可以说，在孔子践仁过程中，其所遥契的天实可有两重意义。从理上说，它是形上实体。从情上说，它是人格神。而孔子的超越遥契，则似乎偏重后者。这是圣者所必有的情绪。[2]

笔者赞同赵法生的一个判断："孔子的天十分近似于周公的天，尽管人格化程度有所降低，但相当程度上仍然是一个具有意志的人格神。"[3]但不仅如此，即在孔子心目中，天不仅有情感、智能，还有意志。

（1）天的情感性。

据《论语》载："子见南子，子路不说（悦）。夫子矢（誓）之曰：'予所否者，天厌之！天厌之！'"邢昺解释："厌，弃也"[4]；朱熹解释："厌，弃绝也"[5]。孔子发誓：假如我见南子的做法"不合于礼，不由其道"，那么，天会厌恶而弃绝我！厌弃，这当然是一种强烈的情绪表达。

又《论语》载："子曰：'不然。获罪于天，无所祷也。'"邢昺解释："（我道之行否，由于时君，无求于众臣，）如得罪于天，无所祷于众神。"[6] 天是众神之上的至上神，因此，如果得罪了天，那么，向众神祈祷

---

[1] 他后来对此的看法又有所改变（参见赵法生：《儒家超越思想的起源》，北京：中国社会科学出版社，2019年，第7—8页）。
[2] 牟宗三：《中国哲学的特质》，上海：上海古籍出版社，2007年，第33—34页。
[3] 赵法生：《儒家超越思想的起源》，第9页。但赵法生认为孔子的超越既有外在面向，亦有内在面向，谓之"中道超越"（第14—15页），这是可以讨论的。
[4] 《十三经注疏·论语注疏·雍也》。
[5] 朱熹：《论语集注·雍也》。
[6] 《十三经注疏·论语注疏·八佾》。

也是没用的。所谓"得罪于天",也就是受到天的怪罪,这种怪罪当然带有强烈的情绪。

天能怪罪人、厌弃人,这当然表明天是有情感的。

(2) 天的智能性。

又《论语》载:"子曰:'不怨天,不尤人;下学而上达。知我者,其天乎!'"邢昺解释:"下学人事,上知天命……唯天知己志也。"① 笔者的理解:只要下尽人事,自然上达天听,天一定知道并理解自己。这正如俗话说的"人在做,天在看",表明天是无所不知的,犹如说 God 是全知全能的。

又《论语》载:"子疾病,子路使门人为臣。病间,曰:'久矣哉,由之行诈也!无臣而为有臣。吾谁欺?欺天乎?……'"邢昺解释:"既人不可欺,乃欲远欺天乎?"② 朱熹解释:"我之不当有家臣,人皆知之,不可欺也;而为有臣,则是欺天而已。"③ 欺,指欺骗。天是不可欺骗的,因为天是无所不知的。

天能知人,并理解人,这表明天是有智能的。而宋儒乃将天的智能非人格化,谓之"天理";进而又将其内在化,讲"性即理"④"心即理"⑤。于是,天在丧失其外在超越性的同时,也丧失了神圣性。这其实是人的僭越、理的狂妄。

(3) 天的意志性。

又《论语》载:"子畏于匡,曰:'文王既没,文不在兹乎?天之将丧斯文也,后死者不得与于斯文也;天之未丧斯文也,匡人其如予何?'"邢昺解释:"天将丧此文者,本不当使我与知之;今既使我知之,是天未欲丧此文也。"⑥ 邢昺注明这是天之所"欲",即天的意愿、意志。

---

① 《十三经注疏·论语注疏·宪问》。
② 《十三经注疏·论语注疏·子罕》。
③ 朱熹:《论语集注·子罕》。
④ 程颢、程颐:《遗书》卷二十二上,《二程集》;黎靖德编:《朱子语类》卷五。
⑤ 陆九渊:《与李宰》,《陆九渊集》卷十一。
⑥ 《十三经注疏·论语注疏·子罕》。

又《论语》载:"颜渊死。子曰:'噫!天丧予!天丧予!'"邢昺解释:"孔子痛惜颜渊死,言若天丧己也。"① 朱熹解释:"悼道无传,若天丧己也。"② "天丧予"的意思是:天要我的命。这当然是指的天的意志。

天可以使斯文、人"丧",这表明天是有意志的。

以上表明,孔子之"天"作为至上神,乃是一个人格神。

3. 孔子"天命"观念的神圣性

学者称孔子那里有所谓"自然之天",常引证这一段对话:"子曰:'予欲无言。'子贡曰:'子如不言,则小子何述焉?'子曰:'天何言哉?四时行焉,百物生焉,天何言哉?'"③ 此处之"天",朱熹释之以"天理"④,实属理学家之言。其实,天"无言"并不意味着天没有人格,正如孔子说他自己"予欲无言"并不意味着孔子没有人格。

在古人、孔子心目中,天虽"无言",却能无声地"发号施令",所以才称之为"天命"。"命"字的结构,从"口"、从"令",其本义即发号施令,许慎解释为"命,使也"⑤,朱骏声纠正道:"命,当训'发号也'。"⑥ 孔子说自己"五十而知天命,六十而耳顺"⑦,即已达到了"圣"的境界。"圣"字的结构,从"耳"、从"口",即能够倾听(耳)天命而言说(口)天命。对于"四时行焉,百物生焉,天何言哉","圣人"能够倾听而言说之,这就犹如古希腊的神的信使赫尔墨斯(Hermes)将神的旨意传达给人间,故后世有所谓"诠释学"(hermeneutics);神旨同样是无声的号令,犹如 God 用无声的语言来创造世界,海德格尔谓之"默

---

① 《十三经注疏·论语注疏·先进》。
② 朱熹:《论语集注·先进》。
③ 《论语·阳货》。
④ 朱熹:《论语集注·阳货》。
⑤ 许慎:《说文解字·口部》,徐铉等校定。
⑥ 朱骏声:《说文通训定声》,第 845 页。
⑦ 《论语·为政》。

然无声的道说"①"寂静之音"②，这是中西相通的观念。③

因此，孔子强调："君子有三畏：畏天命，畏大人，畏圣人之言。"（此"大人"即"圣人"。④）邢昺解释"天命"："天命无不报，故可畏之。""作善，降之百祥；作不善，降之百殃。顺吉逆凶，天之命也，故君子畏之。"⑤ 可见"天命"乃是外在超越的"天"的神圣性的体现。圣人、圣人之言之所以应当敬畏，就因为圣人所倾听而言说的正是神圣的天命。

4. 孔子的天人之际观念

显然，在孔子那里，天是外在而神圣的超越者。孔子说："天生德于予。"⑥ 这是讲天人之际的问题，即天与人的关系问题。这里蕴涵着三层意味：

（1）天人分离。外在超越之天的存在，意味着天人之际的分离。孔子之后，才有了"天人合一"之说；尤其是到了宋明理学，才有所谓"天人本无二，不必言'合'"、"只心便是天"⑦ 之类的"内在超越"的论调。

（2）天命赋予人性。笔者曾经写道："这就是《易传》所说的'乾道变化，各正性命'：乾道即是天道，应该从本源上被理解为天命，人得之而有人性（性理），物得之而有物性（物理）；这也就是《中庸》所说的'天命之谓性'，人与万物之性皆由天命生成。"⑧ 这与 God 以"命名"的方式来创造世界是一个道理。

（3）人应遵从天命。孔子赞叹："大哉，尧之为君也！巍巍乎！唯天为大，唯尧则之。"邢昺解释："巍巍然有形之中，唯天为大，万物资始，

---

① 海德格尔：《〈今日神学中一种非客观化的思与言问题〉的神学谈话中主要观点的若干提示》，孙周兴译，见刘小枫选编：《海德格尔与有限性思想》，第 19 页。
② 海德格尔：《在通向语言的途中》，孙周兴译，第 183 页。
③ 参见黄玉顺：《生活儒学的"生活"观念》，载《儒家思想与当代生活——"生活儒学"论集》，第 71—73 页。
④ 《十三经注疏·论语注疏·季氏》。
⑤ 《十三经注疏·论语注疏·季氏》。
⑥ 《论语·述而》。
⑦ 程颢、程颐：《二程语录二》，见《二程集》。
⑧ 黄玉顺：《爱与思——生活儒学的观念》（增补本），第 257 页。

四时行焉,唯尧能法此天道而行其化焉。"[1] 这就是说,人要效法天道、遵循天命。

三、神圣外在超越的建构

上文解构了"内在超越",而还原到上古时代的神圣的"外在超越"。还原的目的是为了建构,即要建构一种神圣的外在超越(Sacred External Transcendence)。但需注意:按照生活儒学的思想视域,这种"建构"并不是要照搬古代的那个外在神圣超越,因为周公和孔子的超越观念已经不那么纯粹,前者以宗法权力垄断了神圣话语权,后者以内在仁德开启了外在超越者的内化进程,这与当时的生活方式及社会转型即走向"大一统"的历史趋势、时代背景密切相关;而是一种"重建",因为今天的生活方式已非昔日的宗法社会或家族社会的生活方式,而是现代性的生活方式。

重建神圣的外在超越,就是建构"超越本体论"(transcendence ontology)。要注意的是:这种"超越本体论"并非"先验本体论"(transcendental ontology)。上文已经讲过,先验论其实是一种内在超越论;而超越本体论则是一种外在超越论。这种超越者的建构,看来似乎类似于康德的做法,即上帝不过是实践理性的"公设";而我们却还要进一步揭示理性主体及其理性的生活渊源,那就是现代性的生活方式,所以这绝非先验论的进路。

(一)超越者的古典资源

当然,这种重建也可以在古代经典当中寻求某种资源,因为重建其实在某种意义上意味着"否定之否定"的"辩证法"。上文谈到,古代人神沟通有两种方式,即祭祀与龟卜;这两种媒介都为权力所垄断。第一次社会大转型之后,祭祀当中的祭天仍然为权力所垄断,成为皇权的一种特权;而祭祖的对象则不是一个普遍的神祇,即并非"皇天无亲"的至上

---

[1]《十三经注疏·论语注疏·泰伯》。

神,而是祖先神。但占卜则不同,我们注意到,"殷周之变"在这个问题上的一个结果,是龟卜逐渐为蓍筮所取代,而且占筮不是权力所能垄断的,百姓皆可为之。

因此,可资重建外在神圣超越的古代经典,最值得注意的是《易经》。这里要指出的是:既有的"变易本体论"所依据的主要经典是战国时期的《周易》大传——《易传》①;而"超越本体论"所依据的主要经典则是殷周之际的《周易》古经——《易经》。这是因为《易经》呈现的是一个十分纯粹的神圣超越者。

《易经》之"天"存在着三种用法:(1)人的头顶部,即"颠",并引申为一种刑法,如睽卦的"其人天且劓";(2)自然界的天,如乾卦的"飞龙在天"、明夷卦的"初登于天,后入于地"、姤卦的"有陨自天"、中孚卦的"翰音登于天";(3)上帝,与《尚书》《诗经》同,如大畜卦的"何天之衢",大有卦的"自天祐之""公用亨于天子"。

另外,检视《易经》全书,不见一个"神"字,但有三处"帝"字:其中两处"帝乙归妹"②,是指商朝的第三十代君主帝乙;而一处"王用享于帝"③,则指上帝,故王弼注:"帝者,生物之主,兴益之宗,出震而齐巽者也。"④所谓"出震而齐巽者"出自《易传》"帝出乎震,齐乎巽"⑤,那已是后世的观念;而"生物之主,兴益之宗",则是造物主的意思,即神圣超越者。

但是,我们主张不用"帝"或"上帝"这样的称谓,而用"天"或"上天"这样的称谓。这是因为神圣超越者不应当包括血缘性的祖先神,然而"帝"这个名目涉嫌神祇的血缘偏私:世俗之"帝"死后便是天上的神圣之"帝",两者之间存在着血缘关系。殷纣王之所以有恃无恐,声称

---

① 参见黄玉顺:《形而上学的黎明——生活儒学视域中的"变易本体论"建构》,《湖北大学学报》2015年第4期。
② 《周易》泰卦六五爻、归妹卦六五爻,《十三经注疏·周易正义》。
③ 《周易》益卦六二爻。
④ 《十三经注疏·周易正义·益卦》。
⑤ 《周易·说卦传》。

"我生不有命在天？"①就是因为他自以为"在天"的祖先神必定会保佑他。而"上天"则是古代常见的称谓，例如《尚书》的"夏王有罪，矫诬上天"②；"敢昭告于上天神后，请罪有夏"；"上天孚佑下民，罪人黜伏"③；"今商王受，弗敬上天，降灾下民"④。

（二）超越者的基本特征

现代性的超越者的建构，包括这个超越者在世俗界的代言人及其社会生命存在形式，这些都是极其重大的时代课题，需要更进一步、深入系统的探索。但无论如何，现代性的超越者至少具有这样几个基本特征：

其一，超越者的外在性。必须否定"内在超越"，回归"外在超越"，亦即承认神圣超越者是外在于心性、外在于人，乃至外在于整个世俗界的存在者。当然，人类哲学走上内在超越之路以来所取得的积极成果也应当继承发扬；但同时要警惕这种内在超越的种种消极后果，并加以反思与批判。

其二，超越者的人格性。中国人心目中的"上天"不是什么"自然之天"，而是人格之天。这个"天"远不仅仅是宋儒所谓的什么"理"或"天理"；所谓"天理"其实只不过是人格之天的诸多面向之一而已，即只是人格之天所具有的理性而已。超越之天不仅有情感、智能，而且有意志与理性，即有完整的"人格"（personality）。

其三，超越者的神圣性。神圣界的超越者乃是世俗界的规训者，他是要惩恶扬善的，因而是令人敬畏的。必须使世俗界的人如孔子所说的"畏天命"。当然，倾听天命的途径未必就一定是《易经》蓍筮的神秘方式；但是，任何神圣性必然意味着某种神秘性，这必定体现在赖以沟通人神的某种仪式之中。

---

① 《尚书·西伯戡黎》。
② 《尚书·仲虺之诰》。
③ 《尚书·汤诰》。
④ 《尚书·泰誓上》。

其四，超越者的唯一性。现代性的神圣超越者乃是绝对者，即唯一者，决不能是"众神"。如《易经》之"天"或"帝"就不是多神的，而是一神的。传统的神圣超越者往往是多神的；而现代的神圣超越者则应当是一神的，因为多神意味着神圣界的等级秩序，那其实是世俗界的等级秩序的观念投射。

其五，超越者的无私性。现代性的超越者具有无私性，即是真正的"皇天无亲"[①]。《易经》之"天"作为超越者，不是祖先神，因而具有无私性。这也涉及"敬天法祖"的传统。"法祖"在宗族时代或家族时代的生活方式下是可以理解的；而在现代性的生活方式下只能作为私祭存在，而不具有公共性。私祭可以"法祖"、祭祖，公祭只能"敬天"、祭天。唯有如此，才能保证神圣超越者的无私性。

这里顺便说说"天子"这个称谓。这个名目出现很早，仅在《今文尚书·周书》中就已出现5次。但人们恐怕都没有注意到，"天子"的说法暴露了传世《尚书》的一个观念矛盾：一方面，"天子"这个称谓意味着神圣界的"天"乃是世俗界的"王"的祖先，即"王"乃"天"之"子"（子孙）；但另一方面，天其实并不是世俗之王的祖先神，而是高于祖先神的唯一至上神。例如《金縢》记载："公乃自以为功，为三坛同墠。……乃告大王、王季、文王。"何晏注释："因太王、王季、文王请命于天，故为三坛。"这就是说，祖先神是三王（太王、王季、文王），他们并不是天。否则，改朝换代的前后，就不再是同一个天了，这是荒谬的；事实上，传统的"改命"（例如"汤武革命"）并非"改天"，天还是那个天，只是这个天改变了他的主意，将权力授予了另一个宗族或家族。其实，上文已经谈到，将祖先神与至上神混同起来的，是"帝"这个称谓，既指称神圣界的至上者（上帝），也指称世俗界的至上者（王者）。显然，只有否定了天人之间的血缘关系，才可能有超越者的无私性、世俗界的平等性。有学者的一个说法是颇有意思的："如果说周公的德是天子

[①] 《尚书·蔡仲之命》。

的特质，孔子则通过仁的普遍性的确认，将每个人变成了道德意义上的'天子'，将每个人变为真正意义上的道德主体。"[1]这蕴涵着"四海之内皆兄弟"[2]的意味，而与"满街人都是圣人"[3]之说可谓异曲同工。

综上所述，生活儒学的"内在转向"是指其本体论的转变，即从"变易本体论"转为"超越本体论"。这个转向首先解构关于"内在超越"的两个教条——中国哲学的"内在超越"较之西方哲学的"外在超越"既是独特的，也是优越的，而还原到中国前轴心期的神圣的外在超越，最终建构一个顺应现代生活方式的、具有神圣性的外在超越者。

---

[1] 赵法生：《儒家超越思想的起源》，第13页。
[2] 《论语·颜渊》。
[3] 王守仁：《传习录下》，吴光等编校：《王阳明全集》。

第五编　形下学·知识论

为科学奠基

——中国古代科学的现象学考察*

本文意欲讨论"中国古代科学",包含着这样三个必须加以澄清的具有内在关联的问题:(1)所谓"中国古代科学"这个概念能否成立?其前提问题是:何谓科学?(2)一般科学是如何被奠基的?(3)中国古代科学是如何被奠基的?

一、"中国古代科学"概念能否成立?

中国古代究竟有没有所谓"科学"?这也是英国著名科学史家、《中国科学技术史》[①]作者李约瑟(Joseph Needham)所面临的质疑之一。这种质疑其实基于这样一个预设:科学的典范,从而成为一切学术是否科学的衡量标准的,就是西方的科学范式,而且只是西方近代文艺复兴以来的科学范式。但这种预设本身是可以质疑的,它忘记了西方古代形态的科学范式,更不用说它忽视了西方传统以外的科学形态。所以我们不妨发问:究竟何谓科学?

现代著名思想家、现象学大师海德格尔对科学概念有一个著名的界定。他在其论文《现象学与神学》中给出了一个"关于科学的形式定义:**科学是为被揭示状态本身之故对某个向来自足的存在者领域或者存在领域的有所论证的揭示**"[②]。为了理解他这个定义,这里有必要对海德格尔的有关思想加以简要介绍。

---

* 本文收入作者文集《面向生活本身的儒学——黄玉顺"生活儒学"自选集》,成都:四川大学出版社,2006年,第275—291页。
① 李约瑟:《中国科学技术史》(*Science Civilisation in China*),北京:科学出版社,1975年。
② 海德格尔:《现象学与神学》,载《路标》,孙周兴译,第54页。

任何一种实在的现成物，海德格尔都称之为"存在者"（Seiendes）。人是一种存在者，神也是一种存在者，自然物同样是一种存在者；自然界就是一个"存在者领域"。科学的对象总是某种存在者或者"某个存在者领域"，自然科学的对象就是自然界这个存在者领域。

科学就是"对……存在者领域的有所论证的揭示（begründende Enthüllung）"。注意，虽然任何认识总是揭示，但揭示不一定就是科学；只有那种"有所论证的揭示"才是科学，亦即科学是通过论证来揭示的。这种论证的揭示分为两类，从而科学本身也就分成两类：经验科学通过归纳论证来揭示，理论科学通过演绎论证来揭示；但这两者又是不可分割的，所以科学总是"实证的"——或是经验"证实"，或是逻辑"证明"。在这个意义上，即便是基督教神学也是一门实证科学（positive Wissenschaften），因为它的对象就是上帝这个存在者，而它是通过论证来对这个存在者加以揭示的：或者是通过神启的经验证实，或者是通过理性的逻辑证明。

最难理解的是定义中的"被揭示状态本身"（Enthülltheit）。其意为：在科学活动发生之前，作为对象的这个存在者其实已经"被揭示"了，它已经处在某种"被揭示状态"之中了。这是什么意思呢？这就需要对海德格尔的思想有更为全面一些的了解。

存在者之所以为存在者，就因为它"存在"着（sein），它"是"着（ist）什么。那么，这个"是"本身、这个"存在"本身是什么？存在（Sein）本身不是"什么"，即不是任何存在者。"存在不能存在。倘若存在存在，则它就不再是存在，而是一个存在者了。"① 这就是著名的"存在论区分"（der ontologische Unterschied），即对存在与存在者的区分。当然，"存在总是某种存在者的存在"②。但这并不是说先有一个存在者，然后它存在；恰恰相反，正因为它存在，它才是存在者。可是一旦我们用

---

① 海德格尔：《现象学与神学》，载《路标》，孙周兴译，第560页。
② 海德格尔：《存在与时间》，陈嘉映、王庆节译，第11页。

"什么"发问时,它所指的就总已经是一个存在者,而非存在本身了。哲学史、科学史均已表明,存在本身是不能被定义的,它只能通过某种方式被揭示出来。

那么,如何揭示?上文说到,科学是一种"有所论证的揭示";这就是说,还存在着某种"无所论证的揭示"。科学的论证,无论归纳的论证(经验证实),还是演绎的论证(逻辑证明),都是分析的。分析揭示的特征在于:它是对象化、客观化的,即首先将被揭示者设为一个对象、一个客体;这就是说,分析的前提乃是"主体—客体"这样的二元对置。因此,所谓科学也就是主体(一个存在者)对客体(另外一个存在者)的揭示。而这意味着:科学的分析揭示着存在者,但它恰恰遗忘了作为其前提的存在者之存在本身。然而假如存在者不首先"存在着",那么它什么也不"是"。对此,我们在进行科学的认识之前就已经有所领悟了:"存在者状态上的科学向来把某个现成的存在者当作课题,这个现成存在者总是已经以某种方式在科学的揭示之前被揭示出来了。"[1] 此即"无所论证的揭示"。所以,这种前分析的揭示才是源始性的(ursprünglich)、奠基性的(fundierend)揭示,科学的分析乃是被这种前分析的揭示所指引的。

这里还涉及另一个问题:谁来揭示?上文谈到,科学在揭示,那么从事科学的科学家就在揭示。但是科学家这种存在者首先是人。自然物这种存在者不能成为科学家,上帝这种存在者也不能成为科学家;科学家作为揭示者,总是人这个存在者。人是一种最特殊的存在者,海德格尔称为"此在"(Dasein)。此在、人这种存在者的存在,海德格尔叫作"生存"(Existenz)。人存在着,亦即人生存着;不是因为他是人,他才"生存着",而是因为他生存着,他才"是"人。因此,此在的生存乃是一切揭示——包括科学的揭示、前科学前分析的揭示——的根基,科学不过是"此在的一种可能性"[2],而非全部。

---

[1] 海德格尔:《现象学与神学》,载《路标》,孙周兴译,第55页。
[2] 海德格尔:《现象学与神学》,载《路标》,孙周兴译,第54页。

那么，此在如何揭示？这种揭示不是科学分析的那种有所论证的揭示，而是前分析的揭示；这种源始性的揭示，海德格尔称为"领悟"（Verstehen）。人在科学地甚至日常经验地认识一个对象之前，就已经对这个存在者的存在心领神会了，虽然他还不能说出它是"什么"，但他已经知道它"是"什么："我们总已经活动在对存在的某种领会中了。明确提问存在的意义、意求获得存在的概念，这些都是从对存在的某种领会中生发出来的。我们不知道'存在'说的是什么，然而当我们问道'"存在"是什么'时，我们已经栖身在对'是'['在']的某种领会之中了，尽管我们还不能从概念上确定这个'是'意味着什么。"① 这种源始的领悟，基于他对于其他存在者的一种源始关系：此时其他存在者还不是"现成在手的"（vorhanden）、现成摆在那里的，而是"上手的"（zuhanden）、得心应手的。人只要生存着，他也就源始地领悟着："人类此在本身，只要它终究生存着，就从自身而来具有这种存在领悟。"② 科学不过是这种"前科学态度的继续推进"③：只有领悟了存在者之存在，才可能认识存在者，随之才可能有科学。

总之，人这种存在者在自己的生存中领悟地揭示着包括自然界在内的存在者，在此基础上，他还对存在者进行着有所论证的揭示，即进行科学活动。古代中国人也是人，即作为此在的特殊存在者，他们同样在自己的生存中领悟地揭示着，既揭示着他自身的存在，也揭示着其他一切存在者的存在；既进行着前分析的揭示，也进行着分析的即有所论证的揭示。当他们进行那种有所论证的揭示时，他们也就是在从事着科学。于是我们才能理解，中国古代何以具有如此高度发达的技术：如果说技术被奠基于科学，那么科学就被奠基于前科学、前分析的源始地领悟着的揭示。

---

① 海德格尔：《存在与时间》，陈嘉映、王庆节译，第7页。
② 海德格尔：《现象学与神学》，载《路标》，孙周兴译，第70页。
③ 海德格尔：《现象学与神学》，载《路标》，孙周兴译，第55页。

二、一般科学是如何被奠基的？

那么，科学究竟是如何被这种领悟着的揭示奠基的？科学作为源始的生存领悟的"继续推进"，究竟是如何被建构起来的？按照海德格尔的思路，这里涉及科学与哲学的区分。在"有所论证的揭示"这个意义上，哲学也是一门科学；但哲学不是实证科学，亦即不是**分门别类**的关于诸多"存在者领域"的科学，而是**一门**关于"存在者整体"的科学，海德格尔称之为"存在学"（Ontosophie）。"倘若把科学理解为此在的一种可能性，那么，根据这种一般科学的观念就可以表明：科学必然具有两种基本可能性，即，关于存在者的各门科学（存在者状态上的各门科学）和关于存在的这一门科学（存在学上的科学，亦即哲学）。"[1]"关于某个现成存在者的科学，即关于某个实在的科学，我们称之为实证科学"；"实证科学是对某个现成摆着的和已经以某种方式被揭示出来的存在者的有所论证的揭示"。[2]"哲学即形而上学。形而上学着眼于存在，着眼于存在中的存在者之共属一体，来思考存在者整体——世界、人类和上帝。形而上学以论证性表象的思维方式来思考存在者之为存在者。"[3] 在这种区分的基础上，海德格尔给出了关于实证科学之实证性的构成的三个层次[4]，我们就以此为层层逆推、深入分析的线索。

（一）存在者状态上的科学

一般地，一个已经以某种方式被揭示出来的存在者在某个范围内是现成摆着的，是理论的对象化和探究活动的可能课题。

---

[1] 海德格尔：《现象学与神学》，载《路标》，孙周兴译，第 54—55 页。
[2] 海德格尔：《现象学与神学》，载《路标》，孙周兴译，第 55、57—58 页。
[3] 海德格尔：《哲学的终结和思的任务》，载《面向思的事情》，陈小文、孙周兴译，第 68 页。
[4] 海德格尔：《现象学与神学》，载《路标》，孙周兴译，第 56—57 页。以下三段引文均出于此。

这就是区别于哲学的实证科学,其对象是已经以某种方式被揭示出来的存在者,不论它是自然物、人,还是上帝;实证科学就是对这种已经有所揭示的对象更进一步的"有所论证的揭示":有所论证地揭示上帝的就是神学,有所论证地揭示人的就是作为"人学""人文科学""社会科学"的科学,有所论证地揭示自然物的就是自然科学。

(二) 存在学上的科学

> 在某种特定的前科学的与存在者的通达和交道方式中,这个现成的实在是可发现的;在此交道方式中,这一领域的特殊的实际特性和有关存在者的存在方式已经显示出来。

这里所说的"某种特定的前科学的与存在者的通达和交道方式",就是形而上学的方式,即传统的本体论(Ontologie,或译为存在论)哲学,海德格尔所谓"存在学"的方式。实证科学的任务是揭示某个"领域的特殊的实际特性和有关存在者的存在方式",但这在实证科学之前就"已经揭示出来"了:这是由哲学来揭示的。这就是说,科学是被哲学奠基的。

哲学也跟实证科学一样,"特征在于:它把被它当作课题的东西对象化,这种对象化的方向是直指存在者的,从而是一种已经实存着的对这一存在者的前科学态度的继续推进"①。所以,不论科学还是哲学,作为"有所论证的揭示",其前提是"主—客"二元对置的设定,即"客观化"(objektivieren)。"客观化就是使某物成为一个客体,把它设定为一个客体并且仅仅这样来表象它";"在自然科学和技术的表象领域里,思与言是客观化的,亦即是要把给定事物设定为客体的"。② 换句话说,科学、哲学的前提是"主体性"观念的确立。人把自己的此在从"在世界之中存

---

① 海德格尔:《现象学与神学》,载《路标》,孙周兴译,第 55 页。
② 海德格尔:《〈今日神学中一种非客观化的思与言问题〉的神学谈话中主要观点的若干提示》,孙周兴译,载刘小枫选编:《海德格尔与有限性思想》,第 19—21 页。

在"（In-der-Welt-sein）这个源始结构中剥离出来，他把自己这个存在者设置为主体，而把作为对象的存在者设置为客体，于是认知经验得以发生，进而哲学、科学得以发生。

（三）源始的生存领悟

> 科学的实证性还包括这样一点：就连这种前科学的对现成存在者（自然、历史、经济、空间、数量）的行为，也已经受一种尽管还是非概念性的存在领悟的照亮和引导了。

这就是说，即便哲学也还是被奠基的，"已经受一种尽管还是非概念性的存在领悟的照亮和引导"；而只有这种存在领悟，才是终极奠基性的。那么，何谓"存在领悟"？人的存在就是生存，因此人的存在领悟就是"生存—领悟"（Existenz-Verständnis）。"每个存在者都仅仅根据某种先行的——虽然未被认识的——前概念性的对这个有关存在者的存在和存在方式的领悟而揭示自身。"[①]

这里的关键在于"非概念性""前概念性"。不论科学还是哲学都依赖于概念，而存在领悟或生存领悟却是前概念的、前分析的。海德格尔对这种前科学的甚至前哲学的生存领悟有一段生动的描述：

> 对于更宽泛意义上的物的日常经验既不是客观化的，也不是一种对象化。譬如，当我坐在花园中，欢欣于盛开的玫瑰花，这时，我们并没有使玫瑰花成为一个客体，甚至也没有使之成为一个对象，亦即成为某个专门被表象出来的东西。甚至当我在默然无声的道说中沉醉于玫瑰花的灼灼生辉的红色，沉思玫瑰花的红艳，这时，这种红艳就像绽开的玫瑰花一样，既不是一个客体，也不是一个物，

[①] 海德格尔：《现象学与神学》，载《路标》，孙周兴译，第69页。

也不是一个对象。玫瑰花在花园中，也许在风中左右摇曳。相反，玫瑰花的红艳既不在花园中，也不可能在风中摇曳。但我们却通过对它的命名而思考之、道说之。据此看来，就有一种既不是客观化的也不是对象化的思想与道说。①

这里的玫瑰花之红艳既非一个美学范畴，亦非一个审美对象，也非一个价值评判对象，更谈不上科学的、哲学的对象；它仅仅是一种作为日常经验的生存领悟。②它并不是与"我"这个主体相对的客体，不是一个"现成在手的"（vorhanden）物件，而是"上手的"（zuhanden）、"得心应手"的、"心领神会"的存在；我与它是一种水乳交融的共在（Mitsein）。但在这里，玫瑰花及其红艳已经被源始地揭示出来了。试想，假如没有这样的对玫瑰花的生存领悟，何来对玫瑰花的审美？何来对玫瑰花的价值评价？何来对玫瑰花的科学研究、哲学思考？

所以，从根本上来看，"自己的此在的'主体性质'与他人的'主体性质'都是从生存论上得到规定的，也就是说，从某些去存在的方式得到规定的"③；"一切基本概念的阐明恰恰都致力于在其源始整体性中去洞察那原初的、自足的存在联系——所有基本概念都以此存在联系为指归——，并且不断地把这种存在联系保持在眼帘中"④。这就是海德格尔的基础存在论（Fundamentalontologie）的态度。

三、中国古代科学是如何被奠基的？

根据以上思路，中国古代科学是如何被奠基的？中国古代科学奠基于中国古典哲学，而中国古典哲学又奠基于中国古人的某种源始的生存领悟。

---

① 海德格尔：《〈今日神学中一种非客观化的思与言问题〉的神学谈话中主要观点的若干提示》，载刘小枫选编：《海德格尔与有限性思想》，第19页。
② 这里的"日常经验"也不是经验主义意义上的，因为经验主义是一种为科学奠基的哲学。
③ 海德格尔：《存在与时间》，陈嘉映、王庆节译，第146页。
④ 海德格尔：《现象学与神学》，载《路标》，孙周兴译，第69页。

（一）中国文化中的源始的生存领悟

我们首先容易想到的就是老子的存在之思：有无之思。老子将纯粹的"作为存在的存在"称为"道"或"无"。"道"之为物，其实并不是一个"物"，即并不是一个作为现成存在者的物，这就是"无"的意思；"无"并不是佛教所说的一无所有的"恶空"，而是说它不是任何实体性的存在者，而是存在之为存在本身。所以，老子这样形容："道之为物，惟恍惟惚。惚兮恍兮，其中有象；恍兮惚兮，其中有物。"[①] 道本身不是物，故称"恍惚"；但是其中有象、有物。用海德格尔的话来说，道不是任何现成的存在者，而是所有存在者的"原始居有"或"缘构发生"（Ereignis）。"无，名天地之始；有，名万物之母。"[②] 作为"始"，亦即终极源始性的这种缘构发生，海德格尔称作"大道"[③]，而老子称作"道"。为此，海德格尔对老子的"道"进行了一番悉心的领会：

> 老子的诗意运思的引导词语就是"道"，"根本上"意味着道路。……"道"或许就是产生一切道路的道路，我们由之而来才能去思理性、精神、意义、逻各斯等根本上也即凭它们的本质所要道说的东西。也许在"道路"（Weg）即"道"（Tao）这个词中隐藏着运思之道说的一切神秘的神秘，如果我们让这一名称回复到它的未被说出状态之中而且能够这样做的话。[④]

老子的"道"（Tao）是这样一条"道路"（Weg），它在"道说"（Sagen）着，但是这种道说却是无声的"寂静之音"（das Geläut der

---

① 《老子》第二十一章，王弼《老子道德经注》本，《诸子集成》本。
② 《老子》第一章。
③ "居有""缘构发生""大道"都是 Ereignis 的不同汉译。
④ 海德格尔：《在通向语言的途中》，孙周兴译，第 165 页。

Stille）①，犹如庄子所说的"大道不称，大辩不言"，乃是"不言之辩，不道之道"②，所以老子指出："道可道，非常道。"③道或无，作为"产生一切道路的道路"，是为一切物奠基的，一切物都生于道或无："万物恃之以生"④；"天下万物生于有，有生于无"⑤。但这种"生"不是母亲生出孩子那样的从一个存在者生出另一个存在者，而是作为存在的存在对存在者的居有、缘构发生。这里，"始"即"无"、即"道"，"吾不知谁之子"⑥；而"有"作为"万物之母"，老子称之为"德"，也称为"一"，"万物得一以生"⑦。所以，"始"之"生"是"生而不有"⑧。总之，德出自道，母出自始，有出自无。

这种道或无乃是一种结构，但也不是由任何现成的存在者所组成的结构，而是一种领先于存在者的源始结构。这种结构，中国哲学叫作"阴阳"。阴阳本身并不是任何物、存在者；在阴阳结构中的阴和阳各自也不是任何物、存在者。《周易》说"一阴一阳之谓道"⑨，老子也说"万物负阴而抱阳，冲气以为和"⑩。所以，阴阳即道。

这种阴阳之道是"百姓日用而不知"⑪的："不知"是说我们还没有把它作为客体，更不用说形而上学存在论的本体加以把握，它还没有被视为物，即还没有被对象化、客体化、概念化；然而"日用"则是说它是"上手的""得心应手的"，因为我们对它已经"心领神会"。如果没有这种源始的领悟，任何物都不可能被我们"得心应手"地"日用"，我们也就无以生存。

---

① 海德格尔：《在通向语言的途中》，第183页。
② 《庄子·齐物论》，王先谦《庄子集解》本，《诸子集成》本。
③ 《老子》第一章。
④ 《老子》第三十四章。
⑤ 《老子》第四十章。
⑥ 《老子》第四章。
⑦ 《老子》第三十九章。
⑧ 《老子》第二章。
⑨ 《周易·系辞上传》。
⑩ 《老子》第四十二章。
⑪ 《周易·系辞上传》。

所以，阴阳结构作为"百姓日用"的东西，其实就是我们自己的生存结构[①]；我们的"人生在世"，就是我们源始地生存于这种阴阳结构中。在这个意义上，老子之道就是"长生久视之道"[②]，亦即"生存之道"。[③] 而我们对这个源始结构的"不知"的领悟，即对道或无的领悟，乃是前分析的、前概念的、前哲学的、前科学的源始领悟，这就是我们的生存领悟。

（二）中国文化中的存在学上的哲学建构

在生存领悟的基础上，我们才建构起了形而上学哲学。这种建构的关键，正如海德格尔所说，就是将目光从存在本身转向存在者的存在，进而转向存在者——存在者整体，即存在者之为存在者。

即以老子哲学来看，他揭示了德出自道、母出自始、有出自无，也就是揭示了形而上学哲学是如何被奠基的，因为"有""德""母"这些观念，正是中国哲学之得以成立的初始观念：它们不是存在本身，而是存在者，并且是存在者整体，是存在者之为存在者，即是所有可能的存在者之最后"根据"。"从哲学开端以来，并且凭借于这一开端，存在者之存在就把自身显示为根据，原因，原理。……根据遂具有建基特性——它是实在的存在者状态上的原因，是使对象之对象性得以成立的先验可能性……"[④] 这种"根据"，就是中国哲学本末范畴的"本"，本就是根的意思：万物都是从这根上生长出来的枝叶果实。在这个意义上，"本"就是"母"，就是作为"一"的纯粹的"有"。

这里关键在于海德格尔所说的"存在的遗忘"：道、始、阴阳等等，不再被理解为非实体性的源始结构、缘构发生，而是被理解为实体，被理解为某种最高实体——阴阳被理解为天地，天地被理解为父母。这是

[①] 对此可以参见拙文：《生命结构与和合精神——周易哲学论》，《社会科学研究》1998年第1期。
[②] 《老子》第五十九章。
[③] 对此可以参见拙文：《老子哲学：生存之道》，《四川大学学报》1998年第2期。
[④] 海德格尔：《哲学的终结和思的任务》，见《面向思的事情》，陈小文、孙周兴译，第68—69页。

中国哲学得以成立的秘密所在。《周易》大传就是这样把阴阳理解为乾坤（天地），进而又理解为父母的："乾，天也，故称乎父；坤，地也，故称乎母。震一索而得男，故谓之长男；巽一索而得女，故谓之长女。坎再索而得男，故谓之中男；离再索而得女，故谓之中女。艮三索而得男，故谓之少男；兑三索而得女，故谓之少女。"[①] 这就正如李贽所说："极而言之，天地一父母也。"[②] 这里的一个关键环节，是把作为"道"的阴阳理解为"气"，即理解为"阴阳二气"。这个观念在中国轴心期的战国时代即已形成，至汉代而完成。董仲舒说："天地之气，合而为一，分为阴阳，判为四时，列为五行。"[③] 这二气也就是天地、万物的父母："阴阳合气，万物自生。"[④] 于是，这就形成了中国本体论的古代形态——宇宙论（cosmology）模式。

这样，源始的生存领悟就为中国古代哲学奠定了基础。可是根据另一位现象学大师舍勒的思想，形而上学哲学并不是直接奠基于这种生存领悟上的，其间还有一个中介环节，那就是"爱"。"爱是倾向或随倾向而来的行为，此行为试图将每个事物引入自己特有的价值完美之方向，并在没有阻碍时完成这一行为。换言之，正是这种世界之中和世界之上的营造行为和构建行为被我们规定为爱的本质。"[⑤] 由此，我们想到儒家思想。儒家思想的根基即"仁"，也就是爱："樊迟问仁。子曰：'爱人。'"[⑥] 爱又被舍勒称之为"情性"（Gemüt）："我们称之为'情性'或形象地称之为人的'心灵'的东西，……它本身就是一切可能的可爱性之宇宙的一个井然有序的翻版——因此是一个价值世界之微型宇宙。Le coeur a ses raisons（心有其理）。"[⑦] 而在儒家，情与性是分开来说的："性也者，与

[①] 《周易·说卦传》。
[②] 李贽：《夫妇论》，《焚书》卷三，北京：中华书局，1961年。
[③] 董仲舒：《春秋繁露·五刑相生》，凌曙《春秋繁露注》本，北京：中华书局，1975年。
[④] 王充：《论衡·自然》，上海：上海人民出版社，1974年。
[⑤] 舍勒：《爱的秩序》《爱与认识》，林克译，载刘小枫选编：《舍勒选集》（下），第750页。
[⑥] 《论语·颜渊》。
[⑦] 刘小枫选编：《舍勒选集》（下），第757页。

生俱生者也；情也者，接于物而生者也。"① 而性作为本心，也是"心有其理"的，谓之"性理"，即王阳明所说的"心即理也"，"心即理，性即理"。② 性之发而为情，这就是爱。在儒家，人的一切都由仁爱出发。

舍勒"以上帝的博爱为观察的出发点"③，认为爱是源出于上帝的："上帝，只有上帝才可能是可爱性之王国这座阶梯形和金字塔形建筑的尖顶——大全的本源和终极"；"上帝理念这一对象已经鉴于一切爱的本质特征为爱的秩序的思想奠定了基础"；而人的"每种爱都是一种尚未完成的、常常休眠或思恋着的、仿佛在其路途上稍事小憩的对上帝的爱"。④ 在儒家，这个上帝就是"天"，即所谓"天命之谓性"⑤。不过，不同于舍勒的是，儒家这个"天"后来被内在化、心性化了："尽其心者，知其性也；知其性，则知天矣。"⑥ 于是，性即是天，爱即是天。这个"性"就是上文所说的"德"，儒家称作"德性"。这样一来，作为仁爱的心性就成为儒家的先验论的本体。于是，"万物皆备于我"⑦，即："一切透过我观察及思维所能认识的事物，以及所有我意志抉择、以行动作成的事情，都取决于我心灵的活动。"⑧

由于"我们的心灵以爱为第一规定"⑨，这就引导出先验的形而上学建构。这种先验本体，儒家称为"良知良能"："人之所不学而能者，其良能也；所不虑而知者，其良知也。孩提之童，无不知爱其亲者；及其长也，无不知敬其兄也。亲亲，仁也；敬长，义也。无他，达之天下也。"⑩ 于是，由仁爱出发，组建起"仁—义—礼—智"的建构：其中"义"是

---

① 韩愈：《原性》，《昌黎先生集》，《四部备要》本，上海：中华书局，1936年。
② 王守仁：《传习录上》，吴光等编校：《王阳明全集》卷一。
③ 刘小枫选编：《舍勒选集》（下），第752页。
④ 刘小枫选编：《舍勒选集》（下），第755、750页。
⑤ 《礼记·中庸》。
⑥ 《孟子·尽心上》。
⑦ 《孟子·尽心上》。
⑧ 刘小枫选编：《舍勒选集》（下），第739页。
⑨ 刘小枫选编：《舍勒选集》（下），第766页。
⑩ 《孟子·尽心上》。

价值论、伦理学建构,而可以为道德奠基;"知"则包含着知识论、认识论建构,而可以为科学奠基。

(三)中国文化中的存在者状态上的科学建构

上面所说的是:知道了道的奠基性,也就知道了德、存在者整体,从而也就知道了形而上学哲学是如何被建构起来的;现在要说的是:知道了德的奠基性,从而也就知道了伦理学、知识论以及科学是如何被建构起来的。这也就是老子所说的:"天下有始,以为天下母。既得其母,以知其子。"① 就哲学之开出科学来看,海德格尔指出:"早在希腊时代,哲学的一个决定性特征就已经显露出来了:这就是科学在由哲学开启出来的视界内的发展。科学之发展同时即科学从哲学那里分离出来和科学的独立性的建立。这一进程属于哲学之完成。这一进程的展开如今在一切存在者领域中正处于鼎盛。它看似哲学的纯粹解体,其实恰恰是哲学之完成。"② 关于诸存在者领域的科学,是关于存在者之整体的哲学之具体展开。

如果按照舍勒的思路,仁爱性情既为价值论、伦理学奠基,也为知识论、认识论奠基;这是因为,"在人是思之在者或意愿之在者之前,他就已是爱之在者";"与认知与意愿相比较,情性更堪称作为精神生物的人的核心"。③ 在这个意义上,"爱始终是激发认识和意愿的催醒女,是精神和理性之母"④。大道运行之际,原来没有伦理学上的善恶区分、知识论上的真伪区分;然而"大道废,有仁义;智慧出,有大伪"⑤。这是因为我们从"日用而不知"而至于"有知":"天下皆知美之为美,斯恶已⑥;皆知善之为善,斯不善已"⑦。于是,道德、知识就建构起来了。这是一个

---

① 《老子》第五十二章。
② 海德格尔:《哲学的终结和思的任务》,见《面向思的事情》,陈小文、孙周兴译,第70页。
③ 刘小枫选编:《舍勒选集》(下),第751、741页。
④ 刘小枫选编:《舍勒选集》(下),第750—751页。
⑤ 《老子》第十八章。
⑥ 这里的"美"与"恶"相对,乃是涵盖了美学范畴的伦理学范畴。
⑦ 《老子》第二章。

"道生之，德畜之；物形之，势成之"①的过程："道生之"谓由道而德、由无而有；"德畜之"谓由有而物、由母而子；"物形之""势成之"则谓由一物（本体）而万物。

中国古代科学就是这样由哲学中的知识论奠基的。"爱民治国，能无知乎？"②知识论探讨认识之所以可能的条件，舍勒认为："爱和恨是任何认识行为产生的基本条件，无论在形象领域，或是在思维领域，而且只要感兴趣本身本来是爱多于恨，我们就可以说爱优先于认识。"③他引述帕斯卡尔的话"爱即理性"，并解释说："帕斯卡尔所指的更为深刻的含义是：对象首先出现在爱的过程之中，然而感知才描摹它们，理性随后对它们作出判断。"④这就是说，认识，从而科学的先决条件是爱。

在中国古代科学中，最发达的是天文、地理、数学、医学。天文、地理受到特别的关注，"古者包牺氏之王天下也，仰则观象于天，俯则观法于地"⑤，"仰以观于天文，俯以察于地理"⑥。这是因为，天地作为阴阳、乾坤，作为我们的"父母"，就是我们的"世界"（Welt），即我们向来生存于其中的境域；我们总是天地间的存在者，"乾称父，坤称母；予兹藐焉，乃混然而中处"⑦。有了天地父母之"命"，才能有人、物之"性"；有了对天地之命的认识，才能有对人、物之性的认识。儒家把"天命"内在化以后，"物理"也成了"心理"。王阳明说："在物为理，'在'字上当添一'心'字：此心在物则为理。"⑧人、物之性被把握为本质、规律，概称为"数"："性者，万物之本也，不可长、不可短，因其固然而然之，

---

① 《老子》第五十一章。
② 《老子》第十章。
③ 刘小枫选编：《舍勒选集》（下），第768页。
④ 刘小枫选编：《舍勒选集》（下），第776—777页。
⑤ 《周易·系辞下传》。
⑥ 《周易·系辞上传》。
⑦ 张载：《西铭》，《张载集》，北京：中华书局，1978年。
⑧ 王守仁：《传习录上》。

此天地之数也"[①];"物生而后有象,象而后有滋,滋而后有数"[②];"参伍以变,错综其数,通其变,遂成天下之文;极其数,遂定天下之象"[③]。这就是数学之发达的原因。数在天文,则有天文学;数在地理,则有地理学;数在人体,则有医学。

最典型的中国古代科学是医学,其哲学根据是"人副天数""天人感应"。董仲舒是这个哲学思想的集大成者:"人之为人本于天,天亦人之曾祖父也"[④];"人之形体,化天数而成"[⑤];所以,"身,犹天也:数与之相参,故命与之相连也"[⑥];因此,"天地之阴气起,而人之阴气应之而起;人之阴气起,而天地之阴气亦宜应之而起;其道一也"[⑦]。这种观念在汉代成熟,而中国医学宝典《黄帝内经》也在此时最后成书。《黄帝内经》的观念包括两个基本的方面:人这种现成存在者的整体;人与自然界(天地)这种现成存在者的关系。这两个方面贯穿着一个奠基性的核心观念:阴阳。《黄帝内经》指出:"阴阳者,天地之道也,万物之纲纪、变化之父母也,生杀之本始、神明之府也。"[⑧]因此:"治病必求于本。故积阳为天,积阴为地;阴静、阳躁;阳生阴长,阳杀阴藏;阳化气,阴成形。"[⑨]在这种观念基础上,中国古代医学得以建构起来。

中国古代科学奠基问题透显了普遍的一般科学奠基问题,这个一般问题蕴涵着我们的现实关切:**我们今天应如何为科学奠基?**这确实是我们今天面临的一个重大问题。我们今天同时面对着科学主义和反科学主义这样两种截然对立的思潮。科学主义思潮乃是一种头足倒置的立场,因为这种立场视科学为终极奠基性的东西,而非被奠基的东西。不是生存为科学

---

① 《吕氏春秋·贵当》,汉高诱注,《诸子集成》本。
② 《左传·僖公十五年》,《十三经注疏》本,北京:中华书局,1980年,影印本。
③ 《周易·系辞上传》。
④ 董仲舒:《春秋繁露·为人者天》。
⑤ 董仲舒:《春秋繁露·为人者天》。
⑥ 董仲舒:《春秋繁露·人副天数》。
⑦ 董仲舒:《春秋繁露·同类相动》。
⑧ 《黄帝内经·阴阳应象大论》,张志聪《黄帝内经素问集注》。
⑨ 《黄帝内经·阴阳应象大论》。

奠基，而是科学为生存奠基，这就意味着此在的生存，即人的生活本身反倒成了一种派生性的东西。于是科学俨然成为一种意识形态，一种"霸权话语"，乃至成为一种宗教，一种"拜科学教"。但反科学主义思潮则是一种因噎废食的立场，因为这种思潮不是积极地寻求为科学奠基，而是消极地对科学及其文明成果加以拒绝。这种立场完全取消了科学奠基问题，因而也就不能真正现实地解决这个问题。尤其对于我们亟待实现现代化的中国人来说，反科学主义思潮显然是错误的。因此，我们既不能做"现代科学的拜物教徒"[①]，也不能做科学的敌人；我们今天的一项重要任务，乃是"科学复位"问题，即把科学安放到一个恰当位置上，这就是：为科学奠基。

---

① 刘小枫选编：《舍勒选集》（下），第759页。

儒学与作为科学理论基础的知识论的重建 *

非常高兴参加这么一个会议。上一场听了几位先生的发言,很受启发,可以说让我产生了强烈的冲动,想写一篇文章,谈谈关于"儒学与科学"的问题。这个问题,我是有一些想法和思考的,也曾偶尔写过文章①;但是目前自己的工作计划还没有到这一块。我现在主要是在研究儒家历来比较关注的问题——伦理学与政治哲学的问题。但也有一些零星的想法,向各位汇报一下。

我想,这次会议的主题应该说是很鲜明的,核心的问题是什么呢?就是儒学与科学之间的关系。大家对这个问题有不同的看法,但我们可以简单地归纳为:有的人认为儒学与科学是冲突的;有的人认为儒学与科学是可以相容的。郭老师上一场就鲜明地表态:它们是不冲突的。这个观点,我完全赞成。我就从这个角度讲吧。

一

我想到一个问题:当我们说儒学跟科学不冲突、可以相容的时候,我们如何能证明这一点?这让我想到,目前为止,关于这个方面的课题的研究,大致包括两种路数:

一是历史学的路数。到目前为止,史学的路数已经取得了明显的成绩;在座的各位先生的大量工作,包括马来平教授他们所做的工作,我认为是颇有成效的,打下了很好的基础。不过,尽管儒学的历史、科学的历

---

* 原载《当代儒学》第 8 辑,桂林:广西师范大学出版社,2015 年,第 94—101 页;收入作者文集《时代与思想——儒学与哲学诸问题》,济南:山东人民出版社,2017 年,第 107—112 页。
① 黄玉顺:《为科学奠基——中国古代科学的现象学考察》,见《面向生活本身的儒学——黄玉顺"生活儒学"自选集》。

史，儒学与科学在历史上有什么样的关系、什么样的纠葛，这些问题，我们已经谈论了很多了；但是，我想，从方法论的角度来讲，比如我现在说"我认为儒学与科学是不冲突的"，我可以列举出十个、百个、千个历史事实，但其实还是不管用的；因为别人也可以举出十个、百个甚至千个的反证，这就像波普尔（Karl Popper）讲的，别人只要举出一个反证就够了，就可以"证伪"你的结论。由此可见，历史学这条路数固然是必须走的，清理历史非常重要，但它仅仅是一个基础，这是不够的，还须要另一种路数。

二是哲学或思想理论的路数。我个人感觉，我们在这个方面的工作做得很不够，那就是真正从哲学层面上、思想理论层面上要讲清楚：凭什么说儒学跟科学、科学跟传统文化没有冲突？

这个问题，我们可以举出历史上的许多例子，但从理论上讲清楚则比较困难。困难在哪呢？我个人认为，严格来讲，不光是搞科技哲学的，其实我们现在整个哲学界的思维模式，比起20世纪已经达到的哲学和思想观念水平来讲，仍然是落后的。

我看了一些这方面的文章，感觉有些问题。比如说，很多时候，大家嘴里谈的"科学"，不管是赞同刚才的主张还是反对这个主张的，其实所谈的都不是一般意义的"科学"，而是"西方现代科学"。这是一个什么问题呢？简单讲，实际上我们很多时候是把"古今"问题、历时性的问题变成了"中西"问题、共时性的问题。通俗地讲，很多时候，我们在谈"儒学"的时候，我们心里想的或者我们写下来的儒学，其实是前现代的儒学；而在谈"科学"的时候，我们谈的全是西方近现代以来的科学。我们所谈的其实不是"儒学与科学的关系"，而是"中国古代儒学和西方现代科学的关系"。这就是错位，很大很大的错位。

因此，我想提出一个问题。什么问题呢？科学的发展是以范式转换的方式进行的，而不仅仅是修修补补的。这是跟时代有关的。这样一来，你会发现，西方的科学有古代的科学范式（例如古希腊的科学范式和中世纪的科学范式）和现代的范式（例如牛顿的科学范式和爱因斯坦的科学范式），它们是截然不同的，全都是范式的转换。

同样的道理，中国的科学也是这样。这就涉及"中国古代有没有科学"的问题了。现在把西方的现代科学或明或暗地作为标准，这对中国古代科学来讲当然是不公平的。这就是我讲的把古今的问题变成了中西的问题，把历时性的问题变成了共时性的问题。如果这样看问题，很多问题是说不清楚的。例如刚才有学者讲的，中国古代科学是跟迷信联系在一块的；其实，西方也是一样的，比如刚才有学者所谈到的西方的占星术或者星座之类的（我就是狮子座的），它们都属于西方中世纪的科学范式。这就涉及"什么是科学"的问题。

以上我是想说明，谈儒学与科学的关系问题，有两种进路。一种是史学的进路，这是必要的，但它不能根本解决问题，它只是个基础。我们还需要另一种进路，在理论上、哲学上清理清楚这个问题。

二

怎么讲清楚？我有自己的一套看法，限于时间，我只能简单谈一下。

就"science"这个词语的语义和用法来讲，从古希腊开始，它就不是指的西方近现代科学意义上的"科学"。它指的是什么？

我们人类的全部观念，可以分为三个层级：存在、形而上存在者、形而下存在者。刚才有学者谈到"本体论"问题，就是关于形而上存在者的问题，非常好，我很赞同。我这里只谈后面两个层级，即"形而上者—形而下者"。人类到了轴心期（Axial Period）的时候，如中国的诸子百家时代、西方的古希腊哲学时代或者印度的佛陀时代，总之，到了轴心期的时候，人们忽然开始意识到，要追问一个问题：我们周边的万物、林林总总的东西，总归是形而下的存在者，那么，这些东西是何以可能的？于是乎，我们开始寻找它们背后的终极根据——形而上的存在者。不管是哲学上的"本体"也好，宗教里的"上帝"也罢，中国和西方的思维模式都是一样的：我们用唯一绝对的形而上存在者来说明众多相对的形而下存在者何以可能的问题。这其实是古今中外所有哲学的一致的思路。

那么，科学是什么？科学只是"形而下学"中的一个方面。形而下学包括两个大的方面：伦理学（广义的伦理学）和知识论。《周易》称之为"观乎人文""观乎天文"[①]。就这么两个方面。我本人现在主要是做伦理学这一块的研究，下一步可能做知识论的研究，但这两者在层级上是一样的，都是形而下学。一门具体的科学，其实就是关于一个形而下存在者领域的研究。唯有这样的"科学"概念，才能囊括古今中外所有一切科学范式。

从形而上学的建构到形而下学的建构，这是一种"奠基"关系，中间还有很多环节。比如就知识论来讲，它起码有两个基本的环节："主—客"架构和范畴表。这些环节，古代的儒学全部都已经具备了。

三

"主—客"架构是一切知识论和伦理学的根本。比如荀子讲："凡以知，人之性也；可以知，物之理也。"[②] 这里的"人之性—物之理"其实就是"主—客"架构。又比如《中庸》讲："诚者，非自成己而已也，所以成物也。"这里的"成己—成物"其实就是给出"主—客"架构。所以，我很赞成刚才有学者讲的：古代的儒家只不过不太关心这方面的问题，他们更关心的是共同生存的秩序问题，即"礼"的建构问题。但这并不是说儒学不能容纳科学、不能容纳知识论，只不过它确实不太关心这个问题。

再就是范畴表。简单讲，从形而上学下贯到形而下学，有这么一个基本的环节。形而上者是一个"绝对能动者"的概念，上帝就是这样一个绝对能动者，一切都由他给出，那么，他怎么给出呢，怎么一层一层地建构下去呢？首先就是列一张范畴表。大家都知道，中国古典经籍上的第

---

① 《周易·贲彖传》。
② 《荀子·解蔽》。

一个范畴表，就是《尚书·洪范》给出的"五行"。那不是什么"五种物质""五种元素"之类的；那就是当时中国人看世界的方式，那纯粹是一种关系。比如说，中医用五行来说明"五脏"，并不是说脾就是土做的、心就是火做的、肝就是木做的、肺就是金做的、肾就是水做的。五行不是指这样的实体，而是纯粹的关系；从"洪范九畴"第一畴"五行"到其他八畴，乃是纯粹的关系映射。所以我们才用"洪范九畴"去翻译西方的"范畴"（catigories），两者之间是对应的。①

亚里士多德给出了西方的第一个范畴表，那就是他的《工具论·范畴篇》。他讲的十大范畴，分为实体和非实体两类，也是讲这个问题的，这就是西方人看世界的方式。后来康德也有新的范畴表，但是对近代科学没有什么实际影响，西方人主要还是用亚里士多德的范畴表。但是，实际上，到今天，西方的范畴表已经不能适应今天的科学，面临着重建范畴表的问题。亚里士多德那样的范畴表，很多科学概念已经容纳不进去了。例如，"信息"这个科学概念就是亚里士多德范畴表容纳不了的。又如，我们知道，20世纪以来的物理学统一不起来。西方所面临的科学的这个根本问题，其实就是范畴表的问题。

中国今天也面临这个问题：重建范畴表的问题。有一点是应当明确的：今天的学者，今天做知识论建构的人，不能再区分"中国的范畴表"和"西方的范畴表"；今天的科学需要统一的范畴表。那么，怎么统一起来？你搞一个新的范畴表出来，除非科学家能够承认它，否则没有意义。这是一个宏伟的工程。

总结一下。我觉得，我们恐怕正面临着一个问题：关于儒学与科学之间到底是什么关系的问题，在已有大量的史学研究、实证研究的基础上，可能迫切需要在哲学层面上、思想理论层面上清理一下。这也关乎我们今天怎样重建儒学的问题，就像刚才有学者谈到的20世纪的现代新儒

---

① 参见黄玉顺：《中西思维方式的比较——对〈尚书·洪范〉和〈工具论·范畴篇〉的分析》，《西南师范大学学报》2003年第5期。

家，他们要开出民主和科学，那么，科学怎么开出来？不少学者已经意识到：现代新儒家的"内圣开出新外王"是行不通的，也就是说，他们那样的"内圣"儒学是开不出"科学与民主"来的。这是我们今天面临的重大问题，需要从思想理论层面讲清楚。

以上就是我的简要的、感想性的发言。谢谢！

第六编　形下学·伦理学（正义论）

中国正义论纲要 *

本文意在旗帜鲜明地提出"中国正义论",并给予一个概要性质的阐述,以此作为更进一步研究的纲领。所谓"中国正义论"(Chinese Theory of Justice)并不是说的关于"中国正义"的一种理论,而是说的关于一般"正义"问题的中国理论,即:中国文化传统中的正义思想,尤其是儒家的"义"或者"正义"观念及其在当代语境中的阐释。

一、中国正义论的提出

严格说来,中国正义论在这里并不是"提出",而是"重提",因为正义论从来就是中国文化,尤其是儒家传统的一个主题,那就是关于"义"或"正义"的系统论说。但遗憾的是,自近代"西学东渐",尤其是"五四"以来,中国正义论便随着"打倒孔家店""全盘西化"而被遗忘了。其严重结果是:今日中国处处充斥着西方正义论,再也没有了中国正义论的踪迹;不论是在学术研究的文本中,还是在政治生活的言论、日常生活的言谈中,中国正义论都成了一个空白。这是一种"集体失语":人们实际上往往只是在那里津津乐道地传达着西方的正义话语,转达着西方的正义观念,甚至表达着西方的正义立场。正因为如此,必须明确地重提"中国正义论"。这显然是一个不仅具有极其重要的学术意义,而且具有特别重大的现实意义的课题。

但"中国正义论"并不意味着它仅仅是一种地域性的学说。事实上,

---

* 原载《四川大学学报》2009 年第 5 期,第 32—42 页;中国人民大学复印报刊资料《伦理学》2010 年第 1 期全文转载;收入作者文集《中国正义论的重建——儒家制度伦理学的当代阐释》,安徽人民出版社 2013 年版,第 19—40 页(英文版 *Voice From The East: The Chinese Theory of Justice*, Paths International Ltd., 2016)。

任何一种正义论建构都有一种普世性的正义诉求,其理论意向都是一种"普遍正义论"或"一般正义论",西方正义论如此,中国正义论亦然。这里需要做出一种严格区分:正义问题的普遍性——人类社会普遍地存在着正义问题;正义观念(正义问题之理解与解释)的特殊性——不同民族国家的文化传统及其现实生活方式在正义观念上体现出不同的特质。如果面对问题本身,那么从古到今,不仅西方存在着西方的正义问题,中国存在着中国的正义问题,而且人类社会存在着一些共通的正义问题,或者说正义问题的存在是人类社会的一种普遍的现象;但就问题的解决方式,甚至叙述方式,乃至提出方式而论,对于普遍的正义问题,不同民族国家都会有自己的区别于其他民族国家的观念形态及其言说方式。因此,这里所说的"西方正义论""中国正义论",并非就问题本身而言,而是就对于问题的理解与解释而言。所谓"中国正义论",就是对于正义问题的中国式的提出方式、叙述方式和解决方式。

不仅如此,再就不同民族国家对于正义问题之理解与解释的差异而论,中国正义论与西方正义论也并不是只管自说自话,"公说公有理,婆说婆有理",而是可供人们在两者之间加以比较而进行选择的。我们提出中国正义论,就是供人们将其与西方正义论加以比较而进行选择。

二、汉语"义"的语义

在中国话语中,将"义"正式明确地称作"正义"的最早的文本是《荀子》。(1)《正名》篇说:"正利而为谓之事,正义而为谓之行。"杨倞注:"为正道之事利,则谓之事业,谓商农工贾也";"苟非正义,则谓之奸邪"。王先谦引俞樾说:"《广韵》:'正,正当也。'正利而为,正义而为,犹文四年《左传》曰'当官而行'也。"俞樾所说的"正当"正与荀子所说的"正义"一致,荀子多次谈到,"义"即是"宜","宜"即是"当"。这正是我们这里所讨论的正义范畴的基本含义。(2)《臣道》篇说:"《传》曰:'从道不从君。'故正义之臣设,则朝廷不颇;谏争辅拂之人信,则君过不远。"这里"谏、争、辅、拂"四种社稷之臣都是正义之臣,这里的"正义"显然亦属我们所要讨论的正义范畴:正义之臣所遵从的并不是君主,而是道义。(3)《儒效》篇说:"不学问,无正义,以富利为隆,是俗人者也";"法先王,统礼义,一制度,……,是大儒者也"。这更是明确地以"正义"与"礼义""制度"相对应,则"正义"就是指"礼义",即礼之义,也就是制度赖以确立的正义原则,这也正是我们所要讨论的正义范畴。

可能人们仍有疑惑:现代汉语的"正义"其实是从英语"justice"翻译过来的,凭什么说儒家所说的"正义"或"义"就是"justice"的意思?其实,不同民族语言系统的语义之间,既存在着非等同性,也存在着可对应性。假如没有非等同性,就不再是不同的民族语言,也就不存在比较之必要;然而假如没有可对应性,则不可能通过互相翻译而互相理解,不同民族之间也就不可能交往沟通。但事实上不同民族国家之间一向就在颇为有效地交往着,这表明可对应性是确实存在的事实。例如英语"king",汉语通过将其翻译为"王"而理解之,这就体现了可对应性;然而汉语的"王"与英语的"king"又确实是颇为不同的,即存在着非等同性,唯其如此,我们才可以将两者加以比较。[①] 汉语"正义"或"义"与"justice"之间的情形亦然。汉语"义"与英语"justice"之间的对应,大致可以对照如下:

Just	义	汉语文献
fit	适宜	《韩非子·解老》:义者,谓其宜也。[1] 《礼记·祭义》:义者,宜此者也。[2]
suitable	适合	《左传·桓公二年》孔颖达疏:合宜为义。[3] 《论语·学而》邢昺疏:于事合宜为义。[4]
appropriate	适当	《淮南子·缪称》:义者,比于人心而合于众适者也。[5]
proper	正当	《孟子·离娄上》:义,人之正路也。[6] 《孟子·尽心上》朱熹集注:义谓所守之正。[7]
impartial	公正	《国语·晋语五》韦昭注:在公为义。[8]

[①] 黄玉顺:《爱与思——生活儒学的观念》,第一讲第一节"等同与对应:定名与虚位"。

续表

Just	义	汉语文献
fair	公平	《孔子家语·执辔》王肃注：义，平也。[9] 《管子·水地》：唯无不流，至平而止，义也。[10]
upright	正直	《左传·隐公三年》孔颖达疏：错（措）心方直，动合事宜，乃谓之为义。
right	正确	《白虎通义·情性》：义者，宜也，决断得中也。[11] 《汉书·公孙弘传》：明是非，立可否，谓之义。[12]
rational	合理	《荀子·议兵》：义者，循理。 《尚书·高宗肜日》蔡沈集传：义者，理之当然，行而宜之之谓。[13]
legitimate	合法	《吕氏春秋·贵公》：义，法也。[14] 《周易·系辞下传》：理财正辞、禁民为非曰义。[15]
due	应得	《墨子·经上》：义，利也。[16] 《左传·昭公十年》：义，利之本也。

1　《韩非子》，《诸子集成》本，北京：中华书局，1957 年。
2　《礼记》，《十三经注疏·礼记正义》，北京：中华书局，1980 年，影印本。
3　《左传》，《十三经注疏·春秋左传注疏》，北京：中华书局，1980 年，影印本。
4　《论语》，《十三经注疏·论语注疏》，北京：中华书局，1980 年，影印本。
5　《淮南子》，《诸子集成》本，北京：中华书局，1957 年。
6　《孟子》，《十三经注疏·孟子注疏》，北京：中华书局，1980 年，影印本。
7　朱熹：《四书集注》，北京：中华书局，1983 年。
8　《国语》，韦昭注，上海：上海古籍出版社，1988 年。
9　《孔子家语》，王肃注，上海：上海古籍出版社，1990 年。
10　《管子》，郭沫若等《管子集校》本，北京：科学出版社，1956 年。
11　《白虎通义》，《白虎通疏证》，《新编诸子集成》本，北京：中华书局，1994 年。
12　《汉书》，北京：中华书局，1962 年。
13　蔡沈：《书经集传》，《四书五经》本，北京：中国书店，据世界书局影印本，1985 年。
14　《吕氏春秋》，《诸子集成》本，北京：中华书局，1957 年。
15　《周易》，《十三经注疏·周易正义》，北京：中华书局，1980 年，影印本。
16　《墨子》，孙诒让《墨子闲诂》，北京：中华书局，2001 年。

而汉语"义"与英语"justice"之间的非等同性，则表现在两个层面：其一，两者的外延之间存在着交叠部分，但并不是完全重合的，例如汉语"义"中的一个重要语义"时宜"就是英语"justice"所不具有的；其二，就其交叠部分来看，上表所列各个义项之间也并不是一一对等的，这也是不同民族国家之间的正义观念之差异的体现。

三、中国正义论的指向：礼 —— 制度规范

正义论的主题乃是制度规范的建构所依据的基本原则，即群体生活的秩序安排或组织形式的价值根据。所谓"制度规范"（rule-institution）是"社会规范建构及其制度安排"的省称，有两层意思：其一，群体活动的规范化；其二，社会规范的制度化。并非所有的社会规范都可以制度化，例如从来就有道德规范，但并没有所谓"道德制度"。正义论的课题就是为建构群体生存的制度规范而提出若干原则，那就是正义原则。就中国正义论而言，如果说"义"是正义原则，"礼"是制度规范，那么，在孟子提出的"仁义礼智"体系中，"义→礼"揭示的就是这种关系：正义原则→制度规范。这也就是孔子所说的："义以为质，礼以行之。"[1]

那么，中国话语中的"礼"究竟是不是指的制度规范呢？"礼"字繁体为"禮"，古体为"豊"，最初似乎仅仅是指祭祀活动的礼仪。按照许慎的解释："禮，履也，所以事神致福也。从示、从豊"[2]；"豊，行礼之器也。从豆，象形"[3]。而事实上这种祭祀之礼乃是当时社会的制度规范的集中体现：在当时的生活方式中，祭祀活动乃是最重要的活动，即所谓"国之大事，在祀与戎"[4]；"祀，国之大事也，而逆之，可谓礼乎？"[5]由此可见，"事神致福"之礼尽管不是全部的制度，但却是最基本的制度；在当时的宗法社会中，几乎全部的制度规范都集中体现在祭祀活动之中。由此，"礼"便取得了更为一般的制度规范的意义。所以，孔子谈三代之"礼"的损益[6]，郑玄径直称之为"制度"："问其制度变迹可知。……自周之后，虽百世，制度犹可知。"[7]简而言之，最狭义的"礼"仅指祭祀活

---

[1] 《论语·卫灵公》。
[2] 许慎：《说文解字·示部》，徐铉等校订。
[3] 许慎：《说文解字·豊部》。
[4] 《左传·成公十三年》。
[5] 《左传·文公二年》。
[6] 《论语·为政》。
[7] 王素：《唐写本〈论语郑氏注〉及其研究》，北京：文物出版社，1991年，第14页。

动的行为规范；而最广义的"礼"则泛指所有一切社会规范及其制度，包括道德规范、政治规范、法律规范、经济规范、家庭规范、职业规范等及其制度安排。为此，我们只要看看《周礼》也就明白了：其所谓"礼"涵盖了所有一切方方面面的社会规范及其制度安排。[1]

这种意义上的礼，亦称"礼制"。作为制度规范的礼，涉及三个层次：礼义→礼制→礼仪。"礼制"是指礼的制度存在，"礼仪"不过是指礼的这种制度存在的外在表现形式；而"礼义"即礼之义，则是礼的制度存在的内在根据，也就是指正义原则。这种正义原则乃是直接指向制度规范的：我们是根据正义原则来判定某种现存既有的制度规范，从而保留之（复礼）或者改变之（礼之损益）。这里涉及正义观念的两重含义：

一是依据现行制度规范的正义：遵循性的正义行为。一种行为符合某种现行的制度规范，我们可以说它是正义的；反之，可以说它是不正义的。孔子所说的"克己复礼"[2]，就是在这种意义上来讲的。但这种依据现行制度规范的正义，并不是指"正义原则"（the principle of justice），而是说的"正义行为"（just act）。然而一种遵循现行制度规范的行为的正义与否，还须取决于现行制度规范本身的正义与否；而这种现行制度规范是否正义，则取决于这种现行制度规范是否符合正义原则。其公式为：正义的原则→正义的制度→正义的行为。假如一种行为所遵循的制度规范本身就是不正义的，我们怎么能说这种行为就是正义的呢？正义原则是先行于制度规范的，而正义行为则是后行于制度规范的：正义原则判定制度规范的正义性，制度规范进而规定行为的正义性。这就是说，正义原则是超越于现行制度规范的。

二是超越于现行制度规范的正义：变革性的正义原则。正义论的核心课题并不是正义行为，而是正义原则，这种正义原则所要解决的问题乃是判定某种制度规范的正义性，建构一种具有正义性的制度规范。孔子所

---

[1] 《周礼》，《十三经注疏·周礼注疏》，北京：中华书局，1980年，影印本。
[2] 《论语·颜渊》。

说的"礼有损益"就是在这种意义上来讲的,他说:"殷因于夏礼,所损益可知也;周因于殷礼,所损益可知也;其或继周者,虽百世可知也。"[1] 这就是说,制度规范都是可以变动的,变动的根据就是正义原则,亦即孔子所说的:"君子之于天下也,无适也,无莫也,义之与比。"[2] 所谓"无适无莫",就是无所"专主",无所"不可"[3],也就是孔子所说的"无可无不可"[4]"毋固"[5]"不器"[6];所谓"义之与比",就是唯义是从[7],亦即孟子所说的"惟义所在"[8]。简而言之,制度规范的存废兴替以正义原则为转移。

四、中国正义论的论域:利——利益问题

对于制度规范的建构来说,正义原则之所以是必要的,是由于群体生活中的利益冲突问题。这是古今中外一切正义论所共有的论域。例如罗尔斯说:"由于这些人对由他们协力产生的较大利益怎样分配并不是无动于衷的,这样就产生了一种利益的冲突,就需要一系列原则来指导在各种不同的决定利益分配的社会安排之间进行选择,达到一种有关恰当的分配份额的契约。这些所需要的原则就是社会正义的原则。"[9]《墨子·经上》说:"义,利也。"这就是说,正义问题乃是利益问题。儒家亦然,例如焦循解释《周易·恒象传》"夫子制义"说"义犹利也";解释《姤象传》"义不及宾"说"义即利也";解释《周易·系辞下传》"精义入神"说"义谓变通以尽利也"。[10] 所以杜预解释《左传·昭公二十五年》"地之宜"说:"义者,利之宜。"其结果如《周易·乾文言传》所说:"利者,义之

---

[1]《论语·为政》。
[2]《论语·里仁》。
[3] 朱熹:《论语集注》。
[4]《论语·微子》。
[5]《论语·子罕》。
[6]《论语·为政》。
[7] 朱熹:《论语集注》。
[8]《孟子·离娄下》。
[9] 罗尔斯:《正义论》,何怀宏等译,北京:中国社会科学出版社,1988年,第4—5页。
[10] 焦循:《易章句》,清嘉庆江都焦氏《雕菰楼易学》刻本,《焦氏丛书》本;《雕菰集》,丛书集成初编本,北京:中华书局,1985年。

和也。"

正义问题所关涉的利益并不仅仅意谓物质利益（benefits），而且意谓更广义的利益（interests），即泛指人们的情感欲望所倾向的对象。当然，物质利益是其中最基本、也最重要的利益，所以，对于"义"的繁体"義"，许慎《说文解字》将之归入"我"部，并解释说："義，己之威仪也。从我、羊。"这个解释意味深长："羊"所代表的正是一种物质利益；而"我"或"己"所标明的是利益的主体。① 总之，正义问题是与利益问题密切相关的，人们之所以提出正义原则，并由此来建立制度规范，就是为了解决利益冲突问题。

然而在孟子"仁义礼智"当中的"仁→义"架构里，却没有标明"利"的位置。这与孟子提出的"义利之辨"有关："王何必曰利？亦有仁义而已矣！"② 对此，应从两个方面来看：一方面，孟子本人其实未必如后人所理解的那样将义与利绝对地对立起来，孟子不仅显而易见地追求"公利"，而且也并不是一味反对"私利"，例如主张"制民之产"③，就显然主张给予并且保障人民的一种私人财产权利；但另一方面，孟子毕竟确实未能正面阐明利益问题对于正义理论的重要意义，尽管这在当时乃是情势之下所不得不然者。

儒家最早正式明确提出并且充分强调利益问题的，乃是荀子。荀子论证礼制、礼义的必要性的基本方式，就是从解决利益冲突问题入手的：

> 礼起于何也？曰：人生而有欲，欲而不得则不能无求，求而无度量分界则不能不争，争则乱，乱则穷。先王恶其乱也，故制礼义以分之，以养人之欲，给人之求，使欲必不穷乎物，物必不屈于欲，

---

① 不过，许慎将"义"仅仅解释为"威仪"是并不全面的，人的威仪是在一定的"礼仪"中表现出来的，但礼仪只是"礼制"（制度）的外在形式，而礼制又是"礼义"（正义）的制度化，因此，威仪只是正义在一个人身上的正义感的仪态化表现。
② 《孟子·梁惠王上》。
③ 《孟子·梁惠王上》。

两者相持而长。是礼之所起也。①

荀子的"性恶"论,正是为此而提出的:

> 人之性恶,其善者伪也。今人之性,生而有好利焉,顺是,故争夺生而辞让亡焉。……然则从人之性,顺人之情,必出于争夺,合于犯分乱理,而归于暴。故必将有师法之化,礼义之道,然后出于辞让,合于文理,而归于治。②

荀子认为,在自然状态下,利益冲突的结果就是"争则乱,乱则穷",所以需要制定"度量分界",亦即制度规范。但这并非利欲本身的问题,而是一个如何实现利欲的行为规范问题。在此,荀子与孔孟其实是一致的,如孔子说:"富与贵,是人之所欲也;不以其道得之,不处也。"③"富而可求也,虽执鞭之士,吾亦为之;如不可求,从吾所好。"④孟子说:"富,人之所欲";"贵,人之所欲"。⑤问题不在于"利""欲",而在于实现利欲的途径"可"还是"不可",即孟子所说的"可欲之谓善"⑥,此所谓"可",就是"居仁由义"⑦,"义以为质,礼以行之"⑧。这就正如《左传·桓公二年》师服所说:"义以出礼,礼以体政,政以正民,是以政成而民听,易则生乱。"由此看来,孟子的"仁→义→礼"架构应该修订为"仁→利→义→礼"的架构。

这里需要澄清的是:荀子所谓"性恶"之"恶"仅仅是说人性"生而有欲""生而好利",这并不是一个关乎行为的道德概念,而是一个尚

---

① 《荀子·礼论》。
② 《荀子·性恶》。
③ 《论语·里仁》。
④ 《论语·述而》。
⑤ 《孟子·万章上》。
⑥ 《孟子·尽心下》。
⑦ 《孟子·尽心上》。
⑧ 《论语·卫灵公》。

未涉及行为的"前道德"概念,真正的道德问题是从"求而无度量分界则不能不争"开始的;换句话说,利欲本身并无所谓善恶,礼义的目的不是消灭利欲,恰恰相反,是为了"养人之欲""给人之求"。当然,荀子将利欲归结为"人性",这是当时的一种形而上学言说方式。其实,荀子还有一种更具有本源性的言说:利欲乃渊源于仁爱。

五、中国正义论的本源:仁——仁爱

荀子提出,而被后世长久忽略的"利欲源于仁爱"的思想或许"惊世骇俗",然而具有特别深刻重大的意义。西方正义论通常不强调甚至反对将正义与仁爱联系起来,例如在罗尔斯正义论的原初状态中"相互冷淡的假设"使得"作为次级概念的'仁慈'没有很好地制定出来",他是通过"在无知之幕条件下的互相冷淡引出了两个正义原则"[①]。而中国正义论则正好相反,儒家和墨家都将正义与仁爱紧密联系在一起,而表述为"仁义"亦即"仁→义"这样一种关系。这样一来,仁爱与利益的关系就必须得到阐明。上文提到:这个架构应修订为"仁→利→义→礼"。对此,人们可能会有疑问:利益冲突难道是由仁爱导致的吗?

其实道理不难理解:如果说正义问题是由利益冲突引起的,那么在儒家思想中,仁爱既然是所有一切事物的本源所在,那么仁爱必定也同样是利益冲突的本源所在。这涉及古今中外所有哲学思想中都存在的一个重大困惑:至善的本体或者上帝始终不能回答"恶是何以可能的"这个问题。其实,在传统形而上学思想方式中,既然是本体给出了所有一切存在者的存在,那么这个本体就必须为所有一切假、恶、丑的存在买单;甚至在更为本源的思想视域中亦然,既然存在给出了所有一切存在者,那么存在也同样必须为所有一切假、恶、丑的存在负责。儒学亦然,既然仁爱是所有一切东西的本源,那么仁爱就不仅是善的本源,而且是恶的本源。因此,对于正义论来说,问题仅仅在于阐明:固然是仁爱导致了利益冲突,

---

[①] 罗尔斯:《正义论》,何怀宏等译,第253、185页。

然而最终也是仁爱解决了利益冲突。

但这一点在孟子那里并没有得到明确的表述,在后儒那里则更是他们不曾想到的;然而这一点在荀子那里却是明白无误的,这就是他的"爱利"(爱而利之)思想。此语出自《荀子·强国》之论三种权威:

> 威有三:有道德之威者,有暴察之威者,有狂妄之威者。……礼乐则修,分义则明,举错则时,爱利则形,……夫是之谓道德之威。礼乐则不修,分义则不明,举错则不时,爱利则不形,……夫是之谓暴察之威。无爱人之心,无利人之事,而日为乱人之道,……夫是之谓狂妄之威。

显然,前文所说的"爱利"就是后文的"爱人之心""利人之事"。所以王先谦解释"爱利则形"时,引杨倞注:"爱(人)利人之心见(现)于外也";又引郝懿行之说:"爱人利人皆有法"。可见"爱利"的意思就是"爱人利人"、爱而利之。因此,荀子谈到儒者之效是离不开"爱而利之"的:"其为人上也,广大矣!志意定乎内,礼节修乎朝,法则度量正乎官,忠信爱利形乎下。"[①] 其实,"爱而利之"是不难理解的,因为这是生活的实情:我们爱一个人,自然就希望他或她好,就会为他或她谋利。爱亲则欲利亲,爱民则欲利民;爱人则欲利人,爱物则欲利物。这正是儒家及墨家的基本观念。

将荀子"爱而利之"的思想与儒家一般的"爱有差等"思想结合起来,我们就能理解仁爱何以导致利益冲突了。首先,仁爱是由自爱出发的。孟子提出:"亲亲而仁民,仁民而爱物。"[②] 这种"爱亲→爱民→爱物"的序列其实就是儒家的"推"或"推扩"的观念:仁爱由亲人而推及他人,由他人而推及他物。这个序列的"倒推"会使我们发现一个初始的

---

① 《荀子·儒效》。
② 《孟子·尽心上》。

环节,那就是"我"或"己",亦即:爱己→爱亲→爱民→爱物。所以,儒家才有"推己及人"的说法,标明这是由"己"开始的。对此,《荀子·子道》有一则很重要的记载:

> 子路入,子曰:"由,知者若何?仁者若何?"子路对曰:"知者使人知己,仁者使人爱己。"子曰:"可谓士矣!"
>
> 子贡入,子曰:"赐,知者若何?仁者若何?"子贡对曰:"知者知人,仁者爱人。"子曰:"可谓士君子矣!"
>
> 颜渊入,子曰:"回,知者若何?仁者若何?"颜渊对曰:"知者自知,仁者自爱。"子曰:"可谓明君子矣!"

这就揭示了这样一种决定关系:爱己→爱人→使人爱己。唯有爱己,才能爱人;唯有爱人,才能使人爱己。这就犹如《法言·君子》所说:"自爱,仁之至也。"[①] 其实,自爱也确实是儒家的一个基本思想,例如孟子谈到"居仁由义"时说的"居仁"其实就是自爱,不能自爱就是"自暴自弃"[②]。这也表明"推"总是由"己"出发的,仁爱总是由自爱出发的。

根据"爱而利之"的事实,显而易见,爱的差等性"爱己→爱亲→爱民→爱物"的结果就是"利己→利亲→利民→利物"的差等。这些不同等次的仁爱及其利益追求 —— 爱己而欲利己、爱亲而欲利亲、爱民而欲利民、爱物而欲利物 —— 之间就有可能发生利益冲突。这才需要制定某种制度规范,以正义地实现其利益,而为此就必须提出正义原则。

这种差等的观念必然涉及公私的观念。一般来说,利益可以区分为私利(private interests)与公利(public interests)。尽管古代并没有现代意义的"公"与"私"之分,但更为一般的公私之分却是古今中外所共通的利益分界,现代意义的公私之分其实只是一般意义的公私之分的一种特

---

① 扬雄:《法言》,《诸子集成》本,北京:中华书局,1957年。
② 《孟子·离娄上》。

定历史形态而已。在"利己→利亲→利民→利物"的差等中，公与私是相对的，例如利亲，对于利己来说是公利，而对于利民来说则是私利。中国正义论所要求的就是"推"或"推扩"：推己及人意味着推私及公。这也就是孔子所说的"己欲立而立人，己欲达而达人"①，"己所不欲，勿施于人"②；孟子所说的"四端"由"我"开始"扩而充之"至于"父母"乃至"四海"③。这就是中国正义论的正义原则之中的正当性原则。（详后）这里所涉及的是对儒家仁爱思想的一种更全面的把握：一方面固然是"差等之爱"；但另一方面则是"一体之仁"或"一视同仁"，亦即"泛爱"④"博爱"⑤，或者《中庸》所说的"溥博"。若只有前者，其极端就是杨朱之学了；若只有后者，其典型就是墨翟之学了。

以上其实涉及更深层的思想视域问题，亦即"主体的诞生"问题，因为：差等之爱的前提是主体性存在者（己、亲、民）及对象性存在者（物）的生成，而主体性本身却渊源于前主体性的生活存在，及其前差等性的仁爱情感；至于一体之仁，则是超越主体性的差等性而复归于前主体性的仁爱情感，亦即由"礼"而"乐"了。假如没有这样的思想视域，就不可能阐明人们对于他者私利、群体公利的尊重何以可能，也就不能阐明正义原则何以"当然""实然""必然"。

六、中国正义论的要件：知——理智与良知

在孟子"仁→义→礼→智"的架构中，还有一个"智"的环节是需要讨论的。对于正义论来说，"智"也是一个基本环节：显然，根据正义原则（义）来设计一种制度规范（礼），理智是一个必不可少的条件。为此，西方启蒙思想家诉诸人的"理性"的设定。但显而易见的是，这种

---

① 《论语·雍也》。
② 《论语·颜渊》。
③ 《孟子·公孙丑上》。
④ 《论语·学而》。
⑤ 韩愈：《原道》。

"理性"只是形而下层级上的"理性",亦即作为工具理性的理智:"人是理性的动物",亦即有理智,他们不会任由那种无序的"争"而"乱"的自然状态继续下去,而会为改变这种状态而运用理智,制定"契约",规范行为。

无独有偶,荀子也说:"斗者,忘其身者也,忘其亲者也,忘其君者也。……将以为智邪?则愚莫大焉。"[①] 特别在谈到"正义"时,荀子指出:"正利而为谓之事,正义而为谓之行;所以知之在人者谓之知,知有所合谓之智。"[②] 这其实就是说:"凡以知,人之性也;可以知,物之理也。"[③] 这就是说,人性是有智能的,这种智能指向对象就是理智或者知识。显然,这正是说的知识论层级上的理性,亦即作为工具理性的理智,这种理智对于正义论来说当然是非常重要的。

看来,正义的观念架构似乎应当修订为:仁→利→义→智→礼。如此说来,孟子思想架构中的"智"似乎出现了错位。为此,必须讨论一下孟子之所谓"智"的含义。在《孟子》话语中,所谓"智"或"知"[④] 有两种用法:一种是上述那种对象性的理智,那么应当承认,孟子确实未能在其正式的思想架构中标举出这种理智的恰当位置;但另一种用法则是反思性的,或更确切地说是"反身"性的智慧,他称之为"良知":"人之所不学而能者,其良能也;所不虑而知者,其良知也。"[⑤] 在他看来,生而能爱,这是人的良能;生而知道自己能爱,这是人的良知;不能爱,这是对良能的"茅塞";不知道自己能爱,这是对良知的"茅塞"。[⑥] 我们最终通过"顿开茅塞"回复良知良能,这就是最高境界的"智",亦即所谓"反身而诚,乐莫大焉"[⑦],所以,孟子将其置为最后一个环节。

---

① 《荀子·荣辱》。
② 《荀子·正名》。
③ 《荀子·解蔽》。
④ 先秦并无"智"字,而写作"知"。
⑤ 《孟子·尽心上》。
⑥ 《孟子·尽心下》。
⑦ 《孟子·尽心上》。

但对于正义论来说，情况恐怕不仅如此。有时是面对一种符合或不符合某种制度规范的行为，有时甚至是面对这种现存既有的制度规范本身，我们对它产生一种正义或不正义的"直觉"，这就是人们所说的"正义感"。在后一情况下，这种正义感显然先行于自觉的正义原则。这种智慧既非来自经验论意义上的认知，也非来自先验论意义上的反思或者"反身"，而是一种在当下生活中的感悟，而这种生活感悟在这里表现为正义感；这种"直觉"并不神秘，也是一种"不虑而知""不学而能"的、当下即是的"良知"。正义原则其实不过是这种正义感的自觉形态的理论表达；换句话说，这种良知或正义感并不直接指向制度规范，而是直接导向正义原则。

因此，中国正义论涉及两种"智"或"知"：一种是认知性的"知"，即理智、知识，处于正义原则（义）与制度规范（礼）之间；另一种则是感悟性的"知"（以区别于知识性的"智"），即智慧、正义感或良知，处于利益欲望与正义原则之间。于是，正义的观念架构就应该修订为：仁（仁爱）→ 利（利益）→ 知（良知）→ 义（正义）→ 智（理智）→ 礼（规范）。

七、中国正义论的原则：义——正当与适宜

行文至此，我们就可以直截了当地来正面讨论正义原则了。中国正义论的正义原则是为了解决利益冲突问题而提出的建构制度规范的一般原则，要求"见利思义"[①]"秉利度义"[②]。研究表明，中国正义论有两条基本的正义原则：

    正当性原则 —— 公正性准则、公平性准则
    适宜性原则 —— 地宜性准则、时宜性准则

[①]《论语·宪问》。
[②]《国语·吴语》。

（一）正当性原则

正当性原则要求社会规范建构及其制度安排是正当的。"正当"乃是汉语"义"或"正义"的一项基本语义。如《墨子·天志下》说："义者，正也。"儒家尤其如此，《孟子·离娄上》说："义，人之正路也。"对于孟子所说的"尊德乐义"，朱子解释："义谓所守之正。"[1] 荀子更是将"正义"理解为"以正行义"："行义以正，事业以成，可以禁暴足穷，百姓待之而后泰宁。"[2] 这也正是孔子"就有道而正焉"[3] 的要求；具体到政治哲学上就是"政者，正也"[4]。

荀子之所以特意将"义"称为"正义"，其意也在于凸显正当性的要求。他说："将原先王，本仁义，则礼正其经纬蹊径也。"[5] 这就是说，如果说礼有其路径，那么此路径乃是以仁为根本、以义为正路的。因此，荀子要求"正行、积礼义、尊道德"[6]；"必先修正其在我者，然后徐责其在人者"[7]；"此其诚心莫不求正而以自为也"[8]。如此，"君子壹于道而以赞稽物。壹于道则正，以赞稽物则察，以正志行察论，则万物官矣"[9]。例如，"凡议，必将立隆正，然后可也。无隆正，则是非不分，而辨讼不决"[10]。荀子感叹："著诚去伪，礼之经也。……明王已没，莫之正也。"[11] 荀子著《正名》篇，就是要重新"正"名分制度，"以正道而辨奸"。其"性恶"论的提出也是如此："今人之性恶，必将待师法然后正，得礼义然后治。今人无师法则偏险而不正，无礼义则悖乱而不治。古者圣王以人之性恶，以为偏险而不正，悖乱而不治，是以为之起礼义、制法度，以矫饰人之情

---

[1] 朱熹：《孟子集注·尽心上》。
[2] 《荀子·赋篇》。
[3] 《论语·学而》。
[4] 《论语·颜渊》。
[5] 《荀子·劝学》。
[6] 《荀子·议兵》。
[7] 《荀子·富国》。
[8] 《荀子·解蔽》。
[9] 《荀子·解蔽》。
[10] 《荀子·正论》。
[11] 《荀子·乐论》。

性而正之，以扰化人之情性而导之也。"①

而作为正义原则的正当性，并不是指依据某种既有的制度规范来判定行为是否正当，而是指这种制度规范本身是否正当。例如，在法制问题上，荀子要求以"法之义"（正义）来"正"其"法之数"（制度）："不知法之义而正法之数者，虽博，临事必乱。"②

正当观念的生存基础，乃是荀子所提出的"群"的观念，这实质上也是一种"主体间性"（intersubjectivity）的观念。《管子·心术上》说："君臣父子、人间之事，谓之义。"这个"人间"是人与人之间的意思。这种关乎"群"或"主体间性"的正当性原则体现在以下两个方面：

1. 公正性准则

正当性原则的第一个准则是公正性。荀子多次明确论及"公正"，例如："语曰：好女之色，恶者之孽也；公正之士，众人之痤也；修道之人，污邪之贼也。"③不仅如此，荀子专门著有《正论》，提出"公正"的要求："上端诚，则下愿悫矣；上公正，则下易直矣。"这就正如孔子所说："苟正其身矣，于从政乎何有？不能正其身，如正人何！"④

作为建构制度规范的准则，公正性优先于制度规范。例如《左传》作者称赞当年宋宣公立宋穆公（立弟而不立嫡）尽管是违礼的，却是出于公心，因此："命以义夫！"孔颖达解释说："错（措）心方直，动合事宜，乃谓之为义。"⑤这里的"措心方直"就是存心公正的意思。

公正所涉及的是上文谈到的利益的两个领域的区分：公利、私利。《国语》记载赵宣子谈"比而不党"："夫周以举义，比也；举以其私，党也。"韦昭注："比，比义也"；"阿私曰党"；"在公为义"。⑥这就是说，公正性准则所要求的乃是对于公利的尊重。荀子主张：当面对利益时，应

---

① 《荀子·性恶》。
② 《荀子·君道》。
③ 《荀子·君道》。
④ 《论语·子路》。
⑤ 孔颖达：《春秋左传注疏·隐公三年》。
⑥ 《国语·晋语五》。

当"志爱公利""公正无私"①;"利而不流,贵公正而贱鄙争"②;否则,"挈国以呼功利,不务张其义,齐其信,唯利之求,内则不惮诈其民而求小利焉,外则不惮诈其与而求大利焉,内不修正其所以有,然常欲人之有,如是,则臣下百姓莫不以诈心待其上矣"③。但对公利的尊重并不一定意味着对私利的否定,事实上公利与私利的关系有几种情形:完全对立;部分对立或者部分一致;完全一致。孟子对梁惠王说"何必曰利?亦有仁义而已",其实就是反对第一种极端情况,而寄希望于第三种极端情况:唯仁义乃可以"王天下"。公正性准则要求制度规范的建构是公正的,因为唯有公正的制度规范才能保障公利的实现。

2. 公平性准则

正当性原则的另一个准则是公平性。例如《孔子家语·执辔》提出:"齐五法,……以之礼则国安,以之义则国义";王肃注:"义,平也。刑罚当罪则国平"。显然,这个"平"字既有(国家)平安的意思,也有(礼义)公平的意思:没有刑罚的公平,也就没有国家的平安。谈及公平,古人经常以水为喻,《荀子·宥坐》载孔子语:"夫水,大遍与诸生而无为也,似德;其流也埤下,裾拘必循其理,似义;……主量必平,似法;盈不求概,似正;……是故君子见大水必观焉。"而《管子·水地》也以水为喻:"夫水……量之不可使概,至满而止,正也;唯无不流,至平而止,义也。……是以水者,万物之准也,诸生之淡也,违非得失之质也。"

荀子明确提出"公平"的尺度:"公平者,职之衡也;中和者,听之绳也。"④ 为此,荀子要求"平政爱民""平正和民":"君人者欲安,则莫若平政爱民矣";"刑政平,百姓和,国俗节,则兵劲城固,敌国案自诎

---

① 《荀子·赋篇》。
② 《荀子·正名》。
③ 《荀子·王霸》。
④ 《荀子·王制》。

矣"①;"平正和民之善,亿万之众而博(抟)若一人,如是,则可谓圣人矣"②;"刑政平而百姓归之,礼义备而君子归之,故礼及身而行修,义及国而政明"③;"平政以齐民","轻田野之税,平关市之征,省商贾之数,罕兴力役,无夺农时,如是,则国富矣,夫是之谓以政裕民"④。总之:"凡古今天下之所谓善者,正理平治也;所谓恶者,偏险悖乱也。是善恶之分也已。"⑤

所以,荀子指出:"天下莫不平均,莫不治辨,是百王之所同也,而礼法之大分也。"⑥ 但这里意指公平的"平均"并不是所谓"平均主义"。如荀子说,公平乃是"群居和一之道":"仁人在上,则农以力尽田,贾以察尽财,百工以巧尽械器,士大夫以上至于公侯莫不以仁厚知能尽官职,夫是之谓至平。"⑦ 这就是说,所谓"公平""平均"是指在某种特定生活方式中的群体生存的分工秩序。同理,孔子所说的"不患寡而患不均,不患贫而患不安"⑧,也绝不是什么平均主义。

如果说,公正是对群体公利的尊重,那么,公平就是对他者私利的尊重。所谓私利,实际上有两种情况:一种是与公利完全无关的,例如个人隐私;另一种则是与公利相关的,个人的利益追求往往会影响到他人的利益,从而涉及公共领域。公平性准则所处理的乃是后者。依据公平性准则所制定的某种公平的制度规范,旨在解决私利之间的冲突,保障私利之间的协调。

以上对公正性与公平性的分析表明,中国正义论的正当性原则意味着:仁爱既是导致利益冲突问题的情感渊源,也是解决利益冲突问题的情感保障,正是由于仁爱情感固有的两个方面的作用——差等之爱中的

---

① 《荀子·王制》。
② 《荀子·儒效》。
③ 《荀子·致仕》。
④ 《荀子·富国》。
⑤ 《荀子·性恶》。
⑥ 《荀子·王霸》。
⑦ 《荀子·荣辱》。
⑧ 《论语·季氏》。

"推扩"作用、一体之仁中的"溥博"作用，才保证了对于他者私利、群体公利的尊重，从而保证了制度规范的正当性的实现。

（二）适宜性原则

但是，在中国正义论看来，只有正当性原则是不够的，还须有适宜性原则。这就正如蔡沈所说："义者，理之当然、行而宜之之谓。"[①]"理之当然"说的是正当性，而"行而宜之"则说的是适宜性。韩愈也说："博爱之谓仁，行而宜之之谓义。"[②] 这是因为：仁爱的"推扩""溥博"只是建构正义的制度规范的必要条件，但并不是充分条件。这就需要第二条正义原则：适宜性原则。

适宜性原则要求社会规范建构及其制度安排是适宜的。"适宜"也是汉语"义"或"正义"的一个基本语义。《礼记·中庸》指出："义者，宜也。"孔颖达解释说："宜谓于事得宜。"《大戴礼记·曾子大孝》也说："义者，宜此者也。"[③]《法言·重黎》说："事得其宜之谓义。"孔子主张"义以为质，礼以行之"，皇侃解释说："义，宜也。"[④] 孔子倡导"务民之义"，朱熹解释为："专用力于人道之所宜。"[⑤] 例如关于刑法制度，《周易·系辞下传》说："禁民为非曰义。"孔颖达解释："义，宜也，言以此行之而得其宜也。""义"亦作"谊"，许慎解释："谊，人所宜也。从言、从宜。"[⑥] 段玉裁说："周时作谊，今时作义，皆今之'仁义'字也。"[⑦]《释名·释言语》说："谊，宜也，裁制事物使合宜也。"[⑧]

作为正义原则的适宜性，并不是指某种行为是否符合某种现存既有的制度规范，而是指这种制度规范本身是否符合人们当下的生活情境。因

---

① 蔡沈：《书经集传·高宗肜日》。
② 韩愈：《原道》。
③ 《大戴礼记》，王聘珍《大戴礼记解诂》，北京：中华书局，1983年。
④ 皇侃：《论语义疏·卫灵公》，《四部要籍丛刊》本，北京：中华书局，1998年。
⑤ 朱熹：《论语集注·雍也》。
⑥ 许慎：《说文解字·言部》。
⑦ 段玉裁：《说文解字注》。
⑧ 刘熙：《释名》，北京：中华书局，1985年。

此，适宜性原则并不是说的"经与权""常与变"的权宜性问题，"适宜"不是"权宜"(expedience)。例如孟子谈到的"男女授受不亲，礼也；嫂溺援之以手，权也"①，那并非正义论问题。正义论所要追问的是："男女授受不亲"的规范本身是否适宜？我们知道，这个规范在当时的生活方式下是适宜的，但在今天的生活方式下则未必是适宜的：今天一般男女之间的肌肤之亲，诸如握手甚至拥抱、亲吻，未必就是"非礼"。

适宜性原则有两个方面的准则：历时性的时宜、共时性的地宜。《庄子·秋水》尝言："当其时、顺其俗者，谓之义徒。"②"当其时"就是说的时宜，"顺其俗"则是说的地宜。

1. 时间性的适宜：时宜性准则

汉语"义"谓时宜，是由来已久的。《周易·象传》屡屡申说"时义"，就是强调"时宜"。《尚书》记武王在伐殷誓师时谈到"天佑下民，作之君，作之师"，引证古语"同德度义"；蔡沈解释："义，宜也，制事达时之宜也。"③《左传·成公十六年》记载申叔时之语："义以建利，礼以顺时，信以守物。民生厚而德正，用利而事节，时顺而物成，上下和睦，周旋不逆，求无不具，各知其极。"郑玄注《周礼·地官·大司徒》说："义，能断时宜。"总之，由仁爱而导向时宜，正如《礼记·中庸》所说："溥博渊泉，而时出之。"

制度规范的建构必须因时制宜。此所谓"时"具有非常广泛的含义，诸如：时代、时期、时节、时分、时刻、时势、时局、时机等等。但对于一个社会来说，基本的制度规范是相对稳定的，因此，最基本的问题是时代和时期的问题。如果历史被区分为若干时代，时代被划分为若干时期，那么，只要我们承认某种"历史""发展"乃至"进步"的观念，也就必然承认"时宜"的观念：一个时代有一个时代所适宜的制度规范体系，一个时期有一个时期所适宜的制度规范体系。例如就中国历史的情况看，王

---

① 《孟子·离娄上》。
② 《庄子》，王先谦《庄子集解》本，《诸子集成》本。
③ 蔡沈：《书经集传·泰誓上》。

权制度曾经是适宜的、正义的；皇权制度也曾是适宜的、正义的；民权制度也将是适宜的、正义的。这也就是孔子关于礼法制度"损益"的观念。

2. 空间性的适宜：地宜性准则

汉语"义"谓地宜，由来已久。《逸周书·武顺》说："地道曰义。"① 这就正如《周易·系辞下传》所说："观……地之宜。"《左传·昭公二十五年》引子产语："夫礼，天之经也，地之义也，民之行也。"孔颖达解释说："义，宜也。"这显然也是指地宜。孟子所说的"地利"②，其实也是在讲地宜问题。

制度规范的建构必须因地制宜。此所谓"地"不仅是指自然地理（natural geography），更是指人文地理（human geography）或文化地理（cultural geography），尤其是指特定地域的生活方式。假如有人提出：究竟使用筷子还是使用叉子才是正当的进食方式？其回答显然取决于地宜，即取决于特定区域的饮食文化。对于现代社会的基本的制度规范的建构来说，最重要的显然是"民族国家"（nation）的问题，这里，历时性的文化传统被收摄于共时性的生活方式之中，由此成为一个基本的地宜条件。即使全球化所展示的未来生活方式的"趋同"图景，也不可能完全泯灭地宜的差异。

以上对时宜性准则和地宜性准则的分析表明，中国正义论的适宜性原则意味着：如果说一种制度规范的正义性取决于它的正当性，那么，这种正当性则必须落实于它的适宜性。换句话说，一种制度规范之所以是正义的，不仅在于它是公正、公平的，而且在于它是合乎时宜、合乎地宜的。这里的一个关键问题是：公利和私利的区分，这本身就不是一个非时间性、非空间性的抽象问题，而是一个存在着共时差异、历时差异的具体问题。这绝不是一种相对主义的观念，而是意在指明："义"或正义原则的绝对性，就存在于"礼"或制度规范的相对性之中。

---

① 《逸周书》，《逸周书汇校集注》，上海：上海古籍出版社，1995年。
② 《孟子·公孙丑下》。

八、中国正义论的目标：乐——和谐

正义原则的提出是为了制度规范的建构，但制度规范仍然不是目的；不仅如此，即便由制度规范所保障的利益，也不是最终目的。假如利益的获得是为了生活的幸福，那么幸福才是真正的目的。然而幸福的一个必要条件乃是和谐，没有和谐就不会有幸福。这就不难理解中国文化为什么总是将"礼""乐"相提并论：既然中国正义论肇源于中国文化传统，那么我们应该不难想到"和谐"问题，因为中国文化被概括为"礼乐"文化，而"乐"意味着"和"，即和谐。因此，关于中国正义论的最完整的思想架构应为：仁→利→智→义→知→礼→乐。

自从周公"制礼作乐"以来，中国文化被概括为"礼乐"文化。孔子说："兴于诗，立于礼，成于乐。"① 这里，诗指作为本源的仁爱情感的显现；礼指制度规范的建构，这是以差等之爱为基础的；乐指本源情感的复归，实质上是达到一体之仁的境界。有子所说的"礼之用，和为贵。……有所不行，知和而和，不以礼节之，亦不可行也"② 就是这个意思。和谐的情感内容是"乐"（lè），和谐的表现形式是"乐"（yuè）：此即荀子所谓："乐者，乐也。君子乐得其道，小人乐得其欲。以道制欲，则乐而不乱；以欲忘道，则惑而不乐。"③ 此所谓"道"乃指正道、道义、正义。所以，"礼—乐"乃是中国文化的一个基本特征：差异—和谐。和谐以差异为前提，差异以和谐为旨归。

所以，荀子明确指出："乐合同，礼别异。"④ 这其实是中国文化的一个基本观念：礼以别异，乐以和同。为此，荀子特意著有《乐论》，指出："乐者，天下之大齐也，中和之纪也，人情之所必不免也"；"夫民有好恶之情而无喜怒之应则乱，先王恶其乱也，故修其行，正其乐，而天下

---

① 《论语·泰伯》。
② 《论语·学而》。
③ 《荀子·乐论》。
④ 《荀子·乐论》。

顺焉";"乐者，圣人之所乐也，而可以善民心，其感人深，其移风易俗，故先王导之以礼乐，而民和睦";"乐中平，则民和而不流；乐肃庄，则民齐而不乱"。例如在宗法社会的生活方式中，"乐在宗庙之中，君臣上下同听之，则莫不和敬；闺门之内，父子兄弟同听之，则莫不和亲；乡里族长之中，长少同听之，则莫不和顺"。

综上所述，我们最终得出中国正义论的一个最基本的观念序列：

仁 → 利 → 智 → 义 → 知 → 礼 → 乐
仁爱→利益→良知→正义→理智→规范→和谐

最后，总结全文如下：中国正义论是一个源远流长，而被现代学术长久遗忘的传统。汉语"正义"与英语"justice"之间存在着可对应性和非等同性，这就为中西对话与比较提供了前提。中国正义论的主题是礼的"损益"根据问题，即是社会赖以进行规范建构及其制度安排的正义原则问题。中国正义论的论域是利的问题，即是由仁爱中的差等之爱所导源的利益冲突问题。然而同是仁爱中的由推扩而溥博的一体之仁却正是解决利益冲突问题的保证，即保证对他者私利、群体公利的尊重。这里存在着两条正义原则：正当性原则（公正性准则、公平性准则）；适宜性原则（时宜性准则、地宜性准则）。正义原则其实是正义感的自觉的理论表达，而正义感则是在当下生活中获得的一种直觉的智慧或良知。根据正义原则来进行制度规范的建构，还需要理智或理性。正义的最终目标不仅是礼，而且是礼乐，即差异和谐。

中国正义论的重建

——生活儒学的制度伦理学思考*

无论国际还是国内,正义问题都不仅是理论上,而且是社会上的热点之一。然而随处可见的情景却是:人们总是言说着西方的正义话语,传达着西方的正义观念,表达着西方的正义立场;不仅正义问题的解决方式是西方的,甚至问题的提出方式本身也是西方的。换言之,处处只见"西方正义论",而不见"中国正义论"。但事实上,正义理论从来就是中国学术传统,尤其儒学的一个基本主题,那就是关于"义"的理论传统。汉语中与英语"justice"(正义)相对应的就是"义",荀子多次明确谓之"正义"①。汉语"义"与英语"justice"之间既存在着可对应性,故可以比较;亦存在着非等同性,故值得比较。② 关于正义问题,以儒家为主干的中国传统学术拥有博大精深的理论建构。然而由于种种原因,这个源远流长的伟大传统竟被遗忘了。其后果是严重的。为今之计,当务之急是重建"中国正义论"。

所谓"中国正义论",也就是关于正义问题的中国理论。③ 作为儒家的制度伦理学的一种当代诠释,中国正义论其实是生活儒学的一个观念层级中一个方面的展开而已。④ "生活儒学"作为儒学的一种当代理论形态,

---

* 原载《文史哲》2011年第6期,第12—13页;收入作者文集《中国正义论的重建——儒家制度伦理学的当代阐释》,合肥:安徽人民出版社,2013年,第15—18页(英文版 Voice From The East: The Chinese Theory of Justice, Paths International Ltd., 2016)。

① 荀子指出:"正义而为谓之行。"(《正名》)"《传》曰:'从道不从君。'故正义之臣设,则朝廷不颇。"(《臣道》)"不学问,无正义,以富利为隆,是俗人者也。"(《儒效》)

② 参见黄玉顺:《爱与思——生活儒学的观念》,第一讲第一节"等同与对应:定名与虚位"。

③ 黄玉顺:《中国正义论纲要》,《四川大学学报》2009年第5期,人大复印资料《伦理学》2010年第1期全文转载。

④ "生活儒学"(Life-Confucianism)不是"生活的儒学"(the Confucianism of Life)。后者是龚鹏程教授倡导的,意谓儒学的生活化——实践化。参见龚教授:《生活的儒学》,杭州:浙江大学出版社,2009年。

涵盖三个基本的观念层级：生活存在→形而上者→形而下者；其学术形态为：生活感悟→形而上学→形而下学。[1] 形而下学包括两个主要方面：广义知识论；广义伦理学。中国正义论其实就是一种特定视角的伦理学。

中国正义论的基本关怀，是社会群体生存的秩序问题，即社会规范建构及其制度安排的问题。社会的制度规范，概称为"礼"（广义）。例如一部《周礼》也就是全部制度规范的一整套理想设计。中国正义论认为：社会之所以需要"礼"的制度规范，是为了解决"利"即群体生存的利益冲突问题。儒家并不否定正当的利益欲求，恰恰相反，儒家正是要通过"礼"的制度规范来均衡和调节人们的利益关系；这种均衡与调节的根据，就是"义"即正义原则。中国正义论遵循孔子的下述思想：尽管应当"克己复礼"[2]，即人们生活在社会上必须遵守某种制度规范；但"礼有损益"[3]，制度规范本身也是因时因地而改变着的。那么，"礼"根据什么原则来加以改变？那就是"义"。故孔子说："见利思义"[4]；"义以为质，礼以行之"[5]。[6] 这就有了"利→义→礼"的思想结构。这其实是一个普适的结构，西方正义论亦然。

中国正义论与西方正义论的一个根本区别是：儒家以仁爱为所有一切事物的大本大源。这就是说，利欲其实是由仁爱导致的，爱己则欲利己，爱人则欲利人；然而利益冲突的最终解决也是由仁爱来保证的，这就是由仁爱导出的正义原则。为此，荀子特别提出了"自爱"[7]、"爱利"（爱而利之）[8] 两点重要思想。这里的关键在于必须全面完整地理解儒家的仁爱观念：一方面是承认差等之爱的生活实情，差等之爱的自然起点就是自

---

[1] 参见黄玉顺：《面向生活本身的儒学——黄玉顺"生活儒学"自选集》《儒学与生活——"生活儒学"论稿》《儒家思想与当代生活——"生活儒学"论集》。

[2] 《论语·颜渊》。

[3] 《论语·为政》。

[4] 《论语·宪问》。

[5] 《论语·卫灵公》。

[6] 以上参见黄玉顺：《孔子的正义论》，《中国社科院研究生院学报》2010年第2期。

[7] 《荀子·子道》。

[8] 《荀子》之《儒效》《强国》。

我,"推己及人"就是由"己"出发的;另一方面则是追求一体之仁的实现,这恰恰是中国正义论的正当性原则所要求的,即超越差等之爱,走向一体之仁。这种超越的方式就是"推扩":"己欲立而立人,己欲达而达人"①,"己所不欲,勿施于人"②,例如"老吾老以及人之老,幼吾幼以及人之幼"③,乃至"亲亲而仁民,仁民而爱物"④。因此,正义原则是由仁爱情感导出的。唯有依据这样的原则建立起来的制度规范才是正当的、正义的。这就形成"仁→利→义→礼"的思想结构。

正义原则实际上是正义感的一种理性化表达。这种正义感乃属于孟子所说的"不虑而知"的"良知"⑤,而表现为孟子所说的"集义所生"的"浩然之气"⑥,这里以"知"表示。这就有了"仁→利→知→义→礼"的思想结构。⑦ 作为一种良知的正义感,并非西方哲学所谓"先验的"(transcendental)原则,亦非经验主义的理智或者理性的产物,其实是人们在某种特定的生活方式下自然发生的、关于行为规范及其制度安排的一种共通的生活感悟。然而,从一般的正义原则到具体的制度设计,则是需要充分的理性或者理智的,这里以"智"表示。于是就有"仁→利→知→义→智→礼"的思想结构。

中国正义论固然是指向必要的"礼",即群体生存的制度规范的,但"礼"并非中国正义论的终极目标。事实上,"礼"的特征在于分别与差异,这种差异与分别未必导向群体的幸福生活。群体的幸福生活的一个必要条件乃是群体的和谐。中国文化传统作为"礼乐"文化,其所追求的境界乃是在"礼以别异"基础上的"乐以和同",亦即社会和谐。这里的"乐"并不是狭义的"音乐",而是广义的"和合"。于是就形成了"仁→

---

① 《论语·雍也》。
② 《论语·颜渊》。
③ 《孟子·梁惠王上》。
④ 《孟子·尽心上》。
⑤ 《孟子·尽心上》。
⑥ 《孟子·公孙丑上》。
⑦ 黄玉顺:《孟子正义论新解》,《人文杂志》2009年第5期。

利→知→义→智→礼→乐"的思想结构。因此，中国正义论给出了一个整体性的理论结构：仁爱→利益→良知→正义→理智→制度→和谐。

综上所述，中国正义论所要解决的核心问题是：社会的制度规范的建构，原则根据何在？换言之，中国正义论的核心内容是通过对"义"的诠释，提出两条正义原则：（1）正当性原则（公正性准则、公平性准则）；（2）适宜性原则（时宜性准则、地宜性准则）。

正当性原则是说：任何制度规范的建构必须是正当的，这意味着这种制度规范的建构必须是由仁爱出发而超越差等之爱、追求一体之仁的结果。在这个意义上，西方民主制度尽管在目前条件下或许是一种"最不坏的制度"（丘吉尔语），但其制度设计在正当性方面存在着一种根本的缺陷：利益集团的博弈，其出发点不是一体之仁的诉求，而是以自我利益为中心的差等之爱。

同时，中国正义论充分考虑到这种一体之仁的具体实现方式的时空条件，这就是适宜性原则。此即《中庸》所说："义者，宜也。"例如，从历时的角度看，在中国的前现代的生活方式下，帝国制度曾经是适宜的；然而在中国的现代性的生活方式下，这种制度已经丧失了适宜性。从共时的角度看，中国的现代性的制度建构必定不同于西方的现代性的制度建构。这一切正是中国正义论的核心——正义原则的必然要求。这就意味着中国正义论是一种普世的理论，而其正义原则是一种普世的原则。

作为基础伦理学的正义论
——罗尔斯正义论批判[*]

本文的基本课题是回答这样的问题：什么是正义论？正义论与伦理学之间是什么关系？鉴于国内现有的正义论研究主要是由美国学者罗尔斯的《正义论》所触发的，该正义论在西方正义论中是具有典范性的，我们这里主要针对罗尔斯的正义论来讨论"什么是正义论"的问题。

这里须预先说明的是：罗尔斯正义论所传达的那些价值观，并不是我们一概反对的；特别是在现代社会生活方式下，诸如"自由""平等"这样的价值观也是我们所主张的。我们在这里要与罗尔斯展开商榷的，不是这些价值观在现代生活方式下是不是可取的问题，而是这些价值观在一般正义论的建构中究竟具有怎样的地位的问题，例如"自由""平等"这样的观念是不是可以充当正义原则或其前提的问题。

罗尔斯的正义论与中国正义论之间具有一些基本的可对应性，如正义论要研究的基本问题有：社会规范建构及其制度安排的目的是为了解决利益冲突问题，这在中国正义论中就是"义利关系"问题；建构制度规范的根据乃是正义原则，这在中国正义论中就是"义→礼"关系问题；正义意味着社会规范及其制度的正当性、适宜性，这在中国正义论中就是"义"所蕴涵的正当性原则（正）、适宜性原则（宜）问题；如何建立正义原则、其与仁爱情感之间是何关系的问题，这在中国正义论中就是"仁→义"关系问题等等。但是，尽管如此，中、西正义论之间却存在着许多重大差异（即便在上述对应之点上也是存在着重大的非等同

---

[*] 原载《社会科学战线》2013年第8期，第27—33页；收入作者文集《从"生活儒学"到"中国正义论"》，北京：中国社会科学出版社，2017年，第193—207页。

性)①,这里择要讨论与这篇导论有关的以下几点。

一、正义论的论域:社会规范

正义论的核心课题当然是正义原则,即"义"的确立;而之所以要确立正义原则,则是要为社会规范建构及其制度安排,即"礼"的制定树立一种价值尺度,亦即孔子所说的"义以为质,礼以行之"②。显然,如果我们确立了一种正义原则,那么这种价值尺度应当是适用于一切社会规范及其制度的,而不是仅仅适用于社会的主要制度,如政治制度和经济制度等。但是,在这个问题上,罗尔斯说:

> 对我们来说,正义的主要问题是社会的基本结构,或更准确地说,是社会主要制度分配基本权利和义务、决定由社会合作所产生的利益之划分的方式。所谓主要制度,我的理解是政治结构和主要的经济和社会安排。这样,对于思想和良心的自由的法律保护、竞争市场、生产资料的个人所有、一夫一妻制家庭就是主要社会制度的实例。把这些因素合为一体的主要制度,确定着人们的权利和义务,影响着他们的生活前景即他们可能希望达到的状态和成就。③

这就是说,罗尔斯所关心的只是一个社会的"基本结构"或者说是"主要制度"。这里存在的问题有二:

(1)从范围看,罗尔斯所关注的当然是正义论的重要论域,但却并不是正义论的全部论域。而中国正义论之所谓"礼",乃是包含了所有一切社会规范及其制度的。例如一部《周礼》,就是涵盖了全部社会规范及

---

① 关于"可对应性"与"非等同性",参见黄玉顺:《爱与思——生活儒学的观念》,第一讲第一节"等同与对应:定名与虚位",第4—8页。
② 《论语·卫灵公》。
③ 罗尔斯:《正义论》,何怀宏等译,第7页。

其制度的。① 我们认为，关于一般正义论所关注的东西，我们只需提到"制度规范"（norm-institution）（本文对于"规范及其制度"[norm and its institution] 的省称）即可，这样一来，举凡政治规范、经济规范、法律规范、家庭规范、思想规范等一切规范及其制度皆在其中，这样的正义论更加具有普遍性的意义。

不仅如此，对于中国正义论来说，这个范围甚至还应该进一步扩展。罗尔斯承认道："作为公平的正义并不是一种完全的契约论。……它看来只包括我们与其他人的关系，而不考虑我们在对待动物和自然界的其他事物方面的行为方式。"② 这比起中国正义论的外延来要狭隘得多，中国正义论的论域涵盖了人与物的关系，乃是一种"万物一体之仁"的视域。例如孟子所说："亲亲而仁民，仁民而爱物。"③ 孟子在这里给出了中国正义论的外延的一种扩展序列，即：亲人→他人→他物。在今天这个环境危机、生态危机日益严重的时代，正义论外延的这种扩展是必要的、紧迫的。对于中国正义论来说，所谓"社会"远不仅仅意味着人；社会规范及其制度的正义与否，也远不仅仅是人自己的问题。

（2）从层面看，罗尔斯所关注的只是"制度"层面。但制度不过是社会规范的制度化，或者说是制度化的社会规范。罗尔斯缺乏一种必要的区分：制度与规范的区分。社会存在着各种各样的规范，诸如道德规范、政治规范、经济规范、法律规范、家庭规范、行业规范等广义的伦理规范，其中有一些规范是可以制度化的，但有一些规范却是无法制度化的。例如并不存在所谓"道德制度"，因为道德规范并不具有强制性，因而并没有什么实体化、刚性化的制度设置。真正全面的正义论，所关注的乃是、也仅仅是所有一切社会规范；解决了规范的正义问题，制度的正义问题也就迎刃而解了。

---

① 黄玉顺：《"周礼"现代价值究竟何在——〈周礼〉社会正义观念诠释》，《学术界》2011年第6期。
② 罗尔斯：《正义论》，何怀宏等译，第16—17页。
③ 《孟子·尽心上》。

二、正义论的主题：正义原则

罗尔斯明确提出：正义原则"是在一种公平的原初状态中被一致同意的"某种"原初契约"，这种原初契约被用以"调节所有进一步的契约"。[①] 所谓"进一步的契约"，也就是一个社会所要建立的制度规范。但我们在这里必须明确指出的是：其实，罗尔斯的正义论并未提出任何正义原则；用中国正义论的话语讲，罗尔斯所论的只是"礼"，而没有"义"。

我们预料，这个判断可能会遭到罗尔斯研究专家的强烈反对。但是，我们这样讲的根据是：不论是"原初契约"，还是"进一步的契约"，都是契约；换句话说，它们都属于规范的范畴，而非规范赖以建立的更为先行的原则。所谓契约，就是人们之间所达成的规范，亦即人们在某种事情上所达成的规则；而要达成这种规范、规则，人们需要某种更为先行的价值原则，而且这种原则不是任何意义上的规范或契约。这种原则才是真正的正义原则。

显然，罗尔斯缺乏另一种重要的明确区分，即"原则"（principle）与"规范"（norm）的区分。[②] 实际上，规范总是建立在某种原则的基础之上的，其问题结构是：人们为什么要建构或选择如此这般的一种规范？这种建构或选择的根据是什么？这个根据就是原则，它表现为某种价值判断，充当对规范及其制度进行价值评判的尺度。显然，原则和规范不是一回事，两者并不在一个层面上，因此，我们切不可以将规范误认为原则。正义的社会规范及其制度，总是建立在正义原则的基础之上的，亦即孟子揭示的这样一种奠基关系：义（正义原则）→ 礼（社会规范）。[③] 人们总是根据某种原则（义）来建立或选择某种规范（礼）。按儒家的看法，礼（规范）是可以"损益"的，而义（原则）才是"普世"的。

---

① 罗尔斯：《正义论》，何怀宏等译，第12页。
② 参见黄玉顺：《"全球伦理"何以可能？——〈全球伦理宣言〉若干问题与儒家伦理学》，《云南师范大学学报》2012年第4期。
③ 黄玉顺：《孟子正义论新解》，《人文杂志》2009年第5期。

为此，我们不妨来看看罗尔斯所提出的作为"原初契约"的两条正义原则，以下就是罗尔斯《正义论》第五章第46节所给出的"关于制度的两个正义原则的最后陈述"[①]。

第一个原则是：

> 每个人对与所有人所拥有的最广泛平等的基本自由体系相容的类似自由体系都应有一种平等的权利。

这里所谓"自由体系"作为一种"体系"（制度），显然就是某种社会规范体系（其实就是一种现代社会制度规范），却在这里充当了一种先于并且据以给出正义原则的、既定的前提条件；每个人对于这种规范体系拥有平等权利，这种权利规定显然也是一种规范建构，而且它本身就是属于那个规范体系的，因而对于那个既定的体系来说是无须作为一条原则来加以重申的。我们不难发现，罗尔斯讨论正义原则问题时的前提，就是某种"最广泛平等的基本自由体系"，这个体系其实就是现代社会的一种制度安排。这种制度安排本身显然不是那个应当先于任何制度安排的正义原则，却在这里充当了"正义原则"的前提条件。

第二个原则是：

> 社会和经济的不平等应这样安排，使它们：（1）在与正义的储存原则一致的情况下，适合于最少受惠者的最大利益；并且，（2）依系于在机会公平平等的条件下职务和地位向所有人开放。

这种"安排"也是一种制度安排，而且其基础就是上述第一个原则所确认的那个社会规范体系：这种不平等的制度安排从属于那个广泛平等的基本自由体系（见下文的第一个优先规则）；机会公平平等的制度安

[①] 罗尔斯：《正义论》，何怀宏等译，第302页。

排本身也是属于那个基本自由体系的;"职务和地位向所有人开放"本是"机会公平平等的"制度安排的题中固有之义,因而也无须作为一个单独的原则来加以强调。

罗尔斯还补充性地提出了两个"优先规则"。第一个优先规则(自由的优先性)是:

> 两个正义原则应以词典式次序排列,因此,自由只能为了自由的缘故而被限制。这有两种情况:(1)一种不够广泛的自由必须加强由所有人分享的完整自由体系;(2)一种不够平等的自由必须可以为那些拥有较少自由的公民所接受。

第二个优先规则(正义对效率和福利的优先)是:

> 第二个正义原则以一种词典式次序优先于效率原则和最大限度追求利益总额的原则;公平的机会优先于差别原则。这有两种情况:(1)一种机会的不平等必须扩展那些机会较少者的机会;(2)一种过高的储存率必须最终减轻承受这一重负的人们的负担。[1]

这些"优先规则"既然称之为"规则",就已经是规范的范畴了;换句话说,它们同样不是先于任何规则、规范、制度的原则本身。

罗尔斯的整部《正义论》,就是试图详尽地论证这些"原则"及其"规则"。这些"原初契约"或"最初安排"[2],其实根本就不是正义"原则",而是一些社会规范,它们本来是应该由正义原则来奠基的;它们甚至不仅仅是规范,而且已经是一种制度设计,这就正如罗尔斯自己所说:"两个正义原则自身中已经孕育了某种社会制度的理想";例如"差别原

---

[1] 罗尔斯:《正义论》,何怀宏等译,第302—303页。
[2] 罗尔斯:《正义论》,何怀宏等译,第62页。

则不仅假定着别的一些原则的实行，而且也以某种社会制度理论为前提"；"因此我们需要毫不犹豫地在决定正义原则的选择时预先假定某种社会制度的理论"。① 用儒家的话来说，罗尔斯在这里所陈述的都是"礼"，而非为之奠基的"义"。

既然这里陈述的只是一些基本的社会规范、社会制度，那么我们就可以问：在罗尔斯这里，为所谓"正义的两个原则"（实则是两条基本的社会规范）奠基的那种更为先行的、真正的正义原则究竟是什么？存在着三种可能：

第一，在第29节里，罗尔斯提出了一些"正义原则的主要根据"，诸如"承诺的强度""公开性的条件和对契约的限制条件"等。但我们不必详细讨论这些根据，因为罗尔斯自己说：这些都是作为"论据"，而不是作为原则来讨论的；而且它们"依赖下述事实：对于一个将确实有效的契约来说，各方必须能够在所有有关的和可预见的环境里尊重它"；"这样，作为公平的正义就比前面的讨论显得更为依赖于契约概念"。② 这就是说，这些"根据"仍然未能超出契约、规范、制度的范畴，即仍不能是真正的正义原则。

第二，所谓"原初状态"（original position）。鉴于"正义的两个原则"是直接从"原初状态"中推出的，那么这种"原初状态"似乎就可以视为对"原初契约"的奠基。但是，以下几点否定了这种可能：（1）罗尔斯本人很明确：原初状态作为一种"状态"不是正义原则，而不过是借以推出正义原则的条件。（2）罗尔斯说："我所说的原初状态的概念，是一种用于正义论目的的、有关这种最初选择状态的最可取的哲学解释"；"我强调这种原初状态是纯粹假设的"，例如需要"无知之幕"（veil of ignorance）假设。③ 然而就方法论而言，这种由"纯粹假设"出发来推出正义原则的做法是可以质疑的。中国正义论认为，正义原则的确立并

---

① 罗尔斯：《正义论》，何怀宏等译，第258、157、158页。
② 罗尔斯：《正义论》，何怀宏等译，第173—174页。
③ 罗尔斯：《正义论》，何怀宏等译，第17、21、18页。

不是基于一些哲学假设，而是源于生活的实情和作为一种生活感悟的正义感。(3) 罗尔斯继续道："但我们是根据什么来决定何为最可取的解释呢？"这就需要"使正义的理论与合理选择的理论联系起来"。[①] 上述假设就是某种"合理选择"（reasonable selection）的结果。然而"合理"意味着原初状态及其种种假设条件在理论逻辑上还不是最原初的，更原初的东西是所谓"理"（reason or rationale），如下述的"平等"观念、"正义信念"等。(4) 罗尔斯说：首先，"假定在原初状态中的各方的平等是合理的"[②]。这就是说，"平等"的观念是比"原初状态"更为原初的东西。但罗尔斯本人并不认为"平等"是一条正义原则。平等乃是一种现代性的价值观。关于平等，下文还将更为详尽地加以讨论。(5) 在罗尔斯那里，除"平等"假设外，原初状态还须假定其他一些假设条件，诸如"作为道德主体、有一种他们自己的善的观念和正义感能力"，"每个人都被假定为具有必要的理解和实行所采取的任何原则的能力"等等，这些假设都是值得商榷的，这里姑且放下；其中最重要的是，"要证明一种对原初状态的特殊描述还有另外的事情要做，这就是看被选择的原则是否适合我们所考虑的正义信念"。[③] 这等于说，正义原则是由正义信念奠基的。罗尔斯说，在选择正义原则时，这种正义信念是以"正义感"和"直觉"的方式表现出来的。[④] 这是颇有道理的，但是，其一，这种"正义感"和"直觉"，按照我们也赞同的罗尔斯本人的看法，也并不是正义原则；其二，罗尔斯并不能说明这种"正义感"和"直觉"的来源，而这正是中国正义论曾加以揭示的。[⑤]

第三，最后，我们或许也可以把蕴涵在两个所谓"正义原则"及其"规则"中的那些基本观念视为真正意义的正义原则（尽管罗尔斯本人并

---

① 罗尔斯：《正义论》，何怀宏等译，第18、17页。
② 罗尔斯：《正义论》，何怀宏等译，第18页。
③ 罗尔斯：《正义论》，何怀宏等译，第19页。
④ 罗尔斯：《正义论》，何怀宏等译，第19页。
⑤ 黄玉顺：《孟子正义论新解》，《人文杂志》2009年第5期。

不这样看）？这些观念包括：自由、平等。

在现代西方的"自由、平等、博爱"口号中，"博爱"或"仁爱""爱"是被罗尔斯排除在正义理论之外的。[1] 尽管他在谈到差别原则时为博爱进行了某种程度的辩护[2]，然而在他看来，对于仁爱来说，毕竟"困难在于对几个人的爱，一旦这些人的要求相冲突，这种爱就陷入了困境"；"只要仁爱在作为爱的对象的许多人中间自相矛盾，仁爱就会茫然不知所措"。[3] 这一点是与中国正义论的看法截然相反的，在中国正义论看来：一方面，正因为爱（严格说来只是仁爱中的差等之爱一面）导致了矛盾、利益冲突，这才需要确立起正义原则来指导社会规范的建构，从而调节这种矛盾冲突；而另一方面，也正因为仁爱（仁爱中的一体之仁一面）才确立了正当性原则，从而保证了社会规范及其制度的正义。社会规范及其制度的正当性在于其超越差等之爱、追求一体之仁。这个道理，荀子是讲得最透彻的。然而这个道理是罗尔斯所不明白的，所以，他的思路是："在原初状态中，各方是互相冷淡而非同情的"；正是"在无知之幕条件下的互相冷淡引出了两个正义原则"。[4]

我们再来看看罗尔斯的"平等"与"自由"的观念。

我们发现，在罗尔斯的正义论建构中，似乎"平等""自由"，或者说"平等的自由"[5]，才真正具有某种基本原则的地位：不仅"进一步的契约"，而且"原初契约"（即罗尔斯所谓"正义的两个原则"），亦即所有社会规范的设计及其制度的安排，都必须符合这种"平等的自由"原则。就此而论，在中国正义论中，当我们从正义原则推出现代性的社会规范时，我们是承认这一"原则"的；但是，我们并不是认为"自由""平等"或者"平等的自由"就是真正的正义原则。这不仅是因为"自由""平等"

---

[1] "博爱"本是中国儒家的一个观念，如韩愈《原道》所讲的"博爱之谓仁"。现代用汉语的"博爱"去翻译西方的"fraternity"（兄弟情谊），这是并不确切的。
[2] 罗尔斯：《正义论》，何怀宏等译，第105—106页。
[3] 罗尔斯：《正义论》，何怀宏等译，第185页。
[4] 罗尔斯：《正义论》，何怀宏等译，第185页。
[5] 罗尔斯：《正义论》，何怀宏等译，第201页。

的观念其实仅仅是现代性观念当中的一些价值观念（详下），而且因为，刚才我们已经提到，罗尔斯本人并不把"自由""平等"或者"平等的自由"视为正义原则，而是视为引出其"正义原则"的前提条件，甚至是其前提条件之前提条件，即引出"原初状态"的条件。不仅如此，他甚至同时又有一种与此相矛盾的看法，例如："我在大多数地方将联系宪法和法律的限制来讨论自由。在这些情形中，自由是制度的某种结构，是规定种种权利和义务的某种公开的规范体系。"[1] 我们在这里所看到的乃是思想的混乱：究竟是"平等的自由"决定着某种社会规范体系及其制度，还是这种制度规范决定着"平等的自由"？

此外还有一点是需要特别指出来的：一方面，我们知道，罗尔斯正义论的初衷，是希望能够在排除社会共同体中任何一方的价值观成见的条件下得出正义原则，或者说是探索一个社会共同体如何在具有不同价值观的各方之间达成一致的正义原则，如此说来，这种正义原则就不能依赖于任何一方的价值观；但另一方面，我们同时也知道，在现实世界中，"自由""平等"恰恰是若干不同价值观之中的一种价值观，而不是各方都一致的价值观，而罗尔斯的正义论正是建立在这种价值观的基础之上的。罗尔斯假定在原初状态的无知之幕下的各方会自然而然地选择这种价值观，这是一种靠不住的想当然。

三、正义原则的普适性：不仅仅适用于现代社会

罗尔斯的整个正义论，都是基于上述"自由""平等"观念的。即便如上文所谈到的，"自由""平等"这些观念可能是更切合于"（正义）原则"概念的，我们还需要指出："自由""平等"观念其实都是一些现代性观念，这些观念其实是渊源于现代性的生活方式的东西。因此，罗尔斯的正义论只适用于某种现代生存方式，而不具有真正意义上的"普适性"

---

[1] 罗尔斯：《正义论》，何怀宏等译，第200页。

（universality）[1]，亦即不能解释古今中外所有一切社会制度何以可能。作为由现代生存方式所给出的现代人，我们也是主张自由和平等的；然而，假如我们要建构某种一般正义论（general theory of justice），这种正义论及其正义原则就应当是适用于任何时代和任何地域的。

因此，罗尔斯基于这种"自由""平等"观念而提出的两条正义原则，不仅如上文已说明的那样，是把规范误认为原则了，而且是把现代性的某些特定的基本社会规范误认为是一般的正义原则了。于是，他说：

> 我设想一旦各方在原初状态中采用正义原则之后，他们就倾向于召开一个立宪会议。在这里，他们将确定政治结构的正义并抉择一部宪法，可以说，他们是这种会议的代表。他们服从已选择的两个正义原则的约束，将为了政府的立宪权力和公民的基本权利而设计出一种制度。[2]

在这个描述中，我们看到的仿佛就是当年美国的制宪会议的情景。

显然，建立在这种现代性观念基础上的正义论，至多只能叫作"现代社会正义论"，而非一般正义论，后者可以解释古今中外所有一切社会规范建构及其制度安排。按照理论的逻辑，"现代社会正义论"应该是一般正义论的一种演绎。然而按照罗尔斯正义论的逻辑，我们势必得出这样的结论：除西方现代制度外，甚至除美国的基本制度外，人类历史上曾经存在过的所有制度都是不正义的。如此说来，人类的历史就是一部不正义的历史，就是一部恶的历史。这显然是不能令人接受的结论。

我们所理解的真正的一般正义论及其正义原则，是那种能够解释古

---

[1] 今天，人们有时把"universal"或"global"译为"普世的"，有时又把它译为"普适的"，这实际上造成了理论上的混乱。我倾向于做出这样一种区分：用"普世的"（global）来指在特定时代生活方式下的普遍性，例如在现代性的生活方式下，"民主"这种价值观应该是普世的；而用"普适的"（universal）来指超越时代的普遍性，这才是一般正义论所要追寻的东西，而"民主"这样的价值观（例如在柏拉图看来）就不是普适的。
[2] 罗尔斯：《正义论》，何怀宏等译，第194页。

今中外一切社会制度何以可能的理论。中国正义论就是这样一种正义论，它不仅通过正当性原则来要求制度规范的建构出于仁爱（超越差等之爱、追求一体之仁[①]）的动机，而且通过适宜性原则来充分考虑制度规范的建构在不同生活方式中的效果。这样一来，古今中外一切社会规范及其制度都可以由此而加以评判、得以解释。

四、正义的含义：不仅仅是公平问题

正义论的核心当然是正义问题。然而，"正义"这个概念的外延究竟如何？罗尔斯对"正义"概念的基本规定是："正义"是指"作为公平的正义"（justice as fairness）[②]。他说："一个人可以把作为公平的正义和作为公平的正当设想为一种对正义概念和正当概念的定义或阐释。"[③] 于是，我们可以追问：正义仅仅意味着公平吗？这是关乎我们这里所要讨论的正义概念的一个重大问题。我们不妨仿照罗尔斯的一种惯用的说法，即**这里直觉的观念是**：公平并不等于正义，正义也不等于公平。然而尽管罗尔斯自己也说"（作为公平的正义）这一名称并不意味着各种正义概念和公平是同一的"[④]，但是无论如何，毕竟在罗尔斯那里"作为公平的正义"意味着"正义"（justice）概念**在很大程度上**就等同于"公平"（fairness）概念。有鉴于此，罗尔斯的书名《正义论》应该被更确切地叫作"公平论"（*A Theory of Fairness*），而不是"正义论"。

固然，罗尔斯完全正确地说："正义是社会制度的首要价值，正像真理是思想体系的首要价值一样。"[⑤] 然而一旦把这句话里的"正义"置换成"公平"，那就很成问题了：无论如何，绝不能说"公平是社会制度的

[①] 有的学者将儒家的"仁爱"仅仅理解为差等之爱，这是极为偏颇的。儒家的仁爱不仅承认差等之爱的生活实情，而且特别倡导超越这种差等之爱的一体之仁，这是中国正义论的正当性原则的基本内涵。
[②] 罗尔斯：《正义论》，何怀宏等译，第17页。
[③] 罗尔斯：《正义论》，何怀宏等译，第111页。
[④] 罗尔斯：《正义论》，何怀宏等译，第12—13页。
[⑤] 罗尔斯：《正义论》，何怀宏等译，第3页。

首要价值",更不能说公平是一切社会规范的首要价值。所谓价值,从正面意义讲,泛指所有一切可以评价为"好"的东西,亦即罗尔斯所说的"善"(good)。然而显然,一个社会制度所追求的最高的"好"或"善"绝不是"公平"。

有意思的是,罗尔斯有时却又自相矛盾地把"公平"限制在"正义"之下的层级,他说:

> 我们就可以把自由、平等、博爱的传统观念与两个正义原则的民主解释如此联系起来:自由相应于第一个原则;平等相应于与公平机会的平等联系在一起的第一个原则的平等观念;博爱相应于差别原则。①

在这段重要论述中,比起"正义"来,"公平"显然是一个次级概念,因而远远不能涵摄全部正义原则,即不涉及差别原则。在罗尔斯那里,"公平"主要是指机会方面的平等。既然如此,"正义"就并不是什么"作为公平的正义"了,"正义论"也远不仅仅是"公平论"。

罗尔斯有时对"公平"还有另外一种说明:

> "作为公平的正义"这一名称的性质:它示意正义原则是在一种公平的原初状态中被一致同意的。这一名称并不意味着各种正义概念和公平是同一的,正像"作为隐喻的诗"并不意味着诗的概念与隐喻是同一的一样。②

在这种意义上,"公平"不仅不等同于"正义"概念,而且与"正义"概念根本不在一个层级上,而是作为正义原则的前提,略相当于"平

---

① 罗尔斯:《正义论》,何怀宏等译,第106页。
② 罗尔斯:《正义论》,何怀宏等译,第12—13页。

等"这个现代概念。

以上表明,罗尔斯在"正义"概念、"公平"概念及其关系的问题上是不无混乱的。确实,"正义"是一个含义很丰富的概念,其内涵远不是"公平"可以概括的。在中国正义论看来,"正义"至少包含以下语义:正当(公正、公平);适宜(时宜、地宜)。[1]

五、作为基础伦理学的一般正义论:正义论与伦理学的关系

这里有一个问题是需要特别加以澄清的,即诸如所谓"正义""正当"这样的词语,可以在两种截然不同的场合中使用:一种是指行为的正当,亦即指某种行为符合某种既有的制度规范,我们可称之为"行为正义"(behavior justice),这显然属于规范伦理学的范畴;另一种则是指上述制度规范本身的正当,我们可称之为"制度正义"(institution justice),这才真正是正义论的范畴。不论是对于正义论,还是对于伦理学来说,这个区分都是至关重要的。显然,并非任何制度规范都是"应当"遵守的,这里的问题在于这种制度规范本身是不是具有"合法性"("合法性"这种说法其实是很成问题的,因为"法"本身就属于社会规范),或者更确切地说,社会规范及其制度是否正义。例如,我们今天不必,也不应当遵守奴隶制度的社会规范。孔子说过:"乡原,德之贼也。"[2] 孟子解释:所谓"乡原"就是"同乎流俗,合乎污世"[3]。我们没有遵从末俗、服从暴政、遵守恶法的义务。我们首先根据正义原则来判定某种社会规范及其制度是否正义,然后才按照这种社会规范及其制度来衡量人们的行为是否正当,例如该行为是不是道德的,或是不是合法的。罗尔斯说得对:

> 一个人的职责和义务预先假定了一种对制度的道德观,因此,

---

[1] 黄玉顺:《中国正义论纲要》,《四川大学学报》2009年第5期;人大复印资料《伦理学》2010年第1期全文转载。
[2] 《论语·阳货》。
[3] 《孟子·尽心下》。

在对个人的要求能够提出之前，必须确定正义制度的内容。这就是说，在大多数情况里，有关职责和义务的原则应当在对于社会基本结构的原则确定之后再确定。①

以上分析实际上逼显出一个问题：是否可以说，正义论是比伦理学更具优先性的？如果这个问题的答案是肯定的，那么它对于传统观念来说就是颠覆性的。迄今为止，通常认为，正义论应该建立在某种伦理学的基础之上。我们的上述分析表明：正义论即便不是优先于任何伦理学的，至少也是优先于规范伦理学的。当然，这里所说的"规范伦理学"（normative ethics）是狭义的，是指那种仅仅列出社会规范，而并不追究这些社会规范的背后根据的伦理学。

当然，规范伦理学也可以追寻社会规范赖以成立的根据。这又可以分为两类情况：有一种常见的传统规范伦理学，它们追溯社会规范的根据，但是这种根据却是形而上学的——神学形而上学的或者哲学形而上学的，这也就是孔子所说的"言不及义"②，亦即或者并未涉及正义原则（义），或者简单地断定凡是出自"形而上者"（上帝或者理念之类）的就是正义的。

或许，我们也可以设想另外一种规范伦理学，它是追问社会规范赖以建立的正义原则的。这就涉及近些年来的一个理论热点"制度伦理学"问题了。对于"制度伦理学"可以有两种不同的理解：一种是"ethics of institution"，即关于制度的伦理学；另一种是"institutional ethics"，即是从制度角度来研究的伦理学。它们显然都是伦理学的分支。但是，上文已经谈过，一般来说，所谓"制度"也就是社会规范的制度化，或者说制度化的社会规范。在这个意义上，所谓"制度伦理学"也就是某种"规范伦理学"。但也可以更确切地说，一般正义论其实本身就是一种伦理学，可

---

① 罗尔斯：《正义论》，何怀宏等译，第110页。
② 《论语·卫灵公》。

称之为"基础伦理学"（fundamental ethics）。中国正义论其实就是这样一种伦理学。

总之，一般正义论与伦理学之间的关系还是一个尚待澄清的问题。

孔子怎样解构道德
——儒家道德哲学纲要*

古有"以理杀人"[①],今则有"以道德杀人"。这并不是说社会不应该有道德,而是说必须追问:究竟应当有怎样的道德?以"道德"杀人者,其所谓"道德"云云,实为人性之桎梏、自由之枷锁,而非现代人应有的道德。尤可叹者,以"道德"杀人者往往还打着"孔子"的旗号。故有必要正本清源:何谓"道德"?孔子究竟如何看待道德?

读者一看到本文标题"孔子解构道德",或许会感到诧异:怎么会!孔子难道不是主张道德至上的吗?这不是儒学常识吗?本文正是要矫正这种"常识",还原儒家道德哲学的真相,以揭穿"以道德杀人"的本质。而所谓"解构"(deconstruction)并非彻底否定,而是破除迷信,理解其"何以可能",以便还原、重建。这是当代哲学"解构"一词的本义。简言之,一个社会的道德体系,源于这个社会形态的基本生活方式;因此,当基本生活方式发生时代转换之际,这个道德体系就面临着"解构→还原→重建"问题。

一、儒家"道德"的语义分析

现代汉语"道德"这个词,或其简化用法"德",诸如德性、德行、有德、无德、德才兼备、以德治国、德治等,使用频率极高,方方面面的人都喜欢拿它说事,用以标榜自我、臧否人物。然而首先必须指明:这是现代汉语的"道德"概念,它所对应的英语就是"morality"或"moral"。

---

* 原载《学术界》2015年第11期,第104—115页;收入作者文集《从"生活儒学"到"中国正义论"》,北京:中国社会科学出版社,2017年,第318—335页。
① 戴震:《与某书》,见戴震《孟子字义疏证》。

这也是本文要讨论的"道德"概念。

人们正是在这样的语义下讨论儒家的"道德"观念。例如牟宗三的现代新儒家哲学，即"道德底形上学"（metaphysic of morals）与"道德的形上学"（moral metaphysics），就是这种"道德"概念的一种典型。[①]然而，这样的"道德"与古代儒家所说的"道德"或"道—德"并不是一回事，正如韩愈所说："其所谓'道'，非吾所谓'道'也；其所谓'德'，非吾所谓'德'也。"[②] 人们之所以误解孔子和儒家的道德观念，一个重要原因就是将现代汉语的"道德"和孔子及儒家所说的"道德"混为一谈。

说到汉语"道德"二字的最初连用，很容易想到《道德经》，即《老子》。然而《老子》称《道德经》始于汉代，该书正文亦无"道德"连用之例。[③] 在道家文本中，"道德"连用最初见于《庄子》，其内涵也绝不是现代汉语的"道德"概念，毋宁是对道德的否定。至于儒家文献中"道德"连用的例证，则最早出现于《荀子》文本中。例如：

> 君子言有坛宇，行有防表，道有一隆。言道德（杨倞注：此处"道德"乃"政治"之讹）之求，不下于安存；言志意之求，不下于上；言**道德**之求，不二后王。道过三代谓之荡，法二后王谓之不雅。[④]

这里有几点是值得注意的：

（1）"道德"显然不是一个单词，而是"道"与"德"两个词的短语。其上下文"道有一隆""道过三代"皆单称"道"，可以为证。这其

---

① 牟宗三：《心体与性体》，引自《道德理想主义的重建——牟宗三新儒学论著辑要》，郑家栋编，北京：中国广播电视出版社，1992年，第229页。
② 韩愈：《原道》。
③ 《老子》，王弼本，楼宇烈《王弼集校释》本。
④ 《荀子·儒效》。黑体为笔者所加。

实是中国古代哲学通行的"道→德"架构，即"形上→形下"的架构。其中唯有"德"略相当于现代汉语的"道德"，即指道德规范或社会伦理规范；而"道"，尽管荀子哲学的形而上学色彩不浓，但仍然是比"德"更具形上意义的范畴，即属"形上→形下"的架构。

（2）此处"德"显然指"法"，故"道德之求，不二后王"与下文"道过三代""法二后王"相对应，即"德"与"法"相对应。此"德"或"法"就是上文的"言有坛宇，行有防表"，即言行的规范。王念孙注："'言有坛宇'犹曰'言有界域'。"杨倞注："'行有防表'谓有标准也。""界域""标准"都是指言行的准则，即"修身、正行、积礼义、尊道德"①的伦理规范。此处的"道德"即"道→德"，而其落脚点在"德"，即"修身正行"的行为规范。由此可见，荀子的"道德"这个短语，有时是指"道→德"观念架构；有时其重心则在"德"，即是与现代汉语"道德"一致的概念。

在儒家话语中，这种行为规范属于广义的"礼"范畴，即荀子常称的"礼法"。区别在于："礼法"或"礼"是外在的社会规范，而"德"则是对这种规范的内在认同。所以，"法""礼"或"礼法"与"德"的关系，其实就是现代汉语"伦理"(ethic)与"道德"(morality)的关系，即：伦理是外在的社会规范，道德则是对这种规范的内在认同。

（3）荀子主张，道德规范的建构应当"不二后王"，即他常讲的"法后王"；杨倞注称，这是注重"当时之所切宜施行之事"。这就涉及荀子"道→德"理论体系的整体了。

荀子时而讲"法后王"，时而讲"法先王"，似乎自相矛盾，其实不然：凡讲"法后王"，都只是从"德"或"礼法"层面来讲的，是讲"当时所宜施行之事"，即是当时社会应有的规范建构，荀子当时所面对的是从王权封建社会向皇权专制社会的转型；凡讲"法先王"，则是从"道"或"道→德"的层面来讲的，即是从原理上来讲的。荀子所谓"道"，指

---

① 《荀子·议兵》。

的是儒家伦理学的一整套原理:"道者,非天之道,非地之道,人之所以道也,君子之所道也。"① 这套原理是"仁→利→义→礼"的理论体系,即他在追溯性表达"礼乐则修,分义则明,举错则时,爱利则形,……夫是之谓道德之威"② 之中所说的"道德"。③ "德"或"礼法"与这套原理"道"或"道→德"之间的关系,犹如《庄子》所说的"迹"与"所以迹"的关系。④

总之,"德"大致对应现代汉语的"道德"(morality),指的是对社会规范的内在认同;而其前提是社会规范的存在,即所谓"伦理"(ethic)。于是,我们可以给现代汉语的"道德"下一个定义:**所谓道德,就是遵行并认同既有的伦理或社会规范**。显然,仅仅遵守规则是不够的,因为他或她可能心里并不认同这些规范,而只是害怕遭到谴责或惩罚才遵行之,即孔子讲的"免而无耻"⑤。所以,道德往往需要通过教化或说教来进行灌输,使人认同;而将道德形而上学化就是教化或说教的一种传统方式。

这就表明,"道德"是一个形而下的概念。古今中外不少哲学家、宗教家力图寻求道德在人性论、本体论上的形而上学根据;但无论如何,道德本身并不是形而上的东西,而只是形而下的东西。撇开那些玄之又玄的理论,生活实情是很简单明了的:如何判断一个人是不是"道德"的?就看这个人是不是遵行并认同既有的社会规范。如此而已。

二、孔子"德"的道德含义

荀子的"德"概念大致与孔子一致,即:"德"是一个形而下的概念,是指对社会规范的认同与遵行。孔子的"德"概念尽管并不完全是

---

① 《荀子·儒效》。
② 《荀子·强国》。
③ 黄玉顺:《荀子的社会正义理论》,《社会科学研究》2012 年第 3 期;《中国社会科学文摘》2012 年第 8 期转载。
④ 《庄子·天运》,王先谦《庄子集解》本,《诸子集成》本。
⑤ 《论语·为政》。

今天的"道德"概念（详下），但仍不是形而上学的概念。然而，孔子之后，思孟学派以来，尤其是在宋明理学那里，"德"被形而上学化，形成了"德性→德目"的模式，即"形上→形下"的模式。所谓"德性"是指至善的人性，它既是相对的主体性，即人的先天的或先验的本性；又是绝对的主体性，即宇宙的本体、形而上者。这种本性是从"天"那里"得"来的，即《中庸》所谓"天命之谓性"，故称"德性"（德者得也：acquirement）。而所谓"德目"则是指道德条目，即社会规范的具体条款，它们是德性在形而下的层级上的具体体现。这种"德性→德目"的架构也是典型的"形上→形下"模式，但未必是孔子的思想。

（一）"德性"的解构："习与性成"

众所周知，孔子并无形而上学的"德性"概念。在孔子那里，"德"与"性"是分别使用的。而且孔子极少谈"性"，所以子贡感叹："夫子之言性与天道，不可得而闻也。"[1] 这并不是说孔子、儒家不讲人性，而是说：不同的儒家学派对人性有颇为不同的看法；许多看法未必切合孔子的思想。

据《论语》载，孔子谈"性"只有一例："性相近也，习相远也。"[2] 是将"性"与"习"联系起来。但后儒对这种联系的理解却大相径庭。例如，孟子认为，"性"是先天的善的本性，而"习"可能正是对这种"性"的背离；而荀子则相反，认为"性"是先天的恶的本性，而"习"则是对这种"性"的人为矫正，即"伪"[3]。两种看法都将"性"与"习"对立起来，而王船山则认为"性"与"习"是一致的。如果我们不承认先验论或先天论，那么，王船山的人性论可能更切合于孔子的原意。他通过解释《尚书·太甲》的命题"习与性成"，指出"性"乃"日生而日成之"[4]，即

---

[1] 《论语·公冶长》。
[2] 《论语·阳货》。
[3] 《荀子·性恶》。
[4] 王夫之：《尚书引义·太甲二》。

"性"是在日常生活中生成而变化的。

按王船山的理解,那么,孔子所说的"性近习远"是说:人们的"天性"固然本来是差不多的(孟子也有这种观念,如《尽心上》所说的"形色,天性也");但人们在生活中养成的"习性"却存在着巨大差异。显然,这里的"人性"概念涵盖了天性和习性,所以,人性并不是一成不变的,而是在生活中"日生日成"的。据此,孔子"性近习远"那句话可译为:"人性本来大致一样,但人性亦随生活习俗之不同而相去甚远。"

这就涉及"德",即"得"(acquirement)的问题了。"德"与"得"是同源词,"德性"说的是这个问题:"性"是从哪儿"得"来的?这至少有两种解释:其一,按王船山的解释,人性得自生活习俗。这也正如许慎的说法:"得:行有所得也。"① 其二,按心学的先验解释,"德性"得自"天道"。

表面看来,后者似乎更符合孔子的观点,因为孔子说"天生德于予"②,明确指出了"德"是"天生"的。然而问题在于:"天"是什么意思?汉语的"天"实在是一个含义异常丰富的词语,我们无法给出一个定义。如果一定要找到这些复杂含义之间的一个共同点,那恐怕就是《庄子·天地》所说的"无为为之之谓天"。所谓"无为为之",就是自然而然。据此,生而有之的天性固然是自然而然的"天",然而在生活中养成的习性同样是自然而然的"天"。

孔子一如其常,没有给"天"下一个简单化的定义。他关于"天"的一些说法给人一种印象:似乎"天"是有人格意志的东西。其实不然,孔子说:"天何言哉?四时行焉,百物生焉,天何言哉!"③ 这显然正是"无为为之"的意思:四时行,百物生,一切都是如此地自然而然、不假安排。

所以,显然不能将孔子所说的"天生德于予"简单化地理解为后儒

---

① 许慎:《说文解字·彳部》(大徐本),徐铉等校定,北京:中华书局,1963年。
② 《论语·述而》。
③ 《论语·阳货》。

那种先天的或先验的所谓"德性"。如果一定要用"德"来讲"性",那么,下文将会说明:孔子之所谓"德",乃是"得"之于"行",即生活中的践行,也就是"习",亦即"德行"的概念。《论语》开篇就讲"学而时习之",绝非偶然:"德"或"性"在"时习"之中"习相远"。

那么,孔子所说的"德"到底具有怎样的内涵?

(二) 孔子之"德"的道德含义:"知礼—好礼"

孔子常提到"德",但仍然没有什么定义,甚至很少有那种带有一定解释性的论述。这是因为:在他与人的对话中,对话双方关于"德"的含义已有共同的语义预设(semantic presupposition)①,即知道对方在谈什么问题,无须解释。我们这里选择孔子关于"德"的那种多多少少隐含着某种解释性的言论,加以分析。

1. "德"并不是"德性"概念

孔子说过:"中庸之为德也,其至矣乎!"② 这里谈到"中庸"是一种"德",容易误解。因此,必须明确:绝不能将孔子所讲的"中庸"等同于《礼记·中庸》所谓"中庸"。(1)《礼记·中庸》的"中庸"是形而上学化的"中庸之道",即一种"道";而孔子讲的是"中庸之德",即一种"德"。(2)《礼记·中庸》所谓"中"即其开篇所说的"天命之谓性",亦即上文已讨论过的形而上学的"德性"观念;而孔子所说的"中庸之德"作为道德概念,显然只是将"中庸"视为一条"德目",即注疏所说的:"中,谓中和;庸,常也。……言中和可常行之德也。"这就是说:"德"是形下概念。

2. "德"是形下概念

孔子曾说:"志于道,据于德;依于仁,游于艺。"③ 这里的"志于

---

① 参见 Bussmann、Yule:《预设的概念》,黄玉顺译,载《儒教问题研究》,北京:人民出版社,2012年。
② 《论语·雍也》。
③ 《论语·述而》。

道，据于德"，显然正是上文谈过的"道→德"的观念架构。这就是说，"德"并不是一个形而上的范畴，而是一个形而下的概念。注疏的解释虽有太多的过度诠释，但有的说法还是可取的，例如："在心为德，施之为行。""施之为行"意味着"德"关乎行为规范；"在心为德"是说"德"是心中对行为规范的内在认同。

3. 道德之"德"

孔子所说的"德"到底是什么意思？

> 子曰："道（导）之以政，齐之以刑，民免而无耻；道（导）之以德，齐之以礼，有耻且格。"①

邢昺疏云："德，谓道德；格，正也。言君上化民，必以道德；民或未从化，则制礼以齐整，使民知有礼则安，失礼则耻。"这里的"道德"显然不是"道→德"，而是对孔子所讲的"德"的解释，也就是"德"。"格"之为"正"，是对行为的匡正，显然指的是行为规范，这是"齐之以礼"的事情，即是建构社会规范的问题。

孔子将"德"与"政"相对而言，而与"礼"相提并论。"政"指治理，是对臣民而言的，对于国君来说则是外在的；而"德"对于国君来说却是内在的。"德"是内在的，而"礼"（社会规范）是外在的，这正是上文讲过的：道德是对外在社会规范的内在认同。这就表明：孔子所讲的"德"大致就是现代汉语"道德"的含义。

4. 道德即"知礼"且"好礼"

孔子所说的"德"尽管与"礼"在同一层面上，即都是形而下的概念，但"德"并不就是"礼"。上文说过，"礼"是外在的社会规范，而"德"是对社会规范的内在认同；这两者正好对应于孔子所讲的"知礼"而且"好礼"。

---

① 《论语·为政》。

"知礼"说的是遵行外在的社会规范：

> 子入太庙，每事问。或曰："孰谓鄹人之子知礼乎？入太庙，每事问。"子闻之，曰："是礼也。"①
>
> 或曰："……然则管仲知礼乎？"曰："邦君树塞门，管氏亦树塞门；邦君为两君之好，有反坫，管氏亦有反坫。管氏而知礼，孰不知礼！"②
>
> 不知礼，无以立也。③

"好礼"是说的对于社会规范不仅遵行，而且发自内心地认同：

> 子贡问曰："贫而无谄，富而无骄，何如？"子曰："可也。未若贫而乐道、富而好礼者也。"④
>
> 子曰："……上好礼，则民莫敢不敬；……"⑤
>
> 子曰："上好礼，则民易使也。"⑥

这样的"好礼"，当然也就意味着"好德"，所以，孔子曾感叹道："已矣乎！吾未见好德如好色者也。"⑦

5. 所谓"德目"

后世所谓"德目"，即道德条目，也就是社会规范的条款，即"礼"的具体内容。要注意的是，《论语》中所谓"目"不是这个意思："颜渊问仁。子曰：'克己复礼为仁。……'颜渊曰：'请问其目。'子曰：'非礼勿

---

① 《论语·八佾》。
② 《论语·八佾》。
③ 《论语·尧曰》。
④ 《论语·学而》。
⑤ 《论语·子路》。
⑥ 《论语·宪问》。
⑦ 《论语·卫灵公》。

视,非礼勿听,非礼勿言,非礼勿动.'"① 颜渊所问的"目"并不是指的道德条目。道德条目是指社会规范的具体条款,那是非常多的。例如:

> 子曰:"居处恭,执事敬,与人忠,虽之夷狄,不可弃也。"②
> 子张问仁于孔子。孔子曰:"能行五者于天下,为仁矣。"请问之。曰:"恭、宽、信、敏、惠。恭则不侮,宽则得众,信则人任焉,敏则有功,惠则足以使人。"③
> 子贡曰:"夫子温、良、恭、俭、让以得之。"④

这里提及的恭、敬、忠、宽、信、敏、惠、温、良、俭、让等等,均属社会规范的"德目"。须注意的是:这些道德条目绝不能与"仁、义、礼、智"混为一谈,它们并不在一个层面上。"礼"涵盖所有这些道德规范;而"仁""义""智"既然不属于"礼",显然也就不是道德条目。人们常将"仁义礼智"视为道德,例如朱熹所谓"四德"⑤,大谬不然。实际上,"仁、义、礼、智"并不属于"德"的范畴,而属于上文讨论过的"道→德"范畴,亦即儒家伦理学的一整套原理。如果暂时撇开"智"的问题,则其关系如下表:

道				
仁 (仁爱精神)	义 (正义原则)	礼 (社会规范)		
^	^	恭、敬、忠、宽、 信、敏、惠、温、 良、俭、让…… (外在规范)	德 (道德) (内在认同)	

---

① 《论语·颜渊》。
② 《论语·子路》。
③ 《论语·阳货》。
④ 《论语·学而》。
⑤ 朱熹:《周易本义·乾文言传》,上海:上海古籍出版社,1987年。

这就是说,"道"是统摄一切的,其原理的核心结构就是"仁→义→礼";而"德",亦即现代汉语的"道德",只是指对"礼"即社会规范的内在认同。

三、道德的解构

既然道德(morality)是对社会规范的认同,那么,社会规范就是道德的前提。社会规范(social norms)也称"行为规范",就是一个共同体中的人们所共同遵行的一套行为规则,犹如今天常说的"游戏规则"。这套规范,其实就是所谓"伦理"(ethics)。人们常说"伦理道德",却从来没有把"伦理"与"道德"的关系讲清楚。其实,**所谓伦理,就是关于人际关系的一套行为规范,儒家谓之"礼";而所谓道德,则是对这套社会规范的认同与遵行,儒家谓之"德"**。因此,对"礼"——社会规范的解构,也就意味着对"德"——道德的解构。那么,孔子究竟怎样解构社会规范,从而解构道德呢?

(一)道德并非先验之物:"德行"概念

首先,正如上文所指出的,孔子并不认为道德是先验的东西。《论语》记载:

> 德行:颜渊、闵子骞、冉伯牛、仲弓;言语:宰我、子贡;政事:冉有、季路;文学:子游、子夏。①

作为"孔门四科"之一的"德行",将"德"与"行"联系起来,正是上文谈过的道理:"德"乃"行有所得",也就是说,道德乃是在生活实践中养成的,而不是什么先验的或先天的东西。

关于"孔门四科",《论语·述而》记载:"子以四教:文、行、忠、

---

① 《论语·先进》。

信。"邢昺解释:"行谓德行,在心为德,施之为行。"这个解释不无道理,但也失之偏颇,只谈到了"德"是"行"的前提这一层意思。其实,对于"德"来说,"行"具有双重意义:既是道德的前提,即道德"得"之于"行"(此"行"读 xíng,"德行"即是"德性");亦是道德的践行,即道德"施"之于"行"(此"行"读 xíng,"德行"是指道德行为)。这就是说,道德既源于生活,亦归于生活。

(二)道德并非不可逾越:"至德"概念

子夏说:"大德不逾闲,小德出入可也。"① 其实,这与孔子的看法并不一致。在孔子看来,即使"大德"也未必不可逾越,因为没有任何社会规范具有永恒的绝对价值。

举例来说,孔子曾赞叹道:"泰伯,其可谓至德也已矣!三以天下让,民无得而称焉。"② 这里讨论的是泰伯让位之事,其重大意义,人们尚未注意。泰伯乃是长子,按照嫡长子继承制,他继位乃是理所当然的,这正是关乎国家大事的"大德";而他的让位,意味着背离了嫡长子继承制,这在当时反而是不道德的,人们可以指责他不负责任,更缺乏担当精神。然而,孔子却许之以"至德"。

显然,在孔子看来,嫡长子继承制未必不可逾越;存在着比社会规范及其制度(礼)更根本的原则。根据孔子的正义论,我们知道,那就是正义原则(义)。③ 在孔子心目中,如果说,对社会规范(礼)的认同是"德"(道德),那么,对正义原则(义)的坚持则是更高的"至德"。"至德"(the best acquirement)显然比道德——包括子夏所谓"大德"——更高、更具根本意义。这也是孔子对道德的一种解构。

这不禁让人想起荀子的著名命题:"从道不从君,从义不从父。"④

---

① 《论语·子张》。
② 《论语·泰伯》。
③ 参见黄玉顺:《孔子的正义论》,《中国社会科学院研究生院学报》2010 年第 2 期。
④ 《荀子·子道》。

在当时的父权宗法社会条件下,"从君""从父"固然是道德行为;但当"君""父"的行为与"道""义"发生冲突时,唯有"从道""从义"才是正义的"道义"行为,这就是孔子所说的"至德"。显然,"至德"不是一般的道德概念,毋宁是对道德的一种扬弃。

这表明,在孔子那里,"德"有两种用法:有时是指道德(morality);有时则是指"至德",亦即"道义",或"道""道→德",涵盖了以"仁→义→礼"为核心结构的一整套原理。在孔子看来,这套原理是永恒的道理;而具体的道德体系则是可以改变的。

(三)道德体系的变革:"损益"概念

关于道德体系的变革,孔子提出了"礼有损益"的重要思想:

> 子张问:"十世可知也?"子曰:"殷因于夏礼,所损益可知也;周因于殷礼,所损益可知也;其或继周者,虽百世可知也。"[1]

这里,孔子明确指出:夏、商、周三代的礼制是不同的;将来百代之间的礼制也将会是不同的。所谓"损益",就是在既有的社会规范系统、道德体系的基础上,去掉一些旧的规范(损),增添一些新的规范(益);其结果就是形成了一套新的社会规范系统、道德体系。这就是孔子对"礼"(社会规范)、"德"(道德体系)的解构。显然,在孔子心目中,没有任何社会规范、社会制度、道德体系具有永恒的存在价值。

问题在于:为什么要变革"礼""德"?那是因为:社会规范的本源乃是生活,即社会共同体的基本生活方式。不同时代的生活方式,要求不同的社会规范、道德体系,诸如:王权社会(夏商西周)宗族生活方式的宗族主义伦理;皇权社会(自秦至清)家族生活方式的家族主义伦理;现代社会的市民生活方式的公民伦理。正是由于主张对不同时代之

---

[1] 《论语·为政》。

"礼"进行"损益"变革,孔子才成为"圣之时者"①,即特别具有时代精神的圣人。

如今有一种普遍的看法,认为今天面临的问题是"道德沦丧"。所谓"沦丧"的意思是:我们曾经有一套很好的道德,而现在丧失了。于是,一些人主张恢复传统道德,乃至于主张恢复"三纲"——君为臣纲、父为子纲、夫为妻纲的道德规范。这不仅是极为危险的倾向,而且也是根本就不懂得孔子的道德哲学原理的表现。我们现在面临的问题,不是既有的道德体系"沦丧"了,因为这种"沦丧"不仅不可抗拒,而且理所当然;而是旧的前现代的道德体系被解构以后,新的现代性的道德体系尚未建构起来。我们真正沦丧了的不是"德",而是"道"。

四、道德的还原与重建

那么,社会规范及其制度怎样变革?道德体系被解构以后,怎样还原和重建?

(一)道德体系变革的价值原则:正义

从孔子开始,儒家提出了一套伦理学原理,其核心是"义→礼"理论结构,即"正义原则→社会规范及其制度"的结构,也就是孔子明确指出的"义以为质,礼以行之"②。③因此,道德的根据是"义",即社会正义论中的正义原则。面对旧时代的"礼坏乐崩",需要新时代的"制礼作乐";这种"制作"的价值尺度,就是正义原则。

孔子曾经表示:"德之不修,学之不讲,闻义不能徙,不善不能改,是吾忧也。"④ 这里有两点很值得注意:

(1)"德"需要"修",即道德乃是由"修"而"得"来的。这也就是

---

① 《孟子·万章下》。
② 《论语·卫灵公》。
③ 参见黄玉顺:《中国正义论的形成——周孔孟荀的制度伦理学传统》。
④ 《论语·述而》。

上文讲过的"德行"是在生活实践中养成的。此即道德的"还原"(reduction)。生活方式的时代转换，意味着社会规范系统、道德体系需要进行时代转换。

（2）"修德"意味着在"讲学"中"闻义""徙义"，从而"改善"。改善什么？改善道德境界；而为此则首先必须改善社会规范及其制度。如何改善？不是认同既有的"礼"即社会规范本身，而是坚持"礼"背后的"义"，即正义原则。所以，孔子说："徙义，崇德也。"① 这正是儒家伦理学的"义→礼"理论结构的体现。

这里所说的"崇德"之"德"，显然不是通常的道德概念，而是上文谈到的孔子所提出的"至德"。"崇德"并非"崇尚道德"，而是崇尚"道义"，从而"徙义"。所谓"崇德"也叫"尚德"：

> 南宫适问于孔子曰："羿善射，奡荡舟，俱不得其死然；禹、稷躬稼而有天下。"夫子不答。南宫适出。子曰："君子哉若人！尚德哉若人！"②

孔子之所以赞扬南宫适"尚德"，正如何晏注、邢昺疏正确指出的：这是"贱不义而贵有德"。疏云："贱奡、羿之不义，贵禹、稷之有德。"显然，在孔子心目中，"尚德"并非崇尚"礼"——既有的社会规范，而是崇尚"义"——正义原则。

根据孔子的伦理学——正义论的原理，社会规范系统、道德体系的变革，其价值根据是正义原则，包括以下两条原则：

（1）适宜性原则。为什么社会规范及其制度、道德体系需要变革？是因为既有的旧的社会规范及其制度、道德体系已经不适合于当下的基本生活方式，例如君主专制时代的道德体系已经不适合于现代的基本生活方

---

① 《论语·颜渊》。
② 《论语·宪问》。

式；社会基本生活方式发生了转换，"礼""德"就需要通过"损益"来加以变革。举个简单的例子：陌生男女见面握手，这在"男女授受不亲"①的时代是很不道德的行为，然而今天谁会认为它不道德？

（2）正当性原则。在孔子、儒家的思想中，社会规范系统、道德体系的变更，必须出于仁爱情感的动机；否则，其变更就是不正当的。这其实也就是儒家"仁→义"的观念结构。

（二）道德体系变革的根本精神：仁爱

儒家伦理学的核心原理不仅是"义→礼"，而且是"仁→义→礼"，其根本精神就是仁爱。《孟子》开宗明义就讲"仁义而已"②，其实，更透彻地讲，可谓"仁而已"，正如程颢所说："义礼智信皆仁也。"③ 这就是说，儒家伦理的根本精神就是仁爱。

关于仁爱与"德"的关系，据《论语》载："或曰：'以德报怨，何如？'子曰：'何以报德？以直报怨，以德报德。'"④ 孔子这番议论，根本上乃是对仁爱精神的揭示。何晏注："德，恩惠之德。"邢昺疏："以恩德报德也。"所谓"恩""恩惠"，即是仁爱，故有"恩爱""惠爱"之说。正如《说文解字》的解释："恩：惠也"（心部）；"惠：仁也"（叀部）。孔子的意思是：不论对于怨还是对于德，皆报之以仁爱。

但这里有两点需要注意：

（1）孔子所说的"以德报德"，何晏所说的"恩惠之德"，邢昺所说的"恩德"，都不是指道德，因为：道德是对社会规范，即"礼"的认同；而根据"仁→义→礼"的结构，仁爱并不属于"礼"的范畴，而是比"礼"，甚至比"义"更为根本的精神。显然，孔子"以德报德"之所谓"德"，乃是上文谈过的"至德"，而非道德概念。

---

① 《孟子·离娄上》。
② 《孟子·梁惠王上》。
③ 程颢：《识仁篇》，见《二程集》。
④ 《论语·宪问》。

(2）关于"仁爱"观念，存在着一种严重的误解，即以为儒家的仁爱基于血亲伦理，以亲疏关系为转移，主张"爱有差等"，反对"爱无差等"①。诚然，儒家承认这样的差等之爱，如孟子讲："君子之于物也，爱之而弗仁；于民也，仁之而弗亲。亲亲而仁民，仁民而爱物。"②但是，儒家所说的仁爱不仅有"差等之爱"的一面，更有"一体之仁"、一视同仁的一面。不仅如此，在伦理学上，儒家认为，社会规范建构的根本精神并非差等之爱，而是一体之仁，这就是儒家正义论中的正当性原则的基本内涵。为此，孔子明确指出："夫仁者，己欲立而立人，己欲达而达人"③；"己所不欲，勿施于人"④。这种一视同仁的仁爱观念，其实就是"博爱"；但并不是英语汉译的"博爱"（fraternity，应当译作"兄弟情谊"），而是儒家的"博爱"（应当译作"universal love"），即韩愈所说的"博爱之谓仁"⑤。

（三）原教旨的道德观：乡原

以上讨论表明，在孔子心目中，显然有两种不同意义的"德"（acquirement）：一种是上文所说的现代汉语的"道德"（morality），即是对既有的社会规范的认同与遵行，并不追问道德规范背后的正义原理之"道"，可谓"无道之德"（the acquirement without Tao）；另一种则是孔子所说的"崇德""尚德"之"德"，要追问既有道德背后之"道"，即追溯到"仁→义→礼"的原理，可谓"有道之德"（the acquirement with Tao），这就是上文谈到的比一般道德甚至"大德"更高的"至德"。

因此，在孔子看来，有德并不意味着就是君子，因为：不仅君子有其"德"，小人亦有其"德"。他说："君子之德，风；小人之德，草。草

---

① 《孟子·滕文公上》。
② 《孟子·尽心上》。
③ 《论语·雍也》。
④ 《论语·颜渊》。
⑤ 韩愈：《原道》。

上之风，必偃。"① 试想：假如既有的社会规范及其制度本身就是不正义的，或者曾经是正义的，而现在不再正义了，而人们却还认同而遵行，那么，这不正是"小人之德""无道之德"吗？

小人之德、无道之德的一种表现，就是孔子所说的"乡原"。他说："乡原，德之贼也！"② 那么，何为"乡原"？孟子曾有明确的解释：

> 同乎流俗，合乎污世；居之似忠信，行之似廉洁；众皆悦之；自以为是，而不可与入尧舜之道，故曰"德之贼"也。孔子曰："……恶乡原，恐其乱德也。"君子反经而已矣。经正，则庶民兴；庶民兴，斯无邪慝矣。③

所谓"流俗""污世"，当然是指污浊的社会现实，包括不正义的社会规范和制度。一个人在这种世道里居然表现出"忠信"，这并不是有德的表现，倒恰恰是"德之贼"，即是在"乱德"，是对道义的背叛。事实上，这正是以"理"杀人、以"道德"杀人的本质。所以，不难发现："伪道学"往往比"真道学"更可怕。

真正有德之人，该做的事情乃是"反经"。所谓"反经"，就是返回到比道德规范、社会规范（礼）更优先的仁爱精神、正义原则（义），以便重建社会规范及其制度，改造社会。④ 这种"反经"就是"反本"。例如，孟子曾说：

> 王欲行之，则盍反其本矣：五亩之宅，树之以桑，五十者可以衣帛矣；鸡豚狗彘之畜，无失其时，七十者可以食肉矣；百亩之田，

---

① 《论语·颜渊》。
② 《论语·阳货》。
③ 《孟子·尽心下》。
④ 参见黄玉顺：《中国正义论的形成——周孔孟荀的制度伦理学传统》，第六章第一节，"二、'权'对'经'的优先性"，第266—268页。

勿夺其时,数口之家可以无饥矣;谨庠序之教,申之以孝悌之义,颁白者不负戴于道路矣。①

一言以蔽之,这个"本"就是能够"制民之产"的"仁政"②。按照儒家道德哲学原理,所谓"德治"绝非用道德说教来统治人民,而是以"至德"来治理国家,即孟子所说的"反经"与"反本"。

总而言之,儒家道德哲学是要回答"道德何以可能"的问题,其原理是:根据一视同仁的仁爱精神,按照正当性、适宜性的正义原则,顺应时代的基本生活方式,选择或建构新的社会规范和制度,从而建立新的道德体系。显而易见,我们今天所面临的时代课题是:建构新的、现代性的社会规范及其制度,从而建立新的、现代性的道德体系。

---

① 《孟子·梁惠王上》。
② 《孟子·梁惠王上》。

论"行为正义"与"制度正义"
——儒家"正义"概念辨析*

迄今为止，关于社会正义的所有理论，都没有注意到一个十分重要的区分，即"行为正义"（behavioral justice）与"制度正义"（institutional justice）的区分。这是在正义问题上长期存在着思想混乱的一个重要原因。笔者于2013年首次正式提出了这种区分：

> 诸如所谓"正义"、"正当"这样的词语，可以在两种截然不同的场合中使用：一种是指的行为的正当，亦即是指的某种行为符合某种既有的制度规范，我们可称之为"行为正义"，这显然属于规范伦理学的范畴；另一种则是指的上述制度规范本身的正当，我们可称之为"制度正义"，这才真正是正义论的范畴。……显然，并非任何制度规范都是"应当"遵守的，这里的问题在于这种制度规范本身……是否正义。例如，我们今天不必、也不应当遵守奴隶制度的社会规范。……我们没有遵从末俗、服从暴政、遵守恶法的义务。我们是首先根据正义原则来判定某种社会规范及其制度是否正义，然后才按照这种社会规范及其制度来衡量人们的行为是否正当，例如该行为是不是道德的、或是不是合法的。①

笔者随即引用了罗尔斯的一个说法："一个人的职责和义务预先假定

---

* 原载《东岳论丛》2021年第4期，第168—175页；人大复印报刊资料《伦理学》2021年第7期全文转载，第36—42页。

① 黄玉顺：《作为基础伦理学的正义论——罗尔斯正义论批判》，《社会科学战线》2013年第8期。

了一种对制度的道德观,因此,在对个人的要求能够提出之前,必须确定正义制度的内容。这就是说,在大多数情况里,有关职责和义务的原则应当在对于社会基本结构的原则确定之后再确定。"① 但罗尔斯并没有明确指出这是"行为正义"与"制度正义"的区分,更没有对此思想加以展开。因此,自 2013 年以来,笔者在一系列文章,特别是在专著《中国正义论的形成》中反复强调这个区分。② 但遗憾的是,目前为止,这一点仍没有引起足够的重视。有鉴于此,本文再对这个问题加以专题讨论。

一、行为正义与伦理学

由于没有两种"正义"概念,即"行为正义"与"制度正义"的区分,学界所谓"正义论"(the theory of justice)这个概念也是含混模糊的,有时指涉的是关于制度正义的理论即真正的正义论,而有时指涉的却是关于行为正义的理论即传统的伦理学。

(一)一般正义论的主题

所谓"一般正义论"(general theory of justice),笔者是指的超越中西共时差异、古今历时差异的正义论概念。③ 关于这个问题,罗尔斯曾指出:"正义的主要问题是社会的基本结构,或更准确地说,是社会主要制度分配基本权利和义务、决定由社会合作所产生的利益之划分的方式。所谓主

---

① 罗尔斯:《正义论》,何怀宏等译,第 110 页。
② 参见黄玉顺:《"角色"意识:〈易传〉之"定位"观念与正义问题——角色伦理学与生活儒学比较》,《齐鲁学刊》2014 年第 2 期;《制度文明是社会稳定的保障——孔子的"诸夏无君"论》,《学术界》2014 年第 9 期;《新文化运动百年祭:论儒学与人权》,《社会科学研究》2015 年第 4 期;《中国正义论的形成——周孔孟荀的制度伦理学传统》,第 98、158—159、161—162、193—196、252—254、313—316、333—334、374—375 页;《论儒学的现代性》,《社会科学研究》2016 年第 6 期;《自由主义儒家何以可能》,载《当代儒学》第 10 辑;《从"生活儒学"到"中国正义论"》,"自序",第 2 页;《哲学断想:"生活儒学"信札》,第 583、585 页。
③ 参见黄玉顺:《中国正义论纲要》,《四川大学学报》2009 年第 5 期;《"中国正义论"——儒家制度伦理学的当代政治效应》,《文化纵横》2010 年第 4 期;《中国正义论的形成——周孔孟荀的制度伦理学传统》,第 16—17、19—21 页。

要制度，我的理解是政治结构和主要的经济和社会安排。这样，对于思想和良心的自由的法律保护、竞争市场、生产资料的个人所有、一夫一妻制家庭就是主要社会制度的实例。把这些因素合为一体的主要制度，确定着人们的权利和义务，影响着他们的生活前景即他们可能希望达到的状态和成就。"① 笔者曾指出，罗尔斯对"正义论"内涵的这个规定，尚不足以称为"一般正义论"，而只能称之为"西方现代正义论"，因为它所讨论的内容仅仅涉及现代社会的制度。② 但无可否认，罗尔斯在这一点上是完全正确的，即：正义论所讨论的内容就是"社会的基本结构"或"社会的主要制度"，更简洁地说，正义论所讨论的就是制度建构问题。鉴于制度乃是某些社会规范的制度化的结果（并非所有社会规范都可以制度化），笔者通常称正义论所讨论的内容为"社会规范建构及其制度安排"。

这就是说，正义论是关于制度正义的理论。因此，笔者在区分"正义"的两种用法时指出："行为正义"指的是行为是否符合现行的社会规范及其制度，这并非正义论的课题；而"制度正义"则指的是社会规范及其制度本身是否正义、是否符合正义原则，这才是正义论的课题。③ 两者之间的关系如下：

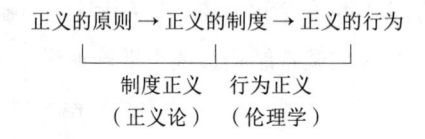

$$\underbrace{\text{正义的原则} \rightarrow \text{正义的制度}}_{\substack{\text{制度正义} \\ \text{（正义论）}}} \underbrace{\rightarrow \text{正义的行为}}_{\substack{\text{行为正义} \\ \text{（伦理学）}}}$$

上述对"行为正义"与"制度正义"的区分，笔者后来一度曾称之为"消极正义"（negative justice）和"积极正义"（positive justice）④。此所谓"消极"与"积极"是针对制度建构而言的：行为正义并不涉及制度建

---

① 罗尔斯：《正义论》，何怀宏等译，第 7 页。
② 黄玉顺：《作为基础伦理学的正义论——罗尔斯正义论批判》，《社会科学战线》2013 年第 8 期。
③ 笔者 2017 年 2 月 7 日的信件，见《哲学断想："生活儒学"信札》，第 583 页。
④ 黄玉顺：《从"生活儒学"到"中国正义论"》，自序，第 2 页。

构，即是消极的；而制度正义要进行制度建构，即是积极的。这就是说，至于制度变革来说，正义论乃是一种积极的、乃至革命性的理论。

（二）"中国正义论"的传统

罗尔斯的正义论当然是西方的正义论，但西方所谓"正义论"并不总是真正的正义论。例如，西方正义论可以追溯到柏拉图以"正义"为主题的《理想国》（Republic），然而他所说的"正义"却仍然分为行为正义与制度正义。① 具体来说：（1）柏拉图所讲的"城邦正义"即属于制度正义的范畴，亦即建立起由治国者、武士、劳动者三个等级组成的城邦制度；建构这种制度的根据乃是灵魂的构成（理智、激情、欲望），这可以对应于正义论中的"正义原则"（the principles of justice）。（2）柏拉图所讲的"个人正义"即属于行为正义的范畴，亦即治国者、武士、劳动者三个等级应当各自按照自己的德性（智慧、勇敢、节制）各守其分、各司其职。而按照罗尔斯的界定，只有前者才属于"正义论"的范畴，如下：

```
正义的德性 → 正义的城邦 → 正义的行为
            |_____|    |_____|
              制度正义        行为正义
             （正义论）      （伦理学）
```

而在中国，正义论同样是一种源远流长的传统，笔者称之为"中国正义论"②，其实主要是儒家的正义论。与英语"justice"相对应的汉语即"义"，荀子在历史上率先称之为"正义"（详下）。笔者亦曾指出：汉语"义"即正当而适宜，有两种不同的用法：一种是指人的行为应当符合现行的社会规范及其制度，即"行为正义"，这是伦理学和道德哲学的领域；另一种则是指这种社会规范及其制度本身的建构应当符合正义原则，

---

① 柏拉图：《理想国》，郭斌和、张竹明译，北京：商务印书馆，1986 年。
② 关于"中国正义论"，参见黄玉顺：《中国正义论的重建——儒家制度伦理学的当代阐释》《中国正义论的形成——周孔孟荀的制度伦理学传统》。

即"制度正义",这才是正义论的领域。① 它们之间的关系如下:

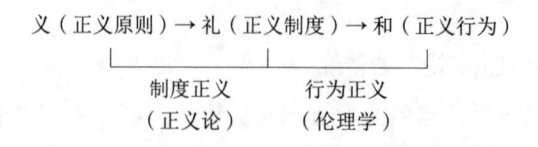

$$义(正义原则) \to 礼(正义制度) \to 和(正义行为)$$

$$\underbrace{\qquad\qquad\qquad}_{\substack{制度正义\\(正义论)}} \underbrace{\qquad\qquad}_{\substack{行为正义\\(伦理学)}}$$

这就是说,在儒家正义论的话语中,"义"指正义原则,"礼"指规范与制度,"和"指行为的正义。《中庸》说:"(喜怒哀乐)发而皆中节,谓之和。"② 此所谓"中节"即"合礼"之意。当然,更严格地讲,儒家正义论的理论结构是颇为复杂的,即"仁→利→知→义→智→礼→乐";但其核心结构就是"仁→义→礼"。所以,儒家在正义问题上的基本概念就是人们都非常熟悉的"仁义礼乐":"仁→义"是指正义原则的形成;"义→礼"是指制度正义的课题,即从正义原则到制度建构,这是正义论的范畴;"礼→乐"是指行为正义,这是伦理学或道德哲学的范畴。这里最核心的是"义→礼"的理论结构。《礼记》指出:"礼之所尊,尊其义也。失其义,陈其数,祝史之事也。故其数可陈也,其义难知也。知其义而敬守之,天子之所以治天下也。"③ 所以,"先王制礼,皆有精微之理,所谓义也。礼之所以为尊,以其义之可尊耳"④。

(三)两种伦理学的区分

上文的讨论表明了一个非常重要的事实:伦理学是被正义论奠基的。笔者在拙文《作为基础伦理学的正义论》中曾经专节讨论过这个话题,即"正义论与伦理学的关系"问题,并提出"作为基础伦理学的一般正

---

① 黄玉顺:《中国正义论的形成——周孔孟荀的制度伦理学传统》,第98页。
② 《礼记·中庸》。
③ 《礼记·郊特牲》。
④ 陈澔:《礼记集说》,北京:中华书局,1994年,第228页。

义论"①。这个观点迥异于常识，因为通常认为正义论应当是被伦理学奠基的。其实，伦理学可以分为两类：

一类是传统伦理学，它只是给出人们应当遵守的伦理规范，却不追求这些规范的根据即正义原则；或者它们也追究这些规范的根据，"但是这种根据却是形而上的——神学形而上学的、或者哲学形而上学的"②，例如犹太教、基督教诉诸上帝以及先知摩西（Moses），而某些儒家学派则诉诸超验的"人性"。

另一类则是笔者在上述论文中所提出的"基础伦理学"（fundamental ethics），它其实就是一种"制度伦理学"（institutional ethics），也就是笔者所说的"一般正义论"。前引罗尔斯之语，称"确定正义制度的内容"为"一种对制度的道德观"③，这是不错的，可惜他并没有加以充分展开。简而言之，传统伦理学是关于行为正义的道德观，而基础伦理学则是关于制度正义的道德观；后者将正义原则即"义"视为比包括道德规范在内的制度规范即"礼"更为根本的道德原则。

举个例子，笔者曾分析过安乐哲的"角色伦理学"（Confucian Role Ethics）④，那是通过对《周易》"位"及"定位"观念的层层深入分析来进行的。⑤"位"是中国儒家哲学的重要概念，指的是"礼"的制度体系所规定的位置、名分、角色。《周易》的"定位"（positioning）观念有三层含义，分别称为"正位—当位""得位"和"设位"。（1）"正位"（putting oneself in a correct position）而且"当位"（being in a proper position）是指找到而且恪守自己的社会角色，这显然属于行为正义的范畴；（2）"得位"

---

① 黄玉顺：《作为基础伦理学的正义论——罗尔斯正义论批判》，《社会科学战线》2013年第8期。
② 黄玉顺：《作为基础伦理学的正义论——罗尔斯正义论批判》，《社会科学战线》2013年第8期。
③ 罗尔斯：《正义论》，何怀宏等译，第110页。
④ Roger T. Ames: *Confucian Role Ethics: A Vocabulary*, Hong Kong: Chinese University Press, Chinese University of Hong Kong, 2011.
⑤ 黄玉顺：《"角色"意识：〈易传〉之"定位"观念与正义问题——角色伦理学与生活儒学比较》，《齐鲁学刊》2014年第2期。

（getting a [new] position）是指获得一种新的位置和角色，即是对原有之位的超越；（3）"设位"（setting [system of] positions）则是最根本的，乃是指对社会角色体系本身的设置或重新设置，这显然是制度正义的范畴，也就是笔者的"生活儒学"通过"中国正义论"的建构来加以探索的问题。

二、制度正义与儒家正义论

上文谈到，在汉语中，与"justice"相对应的"正义"概念是由荀子率先提出的。这个"正义"亦即儒家的"义"概念，它也包含行为正义和制度正义两种含义，其中"行为正义问题并不是正义论研究的问题。正义论研究的是另外一个'正义'概念——'制度正义'"①。

> 一种是"行为正义"概念，指的是行为符合既有的制度规范、因而行为正当。这里，"礼"先于"义"。如荀子说："义者循礼；循礼，故恶（wù）人之乱之也。"② 孔子所说的"克己复礼"也是这种意谓。这不属于我们这里讨论的作为制度伦理学的正义论范畴。
>
> 另一种意谓则是"制度正义"概念，指的是制度规范符合某种更为普遍的正义原则，这里，"义"先于"礼"，亦即"义→礼"结构。孔子所说的"礼有损益"就是这种意谓。《左传》已有"义以出礼"③、"礼以行义"④的观念。冯友兰曾指出："礼之'义'即礼之普通原理。"⑤ 所谓"普通原理"，就是普遍原则。……这才是正义论的课题。⑥

为此，笔者系统地讨论过先秦儒家孔子、孟子和荀子的制度正义

---

① 黄玉顺：《自由主义儒家何以可能》，载《当代儒学》第 10 辑。
② 《荀子·议兵》。
③ 《左传·桓公二年》。
④ 《左传·僖公二十八年》。
⑤ 冯友兰：《中国哲学史》，北京：中华书局，1961 年，第 414 页。
⑥ 黄玉顺：《中国正义论的形成——周孔孟荀的制度伦理学传统》，第 344 页。

思想。[1]

（一）孔子的制度正义思想

在谈到孔子时，笔者曾经指出：“儒学所关注的是一个社会共同体的生活秩序，即其社会规范及其制度，这就是所谓'礼'"；"任何社会群体都必须有一套制度规范"，"任何人的行为都必须遵守某种制度规范，这是'行为正义'问题，也是所谓'道德'问题。但儒家同时认为，具体的制度规范并不是一成不变的，而是随时代而变动的"，"这是'制度正义'问题，即正义论问题"。[2]

这就是说，孔子所说的"义"也包括行为正义和制度正义：（1）关于行为正义，孔子认为"不学礼，无以立"[3]，主张"克己复礼"[4]，"非礼勿视，非礼勿听，非礼勿言，非礼勿动"[5]。（2）关于制度正义，孔子主张"礼有损益"，他指出："殷因于夏礼，所损益可知也；周因于殷礼，所损益可知也；其或继周者，虽百世可知也"[6]。"所谓'损益'是说：在生活方式发生变化的情况下，对既有的礼制体系，应当去掉一些旧的规范（损）、增加一些新的规范（益），从而形成一套新的礼制。"[7]

例如，孔子曾说："能以礼让为国乎？何有！不能以礼让为国，如礼何！"[8] 邢昺解释："此章言治国者必须礼让也。'能以礼让为国乎'者，为，犹治也。礼节民心，让则不争。言人君能以礼让为教治其国乎？云

---

[1] 参见黄玉顺：《孔子的正义论》，《中国社科院研究生院学报》2010 年第 2 期；《孟子正义论新解》，《人文杂志》2009 年第 5 期；《荀子的社会正义理论》，《社会科学研究》2012 年第 3 期；《中国正义论的形成——周孔孟荀的制度伦理学传统》，第二编"孔子思想与中国正义论基本内涵的阐明"，第三编"孟子思想与中国正义论思想结构的建立"，第四编"荀子思想与中国正义论思想体系的完成"。
[2] 黄玉顺：《新文化运动百年祭：论儒学与人权》，《社会科学研究》2015 年第 4 期。
[3] 《论语·季氏》。
[4] 《论语·颜渊》。
[5] 《论语·颜渊》。
[6] 《论语·为政》。
[7] 黄玉顺：《论儒学的现代性》，《社会科学研究》2016 年第 6 期。
[8] 《论语·里仁》。

'何有'者,谓以礼让治国,何有其难?言不难也。'不能以礼让为国'者,言人君不能明礼让以治民也。'如礼何'者,言有礼而不能用,如此礼何!"① 这个解释其实只讲到了"行为正义"层面,即用某种现有的礼制来治国,而没有谈到"制度正义"的层面,即治国首先需要建立礼制,然后才能用这种礼制来治国。②

建立礼制,也就是儒家所说的"制礼"的问题,即制定社会规范及其制度的问题:因为"遵守社会规范的前提,是这个社会规范本身就是正义的。所以,'立于礼'的前提是'制礼',亦即制定正义的社会规范及其制度"③。而"制礼"的根据即"义",亦即正义原则。这就是儒家正义论的"义→礼"结构,孔子讲得很清楚:

> 君子义以为质,礼以行之,孙(逊)以出之,信以成之。④

这里的"礼以行之"之"行",注疏讲成"君子之行",即仅仅将之理解为行为正义问题,而不涉及制度正义问题。其实,孔子这四句话,除"义以为质"外,其余三句都用了一个指代词"之",都是指代"义以为质"之"义",意思是说:礼以行义,逊以出义,信以成义。所以,朱熹引程子说:"'义以为质'如质干然,礼行此,孙(逊)出此,信成此,四句只是一事:以义为本。"朱熹本人解释:"义者制事之本,故以为质干,而行之必有节文,出之必以退逊,成之必在诚实,乃君子之道也。"⑤ 可见"义以为质,礼以行之"的意思是说:当"义"作为正义原则确立起来之后,这个抽象原则需要落实到具体的社会规范及其制度上,这就是"礼"。这并不是注疏所说的"文之以礼,然后行之"的行为正义问题即

---

① 《十三经注疏·论语注疏·里仁》。
② 黄玉顺:《中国正义论的形成——周孔孟荀的制度伦理学传统》,第158—159页。
③ 黄玉顺:《中国正义论的形成——周孔孟荀的制度伦理学传统》,第193页。
④ 《论语·卫灵公》。
⑤ 朱熹:《论语集注·卫灵公》,《四书章句集注》,北京:中华书局,1983年。

"循礼"问题,而是制度正义问题即"制礼"问题,也就是说,"礼"只是"义"的实行途径、实现方式。[1]

这里的核心范畴是"义",即是关乎制度正义的正义原则。且看孔子与其弟子的一段对话:"子张问崇德、辨惑。子曰:'主忠信、徙义,崇德也。……'"[2] 关于"徙义",孔子还曾说过:"德之不修,学之不讲,闻义不能徙,不善不能改,是吾忧也。"[3] 所谓"徙义"的字面意思,就是"走向正义"。注云:"徙义,见义则徙意而从之";疏云:"见义事则迁意而从之"。[4] 这就是说,不能仅仅停留于仁爱,因为仁爱中的"差等之爱"可能导致利益冲突;要解决利益冲突问题,就必须通过仁爱中的"一体之仁"而走向正义。所以,孔子指出:"行义以达其道。"[5] 所谓"行义",就是前引孔子所说的"义以为质,礼以行之"。这就是说,"义"的实行、实现,是落实于"礼"的建构上的;反过来说,"礼"的制度规范建构,其根据是"义"的原则。[6]

(二)孟子的制度正义思想

笔者曾经谈到,孟子所说的"义"同样有两层不同的意义,即关于行为性质之价值判定的行为正义与关于制度规范本身之价值判定的制度正义;后者的判定依据当然不能是既有的制度规范本身(这就犹如被告不能充当法官),而是先行的正义原则。[7]

例如,孟子说:"义,人之正路也。"[8] 这是以"正"释"义",即是"正义"之意。笔者区分了孟子的"属于行为正义的'正己'"与"包括制

---

[1] 以上参见黄玉顺:《中国正义论的形成——周孔孟荀的制度伦理学传统》,第194—196页。
[2] 《论语·颜渊》。
[3] 《论语·述而》。
[4] 《十三经注疏·论语注疏·颜渊》。
[5] 《论语·季氏》。
[6] 以上参见黄玉顺:《中国正义论的形成——周孔孟荀的制度伦理学传统》,第161—162页。
[7] 黄玉顺:《中国正义论的形成——周孔孟荀的制度伦理学传统》,第229页。
[8] 《孟子·离娄上》。

度正义的'正物'"①。

关于"正己",孟子说:"仁者如射:射者正己而后发;发而不中,不怨胜己者,反求诸己而已矣。"② 这是一种譬喻,是讲人的行为应当遵守"礼",犹如"射"这种活动应当遵守"射礼"。这就正如孔子所说:"君子无所争,必也射乎!揖让而升,下而饮,其争也君子。"③

关于"正物",孟子说:"有大人者,正己而物正者也。"④ 这是说,先要"正己",然后才能"正物"。这看起来似乎还是在讲行为正义的问题,其实不然,因为"正物"包括矫正社会规范及其制度。循礼正己,这是行为正义问题;然而正物所包括的对制度规范的矫正,则是制度正义问题。

(三)荀子的制度正义思想

继孔子与孟子之后,荀子的正义理论是最为系统而成熟的。笔者曾指出,荀子所讲的"义"或"正义"也有两种不同的用法,即行为正义与制度正义的区分。⑤ 前面提到,汉语"正义"这个词语就是荀子率先使用的。《荀子》全书共有三例"正义"⑥,分析如下:

例一:"正利而为谓之事,正义而为谓之行。"⑦ 笔者分析,此处的"正义"指的是行为正义,而非制度正义。⑧ 这是显而易见的:这里所说的是"事"与"行"的问题,即"行事"的问题,也就是行为的问题。这两句话所采取的是"互文见义"的修辞,"行"即"事","正义"即"正利"。那么,何为正义?杨倞注:"为正道之事利,则谓之事业,谓商农工贾也";

---

① 黄玉顺:《中国正义论的形成——周孔孟荀的制度伦理学传统》,第252—254页。
② 《孟子·公孙丑上》。
③ 《论语·八佾》。
④ 《孟子·尽心上》。
⑤ 黄玉顺:《制度文明是社会稳定的保障——孔子的"诸夏无君"论》,《学术界》2014年第9期;《中国正义论的形成——周孔孟荀的制度伦理学传统》,第374—375页。
⑥ 黄玉顺:《荀子的社会正义理论》,《社会科学研究》2012年第3期。
⑦ 《荀子·正名》。
⑧ 黄玉顺:《中国正义论的形成——周孔孟荀的制度伦理学传统》,第313—314页。

"苟非正义，则谓之奸邪"。① 这其实就是讲的"行事"应当"循礼"。

例二："有俗人者，有俗儒者，有雅儒者，有大儒者。不学问，无正义，以富利为隆，是俗人者也。……法先王，统礼义，一制度；以浅持博，以古持今，以一持万；……张法而度之，则晻然若合符节：是大儒者也。"② 笔者分析，此处所谈的大儒的"正义"已经超越了行为正义的范畴，进入了制度正义的层面。③ 这也是显而易见的：这是关于"张法而度之""一制度"的问题，即是制度建构的问题。

例三："《传》曰：'从道不从君。'故正义之臣设，则朝廷不颇；谏争辅拂之人信，则君过不远。"④ 笔者分析，这里的"正义"也是制度正义的范畴。⑤ 这里的关键是"从道不从君"，即"谏、争、辅、拂"四种"社稷之臣"之所以是"正义之臣"，是因为他们"从道不从君"。这个原则，荀子在另一处讲得更为全面："从道不从君，从义不从父。"⑥ 这里也采用了"互文见义"的修辞方法，"道"和"义"是同义的，"道"就是"义"，亦即"正义"。荀子意谓：应当遵从的是"道""义"的原则，而不是关于"君""父"的一套伦理政治规范。

荀子还有一段话，也是区分行为正义与制度正义的："礼者，所以正身也；师者，所以正礼也。无礼，何以正身？无师，吾安知礼之为是也？"⑦ 这里的"正身"是指使"身"（行为）具有正义性，而"正礼"则是指使"礼"（制度）具有正义性，"意味着追问既有的社会规范及其制度是否正当、是否适宜，意在建构一种正当而且适宜的社会规范及其制度"⑧。

---

① 王先谦：《荀子集解·正名》，《新编诸子集成》本，北京：中华书局，1988年。
② 《荀子·儒效》。
③ 黄玉顺：《中国正义论的形成——周孔孟荀的制度伦理学传统》，第314—315页。
④ 《荀子·臣道》。
⑤ 黄玉顺：《中国正义论的形成——周孔孟荀的制度伦理学传统》，第315页。
⑥ 《荀子·子道》。
⑦ 《荀子·修身》。
⑧ 黄玉顺：《中国正义论的形成——周孔孟荀的制度伦理学传统》，第333—334、374—375页。

三、关于行为正义的深层分析

当笔者说"根据正义原则来进行规范建构和制度安排才是制度正义问题"时,读者或许会产生疑问:"进行"规范与制度的"建构"和"安排"难道不是一种行为?这岂不正是"行为正义"问题?确实,"实际上,制度规范本身也是一种行为的结果,因为制度规范的建构活动本身是一种行为"[1]。这样一来,岂非"行为正义"涵盖了"制度正义"?这意味着必须对"行为"作出更为深入的分析。

(一)道德与制度之关系

其实不难看出,在正义问题上,存在着两类不同层次的"正义的行为":一类是"遵循"既有的制度规范的行为,另一类则是"改变"既有的制度规范的行为。前者所根据的是现行的制度规范,此即通常所谓"道德行为"(moral behavior);后者所根据的是更为根本的正义原则,可称之为"创建行为"(establishing behavior),因为"判定这种行为的正义与否,根本上当然不是现行既有的制度规范,而是正义原则,否则就会陷入吊诡"[2],即犹如由被告充当法官。

显然,关于行为正义与制度正义的区分,涉及一个极为重大的理论问题,即道德与制度的关系问题。对于现实生活当中的善恶现象,人们常将其归因于道德问题,即以为社会上的善是由于道德意识上的善,而社会上的恶是由于道德意识上的恶,诸如"道德滑坡""道德沦丧"之类。殊不知,特定的道德观念正是在某种特定的制度化的生活方式中养成的。

这也涉及上文谈到的"两种伦理学"问题,因而也涉及"道德"(morality)与"伦理"(ethics)的关系。笔者曾经指出:"所谓伦理,就是关于人际关系的一套行为规范,儒家谓之'礼';而所谓道德,则是对

---

[1] 黄玉顺:《中国正义论的形成——周孔孟荀的制度伦理学传统》,第229页。
[2] 黄玉顺:《中国正义论的形成——周孔孟荀的制度伦理学传统》,第229页。

这套社会规范的认同与遵行，儒家谓之'德'";"'道德'是指的对社会规范的内在认同；而其前提是社会规范的存在，即所谓'伦理'。于是，我们可以给现代汉语的'道德'下一个定义：所谓道德，就是遵行并认同既有的伦理或社会规范"。① 亦有学者指出："黑格尔认为，法和道德……'必须以伦理的东西为其承担者和基础'，才具有现实性。……伦理是现实生活世界及其秩序，而道德是主观精神操守，不是主观精神决定现实生活世界及其秩序，而是现实生活世界及其秩序决定道德（主观精神）的内容。"② 因此，道德与制度的关系，乃对应于"两种伦理学"——传统伦理学与"基础伦理学"之间的关系，也就是传统伦理学或道德哲学与"一般正义论"之间的关系。

回到道德与制度的关系问题，这里的问题乃是：究竟是道德决定了制度，还是制度决定了道德？笔者的答案是：不是道德决定了制度，而是制度决定了道德。

（二）关于"转型正义"

最后谈谈"转型正义"（transitional justice）问题。维基百科的解释："转型正义是民主国家对过去'独裁政府'实施的违法和不正义行为的弥补，通常具有司法、历史、行政、宪法、赔偿等面向。其根本基础在历史真相。简而言之，由政府检讨过去因政治思想冲突或战争罪行所引发之各种违反国际法或人权保障之行为，追究加害者之犯罪行为，取回犯罪行为所得之财产权利。此外亦考虑'制度性犯罪'的价值判断与法律评价，例如纽伦堡大审判、东京审判、去纳粹化以及秘密警察的罪行。"显然，转型正义，诸如"检讨""追究"和"弥补"等，属于行为正义的范畴。

不过，维基百科的这种解释既过于狭隘，又过于宽泛：其狭隘在于它仅仅涉及"现代转型"的范畴，而社会转型（transition of society）不仅

---

① 黄玉顺：《孔子怎样解构道德——儒家道德哲学纲要》，《学术界》2015年第11期。
② 朱贻庭：《"伦理"与"道德"之辨——关于"再写中国伦理学"的一点思考》，《华东师范大学学报》2018年第1期。

有由前现代社会向现代性社会的转型，还有古代的社会转型，例如中国社会由宗族王权制度（西周）向家族皇权制度（自秦朝至清朝）的转型（这是中国社会的第一次大转型）[①]，这意味着"转型正义"概念需要更具普遍性的外延拓展；其宽泛在于它超出了"社会转型"的历史时代范畴，例如对贪腐行为的惩处就并不属于转型正义的范畴，因为贪腐行为无论在新的法律体系下还是在旧的法律体系下都是犯罪行为，即与社会转型无关。因此，确切的"转型正义"的对象恰恰是被上述维基百科的解释列为"此外"的"制度性犯罪"，即在旧制度看来是合法的行为，而在新制度看来则是犯罪的行为。

转型正义之所以不属于制度正义，而是一种行为正义，因为它并不是建构新的社会规范及其制度的行动，而是根据已经建构起来的新的社会规范及其制度而采取的行动。这就是说，在现代社会中，转型正义是根据现代性的制度规范对前现代的制度性犯罪所进行的清算。

总之，在正义问题上长期存在着思想混乱的一种重要原因，是既有的正义理论缺乏"行为正义"与"制度正义"的区分。"行为正义"所指的是人们的行为是否正义，即是否符合现行的社会规范及其制度，亦即是否合乎"礼"；而"制度正义"所指的则是这种社会规范及其制度本身是否正义，即是否符合正义原则，亦即是否合乎"义"。前者是传统伦理学的范畴，后者是一般正义论的范畴。行为正义的前提乃是这种行为所遵循的制度本身（礼）是正义的，而根本上则是这种行为符合制度赖以建立的正义原则（义）。因此，不是道德决定制度，而是制度决定道德；除非正义原则本身就被视为根本道德。由此可见，作为制度伦理学的一般正义论乃是基础伦理学，而为传统伦理学奠基。

[①] 参见黄玉顺：《论儒学的现代性》，《社会科学研究》2016年第6期。

第七编　形下学·美学（诗学）

爱与诗[*]

现在我们就开始正面来谈"思"的问题。

如果说,我们要在一种"思"当中,给出存在者,那么,这样的"思"本身,当然就不是任何存在者的事情了。因此,我们现在就会想:假如真有这么一种"思",那不是存在者的事情,那么,那也就一定不是笛卡儿意义上的"思"。因为我们知道,西方近代哲学的"认识论转向",就是从笛卡儿的"思"开始的,但正是在这种"思"中,他第一次高高挺立起了认知主体性,也就是说,他那个"思"——"我思"是主体性的"思"。那么,如果我们现在所要讲的"思"是先行于主体性的事情,那它就一定是更先行于笛卡儿那样的"思"的事情了,并且一定不会是笛卡儿意义上的"思"了。

那么,还可能有怎么样的"思"呢?

我们今天能够想到的跟存在者没有关系的"思",或者说先行于存在者的"思",放眼当今世界,似乎只有海德格尔在讲这个问题,那就是他后期的"思":Denken。但是,实际上,我们今天翻译海德格尔的"思"的时候,有两种译法:在英文里面,就译为 think、thinking 或者 thoughts,其实就是"思想";而国内在翻译的时候,有些译者为了把他的"思"和形而上学的"思维""思考"之类的做出区分,就译为"思",而不译为"思想"。其实,在西语里面,它们仍然是一个词。所以,我们看到一些译本还是把海德格尔的"Denken"译为"思想"。

这就是说,在西方的语境当中,不管是笛卡儿那样的"思",还是海

---

[*] 本文为《爱与思——生活儒学的观念》第三讲第二节"中国思想的'思':爱与思",成都:四川大学出版社,2006年;四川人民出版社,2017年,增补本;英文版 *Love and Thought: Life Confucianism as a New Philosophy*, Encino: Bridge 21 Publications, 2019。

德格尔那样的"思",其实仍然还是某种方式的"思维""思考",仍然还是在西方背景下的、知识论进路上的那么一种"思"。什么意思呢？就是说：那样的"思"跟情感无关,跟儒家所说的爱无关。甚至,在海德格尔后期的《在通向语言的途中》,所谓"诗与思",虽然你可能认为他是在谈真正的诗歌当中的那么一种"思",但实际上根本不是那么回事。在他那里,诗人,比如荷尔德林,完全被解释成了一个思想家。这跟我们中国人理解的完全不同：在中国的观念中,诗人并不是什么思想家;诗是情感的言说,不是什么"思想"。譬如老子就是一个思想家,没有人会说他是诗人;尽管《老子》是押韵的,我们仍然至多只说那是"韵文",绝不是诗。

当然,在海德格尔的后期思想中——在我第一次提到的"虚位"的意义上,他讲的那个"思",和儒家所讲的在本源意义上的"思",还是有着对应性的。是怎么对应的呢？那就是：在观念的层级上,儒家的本源性的"思"和海德格尔的"思"都是先行于存在者的。但是,在"定名"的意义上,两者则完全不是一回事。我们不难发现,海德格尔的"思",不论是前期还是后期,完全不可能摆脱西方的那么一种背景：那是认知性的,而不是情感性的"思"。

一、汉语"思"或"思想"的本源性意义

下面我就来讲一讲中国人所说的"思"以及"思想"。

我们平时老是说**"思想"**,那么,"思想"究竟是什么意思？我查了一下《红楼梦》。《红楼梦》前八十回,曹雪芹亲自写的,出现了三次"思想"这个词语。我们就从这里切入,来看看中国人所说的"思想"是什么意思。

第一个例子,是说甄士隐丢失了女儿,他们夫妇怎么"思想"她。原文是这样的：

> 那士隐夫妇,见女儿一夜不归,便知有些不妥,再使几人去寻

找，回来皆云连音响皆无。夫妻二人，半世只生此女，一旦失落，岂不**思想**？因此昼夜啼哭，几乎不曾寻死。①

这是《红楼梦》中"思想"的第一个例子。显而易见，用现代汉语的话语来说，那是"**思念**"的意思。

第二个例子，是贾琏说的一段话。贾琏这个人，当然是很讨厌的，不过，他说的这番话还是很中肯的。我们知道，贾府的元春选进宫了。贾琏由此联想到了一种情境。什么情境呢？"白头宫女在，闲坐说玄宗"②的情境。这些宫女选进宫里，有的甚至终生连皇上的面都没有见着；同时，千山万水，远离父母兄弟，夜深人静的时候，她们怎么能不"思想"呢？贾琏的原话是这样说的：

> 宫里嫔妃才人等皆是入宫多年，抛离父母音容，岂有不**思想**之理？在儿女**思想**父母，是分所应当。想父母在家，若只管**思念**女儿，竟不能见，倘因此成疾致病，甚至死亡，……③

这里仍然跟上一个例子一样，是指"思念"。而且，这里明确地出现了"思念"这个词语：女儿"思想"父母，父母"思念"女儿。作者同时使用了这两个词语，都是说的思念。

这就表明：原来中国人说"思想"的时候，那首先是情感的事情。当然，《红楼梦》里面的"思想"的第三个例子是跟认知有关的④，这就不说了，因为那是后起的用法。我们现代汉语当中说到"思想"的时候，

---

① 曹雪芹：《红楼梦》，第一回，北京：人民文学出版社，1957年。
② 元稹：《行宫》。
③ 曹雪芹：《红楼梦》，第十六回。
④ 《红楼梦》第六十四回："自古道'欲令智昏'，贾琏只顾贪图二姐美色，听了贾蓉一篇话，遂为计出万全，将现身上有服，并停妻再娶，严父妒妻种种不妥之处，皆置之度外了。却不知贾蓉亦非好意，素日因他姨娘有情，只因贾珍在内，不能畅意。如今若是贾琏娶了，少不得在外居住，趁贾琏不在时，好去鬼混之意。贾琏那里思想及此，遂向贾蓉致谢。"

就总是跟认知有关,而且不是所谓"感性认识",而是所谓"理性认识",那就更是"西学东渐"以后的事情了。传统的"思"或者"想"固然是有这样的认知意义的,但更多的是本源的意义:"思想"意味着**情感之思**。

我以前写过一首歌——《就这样吧》,其中的"思想"也是这种用法,指的是情感之思:

> 就这样告别吧,不用忧伤,
> 从今后再不要苦苦思想;
> 就这样分手吧,天各一方,
> 从今后再不要回头张望。

我刚才引用的《红楼梦》,是比较晚近的文本;其实,更早的文本也是这样的用法。早在中古以来,在宋词、元曲里面,例如《西厢记》里面,还大量地使用另外一个词:"**思量**"。但是,它的意思还是相当于"思念"这么一种情感之思。"思量"这个词,大家是比较熟悉的。比如"十年生死两茫茫,不思量,自难忘"①。这个词在汉语中原来是跟"思想"一致对应的,甚至可以说是等同的。在本源意义上,"思想""思念""思量"都是一个意思。不过,它们后来逐渐地由情感之思转向了认知之思。这种词语用法的转变,实质上是观念的转变——观念层级的递转。在"思"这个话题里,我们要说明的是:观念层级的这么一种递转究竟是怎么发生的?

这种在情感意义上的"思想""思念""思量",在上古时代往往只说一个字:"思"。比如说,你去翻一下《诗经》,那时候一般不用双音节词,就一个字:"思"。《诗经》里"思"的用法一共有三种,但首先是情感之思。在《诗经》这么一个比儒学的成立还要早的文本当中,"思"表达情感,这种用法是最多的,非常之多,尤其是在《国风》当中。我们知

---

① 苏轼:《江城子》。

道，《国风》主要言说的是情感的事情，它和《商颂》《周颂》《鲁颂》是不同的。当然，这些"颂诗"，你可以说表达了另外一种情感。但不是那么本源性的生活情感。比如说，在追溯自己祖先的丰功伟绩的时候，人们会表达一种崇敬的情感。但是，《诗经》里面的"颂诗"，在今天严格地看起来，其实不能算是诗。因为，这种"颂诗"跟另一种体裁完全是一回事，比如说，后来我们发现的钟鼎上面的铭文，也是"美盛德之形容，以其成功告于神明"[1]的，跟"颂诗"一样。你可以拿铭文来对照，它跟《诗经》里面的"颂诗"相比，从体裁到内容，几乎完全一样：在体裁上，都是以四字句为主、押韵；内容方面，就是毛亨在《诗序》里给出的那个界定——"美盛德之形容"，就是我们今天所说的"歌功颂德"。但是，这些钟鼎铭文，没人说它是诗。真正的诗，在《国风》以及《小雅》当中。在这些作品中，情感之思表达为"思"。

不仅如此，进一步说，这样的"思想""思念""思量"之"思"，作为情感之思，是跟"爱"有密切关系的。思念女儿，是因为爱女儿；思念父母，是因为爱父母。相思，是因为爱某人，如《红豆》诗所说的："愿君多采撷，此物最相思。"思乡，是因为爱家乡，如李白《静夜思》："举头望明月，低头思故乡。"总之就是：爱，所以思。

那么，这说明了什么问题呢？就是我们这个讲座的题目："爱与思"。在中国人这里，思首先是情感之思，是爱之思。所谓"爱之深，思之切"。我上一次讲"爱"的时候讲过：爱，或者"仁"，原来是先行于任何存在者的一种生活情感，是一种"本源之爱"；而当我们对这种爱进行一种存在者化的打量的时候，它就成了一种道德情感、道德原则、道德要求，成为一种"形下之爱"；然后我们再追问它的终极根据，就会将爱把握为"性"，就会把"性"作为绝对主体性而确立起来，作为本体来把握，这就是"形上之爱"。这时候，我们要问的是：这一切是怎么发生

---

[1] 朱熹《诗集传·颂四》："颂者，宗庙之乐歌，《大序》所谓'美盛德之形容，以其成功告于神明者也。'"

的?那就是"思"。思首先是情感之思、本源之思,这是应和着本源之仁的;然后转为形下之思,这是应和着形下之仁的;最后转为一种形上之思,这是应和着形上之仁的。

再回到"思想"这个词语上来。这在汉语里面是很有意思的。我们可以来看许慎的解释。我们知道,许慎的很多解释都是很不到位的。现在分析一下他对"思""想"这两个字的解释。

许慎对"思"的解释是特别有意思的:"思,容也。从心,囟声。"[1]

把"思"解释为"容",这看起来很怪,其实很有意思,让我想起了"容貌""形容""形象"等等。比如说,你在"思"你的女朋友的时候,就会想到你女朋友的"花容月貌"那样的"容",那样的形象。思与形象的关系,这是我后面还要重点讲的话题。

再说"从心,囟声"。说到"囟声",我第一次讲座上讲过,汉字有个特点,就是这个所谓的"声"其实往往是有意义的,也就是说,"思"字里的"囟"可能也是有意义的。这是个词源学的问题。我们看这个"囟",就是脑袋顶上的囟门,一般的理解,它是不管情感、只管认识的。而"心"不同。在中国人的理解当中,心和囟是有区别的。"心"的用法很多,有更大的包容性,其中包括关乎情感的事情。而唯有关乎脑的事情,诸如认识、思维的事情,这才是关乎"囟"的事情。其实,西方人也是一样的,他们说到情感的事情的时候,不会说大脑 brain,而会说 heart。

还有一个问题:这个"思"字怎么是"囟声"呢?读起来不对呀?其实,古代"囟"字的反切是"息进切","思"字的反切是"息兹切",两个的声母完全一样,也就是"息"的声母。这个声母——用汉语拼音来注音——今天读"x",古代本来读"s",就是今天"思"字声母的读法。"思"和"囟",涉及音韵学上的"音转"问题,就是说,两个字的声母是一样的,但是韵母改变了,这是古人所说的"一声之转"当中的"对转"。这就是说,"囟"和"思"应该是同源词,含义是相关

---

[1] 许慎:《说文解字》。

的。否则，我们无法理解：这个许慎是怎么搞的，"思"怎么会读"囟"呢？其实，"囟"跟"思"同源，而且在"思"字里是有意义的，那就是说，"思"跟认识、思维有关。但是，"思"字首先"从心"，而这样一颗"心"，在儒家的思想当中，其包容性是很大的：既管认知，也管情感，还管意志。

这是"思"的问题。我们再来看"想"。许慎解释："想，冀思也。从心，相声。"① 这就是说，"想"首先是一种"思"。一种怎样的"思"呢？"冀思"。这个"冀"就是我们现代汉语所说的"希望"，怀着某种"向往"。许慎这个解释是说："想"之为"冀"，是一种希望、向往，一种意愿、意欲。比如，你"想"母亲了，你在"想"的时候，就会产生某种"冀"，会有某种希望、向往、意愿、意欲。当你想一个女孩子的时候，情形也是一样的。因此，这是一个重要的枢纽，就是从**情感之思**向**意欲之思**转变的枢纽：**思→想**。

"思→想"而有意欲，从《诗经》开始，"思"字就有这样的用法：情感之思转为一种意欲之思。正是在这种意欲之思当中，主体性被给出来了；然后，我们才可能有认知方面的事情。我在谈到"七情"的时候就说过，"喜、怒、哀、惧、爱、恶、欲"当中，这个"欲"是主体性的事情，我不会把它看作一种本源情感。为什么呢？一般来讲，希望、欲望总是一种主体性的事情，其前提是有"分别相"：主体和客体的分别，主体和主体的分别。而"冀"字上部的"北"，就是分别相。所以，"北"和"别"也是同源词，一声之转。那么，"北"是什么意思？我们今天所说的"东西南北"，"北"是假借字；"北"字的本义，就是我们今天所说的"背"——两者相背。"北"是一个象形字，所画的是"二人相背"②，也就是不见面的意思。相背而不见面，你才会"想"——想念、思念。这就是我在前面说过的："思"不是当下的，其所思者不在面前。要不，你怎

---

① 许慎：《说文解字》。
② 许慎：《说文解字》。

么会思他想他？

在"思→想"中，会出现所思者的形象，这就是"想"字里的那个"相"字。我刚才又讲过了，这个"相"不仅仅是读音，其实它是有意义的。"想"中有"相"，就是"思"中有"象"。这是很有意思的。主体性的行为总是对象性的，那么，这个对象、客体，最初源于何处？就在"想"之"相"中。许慎解释这个"相"字说："相，省视也。从目、从木。《易》曰：'地可观者，莫可观于木。'"① 我们看今天流传下来的《周易》，并没有这句话。但这无关紧要，关键就在于"观"。假如没有"相"或者"象"，你怎么"观"？所以，"相"字从"目"，就是"观相"，《周易》称之为"观象"。这就是说，我们在"思→想"中"观象"，就是观所思者的形象。这个"象"或"相"的问题，我会在后面进行比较详尽的讨论，这里我简单说一下，"象"在观念的层级中有这样一种递转，是跟"思"或"思想"的层级递转一致的：

本源之思 → 意欲之思 → 认知之思
想象 ——— 形象 ——— 表象

这个递转系列，正是由"存在"给出"存在者"的观念生成序列。至于"想象→形象→表象"的具体情形，下面再谈。我这里只是说：一切都渊源于本源之思 —— 首先是情感之思，然后是领悟之思。

二、思与爱：情感之思

儒家所讲的"思"，或者中国人所讲的"思"，首先是生活情感的事情，是爱之思。在这个层级上，我们可以用这么三句话来说：思源于爱；思不是爱；思确证爱。

第一句是：**思源于爱**。

---

① 许慎：《说文解字》。

我刚才就说过了：爱，所以思。意思是说：情感之思是源于爱的情感的。我们思一个人、想一个人，那是因为我们爱这个人。比如孩子给母亲打电话："妈，我想你了！"你为什么想她呢？因为爱她嘛。这是再明白不过的事了，不用多说。

第二句是：**思不是爱**。

情感之思虽然源出于爱，但不是爱本身。思和爱是有区别的。区别就在于：爱是当下的，而思不是当下的。比如说，你现在面对着所爱的人，你是不会思他、想他的。他就在你面前，就在当下，还有什么好"思"好"想"的？你爱他，但此时此刻不会想他。你至多只会说："我想你来着。"但这个"来着"正表明：那是过去的事情，不是当下的。假如你面对着女朋友，却在那里"思"，那她可不高兴了，以为你在想谁呢。

这就表明：思总是意味着一种时空上的距离。有一句很著名的汉乐府诗："有所思，乃在大海南！"[①] 所思者在天涯海角，这就是空间上的距离。我刚才举了苏东坡的词："十年生死两茫茫，不思量，自难忘。"[②] 十年生死，这就是时间上的距离。而且严格说来，我刚才所说的"意味着时空上的距离"也是不确切的表达；恰恰相反，"时空"的观念正源于这样的思。正是思，才给出了时空：在这种情感之思当中，我们才领悟到时空。

这一点是非常要紧的，我们精神生活的很多秘密，甚至全部的秘密，都蕴藏在这里。那么，这里面有什么秘密呢？那就是说：当我们谈儒学的重建、形而上学的重建等问题的时候，首要的问题就是要在"思"当中给出存在者。存在者是怎么可能的？物是怎么可能的？这仍然还是"思"的事情。不过，这个问题所涉及的乃是我想谈的另外一种"思"：**领悟之思**。然而，我们现在所谈的却是情感之思。情感之思和领悟之思都是先行于存在者的思，都是本源性的思，但是，这两种思还是不同的：思首先是情感之思，然后才是领悟之思。而这两种思，或者说两个层级的思之间的转

---

① 无名氏：《有所思》。
② 苏轼：《江城子》。

枢，就是我现在所讲的"思不是爱"这个问题。

领悟之思是我下面要专门讲的一个话题，这里先简要地谈一谈：

刚才提到了"时空"的问题。当我们谈到"存在者"的时候，一定涉及"时空"范畴。时间和空间都是关乎存在者的事情：我们要刻画一个存在者，一定要涉及时空，因为时间和空间是存在者之存在的条件。但是，在存在本身的层级上，并无所谓"时空"。"时间""空间"的观念、概念，同样是由存在本身给出的。这是第一点。

第二点是：在西方的传统当中，当涉及"时空"的时候，他们总是说，时间先行于空间。几乎所有的西方哲学家都是这么看的，所以，他们特别重视时间问题。但是在我看来，按我对中国思想的理解和领会，我会说，就时间和空间的关系来讲，中国人的看法跟西方人的恰好相反：空间是先行于时间的，时间是被空间给出的。

在儒家的观念当中，关于存在者的"时空"观念，仍然是被本源性的情感所给出的，具体来说，是在情感之思、领悟之思当中给出的。正是在这样的领悟之思当中，我们才领悟到空间和时间。这是因为，情感之思总是想象—形象的（关于"形象"问题是我下面在"领悟之思"中要谈的一个重要话题），而空间和时间就在这里面显现出来了。有一首很著名的诗，阿波里奈尔的《密腊波桥》，表达了：在当下的爱当中，没有时间，也没有空间。那首诗里是这么说的："时光消逝了我没有移动。"① "时光消逝了"，没有时间；"我没有移动"，也没有空间。在当下的爱当中，时空根本不可能显现出来。唯有在"思"当中，时空显现出来了。我刚才说到的东坡那首《江城子》，就是在讲时空的显现："十年生死两茫茫"；"千里孤坟，无处话凄凉"。这是对时空的一种更本源的领会。所以，"时空"这样一种关于存在者的范畴，在儒家的观念当中，是在情感之思、领

---

① 吉尧姆·阿波里奈尔（Guillaume Apollinaire，1880—1918），法国象征主义诗人，20世纪先锋派的开创者。《密腊波桥》的相关诗句："…… 让黑夜降临让钟声吟诵 / 时光消逝了我没有移动 / 我们就这样手拉着手脸对着脸 / 在我们胳膊的桥梁 / 底下永恒的视线 / 追随着困倦的波澜……"——莫渝译。

悟之思——本源之思当中被给出来的。

第三点是：在"时—空"呈现的序列当中，是先有空间观念，后有时间观念。中国人理解这个"时"，很有意思。什么叫"时"啊？就是太阳的运行，太阳空间位置的变化。现在什么时候了？看太阳的空间位置嘛。要不，怎么能知道是什么时候了呢？这就是我们中国人的一种生活领悟。今天的人也说："看看表吧。"看表，其实你看的不是时间，而是在看空间：这个指针现在指到哪儿了，短针指到哪儿了，长针又指到哪儿了，看的就是指针的空间位置。正是这种空间位置的观念，规定了时间的观念。所以，中国人对时间的把握，一开始就是从空间切入的。这跟西方的一般理解完全相反。我们后来的范畴的构造，比如在《尚书·洪范篇》里面的"五行"范畴的构造，也是一种"时—空"的连续，或者更确切地说，是"空—时"的连续。"五行"的观念，我把它叫作中国式的"空时连续统"，它规定了空间、时间的观念。这个"时"的原始含义是"四时"，就是春夏秋冬四季，那么，这种时间观念是怎么确立起来的呢？是由"五行"的格局，东、南、西、北的空间方位确立起来的。"四时"的时间观念就是这么被"四方"的空间方位所给出来的。这里，"土"是居中的。"土居中"是什么意思呢？就是庄子所讲的"中央之帝为浑沌"①，就是"无分别"，即没有空间的分别、时间的分别；然后才是东、南、西、北的"分别相"。

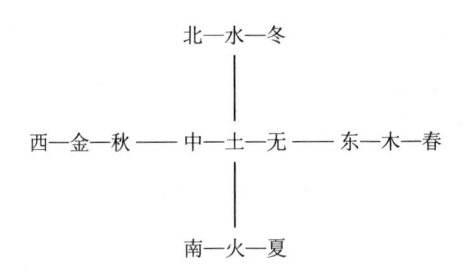

```
            北—水—冬
               |
西—金—秋 —— 中—土—无 —— 东—木—春
               |
            南—火—夏
```

---

① 《庄子·应帝王》。

东、南、西、北"四方"的空间分别,规定了春、夏、秋、冬"四时"的时间分别。

不仅如此,我经常谈到的"科学的三大预设"那些观念,也都是在这样的情感之思、领悟之思当中被给出来的。其实,不仅科学,哲学也是这样的。第一,我们首先领悟到的是存在本身,这是科学关于"客观实在"的预设观念得以可能的本源所在。这就是我所说的"存在领悟":爱,所以在。这是我上一次讲汉语的"存""在"的时候所谈到的中国人的一个根深蒂固的观念。第二,我们不仅领悟着存在,而且同时领悟着一种"流行",一种纯粹的"流行"、存在本身的"流行"。生活如水,情感如流。科学的那种预设信念,"运动"的观念,就是被这样的"流行领悟"给出来的。第三,在这种流行领悟中,我们倾听着生活本身,然后才领悟到"天命"。"天命"不是什么东西,不是后来很形而上学化地把握的那个"天命",诸如"命中注定"、上帝意志、客观规律。"天命"实质上就是对生活本身的一种倾听,是对情感本身的一种倾听。[①] 所以,一切的一切,都源出于领悟之思;而领悟之思,源出于情感之思。

现在说了两句话:"思源于爱""思不是爱"。还有一句:**思确证爱**。

思虽然不是爱,但思是爱的见证。当然,这里所说的还是情感之思。在情感之思的意义上,我说:如果说,不爱则不思,那么,思着表明了爱着。其实,"思确证爱"这句话的意思是"思源于爱"那句话里早已蕴涵了的。所以,当孟子说"弗思耳矣!""弗思甚也!"[②] 的时候,那就意味着:"弗爱耳矣!""弗爱甚也!"这也是很明显的,不用多说了。

三、思与诗的本源性言说

大家可能都注意到了:我经常举诗歌的例子。诗歌这样的言说方式,是情感性的言说方式,实际上所表现的就是情感之思。情感之思一定是想

---

① 以上参见黄玉顺:《面向生活本身的儒学——"生活儒学"问答》,中国儒学网(www.confuchina.com)。
② 《孟子·告子上》。

象—形象的,这才有领悟之思的可能,才有领悟空间、时间的可能。

不过,当你读诗的时候,你去品味,就能发现:诗诚然是想象—形象的,但是,诗却又是"言之无物"的。这里所谓"言之无物"是说:这里没有物,没有存在者。诗所显现的想象的形象,不是存在者,不是物,不是我们的认识对象。本源性的言说是"言之无物"的,意思是说,在本源性的言说当中,在一首好诗的言说当中,诚然出现了很多想象的形象,但这不是你所"看到"的形象。你所看到的,只是情感本身的流淌,情感本身的显现。假如你"看到"了这些形象,那就是把它们作为一种对象来打量,那就完了!比如说,我们读李白的《静夜思》,"床前明月光,疑是地上霜",这时候,假如我们对象化地想:"哦,有一张床。这是一张什么床呢?是钢丝床还是席梦思?"然后就去考究一番。这样一来,这首诗就全完了!可是,现在很多研究《红楼梦》的人就是这样搞的,比如,他们在研究大观园宴会的时候,老太太坐什么位置,宝玉坐什么位置,去做详尽的考证。但是,考证清楚了又怎么样?你就读懂了《红楼梦》啦?还是完全没有懂!我经常说,《红楼梦》究竟是表现什么、反映什么的?什么也不反映,就是曹雪芹那首诗所说的,作者一开篇就告诉我们了:"满纸荒唐言,一把辛酸泪!"就是情感而已。可是,人们偏要把它当作历史、当作论文来读,完全不明白那只是"假语村言"而已,这可正应了作者所说的:"都云作者痴,谁解其中味?"

我忽然想起,苏东坡有一首词《水龙吟》:

似花还似非花,也无人惜、从教坠。抛家傍路,思量却是,无情有思。萦损柔肠,困酣娇眼,欲开还闭。梦随风万里,寻郎去处,又还被、莺呼起。

不恨此花飞尽,恨西园、落红难缀。晓来雨过,遗踪何在?一池萍碎。春色三分,二分尘土,一分流水。细来看,不是杨花,点点是、离人泪。

这首词是写杨花的，说：春天来了，杨花到处飘着，惹人伤感。这里当然有形象了：有杨花，有尘土，还有流水。一般欣赏诗词的人，对这几句是赞不绝口的："春色三分，二分尘土，一分流水。"确实很美！但我也见过有学者这样注释："杨花的三分之二飘到了地面上，三分之一飘到了水面上。"诸如此类的吧。我的天！多么精确的计算！"三分之二"，"三分之一"！你把杨花飘落的比例搞得这么清楚，就理解了苏东坡啦？苏东坡根本不是写杨花，这里根本没有杨花，"无物"。所以，他接着写道："细来看，不是杨花，点点是、离人泪！"没有杨花！至多是"似花还似非花"。这就叫作"言之无物"。科学、哲学、形而上学都是"言之有物"的，然而，诗歌、艺术、本源性的言说是"言之无物"的。

这涉及"言说方式"的问题，就是说，形象有两种，有一种形象是表象。表象是对象性的，是关乎存在者的。以表象的方式去把握本源的事情，那就正是老子所讲的："道可道，非常道。"① 这样一种"道"，这样一种言说方式，是通达不了本源之"道"的。因为，本源之道是"无物"，就是"无"。因此，如果说有一种言说方式是可以通达本源之道的，那一定是"言之无物"的。

但是，我们用今天的语言科学以及语言哲学的观念来看，他们所理解的"语言"观念，就是"道可道，非常道"的。从索绪尔开始，今天的语言科学基本上是这么一个架构：语言是一种符号，什么"能指"啊、"所指"啊。"所指"是什么？"所指"就是一个对象，是一个客体。但是，本源性的言说方式恰恰没有这样的"所指"，是"无所指"的。语言哲学呢？在弗雷格那里，他实际上对"所指"有一个区分：有一个"指称"（reference），还有一个"涵义"（sense）。指称，在弗雷格看来，就是一个客观实在的东西；而涵义，有点类似于概念，它是不是就不是对象性的呢？弗雷格自己有明确的说法：涵义是客观的。这就是说，涵义同样是对

---

① 《老子》第一章。

象性的，就是一个 object。① 这是因为：他的分析哲学的根基是经验主义。那么，这样的一种言说方式，这样的一种对语言的理解和把握，正好印证了老子所讲的"道可道，非常道"。这样的一种言说，是"有所指"的。有所指的言说方式，是通达不了本源之道的。

那么，是不是存在着一种无所指的言说方式呢？当然是有的。比如说，我刚才所提到的苏东坡的那首词，那就是无所指的言说方式。再比如我提到过的李白的《静夜思》，这样一种"思"的言说，也是无所指的。"无所指"就是说：这里诚然浮现了很多想象的形象，但这些形象不是物，不是东西，不是存在者，不是对象，不是让你去认识它的。真正的艺术，从来不必承担认识的义务。这是我们首先必须把握的艺术观念。所以，凡是对艺术作品说"反映了"什么什么、"表现了"什么什么、它有什么什么"主题思想"等等，都没有说到点子上。包括小说、电影那样的艺术形式，你老去说它"表现了"什么、"反映了"什么，那就说明你完全没有看懂。艺术的言说方式，诚然是形象的，因为那是情感性的言说；但是，这样的言说是无所指的。比如，你听纯音乐，歌词什么的都没有，但是，此时此刻，你脑中会出现一些形象，这些形象，弗雷格把它归结为最不可靠的东西——"意象"（image），但这正是我们最感兴趣的所在。弗雷格认为，那是因时因地因人而异的，是不客观的，但是对于我们来说，这才是最本源的。总之，情感性的言说是想象—形象的，但这样的形象不是对象，不是存在者，不是供你认识的东西。艺术不是别的，是生活情感的——姑且用这个词来说吧——"升华"。

当然，这样的言说方式也不限于艺术、诗歌。我们不难发现，在我们的生活当中，当爱涌现的时候，我们会说很多话，但那都是"无意义""无所指"的。那不过是情感的显现。我常常举的一个例子，一对热

---

① 弗雷格（Gottlob Frege）：《论涵义和指称》（Über Sinn und Bedeutung），原载《哲学和哲学评论》，100，1892 年。汉译文《论涵义和所指》（On Sense and Reference），肖阳译，载马蒂尼奇（A. P. Martinich）主编：《语言哲学》（The Philosophy of Language, Oxford University Press, 1985），北京：商务印书馆，1998 年。

恋中的人在一起，不外乎就是两种情境：

一种就是一句话都没有，默默无言，"相顾无言，唯有泪千行"，或者是相视而笑，傻乎乎的。怎么会是这样的呢？因为此时此刻不需要任何一种对象性的言说，任何对象性的言说都会打破这种本源情境。比如说，两个人正在含情脉脉的，你忽然说："你交作业了没有？"或者："你的那个股票抛了没有？"或者："你这条项链多少钱？"诸如此类的，就有点煞风景了，一下子就从本源情境当中被抛出来了，马上就进入了一种对象性的思考。所以，孔子才说："天何言哉？四时行焉，百物兴焉，天何言哉！"① 天不说话，却有"天命"，"命"恰恰是"口令"②，恰恰是在说话。那是无声的言说，本源的言说，其实就是生活本身的显现，情感本身的显现。我刚才说了，这样的"天命"是一种本源性的生活感悟。热恋中人的那种默默无语的情境，正是如此。

另外一种情境：那个男的或者那个女的，在那儿滔滔不绝，喋喋不休，说了很多话，完了别人就问："你刚才说什么啊？"回答："没说什么啊？"是啊，是没说什么啊。因为刚才所说的那些，都是"无意义"的，"无所指"的，"言之无物"的。"言之无物"在这个意义上是说：在这个时候，在这样的情境当中，我并没有给你讲一个对象性的事情，没有讲什么存在者，没有讲什么物，没有叫你去认识、去分析。我此时此刻所说的话，根本就"不成话"——那不是语言科学、语言哲学所理解的那么一种"语言"。

这样一种情境，在诗歌当中、艺术当中，表现得非常充分。再比如说绘画这么一种艺术样式，也是这么个道理。我小的时候不懂这个道理，看了毕加索的画，就说："他还没有我画得好！"我是说他画得"不像"。我说他没有我画得好，是有一个前提的，就是：绘画就像照相一样，是一种认识，是客观的反映。但绘画并不是反映，不是认识。像我们中国人

---

① 《论语·阳货》。
② 许慎《说文解字》解释"命"字："从口、从令。"

的画，以前有人讲："这个画得不对吧？不讲透视，比例也不对呀！画一个人骑马，这个人怎么比马还大啊？"我在20世纪80年代看到一篇评析，内容是很荒谬的，他说："你看徐悲鸿画的马，完全没有常识！马在狂奔的时候，蹄子不会这样向上翻；否则的话，蹄子会崴断的。我在内蒙古放了很长时间的马，马蹄应该是这样向下扣的，这样才有力量。"他预先有了一个错误的观念，这观念跟我小时候的错误观念是一样的。我们在评价艺术作品的时候，一定要注意，它不是在"反映"什么，不是一种"认识"。

艺术的功能，就是表现情感。所以，王国维评论宋词，说：差一点的境界，是"有我之境"，即"有物之境"，所有客观的物都带上了我的主观色彩；真正好的词，是"无我之境"，即"无物之境"，"不知何者为我、何者为物"。① 当然，诗词里面是有很多形象的；但是，这些形象不是供你认识的，更不是你想要去认识的。这就是本源之道，就是"复归于无物"，就是"无"。这么一种言说方式，言之无物的、无所指的言说方式，在诗歌当中是比较典型的。

现在的问题在于，我们必须明白：像诗歌当中的这样言之无物的、无所指的一种想象—形象，就是本源所在。这就是儒家的本源观念：这就是作为"客观实在"观念的源泉的存在领悟。所以，回到开头的问题：究竟怎样在"无"的情境当中生成了存在者？究竟怎样"无中生有"？这是我们要解决的问题。现在我们的问法是：究竟怎样在本源的情感当中，生成了表象，生成了对象？简单来说，可以这样说：当你把情感之思当中的或者情感涌流当中的想象—形象，把握为一种存在者，对它进行对象化打量的时候，存在者就诞生了，主体和客体就给出来了，表象就生成了，物就被给出来了。

我举例来讲，咱们中文系的一位老师朗读了一首诗，杜甫的《登

---

① 王国维：《人间词话》，见滕咸惠校注：《人间词话新注》（修订本）。原文："有有我之境，有无我之境。……有我之境，以我观物，故物我皆著我之色彩；无我之境，以物观物，故不知何者为我，何者为物。"

高》。然后他开始分析，说其中的那一联，"万里悲秋常作客，百年多病独登台"，这里面有"八悲"。这个说法很有意思，不过这是很对象化的。他说：离家"万里"，这是一悲；"秋"容易愁，又是一悲；异乡"作客"，这固然是一悲；而且还是"常"作客，这又是一悲；"百年"衰老，这是一悲；而且"多病"，又是一悲；"登台"望远，也容易令人悲；而且是"独"登台，又是一悲。这么一种思路，这样分析下来，是很成问题的：你分析得越清楚，离诗本身就越远。我想，当这个学者在这样看这首诗的时候，跟他第一次读到这首诗的时候，感触的情境可能是完全不同的：第一次的时候，他完全没有想到什么"八悲"，只是被打动了而已；现在他去分析它，分析它就把它对象化了，这就进入了一种传统意义上的诠释状态。在这种状态中，"主""客"这么两种存在者同时被给出。

然而，这是不可避免的，我们总是要成为存在者，成为主体，因为我们总是要进行对象化打量，进入"主—客"的观念架构。有一次，我给本科生讲"视而不见"的时候，举过这样的例子：为什么形而上学、形而下学是不可避免的呢？因为本源情境是不可避免地要被打破的。我记得我在一篇文章里面举了房子的例子。① 现在我给他们讲：在本源的情境当中，在本源的爱当中，你对你的所爱者，原来是"视而不见"的。她有什么优点、缺点，你都"视而不见"。因为：你从来就没有把她作为一个对象去打量。所以，我会说，俗话说的"情人眼里出西施"，那是不对的，因为情人眼里既不出西施，也不出东施，而是无物存在。比如两人谈恋爱，那个男孩子有一天想："我到底爱她哪里呢？"他马上就从本源性的爱当中跌落出来了。然后他就开始考虑，开始打量。首先从容貌上看："她这个眼睛，哦，丹凤眼，双眼皮，不错，可惜就是左眼小了一点点，好在还不容易看出来。"然后接着往下看："这个鼻子差点，人家说鼻子要像一根葱一样，这个差了点。"特别有意思的是，在进行这样的对象化的

---

① 黄玉顺：《面向生活本身的儒学——"生活儒学"问答》，中国儒学网（www.confuchina.com）。

打量的时候，我们有一句"名言"："有比较才有鉴别。"当你把你所爱的人这样打量的时候，一定会有比较。你打量这个鼻子的时候，你马上想到了另外一个女孩子，诸如小张、小王的鼻子长得如何如何的好看。这是非常危险的！这就是一个"认识论"问题。这就不是"视而不见"了，而是"视而见之"了。这样的一种"视而见之"，就确证了你的不爱。不爱，那么你爱的人就不复存在。但是，形上之思，形下之思，这样一种对象化的打量，却又是必然的。比如，你那个所爱者突然打了一个喷嚏，如果你此时此刻仍然"充耳不闻"，那同样确证了你的爱的不在。如果爱是在的，这个时候，你就会问："感冒了吗？是不是穿少了？"然后首先看看脸色。这个时候，就再也不能"视而不见"了。你甚至去找出体温计来，对象化地测量她；甚至去看医生，请一个专家来科学地诊断她。但是，这个时候，对象之被给出，同样是在爱当中。正是爱，才给出了这个对象。而当对象被给出的时候，主体同时也就被给出了。在我们的生活中，生活之所以可以不断流动，就是因为本源情境总是不断地被打破，我们总是要成为一个存在者。这就是我所说的：我们总是要"去生活"。这完全是无可避免的事情。

　　这时候，我们就进入了形下之思，甚至形上之思，而不再是本源之思了。这样的思，是去思存在者，去思对象，是科学和哲学的事情。科学和哲学是没有本源之思的。我们知道，海德格尔有个说法："科学不思。"我要说的是：这是不够的。在本源之思——情感之思、领悟之思——的意义上，不仅科学不思，哲学同样不思。我经常讲这个话题，就是说：如果说，当我们所说的"思"是关于存在者的事情时，不仅哲学要思，科学同样要思。它们的区别仅仅在于：哲学所思的是形而上的存在者，那个唯一绝对的存在者；而科学所思的是形而下的存在者，是众多相对的存在者当中的一个领域。但它们确实都在思。其前提是：那是认知之思。但是，如果"思"首先是生活本身的事情，那么我就会说：不仅科学不思，哲学一样不思。那么，是谁在思？艺术在思，诗歌在思，情感之思自己在思，而不是"人"在思。

正是在这么一种本源之思当中,存在者生成了,"主体—主客"这样的架构给出了,人诞生了。这时候,"人"成了一种可以被规定的东西。人作为一个形而下的相对存在者,是被其他的形而下存在者规定的。我经常讲,马克思对"人的本质"有一个界定,这个界定在哲学的意义上是极其准确的。他说:"人的本质是社会关系的总和。"① 这意味着什么呢?我经常举这个例子,我们不妨做一个实验:你拿出纸和笔来,一句一句地写"我是谁"。你一句一句地、不停地写下去,那么,你会发现:"我"总是"非我"。——这些句子的左边的主语都是"我",而右边的都是"他者"。"我"总是被"他者"规定的。这恰恰就印证了:每一个人,自从有了自我意识,你就作为一个形而下的存在者而被给出了;你作为一个形而下的存在者,不断遭遇到其他的形而下存在者,你被它们所规定。所以,凭马克思这句话,我们就可以断定:这是一个形而上的表达。但是,这也说明了在这个层级上,主体是怎么样被给出的。

不管是对于整个人类来讲,还是对于我们每一个个体来讲,从轴心时期的形而上学建构开始,或者从古希腊哲学的所谓"拯救现象运动"开始,我们就有了一种自觉的自我意识。但是,我们一开始就是被他者规定的。我记得我在关于"他者意识"的那篇文章里面专门分析了汉语的"我"这个字,证明:自我意识的诞生,恰好是由他者规定的。② 古汉语的"我",就是一个人拿着"戈"。拿着这个东西干什么?有两层意思。在中国汉语当中,自我意识的产生,有两层意思:第一,当我们说到"我"的时候,意味着有一个对象,有一个"他者",一个陌生者,一个危险者,一个敌对者,他在威胁着我。自我意识意味着:在我和他者之间划出了一条界线。这也是"存在者领域"的划界,一种"物界"。而这个他者对于我来说,总是一种威胁。自我意识首先是这么被给出的。第二,

---

① 马克思:《关于费尔巴哈的提纲》,《马克思恩格斯选集》第 1 卷,第 18 页。原文:"人的本质并不是单个人所固有的抽象物。在其现实性上,它是一切社会关系的总和。"
② 黄玉顺:《中国传统的"他者"意识——古代汉语人称代词的分析》,《中国哲学史》2003 年第 2 期。

"自我"不是个体的事情。"自我"从一开始产生，就是一个族类、族群的事情，就是"我党""我军""我国"的事情，而不是我个人的事情。抗日战争开始，"敌强我弱"，所以要"持久战"，这个"我"不是毛泽东个人，不是任何一个个体，而是一个族群——中华民族。汉语的"我"从一开始就是这样的，那是一个部落，处于一个族群和另外一个族群的敌对关系。在这么一个关系之中，"我"才被规定了。

这一点是非常重要的，因为这使我们可能回到本源上去。我为什么要抗日？因为我爱我这个族群，我爱我这个国家、我这个民族。这是我讲的。舍勒也讲这个问题，是比较有意思的，他的观念就是"爱的优先性"。我的观念跟舍勒的不同。我理解这个问题是：爱怎样给出了存在者？就是这么回事。在我们族群内部的平平常常的生活当中，在其乐融融当中，我们原来根本没有什么"自我意识"。突然有其他族群来侵犯了，这个自我意识一下就出现了，本源情境就被打破了。这是没有办法的事情。我们首先成了这么一个形而下的存在者，然后才会继续追问，不管是个体还是整个人类都追问：我是从哪里来的？这才有了轴心时期的所谓"理性的觉醒"，这才有了哲学的诞生。

一个个体也是这样。一个小孩，有一天忽然有了自我意识，清楚地意识到自我和他人的区别，然后会追问，去问母亲："我是从哪里来的？"母亲就说："你是我生的嘛。"然后小孩又会问："那你又是从哪里来的？"在这个意义上，小孩天生就是一个形而上的存在者。他不断地追问形而上的根据，直到在一个地方就打住了，就不能再问了。我们不能问："上帝耶和华是从哪里来的？"谁知道呢？不知道。那个小孩假如再问，可能就会挨骂。在形而上学的范围内，这个绝对主体是不能问的。也有人说，那只是一个设定，仅仅是设定。比如，康德就说：上帝只是实践理性的一个公设。[1]但是，我们今天仍然要问。并且，我们还意识到：我们这样的形而下的存在者，以及那个形而上的存在者，那个被设定的存在者，其实都

---

[1] 康德：《实践理性批判》，韩水法译，第136—143页。

是生活本身给出的,都是本源性的爱给出的。

这就是孔子所说的"兴于诗"[1]的意义所在:主体性、对象性、存在者、物,都是被本源之爱所给出的,那么,诗作为一种本源性的言说,正是这样的本源之爱的一种显现样式。

那么,在轴心时期以后的儒家这里,众多相对的存在者,或者"天下万物"是怎样被爱给出的?这样的观念,后来被形而上学化,比如在孟子那里,被表达为"万物皆备于我"[2]。这就是说,"天下万物",即众多相对的存在者,是被一个绝对主体给出的。这个观念的前提就是:已经把那种本源之爱,把握为了一种形而上的存在者——绝对主体。《中庸》里面则是另外一种表达:"不诚无物。"这也完全是一样的形而上学化的表达。"诚"本身是指一种本源性的言说,是指由"言"而"成"。"成己""成物",存在者成为存在者,它们是怎么被给出的?由言而成。但是,既然不仅"物",而且"己"即"人"都是由"言"而成的,那么,这里的"言"显然就不是"人言",而是先行于"人"的存在的某一种"言"。现在我们知道,只可能这么来理解:这样的"诚",就是我们刚才谈到的那种本源性的言说,就是"天命"那样的无声的言说,就是本源性的爱的显现。但是,在《中庸》这个文本当中,"诚"已经不是这个意思了。它已经是一个本体,或者叫作"中",或者叫作"性"。这里设定了一个"未发"之"性",就是把本源之爱把握为了绝对主体性。这已经是存在者的表象——表象式的把握方式。

四、想象·形象·表象:领悟之思

说到"**表象**",这是一个非常重要的话题;对于"生活儒学"的建构来说,这甚至是一个关键性的话题。

在西方近代哲学中,"表象"是一个出现频率很高的词语。但是,我

---

[1] 《论语·泰伯》。
[2] 《孟子·尽心上》。

们去翻一翻哲学辞典,就会发现,所谓"表象"其实是很难被界定清楚的,各家的用法有所不同。但是,尽管如此,我想说的是:"表象"这么一个观念,一方面,跟中国的哲学教科书里面所讲的那种完全和"形象"无关的"抽象""概念"是没有关系的;另一方面,我可以这么说,表象是一种"象"。大家可以反省一下、体验一下:在你自己进行所谓"抽象思维""逻辑推理""理性认识"的时候,那里面究竟有没有"象"?我想,应该是有的。理论的、逻辑的思考,其实一定不是"抽象"的,而是"具象"的,或者叫作"具体"的、"形象"的。我不知道大家有没有这样的体会,我们有的时候可能没有意识到这一点。为什么呢?因为我们脑子里面充满了"感性认识"和"理性认识"的区分之类的观念,我们以为只有感性认识才是形象具体的,理性认识则是抽象的。但我自己一直在思考这个问题:在我自己的研究、思考当中,当我清理某种"抽象"思路、"理论"架构的时候,我脑子里面出现的,却往往是一些非常"具体"的、"形象"的东西,有时候简直就像小孩子搭积木一样,这是怎么回事?

在我看来,直白地说,根本就没有所谓"抽象思维",任何思维都是"具象"的 —— 具体的、形象的。而仅就认知性的具象来看,有两种。有一种是**当下性的**具象,另有一种是**非当下的**。当下性的具象,很简单,就是所谓"感知",经验论意义上的"直观",是最直接的。比如说,我现在看见你们,如此这般,这就是一种当下性的具象。而那种非当下的具象,就是所谓"表象"。但是,不管感知还是表象,都是形象的、具象的。所谓"感性认识",就是直观性的形象;所谓"抽象思维",其实是一种表象性的形象。

我这个观念是从哪里来的呢?我刚才所表达的观点,其实就是休谟的观点。你去读休谟的《人性论》,他就是从这里开始的。当然,他没有用"表象"这样的概念。他用另外一种谈法。他说:我们人的所有的"心灵中的知觉" —— 其实就是我们的全部的观念、整个的精神生活 —— 只有两种:一种是直接的、鲜明的、鲜活的知觉,叫作"印象"(impressions),其实就是我所说的经验直观;另一种就是间接的、比较模糊一些的知觉，叫作"观念"（idea），其实就是我所说的表象。印象和观念的区别，就是"感觉""感性认识"和"思维""理性认识"的区别，其实就是我所说的当下性的形象和非当下性的形象的区别。①

但要注意，休谟所说的这个"观念"跟后来胡塞尔所说的"观念"不是一回事，更不是柏拉图所说的那种"观念"。休谟的"观念"是对应于我们所说的"思维"的；但尤其要注意，在他看来，所谓"思维"，其实也是"知觉"（perceptions）而已。休谟就从这里谈起：在我们的精神生活中，一切都是"知觉"。这就等于说：一切都是具象的、具体的、形象的。换句话说，在休谟看来，根本就没有什么"抽象思维"。这是因为他是一个彻底的经验主义者，所以，在他的心目中，所谓"抽象思维"不过就是心理联想，而心理联想也就是一些模糊微弱的知觉之间的联结。其实就是表象的联结。就是这么简单。

所谓"抽象的"思维其实就是表象式的把握，这个观点被海德格尔继承了下来：在他看来，形而上学就是以表象的方式去思考存在者之为存在者。② 只不过，他只提到了哲学形而上学，而在我看来，按照休谟的观点，不仅哲学，而且科学的"理性认识"同样是表象式的。

我是非常欣赏这个观点的，虽然我并不持经验主义的立场。只不过，我会这样来表达：不管所谓"感性认识"还是所谓"理性认识"，一切都是观念（我自己的用法意义上的"观念"，对应于、但不等同于休谟所说的"知觉"）；一切观念都是形象的；但是，所谓"感性认识"是直接的、直观的形象，就是所谓"感知"；而所谓"理性认识"则是间接的、变形的形象，就是所谓"表象"。换句话说，在我看起来，表象也是一种形

---

① 休谟：《人性论》，关文运译，北京：商务印书馆，1980年，第13页。原文："人类心灵中的一切知觉（perceptions）可以分为显然不同的两种，这两种我将称之为印象和观念。……进入心灵时最强最猛的那些知觉，我们可以称之为**印象**（impressions）；在印象这个名词中间，我包括了所有初次出现于灵魂中的我们的一切感觉、情感和情绪。至于**观念**（idea）这个名词，我用来指我们的感觉、情感和情绪在思维和推理中的微弱的意象。……每个人自己都可以立刻察知感觉与思维的差别。"

② 海德格尔：《哲学的终结和思的任务》，见《面向思的事情》，陈小文、孙周兴译，第68页。

象。这就是我所理解的"表象"。总之，表象就是那种非当下性的、间接的形象观念。

这就是说，表象作为一种间接的形象，来自另外一种直接的形象，就是直观的感知。但是问题在于：直观的感知形象是认知性的，是关于存在者的一种认识，那也不是本源的事情，不是存在本身的事情。于是，我们要问：如果说，表象来自直观形象，那么，直观形象又来自何方？这等于在问：被直观所感知到的那个存在者来自何方？我的回答是：来自**想象**。表象来自形象，形象来自想象。但是，这不是一般心理学所谓的想象。心理学把想象归于"认知心理学"范畴，就是把想象归结为一种"认识"，这样一来，那样的想象就不是本源性的想象了。想象之为想象，就是"想—象"，就是"想"中之"象"，就是"想→象"。换句话说，想象源于生活情感性的、本源性的"思→想"。所以，假如我们问：如果说，形象来自想象，那么，想象又来自何方？回答就是：想象源于一种"思"——本源性的情感之思。

这种情形，在诗歌里是最典型的。诗，一般来说，就是形象的，但不是表象的；其实，诗不仅不是表象的，而且严格来说，也不能说是形象的。诗是想象的，因为诗是情感之思。我刚才举了一些诗歌的例子，并说诗是情感性的言说方式。确实，诗就是情感性的"思→想"。如果说，生活情感作为生活本身的显现，是真正的本源，那么，情感性的言说方式就是本源性的言说方式；而诗，正是这样的一种本源性的言说方式。当然，本源性的言说不仅仅是诗；但是，真正的诗一定是本源性的言说。唯其如此，孔子强调诗，主张"兴于诗"[①]，意思是说：就"教"而言，主体性的确立源于诗，也就是说，源于情感性的、本源性的言说。这才是儒家所说的"诗教"的本源性意义所在。

之所以如此，是因为：诗首先是情感之思，同时也是领悟之思。当然不仅是诗，日常生活、情感生活也都充盈着情感之思、领悟之思；但

[①] 《论语·泰伯》。

诗是最典型的。情感之思乃是"想象":想→象。这就是说,这样的"思想"之中,"其中有象"。老子这一段话,应该就是在说这样的事情:"道之为物,惟恍惟惚:惚兮恍兮,其中有象;恍兮惚兮,其中有物。"①首先,"道之为物",它已经是一个物、一个存在者,就是那个形而上的存在者,我称之为形上之道。② 那么,此道来自何方?来自恍惚。此"恍惚"犹如庄子之所谓"浑沌"。此恍惚既然先行于"道之为物"、先行于物,那么,恍惚本身就是无物,也就是无。在这样的无物的恍惚中,首先生成了"象",最终生成了"物"。这也正是老子的"无中生有"的思想。

这样的无中生有,其实就是:想象→形象→表象。想象生成了形象,于是就有了领悟之思,就有了各种样式的生活领悟。领悟之思乃是"形象",这种形象在想象中生成。这是显现、显示、呈现的真正意义,是对应于现象学意义上的"现象"的事情。这里,情感之思的想象、领悟之思的形象,都属于本源层级上的事情,即是存在本身、生活本身的事情。然后,观念的层级才能转为存在者的表象,转为物的表象。各种各样的存在者、人与物,都发源于想象的形象。所谓存在者、物,并不是所谓"客观实在"的东西,而只是表象:存在者的表象、物的表象。存在者、物的生成,意味着表象的生成;反过来说,也是一样。这是怎样生成的呢?那就是我一再讲的本源情境的打破,想象的形象之被对象化、客观化、存在者化、物化。

于是,我们得到观念层级的这样一个递转序列:**想象→形象→表象**。我们谈"诗与思",作为一种追溯,其实是把这个序列颠倒过来:表象→形象→想象。这就是说,我们是从"表象"的问题切入这个话题的。

从"表象"来切入这个问题,可以从海德格尔对"形而上学"的规定谈起。我们知道,海德格尔对"形而上学"有一个著名的界定:

---

① 《老子》第二十一章。
② 我的看法是:老子那里,"道"有三个观念层级——形下之道、形上之道、本源之道。形上之道就是"道之为物",是一个"物";本源之道则是"无物",也就是"无"。

> 形而上学着眼于存在，着眼于存在中的存在者之共属一体，来思考存在者整体——世界、人类和上帝。形而上学以论证性表象的思维方式来思考存在者之为存在者。[①]

海德格尔在这里对"形而上学"的把握是很准确的。不过，人们通常只注意到这个界定的一个方面：形而上学就是对存在者整体、存在者之为存在者的思考；但是人们往往忽略了这个界定的另外一个重要方面：这种思考是"论证性表象的思维方式"。这里，"表象"是一个关键词。

海德格尔指明：形而上学的思维方式乃是表象的方式。这是深刻的；但我要说：海德格尔这个说法仍然是不完整的。其实不光形而上学、哲学是以表象的方式来把握存在者，科学同样如此。可以说，任何一种思维，无论是认知性的思维，还是西方哲学意义上的"思"，甚至包括神学，统统都是以表象的方式去把握存在者。这是为什么呢？我刚才说过了：存在者、物的观念，只能以表象的样式存在，或者说，它们本质上就是表象。这使我想起叔本华的一句名言："世界是我的表象。"[②] 这是叔本华《作为意志和表象的世界》全书的第一句话。今天看来，这句话可谓是形而上学观念的一种直率的概括。如果不仅形而上学是思考存在者、而非存在本身的，而且科学也仅仅是思考存在者、而非存在本身的，那么，科学也只能以表象的方式去思考，否则，它就不是科学。

这意味着什么呢？意味着我们的问题的转换，发问方向的转换。我原来提出的问题是：存在者是怎样被给出的？存在者是怎样在"思"中生成的？我们要找到一个合适的切入点。现在，这个切入点就是：表象。那么，现在问题就可以转换为："表象怎么可能？"当你在问"存在者怎么可能""认识怎么可能"的时候，那就意味着你在问："表象怎么可能？"不仅所谓"理性认识"，甚至包括所谓"感性认识"这样的认识，你也可

---

① 海德格尔：《哲学的终结和思的任务》，见《面向思的事情》，陈小文、孙周兴译，第68页。
② 叔本华：《作为意志和表象的世界》，石冲白译，北京：商务印书馆，1982年，第25页。

以问：感性的形象是怎么可能的？这样的问法，就引导我们进入了儒家的"思"、中国的"诗与思"。

为什么这样讲？因为：这个表象，或者认知中的"具象"，它总是形象的。但是，形象却不只有一种。表象是一种形象，但不是全部的形象。比如，我会说，在情感之思、领悟之思当中，就已经有形象了，但这样的形象并不是表象。而在认知之思当中，也有形象，而且这样的形象就是表象。那么，在本源之思之中的形象和在认知之思之中的形象，区别在哪里呢？两者之间又是怎样的一种关系呢？这个问题的实质就是：本源之思中的形象是怎样转化为认知之思中的表象的？这是问题的关键。

我们知道，情感之思一定是形象的，是想象中的形象。表现情感之思的艺术，也一定是想象—形象的；否则，就不可能表达情感。那么，我在前面说过：中国人所说的"思"，首先是情感之思；而在这种"思念"这样的"思想"当中，出现的就是想象的形象。这种想象的形象，在诗歌、诗词当中是非常典型的。毛泽东以前说："诗是要讲形象的。"20世纪80年代，文学理论界就展开了大讨论，讨论"形象思维"。说诗歌是"形象思维"，这很荒诞。当然，前面两个字是对的，诗歌一定是"形象"的；但是，诗歌哪有什么"思维"？他们所说的"思维"是一种思考，是理性认识；但是，诗歌不是理性认识，甚至根本不是什么"认识"。我经常强调：艺术无关乎认识、知识；艺术只是情感的事情。诗歌一定是形象的，但诗歌里面的形象绝对不是表象。反过来说，不论是意欲之思，还是认知之思——就是我们今天意义上的"思想"、认知意义上的"思想"——当中的形象，都一定是表象。

一个思想者、思考者，包括科学家那样的思考者，其思考方式都是表象式的。一个突出的例子，就是爱因斯坦。我以前把《爱因斯坦文集》找来看，特别是第一卷，那是跟哲学有关的。那本书里面的几个地方，表达过一种很重要的观点，比方说，类似于"理性为自然立法"那样的观点。在他看来，科学相信客观实在，其实只是一种"信念"而已。[1] 据说，

---

[1] 爱因斯坦：《爱因斯坦文集》第1卷，北京：商务印书馆，1976年，第284、292页。

他还有这样一种很有意思的"信念":他自己在构造"狭义相对论"的公式——"质能关系式"的时候,是有"科学"以外的一些指标的。比方说,他觉得:我要"发明"的这么一个公式,它必须是均衡的、匀称的。一言以蔽之:它必须是美的。爱因斯坦心里是很明确的:如果搞出来的这个公式不美、不匀称,那我就一定是搞错了。我不知道爱因斯坦的这种信念是从哪里来的,但我是很认同的,因为这实际上就是一种形象的把握。他的那种工作方式,所谓"思想实验"之类的,比如著名的"追光实验"和"升降机实验",那明显是"具象"的、形象的,其实就是表象的把握方式。我们的很多所谓"抽象思维",实际上,我想,就像小孩子搭积木一样,它涉及了"具象"的、形象的东西。这些具象的东西不是直观的形象,而是另外一种形象,具体说来,就是表象。

当我们问"表象从哪里来"的时候,我们不难想到:表象作为认知当中的一种形象,一定是对象化的。或者我们用海德格尔的话来讲:表象是关乎"存在者"的事情。一定如此。科学的表象是关于存在者的一种形象。形而上学、哲学当中也是这样的。比如说,我们要构造一个什么"天地万物一体"的观念,在形而上学意义上的"天地万物一体"的观念,我们其实是在搭积木:是一种表象的搭建。

论诗教与乐教 *

刚才我们提到,"儒教"这个词语出现得稍晚一点。但是,"六经"之教是出现得很早的,可能大家最熟悉的就是《礼记》中的一段话:

> 入其国,其教可知也:温柔敦厚,诗教也;疏通知远,书教也;广博易良,乐教也;絜静精微,易教也;恭俭庄敬,书教也;属辞比事,春秋教也。①

这就是"六经之教"。我去年写的那篇文章,实际上也是对这"六教"的分析。② 我个人的看法:这样的一个系统,与儒学观念的各个层级之间有一种对应的关系。所以,下面着重分析一下我的这种理解。在我看来,"六经之教"并不是完全并列的,可以做一个分析:每一教的着眼点是不同的,所对应的儒家观念的层级是不同的,其功能也是不同的。这么一种对应性,一方面是和我刚才谈到的儒学的整体的观念架构之间的对应性;另一方面,由于我们的教化总是面对一个又一个的个体——活生生的人,所以,它跟每个个体的修养阶段——境界层级之间也是对应的,也有一种对应关系。

一、本源之教:诗教

比如说"诗教"。我们知道,"诗教"的教化方式在孔子那里是受到

---

* 本文节选自《生活儒学的儒教观念》,收入作者文集《儒教问题研究》,北京:人民出版社,2012 年,第 107—121 页。
① 《礼记·经解》。
② 黄玉顺:《儒教论纲》。

特别重视的、首要的。孔子有一段话——三句话，我认为是孔子教化思想的纲领性的陈述，即："兴于诗，立于礼，成于乐。"① 把这三句话搞清楚、阐释清楚了，孔子思想的整个丰富的系统层级也就出来了。当然，有的学者也可以选择其他的文本进行阐释；但我认为，这段话是非常重要的。《论语》里面，关于孔子在观念上、理论上如何强调"学诗"的重要性，以及他在身体力行方面如何教学生读诗、赋诗、吟诗、歌诗，如何解诗、讲诗，都有很丰富的记载。除了《论语》以外，其他的文献也有很多记载，都是非常宝贵的资料。在我的一些著作和文章里面，我也很重视这部分。我的问题是：孔子为什么这么倡导诗教，将其放在首要的地位？我是有我的一套理解、阐释的。

头一天我好像很短暂地提到过这个话题。那天涉及我们说到的"言说方式"的问题：我们只能以某一种方式，才能通达"道"或者本源的仁爱之情。我当时引用了《老子》开篇的说法，就是"道可道，非常道"。其实，我们现在思想界对这个问题是有一些研究的。那天我是用我的方式将其概括为"言之有物"和"言之无物"，这是两种不同的言说方式。

当然，《易传》是形上学的建构，要求"君子以言有物而行有恒"②。鞠曦先生办的刊物《恒道》和这个是有关系的。那是一个很重要的理念、很重要的命题：《易传·大象传》是有一套完整的理论建构的，是涉及整个形上学、形下学的，这个时候必须要"言之有物"。但是，作为无的无物存在——先行于任何存在者、先行于任何"物"的这么一种本源层级的"道"——作为无的道，"言之有物"恰恰是与之背离的。

那天我还批判性地引证了西方现代语言学、语言哲学关于符号的说法。语言学对科学层级上的对象的把握，是"言之有物"的，在索绪尔那里就是说：符号是有"能指"、有"所指"的。"有所指"是一种对象

---

① 《论语·泰伯》。
② 《周易·家人象传》。

性的东西，所以，那是一种对象性的把握。对象性的把握是不可能通达"道"的：道怎么能成为一个对象呢？一切对象皆是被道给出来的。分析哲学——语言哲学也会认为：一个符号，有指称（Reference）、有涵义（meaning）或者概念。这也是"言之有物"的，也是对象化的把握。这样的言说方式是不能通达道的。

言说方式和我们操何种语言是没关系的，不能说汉语就能通达道，德语就不能通达道；使用同样一种语言，也有不同的言说方式。我刚才讲的这么一种"言之有物"的、可以陈述的言说方式，它可以通达一个对象、把握一个对象、陈述描绘一个对象、定义一个对象，这都是可以做到的。但是，如果道是无，那么"言之有物"就不行：有和无是不相应的，完全不相应。显然，应该存在着这样一种言说方式（不是一种语言），这种言说方式"言之无物"。这种言说方式不像我们写一篇科学论文，或者中小学生写一篇记叙文、说明文、议论文这样的东西，这样的东西是"言之有物"的，这样的言说方式是不能通达道的。那么，有一种言说方式——在这种言说方式之外的一种言说方式，它可以通达道。

这种言说方式问题，在世界范围内的思想界，有很多探讨，就是：我们的观念进入到、回溯到、还原到存在本身或者无本身的时候，怎么样一种言说方式才可能通达它呢？为回答这个问题，我先介绍一下西方的诠释学，然后我们再进行批判，之后回到儒家的诠释观念上来。

我们知道，我们来读圣人书，真正进入到圣人的最本源的观念中去（这是对道的一种通达）是很不容易的事情、很难的事情。就像我昨天说的，我们自以为读懂了圣人书，但是未必读懂了。联系到我现在这个话题，那是以一种"言之有物"的方式去理解的，也没错，但那是一种"有"这个层面的言说。那是可以的，但不是究竟的。

西方的诠释学是这么一个词语：Hermeneutik。它的词源是 Hermes，我们汉语翻译成"赫尔墨斯"。赫尔墨斯是西方神话里的一个神。他是一个什么神呢？他是神的信使，把神旨、神意传达到人间。这么一个角色是非常重要的。我们的圣人就像是这样的一个人；当然，我们儒者也都应该争取做这样的一个人。我这里面也顺便说一下：这就是"学做圣人"嘛！这是宋明理学所说的"学"。学什么呢？就是"学做圣人"。这个"圣"字是简化之后的，甲骨文的写法不是这个样子。甲骨文"聖"，下面画了一个很小的"人"，意思就是说，"聖"字重点突出的不是这里，而是耳朵和嘴巴。圣人首先倾听着"消息"——"天地消息"①、阴阳消息，或者叫作倾听"天命"、倾听生活的呼唤等等。首先倾听，然后言说。教化就是一种言说。我那天也探讨了圣人的境界，其实在《论语》，尤其是在《孟子》里面有明确的说法：圣人是怎么样的呢？"仁且智"②：耳朵倾听爱，嘴巴言说爱。儒家说了很多的道理，归根结底就是说的仁爱。回到西方诠释学，中西诠释学在结构上是一样的，而内容不同。结构上，赫尔墨斯倾听的是神的指令，然后把神的指令带给人间、说出来，所以西方诠释学的词源是 Hermes。中西诠释学之间在架构上有一致之处。我们的"训诂学"什么的，对应的是西方的古典诠释学；反过来说，西方诠释学的第一个阶段也是古典诠释学，比如《圣经》诠释学。第二个阶段，生命哲学家把它一般地人文科学方法论化。第三个阶段才是当代诠释学——存在化，言说存在本身。就 Hermeneutik 的本意来讲，它和儒家很不同：它倾听的是众神的声音，而儒家倾听的不是什么神的声音，而是倾听仁爱——本真情感，然后说出来，这就是教化。

我想说：圣人孔子为什么重视诗？因为诗就是这样的本源情感。当然，不是说你写过诗你就是诗人、圣人了。圣人是很高的境界。诗人，在当今的思想前沿看来，就是圣人，就是 Hermes。在我们中国儒学里面，孔子就是诗人：孔子不仅读诗、赋诗、吟诗、歌诗、解诗、讲诗，他自己也作诗。你读《孔子世家》，还有一篇保留下来的孔子亲自作的诗，总共六句，是非常好的。③ 所以，圣人就是诗人。

---

① 《周易·丰彖传》。原文："天地盈虚，与时消息。"
② 《孟子·公孙丑上》。
③ 司马迁：《史记·孔子世家》。原诗："彼妇之口，可以出走；彼妇之谒，可以死败。盖优哉游哉，维以卒岁！"

孔子讲"兴于诗",他有一个认定。认定什么呢?我们翻翻传统训诂,这个"兴"字的最常见的解释就是:"兴,起也。"比如成语"夙兴夜寐"这个"兴",就是早早地起床——站起来、立起来了。"兴于诗"是说:作为一个人真正地站起来了;或者用哲学的话语说:主体性确立起来了。那么,作为一个儒者、仁者,这种主体性是怎么确立起来的呢?是在对爱的倾听当中确立起了作为仁者的人——"仁者,人也"[①];否则,你就还不是一个人。我们今天哲学界探讨"存在者何以可能",包括主体性这样的存在者何以可能,孔子给出了一个回答:"兴于诗"。为什么呢?因为诗不是"言之有物"地对一个物的科学的认识;诗就是爱的显现。真正的诗就是这种情感的显现。你读《诗经》,要这样去理解它:它会谈到很具体的情感内容,但归根结底就是仁爱的显现。

所以,我也顺便说一下,我们欣赏艺术作品,从中小学起,老师讲一篇文章、一首诗什么的,比较典型的是讲记叙文,讲故事,教你先归纳它的"段落大意""中心思想",它反映了什么"思想"、什么"观点",这个模式对于记叙文、议论文是完全可以的,但是对于艺术作品是完全没用的。在儒家看起来,你最多可以说:它是一种情感的显现,不管是千差万别的情感显现,归根结底都是爱的显现。这就是我们今天欣赏艺术——欣赏诗、画——诗性的东西的根本点。以前有一位很著名的美国的美学家,曾经在中国很受欢迎,她有一个命题:艺术是情感的符号。我常和我的学生讲:她这句话说对了一半,错了一半。艺术是情感的显现,这是对的;但真正的艺术不是符号。符号就是我刚才讲的索绪尔的语言学或者语言哲学所讲的"有所指""言之有物"的东西,那是从对象性的物的记载、描绘、描写来看的。

艺术包括诗,这里无物存在。我举一个国学大师王国维先生的例子。王国维先生谈宋词。词其实也是一种诗嘛。不是谁写了一首词就是词人了,词人是很难得的。很难得的词人也还有两种境界,高低不同。王国

———————
[①]《孟子·尽心下》。

维先生谈到了词的两种境界，叫作"有我之境"与"无我之境"。如果别人读你一首诗，处处感受到——赫然感受到你的主体性挺立在那里，那么王国维先生会说：这不是最好的，不是最高境界。最高境界是别人感受不到你的存在。主体不存在，对象也不存在。他只感受到情感。词中其他的形象都是情感的显现样式，这就是王国维先生讲的"一切景语皆情语也"[①]。这么一种"情语"——最高的境界，不是"有我之境"，而是"无我之境"。什么是无我之境呢？"不知何者为我，何者为物"：没有我存在，也没有物存在——没有"主—客"架构。没有存在者存在、无物存在，这就是无的显现。

但是王国维先生不是为了谈儒家的这个观念。我这里是讲孔子为什么重视诗，是因为诗就是爱的显现，而不是对爱的符号性的表达、对象性的把握，完全不是。所以孔子讲"兴于诗"，就是说：你作为一个儒者，作为一个人，作为一个主体性的存在者，你的兴起、你的挺立是从哪里来的呢？诗！这就是诗教。

诗教在汉儒那里开始发生演变，就是对"诗教"的理解发生了演变。我们今天来"诵诗"——读《诗经》，你首先接触到的就是《毛传》。《毛传》里面还保留着很多很本源的观念，但也开始发生演变了。到了《郑笺》，再到朱子的《诗集传》，可能就越说越远了。汉儒对诗的很多解释，就已经有很多政治性、伦理性的东西在里面了，已经不本真、不本源了。其基本解释模式，就是把"赋比兴"的"比"理解成"比喻"，比喻是一种讽刺，而且就是讽刺政治事件、政治人物。至少"十五国风"并不是这么一回事；它就是老百姓的民歌，就是本真情感的一种显现，如此而已。汉儒把它政治化了。当然，有的诗，比如《雅》《颂》，特别是《大雅》《颂》，有很强的政治内容，这是肯定的；但"十五国风"不是这样的。而孔子首先强调的就是读《国风》——《周南》《召南》。他问他的儿子：你读了《周南》《召南》没有？（这是"十五国风"的开

[①] 王国维：《人间词话》，上海：上海古籍出版社，1998年。

头两"风"嘛。）如果你没读过，这就像撞到墙面，什么也看不见，瞎眼了。①

所以孔子特别重视诗，又特别重视《国风》。至于孔子讲诗的具体记载，非常多，我就不展开谈了，时间有限。我只是强调：诗教是儒教的第一教，是首要的。这和我们现在教育界的一种讲法是不谋而合的：现在幼儿园、小学的"寓教于乐"，其实就有"诗教"的意思，但是还不明确。我们依照孔子的讲法，可以明确地告诉他们。关于小孩子的教育，我的想法是：儿童读经可以读，但要看读什么经。一上来就读《公羊传》，哪里读得懂啊！《论语》比较好读、好感受，也不一定真正能懂。最好是读诗。给小孩子多选一些、多作一些好的诗——特别浅显、特别有爱心的那种诗，让他去读、去背，这是对小孩子的一种最好的教育方式。现在不是强调"法制教育"吗？但是，法教不如礼教，这个道理孔子是说得很明白的："道之以政，齐之以刑，民免而无耻；道之以德，齐之以礼，有耻且格。"② 进一步说，礼教不如诗教；或者说，礼教不如情教。小孩子，你和他讲大道理，他不一定懂，也不一定能接受；身体力行的情感，他是可以感受到的。

我经常想到这样的体验：孔子的妈妈肯定是极有爱心的人。孔子就生活在这样的环境中。在孔子之前，从来没有人把"仁爱"提到这么高的位置上去；孔子在历史上第一个把"仁爱"看成是大本大源，这绝对和他的母亲的情感是有密切关联的，不是偶然的。孔子这么一位圣人，在母亲的培育下，首先接受的是情感的培育。我设想：他母亲对孔子的这么一种爱，在方方面面表现出来，其中，他母亲肯定也教他颂诗。孔子为什么这么强调"兴于诗"？就是这么一个道理。可惜关于孔子早年的资料现在比较少，太少了，"文献不足征"；但是，这些生活情境，我们是可以去设想、可以去感受的——可以设身处地地想到的。我想：我们今天讨论

---

① 《论语·阳货》。原文："子谓伯鱼曰：'女为《周南》、《召南》矣乎？人而不为《周南》、《召南》，其犹正墙面而立也与！'"
② 《论语·为政》。

"儒教",真正对应于那天我讲的作为大本大源的那么一个观念层级的这么一种教化,就是诗教。这太重要了,而且是首要的。

诗教这么一种教化,和神、上帝、政治、道德,都没有关系;诗教首先就是爱的教育——仁爱的教育。这种教育,就是通过吟诗、唱诗,最好是教他写点诗。我想起尼采有一句名言(他的思想我当然不会太在意),这句名言是很诗化的,大意是说:假如我生来不是一个诗人,我如何能够忍受做一个人!这句话说得太有意思了!但是,他的意思的具体内容和我们所说的不同;不过,这样一种表达还是很好的。这是关于诗教的问题,我想强调的是:诗教不是后来人们强调的那些"言之有物"的东西——对象化的、政治化的、道德化的、伦理化的,甚至神学化的、形上学化的东西,诗教和这些都无关;恰恰相反,我们成为那样一种主体性——仁者的挺立、确立——的前提,正是在诗教当中:"兴于诗"。所以,我把诗教列为第一,是最重要的,然后才是其他的教化。

二、溯源之教:乐教

真正的最高信仰,乃是"乐教"。孔子讲:"兴于诗,立于礼,成于乐。"所以最高的教是乐教。刚才我们说,士大夫活得很踏实,但和神没有关系,因此,理教比神教高;但最高的是乐教。

乐教和诗教的共同特征是情感;但是二者也有很多不同的地方,这是值得专门探讨的。关于"乐教"我就不过多地展开讲了,昨天我讲的"中国正义论"已经涉及了。这里只简单说一下,乐教是在"礼"的"别异"的基础上展开的:"别异"可能导致的是一种对立,甚至是一种冲突,我们必须通过另外一种教化,求得一种"差异和谐",这就是乐教的基本目的。

至于具体怎么做,古代方式是非常多的,我们今天不一定完全照搬过来,也可以设计一些新的乐教形式,以追求社会和谐、家庭和谐等。我们传统上所说的"乐"是广义的音乐,即是跟艺术联系在一起的。孔子在这个问题上的做法,主要体现在对"诗"之"乐"的一种处理上。在孔子那里，这个问题其实有两个方面，我们可以来谈谈：一是"诗"和"乐"是有区分的，"诗教"和"乐教"也是有区分的；另外一点，《雅》《颂》"乐正"①，就是说，现有的"乐"不一定是"正"的，需要"正"之。我们要追求现代性的和谐、现代性的艺术形式，而现代性的艺术形式和古代的远远不同。我们今天的艺术可以表现为不同的形式，比如现在的老百姓日常下了班，就看电视。像我们四川人，往往除了打麻将就是看电视这么一种娱乐方式。今天的儒者要进行"乐教"，一定要研究电视、电影等艺术形式：我们如何通过这样一种"乐"的形式来传达一种"正"的情感、"正"的观念？这是我们要研究的课题。乐教并不是说我们一定要弹一下古筝、琴、瑟，不是那个意思，那是外在的东西。每个时代有它不同的艺术形式，例如唐诗、宋词、元曲等。我们的乐教，根本是要抓住精神实质——"乐正"，或者叫作"《诗》三百，一言以蔽之，曰：思无邪"②。"无邪"也就是"正"的问题。如何把"正"的问题体现到我们当前的艺术形式"乐"上去？这个就是"乐正"的问题。

诗教	情感教育	本源情感显现	
书教	历史教育	形而下者	
礼教	道德教育		
春秋之教	政治教育		
易教	神教	神性形而上者	初阶信仰
	理教	理性形而上者	中阶信仰
乐教	情感教育	本源情感回溯	高阶信仰

还有很多问题我没有讲。比如信仰问题，形下学是不属于信仰层面的，信仰毕竟不是一个形下学问题；但是，信仰也是有不同层级的。

---

① 《论语·子罕》。原文："吾自卫反鲁，然后乐正，《雅》《颂》各得其所。"
② 《论语·为政》。

孔子论诗与乐 *

孔子思想的整体架构,可以说体现在下面这一番论述中:

> 兴于诗,立于礼,成于乐。①

何晏注引包氏之说:"兴,起也,言修身当先学《诗》";"礼者,所以立身";"乐,所以成性"。邢昺疏云:"此章记人立身成德之法也。兴,起也。言人修身,当先起于《诗》也。立身必须学礼,成性在于学乐。'不学《诗》,无以言';'不学礼,无以立'。既学《诗》、礼,然后乐以成之也。"

注疏的说法,远没有揭示出"兴于诗,立于礼,成于乐"这番话的博大精深的内涵。

朱熹《论语集注》释"兴于诗":"兴,起也。诗本性情,有邪有正,其为言既易知,而吟咏之间,抑扬反复,其感人又易入,故学者之初,所以兴起其好善恶恶之心而不能自已者,必于此而得之。"释"立于礼":"礼以恭敬辞逊为本,而有节文度数之详,可以固人肌肤之会,筋骸之束,故学者之中,所以能卓然自立,而不为事物之所摇夺者,必于此而得之。"释"成于乐":"乐有五声十二律,更唱迭和,以为歌舞八音之节,可以养人之性情,而荡涤其邪秽,消融其查(渣)滓,故学者之终,所以至于义精仁熟,而自和顺于道德者,必于此而得之,是学之成也。"

朱熹的集注较之注疏要好得多,但也不够充分。

---

* 本文为《中国正义论的形成——周孔孟荀的制度伦理学传统》第二编第六章第二节"一、'乐'与孔子思想的总体结构",北京:东方出版社,2015年,第191—194页。
① 《论语·泰伯》。

一、兴于诗

（1）"兴"当然是说的修身，但其要义在于"起"；有了以诗"起"身，然后才会有以礼"立"身的问题。那么，是谁在"兴起"、谁在"立"？或者说：是"兴起"谁、"立"谁？这其实也就是哲学上所说的"主体性"问题。孔子的意思是，通过学诗，某种主体性才得以确立起来。那么，这是一种什么样的主体性？朱熹说是"好善恶恶之心"，这其实是不够确切的，因为"善恶"问题已经进入了下一个阶段"礼"的范畴，所谓"善恶"就是符合或者不符合某种社会规范，也就是能否符合"礼"。其实，"兴于诗"是说的"仁"与"义"的问题：首先是"仁"，亦即不是"好善恶恶之心"，而是"爱心"；然后是"义"，也就是正义感。这就是说，人的主体性本身并不是"礼"或"义"所给出的，人的主体性的挺立在于"兴于诗"，即是在仁爱情感中"兴起"的，然后才有以"义"制"礼"，且"立于礼"的问题。

（2）这种"兴"为什么必须"诗"？朱熹认为，这是因为"诗本性情"。这个解释也还是不够充分。其实，这并不是"性"的问题，而是"情"的问题，所谓"诗缘情"[①]"情动于中而形于言"[②]。其实朱熹或多或少也有这个意思，所以他才会说诗是"有邪有正"的，因为按他以及后儒的观念，"性"乃是至善的，"情"才会"有邪有正"。但是，这种"善恶""邪正"的观念都是后儒的观念，未必就是孔子的观念。"善恶""邪正"都已经牵涉到下一步的"礼"，亦即社会规范的问题，而此前的"诗"之"情"是先于"礼"的，显然不是"善恶""邪正"的范畴。孔子说过，"《诗》可以兴，可以观，可以群，可以怨"，诗首先是情感的事情；然后才是"迩之事父，远之事君"，才是伦理的事情；最后才是"多识于鸟兽草木之名"，才是知识论的事情。[③]"兴、观、群、怨"都是在

[①] 陆机：《文赋》。
[②] 毛亨：《诗大序》。
[③] 《论语·阳货》。

说如何在诗之情感中确立起主体性的问题。尤其是"群",涉及的是正义感,也就是"义"的问题。所以朱熹说,在"成于乐"的阶段才最终"至于义精仁熟";这就表明在此前的"立于礼"乃至"兴于诗"的阶段就已经涉及"仁""义"的问题了。

(3)按照中国的传统,主体性的确立就是"德"。对于一个个体来说,这种"德"只是形而下的相对主体性;但是,按照学理的逻辑,在哲学的建构中,这种"德"可以提升为形而上的绝对主体性,也就是本体,从而为形而下的"礼"奠基。

二、立于礼

(1)"礼"也就是社会规范及其制度,亦即朱熹所说的蕴涵着"恭敬辞逊"的"节文度数"。那么,显然,按照孔子"义以为质,礼以行之"的思想,这是后于"仁""义"的环节。

(2)"立于礼"是说一个人要在社会上"立身""立足",就必须遵守这个社会的规范及其制度,也就是"礼"。这也就是孔子所说的"克己复礼","非礼勿视,非礼勿听,非礼勿言,非礼勿动"[①]的态度。

(3)但是,我们在上文曾说过,遵守社会规范及其制度,这是"行为正义"问题,而非正义论所探讨的"制度正义"问题。后者才是我们这里关注的问题:遵守社会规范的前提,是这个社会规范本身就是正义的。所以,"立于礼"的前提是"制礼",亦即制定正义的社会规范及其制度。孔子思想中的这一层意思,是何晏、邢昺、朱熹等人都没能揭示出来的。

三、成于乐

(1)邢昺将"成于乐"解释为"成性"的问题,这是不对的,因为早在"兴于诗"、确立主体性的时候,就已经是"成性"了。朱熹则解释为"和顺于道德",这也是不确切的,因为"成于乐"恰恰是对形而下这

---

① 《论语·颜渊》。

个层级上的"道德"规范的超越，从而在一定意义上重返于"诗"情。至于朱熹讲"乐""可以养人之性情"，则是有一定道理的。"性—情"是后儒的一种形而上学的观念架构。我们在上文谈到，"立于礼"的阶段实际上必定会涉及形而上学层级上的"性"的问题，现在"乐"的阶段则是超越形而上学，重返本源之"情"。

（2）众所周知，"乐"与"诗"是密切相关的，其实是一回事的两面："乐"是"诗"之歌舞，"诗"是"乐"之言辞。所以，在某种意义上，"成于乐"就是重新回到"诗"。但这种返回并不是简单的回复，而是在更高境界上的复归。

（3）"成于乐"在某种意义上返回"兴于诗"，是通过超越"立于礼"来实现的。换句话说，"乐"是对"礼"的超越："乐和同"是对"礼别异"的超越。这种超越就是我们在上文已经讨论过的：实现某种"差异的和谐"。显然，这种"差异的和谐"不可能是通过"礼"实现的，而是通过"诗"之"情"实现的。

以上讨论表明，"兴于诗，立于礼，成于乐"确实是孔子思想的一个整体表达，同时也是中国正义论的一种特定角度上的整体表达。

第八编　历史哲学与儒学史

思想及其历史的生活渊源
——论"思想史"及其"对象"问题[*]

在中国学术界,有两个争论问题其实是密切相关的:一个是史学界"思想史"领域的两种研究范式问题;另一个是"思想史"与"哲学史"的关系问题。这两种争论都被归结为"研究对象"的问题。这两种争论之所以密切相关,是因为不论思想史还是哲学史,它们的"研究对象"的边界至今还是晦暗不明、模糊不清的,总是存在着交错地带,所以"越界"行为总是不断地出现。

本文意在阐明:哲学史其实就是关于"形而上者"的思想史,而其他思想史则是关于"形而下者"的思想史;但思想史还应有一个更本源的视域,那就是关于那种先行于形而上者、形而下者的观念层级的领域,也就是那种未被理论化甚至未被意识到的、类似于所谓"集体无意识"的视域。这种视野更为宽阔的思想史,可称之为"观念史"。这就是说,哲学史属于思想史,思想史属于观念史。

本文还将阐明:作为"研究对象"的"思想的历史"乃是基于"主—客"观念架构的,而这种观念架构及其双方则均渊源于当下的生活感悟,"思想史"由此而可能。这是因为,思想及其历史总是被当下思想着的事情,而此当下的思想不过是当下生活的一种显现样式;因此,过去的思想及其历史其实是当下的一种生活感悟,而被涵摄于当下的生活之中。

---

[*] 原载《湖南社会科学》2009年第2期,第14—17页;收入作者文集《儒家思想与当代生活——"生活儒学"论集》,北京:光明日报出版社,2009年,第95—106页。

一

众所周知，侯外庐主编的《中国思想通史》的问世，产生了广泛深远的影响，确立起了"中国思想史"的一种传统的研究范式。但侯外庐并未专门探讨"思想史的研究对象"这个问题，而仅仅在序言中很简要地说过：

> 这部中国思想通史是综合了哲学思想、逻辑思想和社会思想在一起编著的，所涉及的范围比较广泛；它论述的内容，由于着重了基础、上层建筑和意识形态的说明，又比较复杂。[1]

这一段话的后半段其实说的是思想史的方法论问题（这里是历史唯物论）；唯有前半段才涉及思想史的研究对象问题，但并没有予以展开。所谓"思想史的研究对象"问题被正式提出来，是在《哲学研究》1983年第10期组织的一个关于"中国哲学史与思想史的关系"专栏的讨论中。其中属于"侯派""正统"的，是张岂之的观点，认为：

> 思想史就是人类社会思想意识的发展史。当然，思想史也不是包罗万象的，仍然有一定的范围，或称之为科学的限定。只有以理论形式出现的思想内容才是思想史的研究对象。所以，确切地说，思想史就是理论化的人类社会思想意识的发展史，思想史就是研究人类历史上社会思想意识发展、演变及其规律的学科。[2]

按照侯、张二人的说法，一方面，思想史的对象是非常宽泛的，不仅包括了"社会思想"，而且包括了"哲学思想"（较广义的可涵盖"逻

---

[1] 侯外庐：《中国思想通史》，北京：人民出版社，1963年。
[2] 张岂之：《试论思想史与哲学史的相互关系》，《哲学研究》1983年第10期。

辑思想")(其实"社会思想"这个概念颇为模糊);然而另一方面,思想史的对象又是颇为狭窄的,它仅仅指这样一种思想:"理论化的",亦即"以理论形式出现的"思想。

我们知道,近年来,葛兆光对这种传统的思想史研究范式发起了挑战,称之为"思想家的思想史或经典的思想史"①,其研究对象仅仅局限于"思想家"的"经典"。而在葛兆光看来,思想史的研究对象应当是一个更为广阔的领域,即所谓"一般知识与思想"。他说:

> 一般知识与思想,是指最普遍的、也能被有一定知识的人所接受、掌握和使用的对宇宙间现象与事物的解释,……是一种"日用而不知"的普遍知识和思想,作为一种普遍认可的知识与思想,这些知识与思想通过最基本的教育构成人们的文化底色,它一方面背靠人们不言而喻的终极的依据和假设,建立起一整套有效的理解,一方面在日常生活中起着解释与操作的作用,作为人们生活的规则和理由。②

这种观点确实极大地拓展了思想史的对象域,不仅包含"精英"的"雅"的思想,而且尤其包含了诉诸"大众"的"俗"的思想,而不再局限于那种"理论化的""以理论形式出现的"思想。但这个对象域也并不是漫无边际的,葛兆光明确说:它必须是某种"一般"的或者"普遍"的东西。这就意味着:不仅并非任何一个张三李四的"思想"都可以进入思想史,而且并非任何思想家、哲学家的思想都可以进入思想史(我们知道,有些被学者们研究的"思想家""哲学家"的思想并没有对"一般""普遍"的社会生活及其历史发生任何实际的影响)。然而令人疑惑的是,葛兆光又说:

---

① 葛兆光:《中国思想史·导论》,上海:复旦大学出版社,2005年,第13页。
② 葛兆光:《中国思想史·导论》,第14页。

人们都在思想，无论这种思想伟大或者渺小，也不管这种思想能否进入记忆或被人遗忘，它们与那些后来想起来就肃然起敬的思想一样，曾经在同样流逝的历史时间中存在过。①

显而易见，这里的表述就与前面所引的表述发生了矛盾。按照这里的说法，因为"人们都在思想"，所以，只要是"曾经在同样流逝的历史时间中存在过"的思想，就有资格进入思想史。姑且暂不讨论何谓"思想"、什么样的想法足以称之为"思想"，这样一来，思想史的研究与写作其实就成为不可能做到的事情了，因为没有任何人能记录所有曾存在过的"思想"。

而更根本的问题则是：究竟何谓"思想"？如果说"'思想史'顾名思义要说的是思想的历史"②，那么，我们显然首先必须明确的是：什么是思想？

这个问题，与本文开始提到的另一种争论"思想史与哲学史的关系"问题是密切相关的。

二

那么，思想史与哲学史之间是怎样一种关系呢？

根据国家质量技术监督局1992年颁布的、作为国家标准的《学科分类与代码》，哲学史和思想史是分属于两个不同的一级学科的：在一级学科"哲学"下，设有"中国哲学史""东方哲学史""西方哲学史"等二级学科；在一级学科"历史学"下，设有二级学科"专门史"，其下设"思想史"方向。

这样的学科分类等于是在告诉我们：哲学史不是思想史。这已经是人们司空见惯、习焉不察的一个观念了，似乎这是理所当然的事情。但

---

① 葛兆光：《中国思想史·导论》，第77页。
② 葛兆光：《中国思想史》第一卷，上海：复旦大学出版社2005年，第2页。

是，这个学科分类观念蕴涵着一个原本显而易见的预设，却是人们始料未及、未必能够接受的：哲学不是思想。

哲学不是思想吗？这就涉及上文提出的问题了：究竟何谓思想？

我曾在拙著中谈到，汉语"思想"这个词语可以指称三种不同层级的观念[①]：

（1）形上之思。这样的思想就是所谓"形而上学"（metaphysics），也就是所谓"纯哲学"，尤其指"本体论"（ontology 或译为"存在论"）。简而言之，哲学就是关于"形而上者"的思想。在中国哲学传统中，所有一切存在者，即"万物"，可区分为"形而上者"和"形而下者"，这也就是《周易》所说的："形而上者谓之道，形而下者谓之器。"[②] 哲学思考形而上者，即是"形上之思"。形上之思的历史，也就是"哲学思想"史，即通常所说的"哲学史"。按照前引侯外庐的说法，思想史是"综合了哲学思想、逻辑思想和社会思想在一起"的，这也就是张岂之的说法，即"思想史的研究范围比哲学史宽"[③]，那么，换句话说，哲学史显然就是思想史的一个部分或者一个层面。

（2）形下之思。除哲学思想外，"思想史"之"思想"通常是指的下面这种意义的各种各样的思想，例如政治思想、经济思想、法律思想等等，它们都是关于"形而下者"的思想。这种意义的思想，其实可以分为两类：一类是张岂之所说的"理论化的"思想；另一类则是葛兆光所说的并不一定"理论化的"思想。但这里还是有一个边界，这就是上文曾谈到的张论和葛论的一个共同点：这种思想必须是实际影响了"一般"或者"普遍"的社会生活及其历史的思想（侯、张认为那是意识形态对于上层建筑和经济基础的反作用），而不是任何一个张三李四之所思所想。

（3）本源之思。汉语"思""想"乃至"思想"，原指一种情感行为，义同"思念"。我曾举过《红楼梦》里的两例：

[①] 参见黄玉顺：《爱与思——生活儒学的观念》，第三讲"思的观念"，第 95—128 页。
[②] 《周易·系辞上传》。
[③] 张岂之：《试论思想史与哲学史的相互关系》，《哲学研究》1983 年第 10 期。

> 那士隐夫妇，见女儿一夜不归，便知有些不妥，再使几人去寻找，回来皆云连音响皆无。夫妇二人，半世只生此女，一旦失落，岂不思想？①
>
> 宫里嫔妃才人等皆是入宫多年，抛离父母音容，岂有不思想之理？在儿女思想父母，是分所应当。②

这种情感之思会转化为领悟之思，我称之为"生活领悟"。这种领悟之思其实是比形下之思、形上之思更先在、更先行的思想。这其实就是葛兆光所谈到的"百姓日用而不知"③ 的思想，这其实是科学之思、伦理之思、哲学之思的源头活水。而社会生活中的这种"一般"或者"普遍"的领悟之思，人们可能会将其命名为"社会观念""社会心理""文化心理"等等，类似于某种"集体无意识"，它们不仅未被"理论化"，而且甚至根本就没有被"意识到"，而是潜存于诸如葛兆光提到的历书、图像、档案、类书、唱本等等之中④（其实还远不止这些"史料"或者"文献"形式）。

总而言之，关于思想史的"对象"或"史料"，我们应该具有更为宏阔的视域。

三

前引侯外庐的说法，思想史"论述的内容""着重了基础、上层建筑和意识形态的说明"。这当然是一种历史哲学的表述，也就是说，传统思想史范式乃是直接以历史唯物论作为自己的方法论的。按照这种范式，思想史就应该是意识形态史；而且，这种意识形态，按张岂之的说法，乃是"以理论形式出现的"，亦即"理论化的""社会思想意识"。我们

---

① 曹雪芹：《红楼梦》，第一回。
② 曹雪芹：《红楼梦》，第十六回。
③ 《周易·系辞上传》。
④ 葛兆光：《什么可以成为思想史的资料》，《开放时代》2003 年第 4 期。

记得,马克思在叙述其历史唯物论原理的时候,明确地列举了一些"意识形态的形式":"法律的、政治的、宗教的、艺术的或哲学的"等等。①但马克思并没有说过这种意识形态的形式必须是"理论化的",例如艺术当然不是理论化的东西,毋宁说是情感化、感悟化的;相反,马克思说:

> 思想、观念、意识的生产最初是直接与人们的物质活动,与人们的物质交往,与现实生活的语言交织在一起的。……意识在任何时候都只能是被意识到了的存在,而人们的存在就是他们的实际生活过程。②

马克思的这个思想常常被人们忽略:思想最初直接就是存在;思想就是生活。然而传统的思想史范式却仅仅指称"理论化的"意识形态的历史。葛兆光所批评的正是这样的传统范式,称之为"精英"的"经典"意识。

不仅如此,葛兆光批评道:"思想史对于精英与经典的历史性的位置确认,常常是因为'溯源的需要'、'价值的追认'、'意义的强调'等等原因引起的。"③换句话说,精英的经典之所以被纳入思想史,其实是出于后来的思想史家的理解与阐释;言下之意,这样的"思想史"其实并不是客观的思想史,而仅仅是思想史家眼中的"思想史"。所以葛兆光说:

> 如果把历史时间中出场的知识与思想等历史进程称作是"思想史"的话,对于这个思想过程进行的任何描述,都只是应该加上书名号的《思想史》,当思想史被后人加上他们的想象、理解和解释,用文字记载下来而成为《思想史》的时候,它就已经成了"在历史

---

① 马克思:《〈政治经济学批判〉序言》,《马克思恩格斯选集》第2卷,北京:人民出版社,1972年,第83页。
② 马克思:《德意志意识形态》,《马克思恩格斯选集》第1卷,第30页。
③ 葛兆光:《中国思想史·导论》,第12页。

时间中制作思想路程的导游图"。①

葛兆光这里其实是在主张一种客观的、关于"历史时间中出场的知识与思想等历史进程"的思想史，而反对那种主观的、出于"想象、理解和解释、用文字记载下来"的思想史。然而这就涉及一个更为重大、更为根本的问题了：历史，包括"思想的历史"何以可能？

在这个问题上，显而易见，葛兆光的视域其实跟许多思想史研究者，包括侯张二人的视域是一样的，亦即还停留于这样一种传统的视域之中：客观的"思想的历史"。因为它是客观的，所以它才可能成为我们这种"研究主体"对面的"研究对象"。所谓客观的，就是"不以人们的主观意识为转移"的，而绝不是那种"因为'溯源的需要'、'价值的追认'、'意义的强调'等等原因引起的"东西。

这不禁使我们想起《大英百科全书》对于"历史"的解释：

> 历史一词在使用中有两种完全不同的含义：第一，指构成人类往事的事件和行动；第二，指对此种往事的记述及其研究模式。前者是实际发生的事情，后者是对发生的事件进行的研究和描述。②

但事实却非常清楚：谁也不可能见到那种"实际发生"的"往事"；人们能够看到的总是"对此种往事的记述"。我们无法看到客观的历史；我们看到的总是历史的文本。这是一个严峻的事实，是史学界至今不得其解的一个严重的困扰问题。

于是，在这个问题上，人们很容易想起克罗齐的那句名言："一切历史都是当代史。"在他看来，"历史经常是一种叙述"③；这里的关键在于

---

① 葛兆光：《中国思想史·导论》，第51页。
② 《简明不列颠百科全书》，北京：中国大百科全书出版社，1986年。
③ 克罗齐：《黑格尔哲学中的活东西和死东西》，王衍孔译，北京：商务印书馆，1959年，第76页。

"没有主体和客体的区别"①。然而克罗齐的历史哲学恐怕同样有问题，因为，我们不可忘记的是：克罗齐是一个新黑格尔主义者，因此，那个吞没了一切存在者——包括历史——的东西，既不是什么客观的东西，也不是什么主观的东西，但也不是什么"存在"本身、生活本身，而是黑格尔式的绝对"精神"。

在这种克罗齐式的思想方式的背景下，人们自然不难想起柯林武德的那句名言："一切历史都是思想史。"他认为：

> 每个历史学家都以自己为中心，根据他自己的角度来观察历史，因此他看到了别人所看不到的某些问题；而每个历史学家都根据他自己特有的观点，也就是从他自己特有的一个方面来观察每个问题。②
>
> 历史学家不仅是重演过去的思想，而且是在他自己的知识结构之中重演它；因此在重演它时，也就批判了它，并形成了他自己对它的价值的判断，纠正了他在其中所能识别的任何错误。③

柯林武德的历史视域不同于克罗齐的地方在于：不是某种绝对"精神"，而是一种"个体透视"。这是一种带有浓厚的经验论色彩的历史哲学观念，而克罗齐的则是一种先验论的历史哲学。

柯林武德这样的历史哲学观念，不由使我们想起陆九渊的著名命题："六经注我。"在他看来，"六经皆我注脚"④。不过，陆九渊所说的"我"亦即"吾心"，并非柯林武德所说的历史学家"自己"这样一个经验个体，倒更接近于克罗齐的"精神"，即具有本体地位的某种一般意识，亦即传统儒学所说的"本心"，本质上是一种先验的设定。历史，包括思想

---

① 克罗齐：《黑格尔哲学中的活东西和死东西》，第69页。
② 张文杰等编译：《现代西方历史哲学译文集》，上海：上海译文出版社，1987年，第167—168页。
③ 柯林武德：《历史的观念》，何兆武、张文杰译，北京：中国社会科学出版社，1986年，第244—245页。
④ 陆九渊：《陆九渊集·语录上》。

的历史，只不过是这个先验意识的一种自我展现形式而已。

但我们知道，不论是先验论的还是经验论的哲学观念，都会遭遇难以克服的理论困境。20世纪以来的思想视域，早已超越了这样的传统形而上学的观念。

四

其实，不论是在西语还是在汉语中，"历史"这个词语之所以竟然同时具有"客观"的历史存在、主观的历史"叙述"双重含义，并不是没有来由的，而恰恰传达出这样一个消息：两者其实是一回事。历史总是被叙述着的历史；思想史总是被当下思想着的思想史。

然而这样一来，我们似乎重新回到了"主—客"架构：我们仍然预设了叙述的双方，即历史的叙述者（主体）和被叙述的历史（对象）。确实，事实上，"主—客"架构显然是不能取消的，否则我们无法进行任何面对客体、对象的主体行为，无法进行任何科学研究，无法进行任何历史学、思想史的研究。然而同样明显的是：仅仅从"主—客"架构出发也是不行的，我们会陷入"认识论困境"，无法穿透主体意识的边界，通达那个客观的、"不以人的主观意识为转移"的对象。

其实，真正的问题在于更进一步的追问："主—客"架构是何以可能的？这就是说，不仅作为对象的历史及其文本，而且作为主体的研究者或者解释者是何以可能的？在这个意义上，所谓"研究对象"这个提法也是值得讨论的。在这个问题上，我曾通过阐释孟子的"论世知人"思想[1]，批判了陆九渊的"六经注我"的先验论观念，提出"注生我经"，即"我"（解释者）与"经"（被解释文本）都是"注"的产物，而"注"其实不过是当下生活的一种样式，而归属于生活本身。[2] 对此，柯林武德可能已经有所领悟，他说：

---

[1] 《孟子·万章下》。原文："颂其诗，读其书，不知其人可乎？是以论其世也。"
[2] 黄玉顺：《注生我经：论文本的理解与解释的生活渊源——孟子"论世知人"思想阐释》，《中国社科院研究生院学报》2008年第3期。

> 历史的过去并不像是自然的过去，它是一种活着的过去，是历史思维活动的本身使之活着的过去。从一种思想方式到另一种的历史变化并不是前一种的死亡，而是它的存活被结合到一种新的、包括它自己的观念的发展和批评在内的脉络之中。①

柯林武德这段话中包含着一种洞见：是当下的思想使过去的历史存活着。但是问题在于：假如这里的"思想"就是指的他所说的那个"以自己为中心"的历史学家的思想，那么柯林武德也就重新陷入了某种主观主义的"六经注我"的泥潭。

我们还是必须回到那个更为本源的问题：不仅对象性的、客观的历史文本，而且主体性的、主观的历史学家是何以可能的？不仅客体，而且主体是何以可能的？于是我们只能回到作为一切东西的大本大源的存在——生活。如果说，历史，包括思想的历史都不过是当下的思想或者解释的显现样式，那么，这种当下的思想或者解释也是生活的一种显现样式。如果说，文化的差异不过是生活的共时显现样式，那么，历史的变动也不过是生活的历时显现样式。这就是说，思想史不过是当下思想的一种显现样式，亦即当下生活的一种显现样式而已。历史研究，包括思想史研究的主体和对象，都是在这种显现中生成的，亦即都是当下生活感悟的产物。

---

① 张文杰等编译：《现代西方历史哲学译文集》，第 256 页。

儒学当代复兴的思想视域问题
——"儒学三期"新论[*]

20世纪90年代以来，特别是新世纪以来，儒学明显地呈现着一种复兴的势头。那么，究竟应该怎样看待这种现象呢？这仅仅是一种偶然的事情，还是某种必然的事情呢？要认清这一点，就必须对儒学的历史进行一番认真的分析研究。

一、问题的提出：儒学分期的思想视域何在？

关于儒学历史的分期，现代新儒学提出了一种"儒学三期"说。例如牟宗三说："第一期之形态，孔孟荀为典型之铸造时期"；"第二期形态则为宋明儒之彰显绝对主体性时期"；现代新儒学为第三期，"此第三期，经过第二期之反显，将有类于第一期之形态"。[①] 这就是现代新儒学对儒学历史的黑格尔式的"否定之否定"的三期划分：先秦儒学、宋明新儒学、现代新儒学。

这种观点尽管为许多学者所接受，但却存在着诸多缺陷；而其要害，就是根本未能进入当代前沿的"生活—存在"的思想视域，而是将儒学在现代的"第三期开展"仅仅归结为传统哲学的那种存在者化的"本—末""体—用"的形而上学构造，因而在本质上是与所谓"第二期"儒学，即专制时代的宋明理学同质的东西。结果，儒学在现代的"第三期开

---

[*] 原载《周易研究》2008年第1期，第51—58页；中国人民大学复印报刊资料《中国哲学》2008年第5期全文转载；收入作者文集《儒家思想与当代生活——"生活儒学"论集》，北京：光明日报出版社，2009年，第79—94页。

[①] 方克立、李锦全主编：《现代新儒学学案》下，北京：中国社会科学出版社，1995年，第423页。

展"就只能是两种结局：要么是在现代性的境遇中陷入"本"与"末"、"体"与"用"的严重脱节，导致"内圣"开不出"新外王"的尴尬，这正是现代新儒学的尴尬；要么是陷入一种无法"顺天应人"，而是试图宰割现代生活的某种原教旨主义的危险，这正是当前的某种"儒家原教旨主义"的危险。

那么，儒学的当代复兴究竟应取怎样的一种思想视域，才能既真正地接续儒家的精神，又有效地切入当下的生活呢？这需要我们对儒学的历史有一种新的认识。为此，我们提出一种新的"儒学三期"说。这种新说与旧的"儒学三期"说相比较，表面看来差别不大，但实质上却是截然不同的。这种差异乃是思想视域的区别：我们将生活方式的历史形态视为儒学发展的历史形态的水土本源之所在，一个时代的儒学终究是在面对着、解决着那个时代的生活中所产生的时代问题；然而从当今的"生活—存在"的思想视域看，任何具体的生活方式，只不过是作为源头活水的生活本身所显现出来的某种衍流样式，而生活本身作为存在本身，才是先在于任何存在者的大本大源，因而乃是前形而上学、前哲学、前概念、前理论的事情。这样一来，历史上作为理论学术构造的**儒学**的任何一种具体形态，都不能作为我们当前复兴儒学的标本；我们必须回归于**儒家**的最本源的生活领悟，才能在儒学的当代复兴中成就一种在当下生活本源上的崭新的儒学重建，这样才能真正有效地复活儒家的精神，而避免原教旨主义儒学的危险。

为此，我们严格区分"儒学"与"儒家"。这里所讨论的是儒学，而不是儒家的当代重建。仿照冯友兰的一种说法，可以说：**儒家没有新的，儒学是常新的**。[①] 因为："儒家"指的是一种立场态度，这种立场态度源于对作为生活情感的仁爱的一种领悟与肯认，那是一种先于理论学术的明觉。这种生活感悟乃是超越时空、超越历史时代的，正是在这个意义上，

[①] 黄克剑、吴小龙合编：《冯友兰集》，北京：群言出版社，1993年，第146—147页。在冯友兰看来，科学是常新的，哲学在根本上没有新的。他说："科学可有日新月异底进步"；"哲学不能有科学之日新月异底进步""即无全新的哲学"。然而事实上，哲学之为"学"，也是常新的。

我们才说"人天然是儒家"。① 而"儒学"则指的是儒家这种仁爱情感之领悟与肯认在学术话语中的一种表达，它是一种理论形态的建构，这种学术表达是在回应着具体的历史时代的生活境遇，因而乃是"日新"的。在这个意义上，儒家没有历史，而儒学却总是历史的——它总是呈现为"日日新，又日新"②的历史形态。自从孔子之后"儒分为八"，便是如此："夫子之门，何其杂也！"③ 于是问题在于：**何以并非历史性的儒家，却能够呈现为历史性的儒学？**

二、生活的观念：儒学的历史何以可能？

于是，这就涉及"历史"的观念。但我们这里要讨论的不是一般的"历史"观念，而是关于"观念的历史"的观念。这是因为：儒学史乃是一种观念建构史。为此，我们需要一种"历史哲学"的视域。然而这种历史视域绝非来自某种"历史本体论""历史主义"的观念，而是来自对这种形而上学观念的更进一步追问：历史何以可能？其实，历史并非本源的事情。历史总是被解释的历史；在这个意义上，历史在本质上就是观念史。问题在于：我们关于历史的观念又是从哪里来的？进一步说，持有某种历史观念的、解释着历史的我们，作为某种主体性的存在者，又是从哪里来的？这就直接切入了当代思想的最前沿的问题：存在者何以可能？对于这个问题的回答，直接涵盖着我们这里的课题：儒学的历史何以可能？

其实，所谓历史，不过是我们对生活衍流的一种存在者化的观念把握；但生活本身却并不是存在者，而是存在。用老子的话来说，如果说，历史、存在者是"有""物"，那么，生活、存在就是"无""无物"。然

---

① 王开队：《人天然是儒家——黄玉顺教授学术讲座笔录》，四川大学古籍整理研究所《儒藏通讯》第4期。"人天然是儒家"是我的一个基本判定，意思是说：人天然有着仁爱情感，然而唯有儒家将这种生活情感确定为大本大源，在这个意义上，人天然是儒家。当然，唯有我们意识到了这种生活情感是大本大源，我们才是儒家。
② 《易传》之《大畜象传》《系辞上传》，《礼记·大学》。《周易》原文："日新其德""日新之谓盛德"。《礼记》原文："汤之《盘铭》曰：'苟日新，日日新，又日新。'"
③ 《荀子·法行》。

而任何存在者都是由存在生成的,犹如老子所说的"有生于无"①。生活之给出生活者,给出存在者、物,就是在观念领域中发生的某种"无中生有"。我们自己作为历史的解释者,作为主体性存在者,也是由生活给出的。而事情本身,犹如梁漱溟所说:"照我们的意思,尽宇宙是一生活,只是生活,初无宇宙。由生活相续,故尔宇宙似乎恒在,其实宇宙是多的相续,不似一的宛在。宇宙实成于生活之上,托乎生活而存者也。这样大的生活是生活的真象,是生活的真解。"②

而生活总是在衍流着:生活如水,情感如流;易道"生生"③,流水"活活"④。并且,这种生活衍流总显现为某种历时样式。生活衍流的共时显现样式使"民族""文化"的观念得以可能,而其历时显现样式使"历史"的观念得以可能。⑤ 本来,我们对这种生活衍流有一种先于理性、先于哲学的领悟,我们无法、也不必用一种对象化的语言去言说之,亦即老子所谓"道可道,非常道"⑥,但亦谓之"道"、谓之"命"等等;然而从原创时代以来,我们却对这种生活领悟有了一种存在者化的形而上学的理解、解释:我们把自身理解为一种面对着对象性存在者的主体性存在者,而把存在理解为存在者的存在,把生活理解为生活者的生活,把生活衍流的历时样式理解为作为历史形态的生活方式。于是,历史的观念得以可能:历史是存在者的历史,是人的活动的历史。显然,这是一种观念的构造。不同的历史时代,我们构造着不同的历史观念。而我们之所以构造着不同的历史观念,这一切也是由生活衍流的历时样式给出的:我们解释着、解决着不同的生活方式之中的问题。

---

① 《老子》第四十章,王弼《老子道德经注》本,《诸子集成》本。
② 梁漱溟:《东西文化及其哲学》,北京:商务印书馆,1997年,第56页。但梁先生把"生活"归结为"意欲"(will),是受了西方生命哲学的影响,还是没有彻底摆脱形而上学的观念。参见黄玉顺:《梁漱溟文化思想的哲学基础的现象学考察》。
③ 《周易·系辞上传》。原文:"生生之谓易。"
④ 《诗经·卫风·硕人》。原文:"河水洋洋,北流活活。"
⑤ 这里的"历时""共时"概念暂借用于结构主义,但事实上,结构主义的"时间"概念本身也还是对生活的衍流进行一种存在者化的形而上学理解的结果。
⑥ 《老子》第一章。

儒学的历史亦然。我们之所以区分"儒学"与"儒家",意在阐明:儒家的态度作为一种对生活的领悟与肯认,是与历史无关的,是先在于任何历史观念的。儒家作为一种由生活感悟所导出的立场,其本源乃在于生活情感:在生活感悟中,生活情感是先在的;在生活情感中,仁爱情感是先在的。换言之,生活总是首先显现为这种生活情感。孔子思想之所以被称为"仁学",乃源于此:孔子总是强调这样的生活情感,即把仁爱情感视为首要的事情。孟子亦然,他说:"所以谓人皆有不忍人之心者,今人乍见孺子将入于井,皆有怵惕恻隐之心。非所以内交于孺子之父母也,非所以要誉于乡党朋友也,非恶其声而然也。……恻隐之心,仁之端也;羞恶之心,义之端也;辞让之心,礼之端也;是非之心,智之端也。……凡有四端于我者,知皆扩而充之矣,若火之始然、泉之始达。"① 显然,这里的"怵惕恻隐之心"或"不忍人之心"是说的仁爱的生活情感,这种生活情感是与任何主体性存在者的人为的东西无关的;换句话说,这种生活情感是最本源的事情。唯其与历史无关,这种生活情感才可以在任何历史时代中作为儒学理论建构的大本大源。

正是在这样的生活情感的本源上,儒家建构着儒学。儒学之所以呈现为不同的历史形态,正是因为儒家顺应着生活衍流的不同的历时样式,亦即应对着不同历史时代的生活方式当中的问题。在这个意义上,儒学总是"革命"的:"汤武革命,顺乎天而应乎人。"② 而这些种种不同的儒学之所以同样还是儒家的,则是因为这些儒学建构总是以同样的生活情感为源头活水的:一切出于仁爱,一切归于仁爱。例如孟子就是如此,他将"怵惕恻隐之心",亦即仁爱情感视为"火之始然(燃)、泉之始达"的本源所在,在这种本源上建构着儒学的"仁—义—礼—智"的理论体系,因此,他的儒学是儒家的;但另外一方面,他的儒学建构是顺应着他所身处其中的生活方式的,所以才有"亲亲,仁也"③,"亲亲而仁民,仁民而

---

① 《孟子·公孙丑上》。
② 《周易·革彖传》。
③ 《孟子·告子下》。

爱物"[1]、"施由亲始"[2]等伦理原则的确立，这是应对着当时的宗法社会生活方式的儒学理论建构，尽管它未必适应于现代性的生活方式，但在当时却具有其"时义"性、"时宜"性，亦即时代的正义性的。总而言之，儒家从仁爱情感出发来建构儒学：就其从仁爱的生活情感出发而言，此其为非历史的儒家；就其建构理论学术以应对时代的问题而言，此其为历史性的儒学。所以，真正的儒学从来都不是"原教旨主义"的，而是"时代主义"的。

因此，我们从这样一种由生活本源的历时衍流所显现出来的生活方式之转变所生成的历史形态的发展出发，将儒学的历史分为三个时代，每个时代的儒学又分为三个阶段（如下表所示）。

儒学的历史形态		儒学的思想特征	
1. 原创时代	① 西周儒学（五经原典）	① 儒学的初始形态	1. 有本有源
	② 春秋儒学（孔子思想）	② 儒学的全面开创	
	③ 战国儒学（曾思孟荀）	③ 儒学的歧异深入	
2. 转进时代	① 前宋明儒学（经学与玄学）	① 古典儒学的转进	2. 形而上学
	② 宋明新儒学（理学与心学）	② 古典儒学的兴盛	
	③ 后宋明儒学（朴学或汉学）	③ 古典儒学的固滞	
3. 再创时代	① 近代儒学（洋务与维新）	① 举末的儒学复兴	3. 重返本源
	② 现代儒学（现代新儒学）	② 返本的儒学复兴	
	③ 当代儒学（儒学新开创）	③ 溯源的儒学复兴	

三、有本有源：儒学的原创时代

儒学的历史是从中国的原创时代开始的。所谓"原创时代"是指西周、春秋、战国时期，略相当于雅斯贝尔斯所谓"轴心期"（Axial Period），即西方的古希腊哲学时代、印度的佛陀时代。所谓"原创"是指诸子之学，

---

[1] 《孟子·尽心上》。
[2] 《孟子·滕文公上》。

包括儒学的理论创建，那是中国最早的一种从形而上学到形而下学的理论建构：形而上学思考着唯一绝对的存在者，即所谓"形而上者"；形而下学（伦理学、知识学）思考着众多相对的存在者，即所谓"形而下者"；前者是为后者奠基的。然而，形而上学本身也是被奠基的：形而上学奠基于前形而上学的、前哲学的生活感悟。① 从生活感悟到形上建构，这是共时地发生在任何时代的事情，却又历时地发生于中国的周秦时代，而表现为诸子的"百家争鸣"。

1. 儒学的初始形态——西周儒学：五经原典

儒学的历史其实从西周就开始了。一方面，原创时代以前是无所谓"儒学"的；而另一方面，儒学的一套观念的真正开端应追溯到周公。儒学原来并不叫作后来的所谓"孔孟之道"，而叫"周孔之道"。孔子自称"述而不作"并且总是"梦见周公"而欲"从周"②，盖源于此。这也就是儒学的初始形态：五经原典。我们这里主要讨论《诗》、《书》、《周易》古经。③

《周易》古经本是筮书，所传达的是一种神学的观念，这虽然跟后来的儒学颇为不同，但它跟原创时代的儒学却也有着根本的一致性，那就是一种早期形而上学观念的建构。形而上学尽管总是思考着形而上的唯一绝对的存在者，却表现为两种不同的形态：哲学形上学思考着本体，神学形上学思考着上帝。《易经》神学观念的核心在于处理人神关系，而其前提就是作为整个中国哲学建构的观念前提的人神分离，亦即"绝地天通"，就是从"人神杂糅"向"人神不杂"的观念转变，意味着天与地、人与神

---

① 黄玉顺：《形而上学的奠基问题——儒学视域中的海德格尔及其所解释的康德哲学》，《四川大学学报》2004 年第 2 期；人大复印资料《外国哲学》2004 年第 5 期全文转载。
② 《论语》之《述而》《八佾》。
③ 这里所说的孔子之前的"五经原典"，并不全指今本"五经"。《诗经》《尚书》大致可确定为孔子之前的文献。然而就《周易》来说，就必须区分《易传》和《易经》，《易传》乃是战国时期、孔子后学的著作，《易经》才是西周初期、孔子之前的文献。至于今本"三礼"，那就更是孔子之后的儒学著述了；相传的古《礼》的情况，我们今天不得而知。以上文献的时代、作者的厘定，尚存诸多争议，实非本文任务。

的分离。① 这是中国早期形而上学建构的一种典型形态②，是与后来的《易传》哲学一致的，即后者也从天与地的分立而开始形而上学建构的："天尊地卑，乾坤定矣"③；"有天地然后有万物，有万物然后有男女，有男女然后有夫妇，有夫妇然后有父子，有父子然后有君臣"④。唯因人神之间的这种疏离、异化，这才需要《易经》的"亨"：人与神的沟通。

《尚书》比《易经》更直接地具有原初儒学的意义，这尤其体现于《周书》的周公思想。如果说"绝地天通"意味着人神之间的分隔，那么正是周公割断了人与神之间的血缘纽带，提出"皇天无亲，惟德是辅"⑤。本来，在前原创期的远古观念中，人、神、半人半神的英雄之间不是异在的关系，而是处于共在的本源情境之中；而进入原创时代以后，这种本源情境被打破了：人神关系疏离了（estranged）、异化了（alienated）。此即所谓"绝地天通"，意味着中国哲学形而上学，包括儒学建构的开端。

《诗经》本来不是儒"学"的理论建构，甚至不是儒"家"的观念形态，而更近于今天所谓"文学创作"，其实《诗经》体现的正是前原创期的更本源的观念。正如希腊哲学之前的史诗代表着西方观念史的前形而上学时代一样，儒学之前的诗歌代表着中国观念史的前形而上学时代。诗歌乃是情感的言说，"诗言志"⑥意味着"诗缘情"⑦，这种情感正是生活的本源情境的显现。但与《易经》直接从这种情感言说中导出神学形而上学⑧不同，《诗经》本身并无任何形而上学。关于《诗经》的形而上学解说，那是孔子之后，尤其是汉代的"诗教"诗学；至于在孔子本人那里，固然也有关于"诗教"的言说，但他更强调的却是《诗经》的本源情感的意义。

---

① 《国语·楚语下》。
② 黄玉顺：《绝地天通——天地人神的原始本真关系的蜕变》，《哲学动态》2005年第5期。
③ 《周易·系辞上传》。
④ 《周易·序卦传》。
⑤ 《尚书·蔡仲之命》。
⑥ 《尚书·尧典》。
⑦ 陆机：《文赋》，见《文选》，北京：中华书局，1977年，影印本。
⑧ 黄玉顺：《易经古歌考释》，成都：巴蜀书社，1995年。我钩稽出七十多首殷周之际甚至更早的原始歌谣。

2. 儒学的全面开创 —— 春秋儒学：孔子思想

孔子固然关注着形而下学的伦理，乃至知识的问题，同时关注着形而上学的问题，但他首先关注的却是本源的生活情感问题。这就是说，在孔子思想中完备地存在着三个基本的观念层级：生活情感→形而上学→形而下学。其中，生活及其情感显现乃是孔子儒学的大本大源所在。所以，孔子的思想乃是"有本有源"的，而非秦汉之后儒学的那种无本之木、无源之水。诚然，孔子大量论述的是关于"礼"，亦即社会规范及其制度安排的问题。然而这正是在回应着生活本身的呼唤："礼坏乐崩"意味着旧有的社会生活规范体系的坍塌，面对这样的生活境遇，孔子根据自己生活于其中的生活方式来重新"制礼作乐"，以"正名"的方式来重新制定社会规范。因此，孟子称孔子为"圣之时者"[1]，那实在是大有深意的：孔子从来就不是一个"原教旨主义者"。

问题在于：怎样重新制定礼制？为此，我们来分析一下《论语》中的一段非常重要的记载：

> 宰我问："三年之丧，期已久矣。君子三年不为礼，礼必坏；三年不为乐，乐必崩。旧谷既没，新谷既升，钻燧改火，期可已矣。"子曰："食夫稻，衣夫锦，于女安乎？"曰："安。""女安则为之！夫君子之居丧，食旨不甘，闻乐不乐，居处不安，故不为也。今女安，则为之！"宰我出。子曰："予之不仁也！子生三年，然后免于父母之怀。夫三年之丧，天下之通丧也。予也有三年之爱于其父母乎？"[2]

宰我问为什么必须实行三年之丧，孔子本来可以简单化地回答他："礼也。"但孔子并不是这样，而是回到"安""爱""仁"等生活情感，亦

---

[1] 《孟子·万章下》。
[2] 《论语·阳货》。

即回到生活本身，回到真正的大本大源。在孔子心目中，守三年之丧的礼制规定并不是遵守外在固有的制度规范，而是：一方面，这是源于仁爱情感的一种规范建构，这种生活情感是与历史时代无关的；但另一方面，制度规范的建构却必须是合乎时宜的，亦即必须顺应生活衍流的当下样式——当代的生活方式。设想孔子生活在今天的现代生活方式之中，他决不会有三年之丧的要求。由"安""爱""仁"等生活情感出发，这实在是儒家在任何时代进行其儒学的理论建构的典范：从生活本身出发，去进行合乎时宜的形而上学、形而下学的建构。

3. 儒学的歧异深入——战国儒学：曾思孟荀

孔子之后"儒分为八"[①]，儒学理论发生了分化，其中最重要的无疑是"四书"的传承谱系：《论语》（孔子）→《大学》（曾参）→《中庸》（子思）→《孟子》。[②] 除此而外，最重要的是《荀子》。

《大学》的"三纲领""八条目"是一种"工夫论"性质的理论建构，基本上是一种"内圣外王"，亦即从形而上学到形而下学的思想进路：首先，内圣方面的"明德"，亦即由"格致诚正"以"修身"，乃是以"本体论"上的先验德性的设定为前提的，这正是形而上学的观念；然后，外王方面的"亲民"或者"新民"，亦即"齐治平"，这就是形而下学的宗法政治哲学。在《大学》的理论建构中，作为本源的生活情感几乎已被遗忘了。

《中庸》却还留存着本源的生活情感的踪迹，这尤其体现在"诚"的观念上。例如："诚者，物之终始，不诚无物"；"诚者，非自成己而已也，所以成物也"。[③] "诚"既然能够"成己"且"成物"，即能够给出"主—客"架构中的两极存在者，那么"诚"本身显然就是先在于存在者的存在，假如没有这样的存在，也就没有任何存在者，即"不诚无物"；而此

[①] 《韩非子·显学》，王先慎《韩非子集解》本，北京：中华书局，1998年。
[②] 关于曾子是否亲撰了《大学》、子思是否亲撰了《中庸》，这并不是本文的话题；但我们是同意这种观点的：《大学》与曾子之间、《中庸》与子思之间存在着思想传承的关系。
[③] 《礼记·中庸》。

"诚"就是"喜怒哀乐"之情,也就是本源的生活情感。但《中庸》又把这种"情"设置为"性",即开宗明义的"天命之谓性"。由此,"喜怒哀乐之未发,谓之中;发而皆中节,谓之和。中也者,天下之大本也;和也者,天下之达道也"。此"中"不仅成为被设定的先验本性,而且成为被设定的终极本体,亦即成为形而上学的心性本体,由此开启了"心学"进路。不仅如此,"中—和"的架构与《大学》中"明德(格致诚正修)—亲民(齐治平)"的架构一脉相承,也是从形而上学到形而下学的"内圣外王"架构。此"和"作为外王的"达道"就是这样一种形而下学的伦理建构:"天下之达道五,所以行之者三:曰君臣也,父子也,夫妇也,昆弟也,朋友之交也,五者天下之达道也;知、仁、勇,三者天下之达德也。"这样的形而下学建构是奠基于形而上学的先验"诚性"设定的:"所以行之者,一也。"

至于孟、荀两派的儒学理论,迄今为止,人们过多注意了孟荀之异,忽略了孟荀之同。孟荀之所同者多多,这里谈最根本的一点:他们的儒学建构都是有本有源、源于生活的。

孟子的形而下学,最重要的是"王道""民本""仁政"的政治理论和关于"劳心者治人、劳力者治于人"[1]的分工学说。但这种形而下学乃渊源于本源性的生活情感:"有不忍人之心,斯有不忍人之政。"[2] 在这种本源上,孟子"先立乎其大者"[3],首先确立先验的心性本体论,进而确定"求其放心"[4]"尽心—知性—知天""存心—养性—事天"[5]的工夫论。这种形而上学的基本架构就是"仁→义→礼→智"的观念奠基的序列。但这是渊源于生活情感的,他将"怵惕恻隐"的仁爱情感视为"四端",亦即形上建构的发端:"所以谓人皆有不忍人之心者,今人乍见孺子将入于井,

---

[1] 《孟子·滕文公上》。
[2] 《孟子·公孙丑上》。
[3] 《孟子·告子上》。
[4] 《孟子·告子上》。
[5] 《孟子·尽心上》。

皆有怵惕恻隐之心；非所以内交于孺子之父母也，非所以要誉于乡党朋友也，非恶其声而然也。……恻隐之心，仁之端也；羞恶之心，义之端也；辞让之心，礼之端也；是非之心，智之端也。……凡有四端于我者，知皆扩而充之矣，若火之始然、泉之始达。"①

至今人们对荀子的性论，有两点严重误解：第一点是将其性论仅仅归结为"性恶"论；第二点是遮蔽了荀子性论的生活本源层面。

荀子的性论具有两个不同的侧面：一方面是指向道德论领域的，这才是"性恶"论；另一方面则是指向知识论领域的，这里更与所谓"性恶"无关。例如他说："凡以知，人之性也；所以知，物之理也。"② 这实际上是给出了"人性—物理"，亦即"主—客"的认识论基本架构。所以，荀子的性论总体上是价值中性的。其实孟子也是如此，他说："天下之言性也，则故而已矣。故者，以利为本。所恶于智者，为其凿也；如智者若禹之行水也，则无恶于智矣。禹之行水也，行其所无事也；如智者亦行其所无事，则智亦大矣。"③ 这里对"智性"的判定显然持一种关于知识论维度的"性"的价值中立态度。所以他还说："形色，天性也。"④ 而"形色"本身显然与善恶无关。其实，孟子与荀子的性论都来自孔子之说："性相近也，习相远也。"⑤ 但孔子并不论性之善恶，只是指出其先天性而已。

荀子在这种形而上学的性论基础上展开其形而下学的知识论、伦理学的学理建构，尤其是由"明分使群"而至于"隆礼重法"⑥ 的社会政治学说。但荀子这种形而下学的社会伦理学说也是有本有源的，这种本源就是对当下的生活的一种感悟。这种当下的生活方式在观念上的结果，他称之为"注错习俗"；而他的社会学说就是在这种本源上的一种观念奠基关

---

① 《孟子·公孙丑上》。
② 《荀子·解蔽》。
③ 《孟子·离娄下》。
④ 《孟子·尽心上》。
⑤ 《论语·阳货》。
⑥ 《荀子·强国》。

系的序列建构：群→穷→争→祸→分→义→礼→法[1]；他由这种生活感悟而发展出自己的"明分使群"的社会理论，与西方启蒙思想家的致思进路是非常相似的。

四、形而上学：儒学的转进时代

秦汉以来，中国社会生活方式发生了一次重大的转型；与此相应，儒学也发生了一次重大的转型。社会的转型可以叫作从"王道"时代向"专制"时代的转变；儒学的转型就是从"王道儒学"向"专制儒学"的转变。这种转变在思想方式上的一个根本特征，就是在理论形态上对生活本源的遮蔽与遗忘：尽管任何理论总是渊源于当下的生活的，但这种生活渊源未必在理论形态上得到自觉的表达。

1. 古典儒学的转进 —— 前宋明儒学：经学与玄学

汉代的经学，即所谓"今文经学"和"古文经学"，是儒学在汉代的特定历史形态。汉代经学尽管遭到后来历代儒者的诸多批评，但其基本精神其实决定了两千年来的整个专制时代的意识形态。汉武帝一手促成了"独尊儒术"的局面，绝不是偶然的：他也正是历代专制皇帝当中的一个杰出人物，他要把王道的儒学改造成专制的儒学。而在帮助他完成这种改造的儒者当中，董仲舒无疑是最突出的代表。然而董仲舒的公羊学具有强烈的神学形而上学色彩，简而言之就是："屈民而伸君，屈君而伸天。"[2]

魏晋玄学则是另外一种历史形态的学说，其特征是以道家思想来解释儒家经典，最核心的问题是"名教"与"自然"之关系，主要有三派观点：嵇康主张"越名教而任自然"；何晏、王弼主张"名教出于自然"；郭象主张"名教即自然"。为此，玄学家有了纯粹形而上学的"有无之争"。但须注意，玄学所谓"无"或"自然"与老子所谓"无"或"自然"不同：老子所谓"无"，乃是"无物"，亦即先在于任何存在者的存

---

[1] 《荀子》之《富国》《王制》。
[2] 董仲舒：《春秋繁露·玉杯》，苏舆《春秋繁露义证》，北京：中华书局，1996年。

在；而玄学所谓"无"，则是指一种终极存在者，在中国哲学中被表达为"本体"——"本—末"之"本"、"体—用"之"体"，其实就是那个形而上的唯一绝对的存在者。就此而言，玄学是一种典型的形而上学，而没有生活本源的表达。

2. 古典儒学的兴盛 —— 宋明新儒学：理学与心学

宋明儒学中最大的学派，就是程朱理学与陆王心学。就其"本体论"看，两派都传承思孟以来的正宗心学，即都承认关于心性本体的先验设定。如朱子，尽管在"工夫论"上讲究"格物穷理"[1]，但在本体上毕竟承认天理心性乃是先验本体："人生而静，天之性也；感于物而动，性之欲也。"[2] 这也表明，宋明儒学的这两大派都是形而上学的。朱熹作为宋学的集大成者，其形而上学最典型地表现在其"性情"论上，他以形而上学的话语表述：性本情末、性体情用。[3] 这样一来，本源的生活情感被降格为关于形而下存在者的事情。

3. 古典儒学的固滞 —— 后宋明儒学：朴学或汉学

清代由于其特定的政治环境而成为一个"思想家淡出，学问家凸显"[4] 的时代。这当然只是从总体上看。其实，明清之际"三大儒"，乃至于乾嘉时期的戴震，都是杰出的思想家，其思想甚至在某种程度上超越了专制时代的儒学观念，而具有某种现代性的色彩。但是就其基本的思想视域而论，他们仍然没有超出传统儒学的形而上学观念。

以上分析表明：孔孟之后、自汉至清的儒学，大体上属于应该被解构的形而上学；我们必须回到孔孟，看看他们是如何在本源的生活感悟上来建构儒学的。

---

[1] 朱熹：《四书章句集注·大学章句》，北京：中华书局，1983 年。
[2] 朱熹：《诗集传·序》。
[3] 朱熹：《答何叔京二十九》，见《朱文公文集》卷四十，《四部丛刊》本。
[4] 这是借用的李泽厚语，他的本意是描述 20 世纪 80 年代和 90 年代之间的学术区别。

五、重返本源：儒学的再创时代

近世以来，中国社会生活方式再次发生了重大转型：这是从专制时代向宪政时代的转变，更是整个生活方式从前现代向现代性的转变。

1. 举末的儒学复兴 —— 近代儒学：洋务与维新

发生于五四新文化运动以前的近代思想的特征，我这里借用王弼的一种说法来加以概括：崇本举末[①]。这里所谓"举末"是指洋务派和维新派对于器物与制度方面的创新诉求，而器物与制度在儒学话语中不是"本"而是"末"。所谓"崇本"是指他们仍然崇尚传统儒学之"本"，对这个"本"并没有给出时代的阐释。这种崇本举末，首先是洋务派"中体西用"主张。张之洞提出"中学为体，西学为用"的思想纲领，主张"先通经以明我中国先圣先师立教之旨，然后择西学之可以补吾阙者用之"[②]；具体就是："夫不可变者，伦纪也，非法制也；圣道也，非器械也；心术也，非工艺也"[③]。此后，维新运动基本上也还是持"中体西用"的主张，只不过他们所谓"用"已经从器物层面深入到制度层面。简单来说，维新运动的"举末"大致就是在政治上的君主立宪的诉求。

2. 返本的儒学复兴 —— 现代儒学：现代新儒学

如果说洋务派与维新派的重点在于"举末"一面，那么，现代新儒学更要求"崇本"的一面，这就是现代新儒学所提出的"返本开新""内圣开出新外王"。现代新儒学有其现代性的，例如民主与科学的诉求，这是其顺应于时代生活样式的方面，但这只是形而下学的层面；而在形而上学的层面，他们仍然恪守传统儒学，特别是宋明儒学的观念。简单来说，现代新儒学只是"返本"，而没有真正地"释本"。真正地"释本"需要"溯源"：在生活本源上重建儒学。

---

① 王弼：《老子注》，楼宇烈《王弼集校释》本。
② 张之洞：《劝学篇·循序》，郑州：中州古籍出版社，1998年。
③ 张之洞：《劝学篇·变法》。

3. 溯源的儒学复兴 —— 当代儒学：儒学新开创

从近代、现代到当代的儒学发展的三个阶段，令人想起老子的话："万物并作，吾以观复"；"复归于无物"。① 第一阶段只是形而下的器物、制度层级上的"万物并作"，尽管要求"末"亦即器物与制度上的创新，但还没有涉及"本"即形而上学的问题。第二阶段虽致力于"崇本举末"，但并没有解决这种"末"与儒学之"本"之间的必然联系问题，其结果是"内圣"开不出"新外王"。这方面做得最好的是牟宗三，但其"良知自我坎陷"的设计仍然没有真正解决问题。② 当前的儒学复兴运动正在进入第三阶段，这个阶段酝酿着儒学的新开创：不仅"返本"，而且"溯源"，即回到一切儒学建构的真正的大本大源 —— 生活。这是当代最前沿的思想视域，同时也是孔孟在原创时代就有的一种思想视域：生活 — 存在。这就意味着：当代的儒家不仅必须重建儒学形而下学之"末"，而且必须重建儒学形而上学之"本"，这就必须回到儒学之"源"。

回到开头提出的问题，现在可以回答：近年呈现的儒学复兴势头，绝非眼下的偶然性事件，而是具有历史必然性的事情。我曾说过：这是当今中国的"现代性诉求的民族性表达"③。

---

① 《老子》第十六章、第十四章。
② 黄玉顺：《"伦理学的本体论"如何可能？—— 牟宗三"道德的形上学"批判》，《西南民族大学学报》2003 年第 7 期。
③ 黄玉顺：《当前儒学复兴运动与现代新儒家 —— 再评"文化保守主义"》，《学术界》2006 年第 5 期。

论儒学的现代性 *

有一种普遍的流俗观念：儒学是一种"传统"，即是一种可以被现代人抛弃或保守的东西；换言之，儒学是一种古代的、前现代的东西。人们谈到"儒学"时，往往作如是观，而不论他们所持的是否定还是肯定儒学的立场。唯其如此，才有诸如"儒学与现代性"这样的话题，人们热衷于争论儒学与现代性之间是否可以融通的问题，似乎"儒学"与"现代性"素无瓜葛。这种"常识"实在令人诧异：人们对"现代儒学"早已客观存在的事实竟然视而不见。而更令人惊诧的是：人们却又在那里研究"现代新儒学"之类的现代儒学。这种吊诡现象，其来有自，一个基本原因就是人们并未明白究竟何为儒学，儒学的本来面目及其基本原理已被长久地遮蔽了。为此，本文改变发问方式，即不再问"儒学与现代性"这样的"伪问题"，而是直截了当地承认"儒学的现代性"，并由此发问：儒学现代性的学理依据是什么？其现实依据又是什么？其所展现的历史样态如何？

一、儒学现代化的历史与现状

儒学的现代性早已不仅仅是一种理论上的设想，而是一种历史事实；换言之，儒学现代化的历史进程早已启动了。让我们先从一个逻辑分析入手，它将我们带向事实。这个逻辑就是：假如儒学本质上只是前现代的东西，那就不会有现代性的儒学形态的存在；然而下述事实告诉我们，确确实实存在着现代性的儒学，或儒学的现代形态，这就表明了儒学本质上不

---

* 原载《社会科学研究》2016 年第 6 期，第 125—135 页；中国人民大学复印报刊资料《中国哲学》2017 年第 1 期全文转载；收入作者文集《生活儒学与现代性问题》，成都：四川人民出版社 2019 年，第 97—116 页。

只是前现代的东西，它确实具有现代性。为此，我们首先讨论儒学现代化史，因为现代化（modernization）的历史进程乃是现代性（modernity）的历时显现，儒学的现代性就展现在儒学现代化的历史进程中。这里，我们讨论几种最典型的儒学现代化版本。

（一）20 世纪现代新儒家的儒学现代化

谈到现代性的儒学或现代儒学，20 世纪兴起的"现代新儒学"无疑是一种典型。作为儒学现代化的一种典型形态，现代新儒学内部尽管存在着若干差异，却有一个突出的共性，那就是儒学的哲学化，谓之"儒家哲学"。[1] 这种理论形态并不像有的学者所说的不过是"（西方）哲学在中国"[2]，而确实是儒学本身的一种现代形态，亦即现代的"中国哲学"。按有的学者的说法，标准的现代"中国哲学"其实就是"清华传统"的两系，即冯友兰一系和金岳霖一系[3]；那么，冯友兰的"新理学"尽管汲取了西方新实在论（neo-realism）[4]，却是"接着讲"的程朱理学[5]；金岳霖的"道论"尽管汲取了西方逻辑学的方法，但其所论也是中国学术的本体之"道"[6]。其实，其他的现代新儒学也是标准的中国哲学、儒家哲学。其中最大的一系即"熊—牟"一系，熊十力的"新唯识论"尽管汲取了佛学唯识论和叔本华意志论（voluntarism）[7]，然而"毕竟归本《大易》"[8]；牟宗三的"道德的形上学"尽管汲取了康德哲学，但其实也是"接着讲"的儒

---

[1] 参见黄玉顺主编：《现代新儒学的现代性哲学》，北京：中央文献出版社，2008 年。
[2] 郑家栋：《"中国哲学"的"合法性"问题》，原载《世纪中国》（www.cc.org.cn）、《中国哲学年鉴》（2001 年），转载于《中国社会科学文摘》2002 年第 2 期。
[3] 杨生照：《现代中国哲学中的"清华传统"研究》（一）（二），《当代儒学》第 3 辑、第 4 辑，桂林：广西师范大学出版社，2013 年。
[4] 王鉴平：《冯友兰与新实在论——新理学逻辑分析法评述》，《社会科学研究》1987 年第 2 期。
[5] 冯友兰：《贞元六书·新理学》，上海：华东师范大学出版社，1996 年，第 5 页。
[6] 金岳霖：《论道》，上海：商务印书馆，1940 年；北京：商务印书馆，1985 年。
[7] 熊十力后来有所改变，更倾向于康德哲学。见《熊十力全集》卷四，武汉：湖北教育出版社，2001 年，第 325 页。
[8] 熊十力：《新唯识论（壬辰删定本）删定记》，见《体用论》，北京：中华书局，1994 年，第 6 页。

家心学。总之，它们都是儒学自身的理论形态。假如儒学一旦汲取了外来因素就不再是儒学了，那么，宋明儒学也就不是儒学了，因为它也汲取了外来因素，亦即佛学；但人们都承认宋明儒学乃是货真价实的儒学，可见"汉话胡说"之类的逻辑不能成立。

既然是哲学，则必定采取古今中外一切哲学共同的基本架构，即"形上—形下"模式，亦即用唯一绝对的"形而上者"来阐明众多相对的"形而下者"何以可能。这就是说，哲学既有形上学的层级，也有形下学（post-metaphysics）的层级。[1] 因此，我们可以由此来分析现代新儒学的现代性。

1. 现代新儒家形下学的现代化

形下学通常包括两大领域：广义知识论，处理自然界的基本问题[2]，为科学奠基，略对应于中国古代所谓"物理"；广义伦理学，处理社会界的基本问题，为政治哲学奠基，略对应于中国古代所谓"人伦"。

就这两大领域而论，现代新儒学具有明确的现代性，那就是旗帜鲜明地诉诸"民主与科学"。按照唐君毅、牟宗三、张君劢和徐复观《为中国文化敬告世界人士宣言》的说法：尽管"中国文化历史中，缺乏西方之近代民主制度之建立，与西方之近代的科学，及各种实用技术，致使中国未能真正的现代化工业化"；但"我们不能承认中国之文化思想，没有民主思想之种子，其政治发展之内在要求，不倾向于民主制度之建立，亦不能承认中国文化是反科学的，自古即轻视科学实用技术的"。[3] 因此，现代新儒学的基本诉求就是所谓"内圣开出新外王"，亦即从儒家的心性之学开出现代的民主与科学，即牟宗三所说的从"道统"开出"政统"与"学统"。[4]

---

[1] 这里的"physics"不是现代"物理学"之义，而是古希腊哲学的用法。
[2] 此所谓"自然界"，包括人及人类社会的自然性质方面，亦即所谓"社会科学"，而非人文学术研究的对象。
[3] 唐君毅：《中华人文与当今世界》，台北：学生书局，1975年，第897页。
[4] 牟宗三：《论道统、学统、政统》，见《生命的学问》，桂林：广西师范大学出版社，2005年。

这里尤其值得一提的是：现代新儒家的现代政治哲学所达到的现代化水平，是今天所谓"大陆新儒家"未能企及的。最典型的代表就是被公认为中国"宪法之父"的张君劢，不仅译介了大量宪政文献，还亲自拟定了几部影响深远的宪法草案；尤其是他所设计的"四六宪法"，被公认为中国制宪的一个典范。他那里所存在的问题是：这样的形下学未能足够充分地与其形上学有机地结合起来，尽管其形上学"新宋学"也是儒学现代化的一个版本。[1]

2. 现代新儒家形上学的现代化

现代新儒家的形下学，有其形上学的基础，这就是所谓"开出"的含义，即哲学上所说的"奠基"（foundation-laying）[2]，由此才能形成"形上—形下"的哲学系统架构。学界经常有人批评现代新儒学"内圣开不出新外王"[3]，其理据之一是：前现代的形上学怎么可能开出现代性的形下学？两者根本不能接榫。这是误读了现代新儒学的形上学，以为那只是前现代的、"传统"的心性之学。其实，现代新儒学的心性之学，绝非古代传统的心性论，而是一种现代化的形上学，即已是一种现代性的哲学。例如牟宗三的"两层存有论"，本体界的存有论通过"智的直觉"证成"人虽有限而可无限"，现象界的存有论通过"良知自我坎陷"转出"知性主体"，进而开出"政统"（民主）与"学统"（科学），这哪里是古代儒家的心性论？它其实基于康德的基本观念架构"现象与物自身"[4]，而康德哲学无疑是一种现代性的哲学。至于现代新儒学究竟为什么"内圣开不出新外王"，那是下文将要讨论的另外一个问题。

---

[1] 参见黄玉顺：《超越知识与价值的紧张——"科学与玄学论战"的哲学问题》，成都：四川人民出版社，2002年，第142页。
[2] 参见黄玉顺：《形而上学的奠基问题——儒学视域中的海德格尔及其所解释的康德哲学》，《四川大学学报》2004年第2期。
[3] 朱学勤：《老内圣开不出新外王——从〈政道与治道〉评新儒家之政治哲学》，《探索与争鸣》1991年第6期。
[4] 牟宗三：《现象与物自身》，台北：学生书局，1976年。

（二）帝国时代后期的儒学现代化

其实，儒学的现代化并非到了20世纪的现代新儒学那里才突然出现，这个历史进程早在中华帝国的后期便已发轫了。从秦朝到清朝的中华帝国时代，可以分为前后两个时期，其转折点是在唐宋之际：自秦汉至隋唐是中华帝国的上升时期（至"盛唐气象"而达到巅峰），儒学的主流是帝国儒学的缔造与完善，其经典标志是《五经正义》[①]；自宋朝至清朝是中华帝国的下降时期（尽管其间也有"中兴"），儒学的时代性质与倾向发生了分化，其经典标志是从"五经"体系（及"十三经"体系）转换为"四书"体系。[②]

现有的"中国哲学史""儒学史"之类的研究，存在着一个很大的问题，就是缺乏历史哲学的视野，儒学的历史往往被叙述为一种脱离生活的纯粹概念游戏，而无关乎中国社会的发展与转型，遮蔽了生活方式的演变与转换在观念中的反映。有鉴于此，我们才提出了"重写儒学史"的问题。[③] 例如既有的所谓"宋明理学"研究，我们从中几乎看不到渊源于市民生活方式的现代性观念。然而事实正相反，这里存在着一种必然的逻辑：人们的生活方式必定会在他们的文学艺术、宗教、哲学等观念中反映出来；宋明以来，工商经济的兴盛、城市的繁荣、市民生活方式的发展，必定在儒学的观念上有所反映。这正如标志着西方观念现代化转型的"文艺复兴"，乃发生于中世纪的后期。对于中国来说，这就是所谓"内生现代性"（inherent modernity），即：现代性并非是在近代才由西方强加给中国的，而是中国社会发展的内生性现象；西方现代化模式所能影响中国的，只是现代化模式的细节，而非其基本的历史走向。否则，我们无法理

---

① 孔颖达等：《五经正义》，包括《周易正义》14卷、《尚书正义》20卷、《毛诗正义》40卷、《礼记正义》70卷、《春秋左传正义》36卷，《十三经注疏》本，北京：中华书局，1980年，影印本。
② 王阳明虽然谈"《大学》古本"，但仍遵从"四书"体系。见王守仁：《大学问》，吴光等编校：《王阳明全集》，上海：上海古籍出版社，2011年。
③ 见山东大学儒学高等研究院于2014年12月13—14日举办的"'重写儒学史'与'儒学现代化版本'问题学术研讨会"，论文集《重写儒学史——"儒学现代化版本"问题》，北京：人民出版社，2015年。

解下述儒学现象：

帝国后期的儒学，大致分化为两种趋向：一种是"守成"的儒学，即帝国儒学的进一步精致化，其典型是宋代的"理学"，其根本特征是将"人欲"与"天理"对立起来，将"人心"与"道心"对立起来，而其所谓"天理""道心"实质上是帝国伦理政治规范的形上学化，戴震斥之为"以理杀人"[1]；另一种则是"开新"的儒学，即儒学的现代转换，其典型是明代"心学"当中的一些思潮，其根本特征是以心为本、以人心为天理，个体及其本真生活情感得以彰显。

当然，心学的情况颇为复杂，并非铁板一块。就王阳明本人而论，其形下层级的伦理政治哲学，仍然在致力于维护帝国时代的社会规范及其制度；然而其形上层级的以心本体取代性本体（由个体之心来体证天理），确实开启了儒学走向现代性的可能，所以才会出现王门后学中的儒学现代化倾向。这里最典型的莫过于以王艮为代表的泰州学派，其思想观念颇具现代性。王艮作《明哲保身论》，倡言"爱身如宝"："吾身保，然后能保一家矣"；"吾身保，然后能保一国矣"；"吾身保，然后能保天下矣"。[2] 而其所谓"身"即个体自我，乃是家、国、天下的根本价值尺度："身是本，天下国家是末"；"吾身是个矩，天下国家是个方"。[3] 这显然与前现代的家族主义、君主主义价值观大相径庭，乃至背道而驰。这种心学传统不仅开辟了儒家形下学的现代性道路，例如黄宗羲对君主专制的批判[4]；而且开辟了儒家形上学的现代性道路，例如王船山对儒家传统的先验人性论的批判[5]，戴震的直接视人情、人欲为天理的思想[6]，如此等等。

---

[1] 戴震：《与某书》，见戴震：《孟子字义疏证》。
[2] 王艮：《王心斋全集》，南京：江苏教育出版社，2001年。
[3] 王艮：《答问补遗》，见《王心斋全集》。
[4] 黄宗羲：《原君》，《明夷待访录》，北京：中华书局，2011年。
[5] 王夫之：《尚书引义·太甲二》。
[6] 戴震：《孟子字义疏证》卷上"理"。

（三）21世纪大陆新儒家的儒学现代化

让我们的目光从古代返回当下的现实。儒学的现代化进程，历经帝国后期的一些儒家学派，近代的洋务儒学与维新儒学，发展到20世纪的现代新儒学，一直在步步演进、层层深入；然而到了21世纪的所谓"大陆新儒学"，却出现了一些逆向性的思潮。当然，实际的大陆新儒学远非所谓"以蒋庆为中心、包括陈明在内的一小撮人"[①]，而是一个很大的群体。须注意的是，他们并非统一的学派；恰恰相反，其思维方式、思想观点、价值取向、政治立场等颇为不同，甚至相去甚远，乃至截然对立：有原教旨主义者，有马克思主义者、新左派，还有自由主义者等等。他们之间唯一的"底线共识"，似乎仅仅只是"儒家"这个标签。其中最值得警惕的，就是我所说的"逆向性思潮"，其实是相悖于儒学现代化之历史大趋势的逆流，例如鼓吹前现代的君主主义、家族主义、男权主义的"三纲"，甚或鼓吹作为现代性的一种异变形态的极权主义。就此而论，大陆新儒家比起现代新儒家来说，不是进步了，而是退步了。

但这毕竟并不是大陆新儒家的全部。事实上，大陆新儒家当中仍然有人在继续致力于儒学的现代化：不仅致力于儒家形下学的现代化，即顺应现代生活方式而重建儒家伦理学与政治哲学，而且致力于儒家形上学的现代化，即重建儒家的存在论，总之就是突破帝国儒学"形上—形下"的观念架构，回归原典儒学，亦即回归生活本源及其本真情感显现，以建构具有现代性的儒学理论形态。

那么，上述儒学现代化史的事实何以能够发生？这里既有生活方式的现实依据，也有儒学原理的学理依据。

二、儒学现代性的现实依据：中国社会的现代转型

本节讨论儒学现代性的现实依据，是与下节将要讨论的儒学原理相一致的，这套原理最重要的关键词，就是"生活"：一切皆源于生活而

[①] 李明辉：《我不认同"大陆新儒家"》，见"共识网"（www.21ccom.net）。

归于生活；也就是说，生活即是存在，生活之外别无存在。①《易传》将这个观念形上学化，谓之"天地之大德曰生""生生之谓易"②，意谓"易"即"生生"，亦即生活的衍流。

关于这套原理的更为详尽的叙述将在下节展开，这里在历史哲学的范畴下简要叙述：作为生活的显现样式，生活方式的演进乃是一切历史及观念史的本源。③生活方式，梁漱溟谓之"生活的样法"，并以之为"文化"的"源泉"。④具体来说：（1）生活方式的转换导致社会主体的转换。有怎样的生活方式，便有怎样的人的主体性，诸如宗族、家族、公民个人等。生活生成主体，主体创造生活：这是生活本身的事情，即是"生活本身的本源结构"⑤。（2）生活方式及其主体的转换导致社会情感倾向的转换，其根本是"仁爱"情感对象的转换。按照儒家思想，先有"由仁义行，非行仁义"⑥，仁（生活情感）是先行于人（主体性）的，而非相反；然后才有"我欲仁"⑦，即"人能弘道，非道弘人"⑧，人是"制礼作乐"——建构社会规范及其制度（弘道）的主体，而非相反。（3）社会主体及其情感对象的转换导致社会规范及其制度的转换，于是乎有历史形态的转换，如王权社会、皇权社会、民权社会等。

---

① 参见黄玉顺：《面向生活本身的儒学——黄玉顺"生活儒学"自选集》，第59页。
② 《周易·系辞传》。
③ "生活方式"是一个比马克思所讲的"社会存在"——"生产方式"更为宽泛的概念。
④ 梁漱溟：《东西文化及其哲学》，见《中国现代学术经典·梁漱溟卷》，石家庄：河北教育出版社，1996年，第33—34页。参见黄玉顺：《当代儒学"生活论转向"的先声——梁漱溟的"生活"观念》，《河北大学学报》2008年第4期。梁谈"生活的样法"，兼顾共时维度（中西印之差异）与历时维度（时代转换）；我这里谈历史哲学，侧重历时维度。
⑤ 黄玉顺：《爱与思——生活儒学的观念》，第222—223、228—232页。
⑥ 《孟子·离娄下》。孟子此语极为深刻："行仁义"是主体性行为，然而其前提是主体的生成；主体生成于仁爱情感之中，这就是"仁义行"，而不是人在"行仁义"，此即《中庸》所讲的"诚自成""道自道"。
⑦ 《论语·述而》。
⑧ 《论语·卫灵公》。

（一）中国社会的历史形态

仅就可靠文献记载而论，中国历史可分三大社会形态，其间存在着两次社会大转型及其观念大转型。

1. 王权时代（夏商西周）

其生活方式是基于农耕的宗族生活，其基本所有制是土地公有制（"溥天之下，莫非王土"[1]），其社会主体是宗族（clan family）（自天子至诸侯大夫等构成大宗小宗），其伦理是宗法伦理，其政治体制是王权政治（《春秋》"尊王"乃源于此），其治理方式是贵族共和（并非"专制"）（详见下文），其国家体制及世界秩序是王国及诸侯国构成的"天下"秩序（基于宗法血缘）（《大学》"家—国—天下"同构的"修—齐—治—平"乃基于此），其政治主权者（sovereign owner）是王族及诸侯宗族，其核心价值观念是宗族宗法观念等等。

中国社会第一次大转型（春秋战国）：从王权社会转向皇权社会；观念上伴随着"轴心时代"的"百家争鸣"。

2. 皇权时代（自秦汉至明清）

其生活方式是基于农耕的家族生活（"家族"概念不同于"宗族"概念），其基本所有制是土地私有制（春秋战国时期伴随着土地私有化和地主阶级的出现），其社会主体是家族（home family）[2]（始于春秋战国时期大夫之"家"的日渐强势）（帝国时代最重要的政治斗争其实并非所谓"阶级斗争"，而是各大家族之间的斗争），其伦理是家族伦理（所谓"父要子亡，子不得不亡"乃基于此）（政治伦理亦基于家族伦理，故《孝经》主题为"移孝作忠"），其政治体制是皇权政治（所谓"专制"），其治理方式是宰辅制度，其国家体制及世界秩序是帝国及藩属国的"天下"秩序（并非基于宗法血缘），其主权者是皇族（帝国时代所封之"王"没有主权而不同于诸侯），其核心价值观念是家族宗法观念等等。

中国社会第二次大转型（近现当代）：从皇权社会转向民权社会；观

---

[1] 《诗经·小雅·谷风之什·北山》。
[2] 宗族家庭和家族家庭皆可归之于宗法家庭（patriarchal family）。

念上伴随着所谓"新轴心期"的"新学"的"百家争鸣"。

3. 民权时代（当代趋势）

其生活方式是基于工商的市民生活（现代化伴随着城市化），其所有制是以公有制为主体的混合所有制，其社会主体是个体（绝非核心家庭 nuclear family）（详下），其伦理是以个体为基础的家庭伦理（核心家庭并不否定夫妻双方各自的法定的独立自主地位），其政治体制是民主政治（尽管各国民主政治的具体模式有所不同），其治理方式是代议制度，其国家体制及世界秩序是国族（nation）[①]及国族间的国际秩序，其主权者是公民（所谓"国家主权"其实最终源于公民授权），其核心价值观念是人权观念（详下）等等。

以上对中国社会历史形态的简要勾勒，基于笔者对生活方式演变的历史观察，限于篇幅，这里不作历史文献的烦琐引证。

（二）中国社会的现代转型

上文描述的民权社会，究竟是否确为中国社会的历史趋向，乃是当代中国以至当今世界的重大课题，关乎近代以来的"中国问题"——"中国向何处去"的问题。为此，这里择要略加讨论。

1. 关于生活方式

有一点是确定无疑的：中国正在现代化；现代化至少是绝大多数中国人的诉求；极少数人即便不赞成，也无法抗拒这个进程。另一点同样是确定无疑的：无论怎样看待现代化、认识现代性，现代化必定伴随着城市化。这就是说，传统农村必定消解或者转变：要么变为城镇，要么变为非传统意义上的"农村"，实质上是城市体系、工商体系的一种附属的组成部分。这无关乎价值判断，而是一种事实陈述。这显然就意味着：中国人的生活方式必定、而且正在由前现代的农民生活转变为现代性的市民生活。

[①] 国族（nation）旧译"民族国家"，很容易与前现代的"民族"（ethnic / nationality）概念和普遍性的"国家"（state）概念相混淆，故此另译。

于是，儒学面临着这样的逻辑：假如儒学只能与前现代的农民生活、家族社会、君主制度捆绑在一起，那就意味着儒学必定迅速灭亡（余英时称现代儒学已是魂不附体的"游魂"即基于此①）。梁漱溟的"乡村建设运动"之所以失败，根本原因即在于此。所以我一再讲：为儒学复兴计，与其搞"乡村儒学"，不如搞"城市儒学"。

2. 关于社会主体

一个社会的生活方式决定了这个社会的主体：宗族社会的主体就是宗族（王族与其他贵族）；家族社会的主体就是家族（皇族与其他家族）；那么，市民生活方式中的社会主体又是谁？人们容易想到家庭的现代形式——核心家庭。这其实是大谬不然的。现代社会并不以家庭为社会主体。经济活动及其权利主体并不以家庭为单位；家庭财产也非不可分割的东西，夫妻双方的经济收入是各自独立而自由处置的。政治活动及其权利主体也不以家庭为单位，夫妇及其成年子女各自享有独立的政治权利，例如选举权与被选举权。这一切都是由现代法律制度给予保障的。

今天一些儒者试图恢复古代的宗法家庭，那显然是徒劳无益的。有些儒者倡导"家庭本位"，而且其所谓"家庭"实质上是前现代的宗族或家族的观念，试图以这样的家庭为基础来"纠正"现代性的经济、政治与社会生活，不免令人想起"螳臂当车"的成语。

3. 关于家庭形态

上述社会主体的现代转换，与家庭的演变密切相关。家庭并非永恒的范畴，而是佛学所谓"生住异灭"的东西，其"异"即历史地变异。相应于中国社会的三大历史形态，家庭也有三种历史形态，即发源于古代氏族部落的宗族家庭、此后的家族家庭（两者合称宗法家庭）和现代的核心家庭。

家庭的功能发生着历史的演变，呈现着递减的趋势，可借用经济学的话语加以分析：（1）上古的宗族家庭，既是人的扩大再生产单位（人口

---

① 余英时：《现代儒学的困境》，见《现代儒学论》，上海：上海人民出版社，1998年。

繁育），也是物质生产甚至精神生产的单位（所谓"学在王官"即指精神生产为王族所垄断）。（2）中古的家族家庭，仍然是人的再生产单位，而且仍然是物质生产单位（家族农耕），但基本上不再是精神生产单位：帝国时代的宗教、哲学、文学艺术等都不再以家庭为创作主体（例如"诗圣""诗仙"无法世代相传）（从司马谈到司马迁那种学术世袭只是个别现象）。（3）现代的核心家庭，则仅仅是人的再生产单位，不再承担物质生产、精神生产的功能，个人作为物质生产者或精神生产者的身份，是与其作为家庭成员的身份截然分离的。这表明了社会主体的个体化。

不仅如此，家庭由"异"而"灭"的现象似乎已经开始发生。这是基于两点观察：一是家庭形态的多元化趋势，例如离异甚或非婚的单亲家庭的增多（后者意味着生育与家庭开始发生分离），同性恋家庭的合法化，这些家庭显然已不符合传统"家庭"的定义；二是独身现象的世界性增长趋势，愈发达的国家独身者愈多。这些现象都是很值得关注和研究的。

当今一些儒者的思想倾向，存在着两层误区：一是将儒学与家庭，甚至与前现代的宗族家庭和家族家庭捆绑在一起；二是混淆了现代核心家庭与古代宗法家庭的本质区别。这样一来，其思想理论之悖谬就可想而知了。

4. 关于情感倾向及其伦理效应

儒家不仅视仁爱为人的最基本的情感[①]，而且以仁爱情感来阐明一切存在——不仅以之阐明善何以可能，而且以之阐明恶及其克服何以可能。这是极有道理的，我曾另文加以论述[②]。而人的主体性的情感是一种意向性活动，即有其指向性，亦即有其对象。仁爱情感亦然，绝非抽象的东

[①] 仁爱原是一种情感，尽管有些儒家学派将其提升为形而上的本体存在，或者设置为形而下的道德规范。参见黄玉顺：《爱与思——生活儒学的观念》，第二讲，"二、情"。
[②] 我将这种观念概括为"爱，所以在"，见拙文《爱，所以在：儒学与笛卡儿哲学的比较》，见《儒家思想与当代生活——"生活儒学"论集》。关于爱的情感的绝对优先性，可参见拙文《儒学与情感现象学比较研究》三篇，分别载《东岳论丛》2007年第6期、《中国社会科学院研究生院学报》2007年第3期、《社会科学研究》2007年第6期。关于爱不仅可阐明善何以可能，而且可阐明恶及其克服何以可能，可参见拙文《荀子的社会正义理论》，《社会科学研究》2012年第3期、《中国社会科学文摘》2012年第8期。

西，而是有其具体的倾向对象的，故孔子并不仅仅以"爱"释"仁"，而且释之以"爱人"①。而情感的倾向对象也不是抽象的，而是与具体的社会生活方式、历史形态联系在一起的，如孟子谈"爱君"②，其前提是这个社会形态存在着君主。这样一来，仁爱情感也就导向了伦理问题。

孟子有一番话，被认为是儒家主张"爱有差等"③的经典表述："君子之于物也，爱之而弗仁；于民也，仁之而弗亲。亲亲而仁民，仁民而爱物。"④这样的"差等之爱"，通俗地说就是：爱亲人胜过爱他人，爱他人胜过爱他物。这种观念被认为是儒家伦理的基础，谓之"血亲伦理"，并因此而遭到批判。⑤而可笑的是，今天一些儒者竟然认可，而且坚持这种血亲伦理，并以此来抗拒现代文明，殊不知这完全误解了孟子的伦理思想：其一，孟子、儒家的仁爱观念不仅仅有"差等之爱"的一面，还有"一体之仁"的一面，后者才是建构伦理规范的根据（这个问题下节还将涉及）；其二，"差等之爱"固然是生活情感的实情，但它只是"一体之仁"的一种实现方式，而且，当其落实于伦理问题时，也并不是抽象的，它取决于具体的社会生活方式。孟子所处理的是宗法社会的伦理问题，因而血亲伦理在当时确实是正当的、适宜的；而这同时也就意味着，它在现代社会不再是正义的。这恰恰是孟子儒学原理的体现。⑥按照儒学原理，现代社会伦理绝非以核心家庭为本位的血亲伦理，而是以个体为本位的社会伦理。

个体伦理并不是对家庭伦理的否定，两者并不构成对立关系；事实上，在现代社会，个体伦理恰恰是对家庭伦理的支持。即以爱情—婚

---

① 《论语·颜渊》。原文："樊迟问仁。子曰：'爱人。'"
② 《孟子·梁惠王下》。原文："盖《徵招》、《角招》是也，其诗曰：'畜君何尤？'畜君者，好君也。""好君"意谓"爱君"。
③ 《孟子·滕文公上》。
④ 《孟子·尽心上》。
⑤ 刘清平：《论孔孟儒学的血亲团体性特征》，载《哲学门》第1卷第1册，武汉：湖北教育出版社，2000年；《美德还是腐败？——析〈孟子〉中有关舜的两个案例》，《哲学研究》2002年第2期。
⑥ 黄玉顺：《孟子正义论新解》，《人文杂志》2009年第5期。

姻—家庭问题而论，现代核心家庭的成立基于夫妻双方的婚姻契约，这种契约关系又基于由双方的爱情所导致的信赖，而这种爱情关系则又基于双方独立自主的个体地位。反之，前现代社会通常是没有真正的爱情的，"男欢女爱"并非现代意义的"爱情"；这是因为爱情的基础是男女双方独立自主的个体性，然而这种个体性在宗族社会和家族社会中是不存在的，所以我们看到的历史事实是：前现代社会的婚姻通常是宗族之间或家族之间的联姻，遵行"父母之命，媒妁之言"的规范程序，而非男女个体之间由爱情而自由结合的结果。

这也包括"道德"问题。现代社会有一个突出的特点：在"私德"问题上，普通公民享有较大的道德空间，这是基于现代性的"自由"价值观念的，即私人领域（private）与公共领域（public）的划界（严复所谓"群己权界"[①]）；然而人们对立法者、政治家等公共人物，则有较高的"私德"要求，因为他们的私人动机及其行为后果往往直接关乎公共领域的社会规范及其制度的公正性与公平性，即正义性。

5. 关于政治体制

前现代的政治体制是君主政治，即王权政治或皇权政治；而现代性的政治体制则是民权政治，亦即民主政治。[②] 这也是与生活方式和社会主体的转换相一致的。然而当今有一部分儒者居然反对民主政治，宣扬所谓"王道政治"，实在滑天下之大稽：所谓"王道"是与春秋时期诸侯争霸的"霸道"相对而言的，就其本义而论，连帝国时代的皇权政治都不在其范围，它仅指宗族时代的王权政治而已。

6. 关于治理方式

在中国，王权时代的治理方式是贵族共和。所谓"共和"并不仅有"周召共和"那样的"虚君共和"[③]，而且是以"实君共和"为常态的，颇

[①] 严复将约翰·密尔的《论自由》译作《群己权界论》，可谓深得现代"自由"价值观念之要领。
[②] 现代威权主义（modern authoritarianism）和极权主义（totalitarianism）都只是政治体制在走向现代性过程中的一种变异形式，这是应当另文讨论的问题。
[③] 参见黄玉顺：《制度文明是社会稳定的保障——孔子的"诸夏无君"论》，《学术界》2014年第9期。

类似于柏拉图所谓"共和国"（republic）（通译为"理想国"），作为天下共主的"王"并不是"乾纲独断"地专制独裁，这一点在《尚书·周书》中是非常明显的。到了帝国时代或皇权时代，才有了所谓"专制"；然而就其治理方式而论，则是宰辅制度，皇上其实并不那么"自由"。至于现代国家的治理方式，尽管有时也会采取直接民主的形式，例如偶尔的全民公决（但要注意与民粹主义相区别），但常态是间接民主，即代议制。

7. 关于国家体制及世界秩序

中国历史上经历了列国时代（王权时代）和帝国时代（皇权时代），如今则是国族时代。"国族"（nation）既非前现代的"民族"（ethnic / nationality），也非贯通古今的"国家"（state）概念，而是一个现代性的概念。

现代世界秩序亦非古代的"天下"秩序，而是国族之间的国际秩序。这种世界秩序同时实行着两条政治规则、"双重标准"，即民主规则和实力规则；因此，最具实力的国族成为现代"帝国"，通过经济、政治、军事手段掌控世界秩序，谓之"帝国主义"。这虽然与古代"天下主义"具有形式上的类似性，但却存在着本质区别，即现代性与前现代的区别。以国族为基础的这种世界秩序所存在的上述问题，表明国族本身是存在问题的，并非人类社会的终极理想；至于未来的超国族时代（supranational age）及其观念上的超国族世界主义（supranational cosmopolitism）或超国族主义（supranationalism）前景如何，则不是本文的课题。这里只想指出：如今某些儒者鼓吹的国族主义（nationalism，旧译"民族主义"）的"天下主义"恐有帝国主义之嫌，值得反思。

8. 关于政治主权者

"主权"（sovereignty）这个词是从前现代借用而来的，它与"君权"是同一个词（但"朕即国家"之"朕"其实并不代表他本人，而是王族或皇族的代表）。然而，与社会主体的转换相一致，现代社会的主权者不再是王族、诸侯或皇族，而是公民。这里尤须指出的是：国家或政府绝非主权者；主权者是公民，国家只是在操作的意义上经公民授权而代行主权，这就犹如一个公司的法人代表并不就是这个公司的所有权人，所有权人乃是股东。

9. 关于核心价值观念

上述分析已经充分表明，现代社会的核心价值观念并不基于宗族或家族那样的集体，甚至也不基于现代核心家庭这样的集体，当然也不基于"企业单位"和"事业单位"这样的集体，而是基于个体（individual），这就是"人权"观念，所以宪法才特别强调"国家尊重和保障人权"[①]；而人权之"人"（human）并不是作为集合名词的"人民"（people），更不是乌合的"大众"（mass），而是个人（person）。唯其如此，诸如"自由""平等""民主""法治"这样的观念才必须被列入"核心价值观"，因为这些观念无不基于"人"之"人权"。

然而一些儒者反对这些现代价值观念，斥之为"西方"的"个人主义"，这也是值得警惕的。这里特别要指出的，是这样一种思维方式：以"中西之争"来掩盖"古今之变"，将历时性问题偷换为共时性问题，以此抗拒现代文明价值。这样的"儒家"绝非真正的儒家，至多不过是原教旨主义的儒家。真正的儒家必须、也能够解答上述现代性的生活方式中的问题，这就是儒学的现代性。

（三）现代生活方式的观念效应

上文所提到的现代性"核心价值观念"，实际上是现代性的生活方式在观念上的必然反映。一个时代的观念，乃是那个时代的生活方式的产物，这是因为：观念是人的主体性的创造；然而有怎样的生活方式，才会有怎样的人的主体性。较之前现代的社会主体，即宗族或家族，现代性的社会主体是个体，这是因为在现代性的生活方式中，社会生活的行为者都是个体性的：人们以个人的身份参与社会经济生活，如求职与任职，他们并不代表家庭，而只是作为个体的职场人员；人们也是以个人的身份参与

[①] 《中华人民共和国宪法》第三十三条。

政治生活的,如选举与被选举,他们也不代表家庭,而只是作为个体的公民等等。这一切必然在观念上体现出来,那就是个体主义。

学界有一种误解,以为西方现代的个体主义是基于基督教传统的,似乎西方早在中世纪就是个体主义的了。然而事实正相反,西方古代与中国古代一样是家族集体主义的,家族利益与家族荣誉高于一切;个体主义的兴起是与西方的现代化过程、文艺复兴和启蒙运动等密切联系在一起的。以基督教而论,正是经过马丁·路德等人的宗教改革(Religious Reform),基督教才从教会的集体主义转变为教徒的个体主义,这就是马克斯·韦伯所谓"新教伦理"(Protestant work ethic)[1]。

与西方宗教改革具有同等性质的观念变革,也早已发生在儒学内部,那就是本文第一节所叙述的儒学现代化的历史。儒学的这种自我变革是符合儒学原理的。然而今天一些儒者将儒学与个体主义对立起来,从而导致对一系列现代价值观念的否定,这对于中国走向现代性、实现现代化来说是极其错误的思想倾向,同时也不符合儒学原理。

三、儒学现代性的学理依据:儒学基本原理的澄清

所谓"儒学",可以是复数的概念,即自孔子之后"儒分为八"以来,出现过各种各样的儒学历史形态,同一历史时期也往往存在着旨趣各异甚至大相径庭的儒家学派;但我们这里所要讨论的作为"儒学原理"的"儒学"则是单数的,即古今中外所有儒学的共同原理。[2] 这些原理已经被遗忘或遮蔽了,亟须重新加以揭示。

(一)正本清源:关于儒学的若干误读

对儒学原理的遮蔽与遗忘,导致了关于儒学的种种误读,这里仅以儒学核心范畴"仁义礼智"为例,以见一斑。人们通常将"仁义礼智"理

---

[1] 马克斯·韦伯:《新教伦理与资本主义精神》,阎克文译,上海:上海人民出版社,2012年。
[2] 儒学也有"中外"之分,不仅存在着韩国儒学、越南儒学等等,还有诸如美国的波士顿儒学、夏威夷儒学之类。参见蔡德贵:《试论美国的儒家学派》,共识网(www.21ccom.net)。

解为"儒家伦理"或"道德"。这种观念源自朱熹,他将《孟子·公孙丑上》的"四端"与《周易·乾文言》的"君子四德"(元亨利贞)联系起来,并附会以理学的观念,提出:"元者……于人则为仁,而众善之长也;亨者……于人则为礼,而众美之会也;利者……于人则为义,而得其分之和;贞者……于人则为智,而为众事之干。"①

这样的"四德"观念其实是讲不通的。所谓"德"是什么意思?在传统儒学中,"德"只有形上与形下两种用法,形上之德谓之"德性",形下之德谓之"德目"(道德条目),而这两者其实是矛盾的:"四德"究竟是形上的东西还是形下的东西?

所谓"德性",尽管是形上的观念,却也有两种截然不同的理解。程朱理学的"德性"是先天的(a priori)或先验的(transcendental),即是"天理",亦即所谓"性即理"②。但这其实并非孟子的原意,孟子所谓"性"并非人们所误解的先天或先验的东西。他讲"仁义礼智根于心"③,然而此"心"却是"恻隐之心"等"四端"情感④(朱熹也承认这是"情"而非"性"⑤);此"情"萌生于"乍见孺子将入于井"之类的生活情境,须经过"扩而充之"⑥"先立乎其大者"⑦,这才被确立为形上的"德性",这体现了轴心时代建构形上学的过程。孟子的观念是符合汉语"性"之本义的,如许慎讲:"德"作为"得"的同源词,意谓"行有所得"⑧,即是在行为、践行生活中获得的东西。后来王夫之"性日生而日成"⑨的观念,与此吻合。总之,"仁义礼智"尽管后来被确立为形上德性,但其本源却

---

① 朱熹:《周易本义》,上海:上海古籍出版社,1987年。
② 程颢、程颐:《遗书》卷二十二下,见《二程集》。
③ 《孟子·尽心上》。
④ 《孟子·公孙丑上》。
⑤ 朱熹《孟子集注·公孙丑上》卷三:"恻隐、羞恶、辞让、是非,情也;仁、义、礼、智,性也。"见朱熹:《四书章句集注》,北京:中华书局,2012年。
⑥ 《孟子·公孙丑上》。
⑦ 《孟子·告子上》。
⑧ 许慎:《说文解字·彳部》,徐铉等校订。
⑨ 王夫之:《尚书引义·太甲二》。

是自然而然的生活情感。

所谓"德目",亦即道德条目,是指形下的伦理规范。将"仁义礼智"一概视为形下的伦理道德规范,这也是片面的。如上所述,儒家所谓"仁义礼智"皆发端于生活情感;即便在接下来的思想建构中,它们也是处在不同的理论层面上的。在儒家话语中,所有一切形下的伦理道德规范及其制度安排,统谓之"礼",例如一部《周礼》,就是一整套伦理规范建构及其制度安排[①];由此可见,凡"礼"之外的"仁""义""智"均非伦理道德规范的范畴。事实上,"仁义礼"乃是一个立体的思想理论结构系统(本文暂不论"智"),这就是下文将要揭示的儒学原理。

(二)追本溯源:儒学的思想视域问题

上文谈到,现代新儒学"内圣开不出新外王",从思想方法上看,这是由于他们仍然停留于"形上—形下"的思想视域(horizon of thought),而缺乏某种本源性的视域。上文也谈到,自轴心时代以来,哲学形而上学形成了一种"形上—形下"的思维模式,这种模式无法回答,甚至根本没有意识到"存在者何以可能"的问题,即:不仅"形而下者",而且"形而上者"何以可能?本源性的思想视域是说:这些存在者皆源于存在;而存在——先在于任何存在者的存在,就是生活及其原初本真的情感显现,在原典儒学中,那就是生活情境中显现出来的仁爱情感。唯其如此,儒学以仁爱情感为所有一切的大本大源,此即《中庸》所说的"不诚无物":假如没有真诚的仁爱情感,一切存在者都不存在。正是在这样的本源视域中,儒家建构起自己的一套原理。现代新儒学的"内圣"指向形而上者,其"外王"指向形而下者;但这两种存在者、先验的"两层存有",皆需为之奠基的存在——生活的观念,皆需为之开源辟流的生活情感的观念,否则便是无本之木、无源之水。

[①] 黄玉顺:《"周礼"现代价值究竟何在——〈周礼〉社会正义观念诠释》,《学术界》2011年第6期。

（三）儒学原理：儒学的观念层级建构

我经常讲："儒家没有新的，然而儒学是常新的。"所谓"儒家没有新的"是说，儒家总是以仁爱论万事，否则他就不是儒家了；所谓"儒学是常新的"是说，儒家的具体的学说、思想理论、学术形态总是随历史时代而推陈出新的，一时代有一时代之儒学，故有王权时代之儒学、皇权时代之儒学、民权时代之儒学。然而万变不离其宗，"吾道一以贯之"①，这些不同的儒学形态蕴涵着一套共同的原理；儒学之所以能够"日新"②，也是由于这套原理。这套原理包含许多范畴，形成一套复杂的理论结构，这里限于篇幅，仅讨论其核心结构，即"仁→义→礼"的结构。

1. 礼：社会规范及其制度

众所周知，"礼"是儒家的关切所在；换言之，儒家所关注的是社会群体生存秩序，亦即社会规范及其制度。然而，关于儒家的"礼"，人们存在着严重的误解。诚然，一个人生活在社会上，必须遵守社会规范，否则便无以立足，所以孔子讲"立于礼"③，"不学礼，无以立"④，"不知礼，无以立"⑤，要求人们"克己复礼"⑥；一个社会群体也必须建立一套社会规范，否则"无礼则乱"⑦，所以孔子强调"为国以礼"⑧"齐之以礼"⑨。但如果仅限于这样理解"礼"，那就很成问题了。试问：假如既有的社会规范及其制度本身就不正当，或已不合时宜，"礼"不合"理"，难道人们也应当遵守吗？例如，现代人还应当遵守"君为臣纲，父为子纲，夫为妻纲"的规范吗？还应当遵守"在家从父，出嫁从夫，夫死从子"的规范吗？原教旨主义儒家的一个根本失误，就是将过去既有的"礼"视为儒学的凝固

---

① 《论语·里仁》。
② 《礼记·大学》。
③ 《论语·泰伯》。
④ 《论语·季氏》。
⑤ 《论语·尧曰》。
⑥ 《论语·颜渊》。
⑦ 《论语·泰伯》。
⑧ 《论语·先进》。
⑨ 《论语·为政》。

不变的根基。

　　这就是正义论问题，即社会规范及其制度是否正义的问题。儒家严格区分两种不同的"正义"，即行为正义和制度正义。"行为正义"是说：唯有遵守社会规范及其制度的行为才是正义的行为，所以应当"非礼勿视，非礼勿听，非礼勿言，非礼勿动"①。但是，遵守制度规范是有前提的，那就是：这个制度本身是正义的制度。此即"制度正义"问题。人们没有服从暴政、遵守恶法的义务。这才是孔子关于"礼"的更根本的思想："礼有损益"。他指出："殷因于夏礼，所损益可知也；周因于殷礼，所损益可知也；其或继周者，虽百世可知也。"②这就是说，三代之礼是不同的，将来之礼也还会是不同的。所谓"损益"是说：在生活方式发生变化的情况下，对既有的礼制体系，应当去掉一些旧的规范（损）、增加一些新的规范（益），从而形成一套新的礼制。

　　这是孔子的伟大思想之一。孟子称孔子为"圣之时者"③，实基于此。显然，按照孔子"礼有损益"的思想，宗族时代的制度经过损益变革而转为家族时代的制度，家族时代的制度经过损益变革而转为国族时代的制度，这是天经地义的。问题在于：我们根据什么来进行损益？制度变革的价值尺度是什么？这就是"义"，即正义原则。所以，孔子指出："义以为质，礼以行之。"④"义"是为"礼"奠基的价值原则。这就构成了儒学原理中最核心的理论结构"义→礼"，即：正义原则→制度规范。

2. 义：正义原则

　　所谓"正义原则"，就是据以进行社会规范建构及其制度安排的价值原则。这在中国话语中叫作"义"，荀子甚至直接谓之"正义"⑤；所以，人们用汉语"正义"来翻译英语"justice"。符合这种价值尺度的制度规

---

① 《论语·颜渊》。
② 《论语·为政》。
③ 《孟子·万章下》。
④ 《论语·卫灵公》。
⑤ 黄玉顺：《荀子的社会正义理论》，《社会科学研究》2012年第3期。

范就是正义的,反之就是不正义的。因此,人们遵守制度规范,本质上是遵从正义原则。例如,即便在宗法社会的君臣、父子的伦理关系中,人们应当遵从的其实也不仅是君、父,而且也不仅是当时的伦理政治规范,而更是其背后的正义原则,故荀子明确说:"从道不从君,从义不从父。"①

与"礼"(制度规范)的损益性不同,"义"(正义原则)具有普遍性,古人谓之"通义",这是因为:"义"或"justice"仅仅意味着一系列抽象化的、原则性的判断——公平的、公正的、正当的、恰当的、适当的、适宜的等等。这些语义涵项可以分为两类:正当;适宜。因此,儒学原理的正义原则包含两条:

(1)适宜性原则:社会规范建构及其制度安排必须具有适宜的效果,即适应于一个社会群体的基本的生活方式。此即《中庸》所谓"义者,宜也"。唯其如此,宗族社会有宗族性的制度规范,家族社会有家族性的制度规范,而现代社会有现代性的制度规范,因为这些社会形态各有其特定的生活方式。

(2)正当性原则:社会规范建构及其制度安排必须出于正当的动机。故孟子说:"义,人之正路也。"② 何谓正当动机?在儒家,那就是仁爱。这样一来,我们就得到了儒学原理的这样一个核心结构:仁→义→礼,即:仁爱精神→正义原则→制度规范。

3. 仁:仁爱情感

在社会规范建构及其制度安排中,是否依据正当性原则,即是否要求仁爱的动机,这是中国正义论与西方正义论之间最根本的区别之一。这涉及如何准确理解、全面把握儒家"仁爱"观念的问题。反儒人士认为,儒家所谓"仁爱"就是"差等之爱",因此,儒家的制度规范就是基于血亲伦理的东西,这样的制度规范当然就是不公平、不公正的,因为它必然更有利于立法者及其亲近者。而可悲的是,许多儒家人士也认为儒家的

---

① 《荀子·子道》。
② 《孟子·离娄上》。

"仁爱"就是"差等之爱",儒家的伦理就是以家庭亲情为基础的伦理。双方都不明白,儒家的仁爱观念固然承认"差等之爱"的生活情感,但却并不以此为制度规范建构的一般性原则;恰恰相反,正当性原则所要求的是"一体之仁",即对"差等之爱"的超越,这也就是儒家"恕道"在伦理与政治领域的贯彻:在建构或选择制度规范时,应当"己欲立而立人,己欲达而达人"[①],"己所不欲,勿施于人"[②],例如孟子所讲的"老吾老以及人之老,幼吾幼以及人之幼"[③]等等。

当然,应当承认,儒家在历史上的制度规范建构,确实与家庭伦理有密切关系;但是,那并不是以"差等之爱"为原则的结果,而是适宜性原则的要求,即正当性原则与适宜性原则相匹配的结果:在前现代的宗法社会生活方式下,正当而适宜的制度规范必定是与宗法伦理一致的。然而这恰恰意味着:在现代性的生活方式下,正当而适宜的制度规范决不是基于宗法伦理或家庭伦理的设计,而只能是基于现代权利观念的设计。这一切正是儒学原理的要求。

正是由于上述儒学原理,儒学才必定在中国社会现代转型中获得现代性;换言之,现代性乃是儒学原理的必然蕴涵。当然,儒学现代性的展开、儒学的现代化,这个历史进程尚未完成,我们还"在路上";不仅如此,人们还时不时地误入迷途,例如前述当代儒家中的一些危险倾向。

---

① 《论语·雍也》。
② 《论语·卫灵公》。
③ 《孟子·梁惠王上》。

附录　生活儒学著述总目

第一部分　著作

1.《面向生活本身的儒学——黄玉顺"生活儒学"自选集》（文集），成都：四川大学出版社，2006年。

2.《爱与思——生活儒学的观念》（专著），成都：四川大学出版社，2006年；四川人民出版社，2017年，增补本；英文版 Love and Thought: Life Confucianism as a New Philosophy, Encino: Bridge 21 Publications, 2019。

3.《儒家思想与当代生活——"生活儒学"论集》（文集），北京：光明日报出版社，2009年。

4.《儒学与生活——"生活儒学"论稿》（文集），成都：四川大学出版社，2009年。

5.《生活儒学讲录》（文集），合肥：安徽人民出版社，2012年。

6.《儒教问题研究》（文集），北京：人民出版社，2012年。

7.《中国正义论的重建——儒家制度伦理学的当代阐释》（文集），合肥：安徽人民出版社，2013年；英文版 Voice From the East: The Chinese Theory of Justice, Paths International Ltd., 2016。

8.《中国正义论的形成——周孔孟荀的制度伦理学传统》（专著），北京：东方出版社，2015年。

9.《时代与思想——儒学与哲学诸问题》（文集），济南：山东人民出版社，2017年。

10.《从"生活儒学"到"中国正义论"》（文集），北京：中国社会科学出版社，2017年。

11.《生活儒学与现代性问题》（文集），成都：四川人民出版社，2019年。

12.《哲学断想:"生活儒学"信札》(文集),成都:四川人民出版社,2019年。

13.《生活儒学与当代思想》(文集),成都:四川人民出版社,2020年。

第二部分　文章

1.《形而上学的奠基问题——儒学视域中的海德格尔及其所解释的康德哲学》,《四川大学学报》2004年第2期,第36—45页;中国人民大学复印报刊资料《外国哲学》2004年第5期转载;收入作者文集《黄玉顺"生活儒学"自选集》,第215—237页。

2.《为科学奠基——中国古代科学的现象学考察》,收入作者文集《黄玉顺"生活儒学"自选集》,第275—291页。

3.《儒学的生存论视域——从蒙培元先生〈情感与理性〉说起》,《中华文化论坛》2004年第2期,第142—147页;收入作者文集《黄玉顺"生活儒学"自选集》,第294—309页。

4.《儒家良知论——阳明心学与胡塞尔现象学比较研究》,《阳明学刊》第一辑,贵阳:贵州人民出版社,2004年,第23—42页;收入作者文集《黄玉顺"生活儒学"自选集》,第238—259页。

5.《梁漱溟文化思想的哲学基础的现象学考察——重读〈东西文化及其哲学〉》,《文化与人生:梁漱溟先生诞辰110周年纪念文集》,重庆:重庆出版社,2004年,第9—22页;收入作者文集《黄玉顺"生活儒学"自选集》,第337—352页。

6.《我们的语言与我们的生存——驳所谓"现代中国人'失语'"说》,《南京师范大学文学院学报》2004年第4期,第58—60页;收入作者文集《黄玉顺"生活儒学"自选集》,第323—329页。

7.《唐君毅思想的现象学奠基问题——〈生命存在与心灵境界〉再探讨》,《思想家》第一辑,成都:巴蜀书社,2005年,第32—37页;收入作者文集《黄玉顺"生活儒学"自选集》,第365—373页。

8.《复归生活、重建儒学——儒学与现象学比较研究纲领》,《人文杂志》2005 年第 6 期,第 27—35 页;中国人民大学复印报刊资料《中国哲学》2006 年第 1 期转载;*Frontiers of Philosophy in China* 2007 年第 2 卷第 3 期译载;收入作者文集《"生活儒学"论稿》,第 87—109 页。

9.《"文化保守主义"评议——与〈原道〉主编陈明之商榷》,《学术界》2004 年第 5 期,第 142—145 页;中国人民大学复印报刊资料《文化研究》2004 年第 12 期转载;收入作者文集《黄玉顺"生活儒学"自选集》,第 330—335 页。

10.《"生活儒学"导论》,《原道》第十辑,陈明主编,北京:北京大学出版社,2005 年,第 95—112 页;收入作者文集《黄玉顺"生活儒学"自选集》,第 29—52 页。

11.《儒学与现象学的分野——关于〈"生活儒学"导论〉的对话》(黄玉顺、杜霞),《原道》第十四辑,陈明主编,北京:首都师范大学出版社,2007 年,第 137—142 页;收入作者文集《"生活儒学"论稿》,第 268—276 页。

12.《绝地天通——天地人神的原始本真关系的蜕变》,《哲学动态》2005 年第 5 期,第 8—11 页;收入作者文集《黄玉顺"生活儒学"自选集》,第 106—115 页,题为《绝地天通——从生活感悟到形上建构》。

13.《从"西方哲学"到"生活儒学"》,《北京青年政治学院学报》2005 年第 1 期,第 42—47 页;收入作者文集《黄玉顺"生活儒学"自选集》,第 93—105 页。

14.《面向生活本身的儒学——"生活儒学"问答》,收入作者文集《黄玉顺"生活儒学"自选集》,第 53—91 页。

15.《论生活儒学与海德格尔思想——答张志伟教授》,《四川大学学报》2005 年第 4 期,第 42—49 页;中国人民大学复印报刊资料《外国哲学》2005 年第 12 期转载;收入作者文集《黄玉顺"生活儒学"自选集》,第 117—137 页。

16.《生活与爱——生活儒学简论》,《郑州航空工业管理学院学报》

2006年第4期，第53—56页；收入作者文集《"生活儒学"论稿》，第27—43页。

17.《文化保守主义与现代新儒家》，《读书时报》2005年11月30日（第48期）头版；收入作者文集《儒学与哲学诸问题》，第3—5页。

18.《谈谈"生活儒学"以及公民道德问题》，《北京青年政治学院学报》2006年第2期，第69—71、75页；《中国文化报》2007年3月22日"文化遗产"月末版转载，题为《"生活儒学"和公民道德》；收入作者文集《"生活儒学"论稿》，第79—86页。

19.《儒学与生活：民族性与现代性问题——作为儒学复兴的一种探索的生活儒学》，《人文杂志》2007年第4期，第14—19页；中国人民大学复印报刊资料《中国哲学》2007年第10期转载；收入作者文集《"生活儒学"论稿》，第1—26页。

20.《爱的观念——儒学的奠基性观念》，《求是学刊》2008年第4期，第11—19页；收入作者文集《"生活儒学"论集》，第3—24页。

21.《论"观物"与"观无"——儒学与现象学的一种融通》，《四川大学学报》2006年第4期，第67—74页；*Frontiers of Philosophy in China* 2008年第3卷第2期全文译载；收入作者文集《"生活儒学"论稿》，第110—128页。

22.《当前儒学复兴运动与现代新儒家——再评"文化保守主义"》，《学术界》2006年第5期，第116—119页；收入作者文集《"生活儒学"论稿》，第237—242页。

23.《马克思与西方现代哲学》，《山东社会科学》2006年第11期，第12—18页；收入作者文集《儒学与哲学诸问题》，第133—148页。

24.《价值主体的生活渊源——回复孙美堂教授的一封信》，《杭州师范学院学报》2006年第6期，第57—60页；收入作者文集《儒学与哲学诸问题》，第125—132页。

25.《"价值"观念是何以可能的？——基于"生活儒学"阐释的中国价值论》，《四川大学学报》2007年第1期，第10—17页；收入作者文集《"生活儒学"论稿》，第 60—78 页。

26.《现代新儒学研究中的思想视域问题》，《中国传统哲学与现代化》，易小明主编，北京：中国文史出版社，2007 年，第 50—67 页；收入作者文集《"生活儒学"论稿》，第 218—236 页。

27.《儒学与制度之关系的生活渊源——评干春松〈制度儒学〉》，《中国图书评论》2007 年第 3 期，第 90—93 页；收入作者文集《"生活儒学"论稿》，第 253—261 页。

28.《注生我经：论文本的理解与解释的生活渊源——孟子"论世知人"思想阐释》，《中国社科院研究生院学报》2008 年第 3 期，第 44—49 页；收入作者文集《"生活儒学"论集》，第 107—133 页。

29.《恻隐之"隐"考论》，《北京青年政治学院学报》2007 年第 3 期，第 54—57 页；中国人民大学复印报刊资料《伦理学》2007 年第 11 期转载；收入作者文集《"生活儒学"论稿》，第 211—217 页。

30.《论儒学与哲学的关系——对任文利先生批评的回应》，《学术界》2007 年第 4 期，第 112—120 页；收入作者文集《"生活儒学"论稿》，第 44—59 页。

31.《论"恻隐"与"同情"——儒学与情感现象学比较研究》，《中国社科院研究生院学报》2007 年第 3 期，第 33—40 页；收入作者文集《"生活儒学"论稿》，第 146—162 页。

32.《论"仁"与"爱"——儒学与情感现象学比较研究》，《东岳论丛》2007 年第 6 期，第 113—118 页；收入作者文集《"生活儒学"论稿》，第 129—145 页。

33.《论"一体之仁"与"爱的共同体"——儒学与情感现象学比较研究》，《社会科学研究》2007 年第 6 期，第 127—133 页；收入作者文集《"生活儒学"论稿》，第 163—179 页。

34.《生活儒学与形而上学之关系——致胡治洪教授》，《学术界》2008 年第 1 期，第 123—126 页；收入作者文集《"生活儒学"论集》，第 46—51 页。

35.《事件与自觉：生活与儒学——论民族性与现代性问题》，收入作者文集《"生活儒学"论稿》，第302—316页。

36.《关于容隐制问题的四封信》，收入作者文集《中国正义论的重建》，第318—326页。

37.《孔子仁学的现代意义何以可能？——依据生活儒学的阐明》，《理论学刊》2007年第10期，第46—49页；收入作者文集《"生活儒学"论稿》，第180—195页。

38.《"刑"与"直"：礼法与情感——孔子究竟如何看待"证父攘羊"？》，《哲学动态》2007年第11期，第12—18页；收入作者文集《"生活儒学"论稿》，第196—210页。

39.《"儒学"与"仁学"及"生活儒学"问题——与李幼蒸先生商榷》，《四川大学学报》2008年第1期，第98—103页；收入作者文集《"生活儒学"论集》，第26—39页。

40.《儒学当代复兴的思想视域问题——"儒学三期"新论》，《周易研究》2008年第1期，第51—58页；中国人民大学复印报刊资料《中国哲学》2008年第5期转载；收入作者文集《"生活儒学"论集》，第79—94页。

41.《存在·情感·境界——对蒙培元思想的解读》，《泉州师范学院学报》2008年第1期，第10—13页；收入作者文集《"生活儒学"论集》，第165—172页。

42.《形而上学略论——回复陈明先生》，《湖南社会科学》2008年第5期，第40—42页；收入作者文集《"生活儒学"论集》，第52—56页。

43.《儒学复兴的两条路线及其超越——儒家当代主义的若干思考》，《西南民族大学学报》2009年第1期，第192—201页；收入作者文集《"生活儒学"论集》，第176—198页。

44.《当代儒学"生活论转向"的先声——梁漱溟的"生活"观念》，《河北大学学报》2008年第4期，第1—5页；收入作者文集《"生活儒学"论集》，第149—164页。

45.《大汉帝国的正义观念及其现代启示——〈白虎通义〉之"义"的诠释》,《齐鲁学刊》2008年第6期,第9—15页;中国人民大学复印报刊资料《中国哲学》2009年第1期转载;收入作者文集《中国正义论的重建》,第236—252页。

46.《危机还是契机?——当前金融危机与儒家正义原则之思考》,《阴山学刊》2009年第1期,第17—19页;收入作者文集《中国正义论的重建》,第283—287页。

47.《生活儒学的"生活"观念》,收入作者文集《"生活儒学"论集》,第57—75页。

48.《爱,所以在——儒学与笛卡儿哲学的比较》,收入作者文集《"生活儒学"论集》,第201—216页。

49.《中国"大一统"的"三时一贯"论》,《学海》2009年第1期,第5—10页;收入作者文集《中国正义论的重建》,第253—264页。

50.《思想及其历史的生活渊源——论"思想史"及其"对象"问题》,《湖南社会科学》2009年第2期,第14—17页;收入作者文集《"生活儒学"论集》,第95—106页。

51.《符号的诞生——中国哲学视域中的符号现象学问题》,《中山大学学报》2009年第3期,第128—136页;中国人民大学复印报刊资料《中国哲学》2009年第8期转载;收入作者文集《"生活儒学"论集》,第217—236页。

52.《儒学与中国之命运——纪念五四运动90周年》,《学术界》2009年第3期,第37—46页;收入作者文集《中国正义论的重建》,第267—282页。

53.《生活儒学:关于"实践"的一种"理论"——答干春松教授》,《杭州师范大学学报》2009年第3期,第100—102页;收入作者文集《"生活儒学"论集》,第40—45页。

54. "Contemporariness: A Common Field for Dialogue Among Chinese, Western and Marxist Philosophies", *Social Sciences in China*, Volume 30, No.

3, August 2009（《当代性：中西马对话的共同场域》，《中国社会科学（英文版）》2009年第3期，第176—188页）；收入作者文集《生活儒学与现代性问题》，第117—129页。

55.《生活儒学的基本观念》，《儒林》，济南：山东大学出版社2011年版，第31—49页；收入作者文集《生活儒学讲录》，第57—81页。

56.《生活儒学的正义理论》，《当代儒学》第1辑，桂林：广西师范大学出版社，2011年；收入作者文集《中国正义论的重建》，第41—71页。

57.《生活儒学的儒教观念》，收入作者文集《儒教问题研究》，第99—124页。

58.《"民本"的"人民主权"实质及其正义原则——周公政治哲学的解读》，《河北学刊》2010年第3期，第40—47页；中国人民大学复印报刊资料《中国哲学》2010年第7期转载；收入作者文集《中国正义论的重建》，第155—177页。

59.《反应·对应·回应——现代儒家对"西学东渐"之态度》，《上海师范大学学报》2009年第5期，第22—28页；收入作者文集《"生活儒学"论集》，第134—148页。

60.《中国正义论纲要》，《四川大学学报》2009年第5期，第32—42页；中国人民大学复印报刊资料《伦理学》2010年第1期转载；收入作者文集《中国正义论的重建》，第19—40页。

61.《孟子正义论新解》，《人文杂志》2009年第5期，第9—22页；收入作者文集《中国正义论的重建》，第104—134页，题为《孟子正义论》。

62.《儒教论纲——儒家之仁爱、信仰、教化及宗教观念》，《儒学评论》第五辑，中国人民大学孔子研究院编，石家庄：河北大学出版社，2009年，第99—106页；收入作者文集《儒教问题研究》，第85—98页。

63.《生活儒学与当代哲学》，《理论学刊》2010年第8期，第70—75页；收入作者文集《生活儒学讲录》，第84—113页。

64.《生活儒学》，超星数字图书馆"超星学术视频"2009年12月16日发布（8集）；收入作者文集《生活儒学讲录》，第3—53页。

65.《孔子的正义论》，《中国社科院研究生院学报》2010年第2期，第136—144页；收入作者文集《中国正义论的重建》，第75—103页，题为《孔子正义论》。

66.《制度规范之正当性与适宜性——〈周易〉社会正义思想研究》，《价值论与伦理学研究》2010年卷，武汉：湖北人民出版社，2010年，第93—107页；收入作者文集《中国正义论的重建》，第198—214页。

67.《论"大学精神"与"大学之道"》，《寻根》杂志2010年第4期，第28—34页；收入作者文集《儒学与哲学诸问题》，第6—15页。

68.《必须旗帜鲜明地提出"中国正义论"——儒家制度伦理学的当代政治效应》，《文化纵横》2010年第4期，第68—73页；收入作者文集《中国正义论的重建》，第3—14页。

69.《仁爱以制礼，正义以变法——从〈商君书〉看法家的儒家思想渊源及其变异》，《哲学动态》2010年第5期，第43—50页；收入作者文集《中国正义论的重建》，第215—235页。

70.《生活儒学与中国正义论——从我研究儒学说起》，《深圳大学学报》2014年第1期，第40—45页；收入作者文集《从"生活儒学"到"中国正义论"》，第18—31页。

71.《谈谈"思想"——〈四川思想家研究丛书〉序》，《四川思想家研究丛书》，郑州：河南人民出版社，2011年；收入作者文集《儒学与哲学诸问题》，第214—216页。

72.《真儒家、真工夫：儒学之外、生活之中——阅读〈儒家修身九讲〉有感》，《中华读书报》2011年3月23日；收入作者文集《生活儒学讲录》，第124—126页。

73.《只有儒家的仁爱才能拯救我们——〈儒风大家〉采访黄玉顺先生》（访谈），《儒风大家》2011年第2期；收入作者文集《生活儒学讲录》，第140—145页。

74.《追溯哲学的源头活水——"中国哲学的合法性"问题再讨论》，《四川大学学报》2011年第4期，第12—19页；收入作者文集《儒学与哲学诸问题》，第217—232页。

75.《礼与生活》，收入作者文集《中国正义论的重建》，第300—310页。

76.《"周礼"现代价值究竟何在——〈周礼〉社会正义观念诠释》，《学术界》2011年第6期，第115—128页；收入作者文集《中国正义论的重建》，第178—197页。

77.《中国正义论的重建——生活儒学的制度伦理学思考》，《文史哲》2011年第6期，第12—13页；收入作者文集《中国正义论的重建》，第15—18页。

78.《生活儒学关键词语之诠释与翻译》，《现代哲学》2012年第1期，第116—122页；收入作者文集《从生活儒学到中国正义论》，第3—17页。

79.《中国学术从"经学"到"国学"的时代转型》，《中国哲学史》2012年第1期，第32—45页；中国人民大学复印报刊资料《中国哲学》2012年第6期转载；收入作者文集《儒学与哲学诸问题》，第26—37页。

80.《荀子的社会正义理论》，《社会科学研究》2012年第3期，第135—141页；中国人民大学复印报刊资料《伦理学》2012年第7期、《中国社会科学文摘》2012年第8期转载；收入作者文集《中国正义论的重建》，第135—152页，题为《荀子正义论》。

81.《"中国正义论——中国古典制度伦理学"系列研究项目情况介绍》，《当代儒学》第4辑，桂林：广西师范大学出版社，2013年，第1—8页，题为《在山东大学儒学高等研究院重大项目"中国正义论——中国古典制度伦理学"系列研究启动仪式上的专家发言》；收入作者文集《从"生活儒学"到"中国正义论"》，第183—189页。

82.《中学西进：当代中国哲学学者的历史使命》，《中国社会科学报》2012年7月2日；收入作者文集《儒学与哲学诸问题》，第245—248页。

83.《"全球伦理"何以可能？——〈全球伦理宣言〉若干问题与儒家伦理学》,《云南大学学报》2012年第4期,第71—76页；收入作者文集《中国正义论的重建》,第288—299页。

84.《从"西学东渐"到"中学西进"——当代中国哲学学者的历史使命》,《学术月刊》2012年11月号,第41—47页；中国人民大学复印报刊资料《中国哲学》2013年第2期转载；收入作者文集《儒学与哲学诸问题》,第249—261页。

85.《我们时代的问题与儒家的正义论》,《东岳论丛》2013年第11期,第17—21页；收入作者文集《从"生活儒学"到"中国正义论"》,第215—223页。

86.《当今儒家的"创教"与"干政"及基督教在中国的传播问题——在联合国总部"纽约尼山世界文明论坛"上的点评发言》,《当代儒学》第4辑,桂林：广西师范大学出版社,2013年,第52—58页；收入作者文集《儒学与哲学诸问题》,第334—338页。

87.《儒家的"爱有差等"、"一体之仁"和社会正义原则》,《齐鲁晚报》2012年12月25日；收入作者文集《从"生活儒学"到"中国正义论"》,第190—192页。

88.《诚者何罪？——〈君子困境和罪人意识〉评议》,《哲学门》第十三卷第二册,北京：北京大学出版社,2012年,第309—322页；收入作者文集《儒教问题研究》,第125—139页。

89.《主体性的重建与心灵问题——当代中国哲学的形而上学重建问题》,《山东大学学报》2013年第1期,第118—124页；中国人民大学复印报刊资料《中国哲学》2013年第4期转载；收入作者文集《儒学与哲学诸问题》,第233—244页。

90.《泉城之会：林安梧与黄玉顺对谈录》（黄玉顺、林安梧）,《当代儒学》第15辑,成都：四川人民出版社,2019年,第3—78页；收入作者文集《生活儒学与当代思想》,第123—190页。

91.《作为基础伦理学的正义论——罗尔斯正义论批判》,《社会科学战线》2013年第8期，第27—33页；收入作者文集《从"生活儒学"到"中国正义论"》，第193—207页。

92.《儒学之"本"与"源"——评安靖如"进步儒学"的思想方法》，《烟台大学学报》2014年第1期，第9—16页；收入作者文集《从"生活儒学"到"中国正义论"》，第32—46页。

93.《"角色"意识：〈易传〉之"定位"观念与正义问题——角色伦理学与生活儒学比较》，《齐鲁学刊》2014年第2期，第17—22页；中国人民大学复印报刊资料《伦理学》2014年第7期转载；收入作者文集《从"生活儒学"到"中国正义论"》，第224—237页。

94.《儒学与生活——黄玉顺教授访谈录》，《当代儒学》第8辑，桂林：广西师范大学出版社，2015年，第300—310页；收入作者文集《从"生活儒学"到"中国正义论"》，第366—375页。

95.《从"生活儒学"到"中国正义论"——黄玉顺先生访谈录》（黄玉顺、宋大琦），《当代儒学》第6辑，桂林：广西师范大学出版社，2014年，第276—293页；收入作者文集《从"生活儒学"到"中国正义论"》，第376—391页。

96.《易学对于中国哲学当代重建的意义——现代新儒家哲学与易学的深度关涉》，《社会科学研究》2014年第3期，第134—139页；收入作者文集《儒学与哲学诸问题》，第52—64页。

97.《情感与存在及正义问题——生活儒学及中国正义论的情感观念》，《社会科学》2014年第5期，第117—123页；收入作者文集《从"生活儒学"到"中国正义论"》，第47—58页。

98.《儒家的情感观念》，《江西社会科学》2014年第5期，第5—13页；中国人民大学复印报刊资料《中国哲学》2014年第8期转载；收入作者文集《从"生活儒学"到"中国正义论"》，第59—76页。

99.《前主体性对话：对话与人的解放问题——评哈贝马斯"对话伦理学"》，《江苏行政学院学报》2014年第5期，第18—25页；收入作者文集《儒学与哲学诸问题》，第279—293页。

100. 《生活儒学概说 ——〈生活儒学：黄玉顺说儒〉导读》，《生活儒学：黄玉顺说儒》，贵阳：孔学堂书局，2014年；收入作者文集《从"生活儒学"到"中国正义论"》，第77—83页。

101. 《"时间"观念何以可能 —— 从"无间性"到"有间性"》，《河北学刊》2014年第4期，第18—24页；收入作者文集《儒学与哲学诸问题》，第262—278页。

102. 《制度文明是社会稳定的保障 —— 孔子的"诸夏无君"论》，《学术界》2014年第9期，第44—50页；收入作者文集《从"生活儒学"到"中国正义论"》，第251—260页。

103. 《世界儒学 —— 世界文化新秩序建构中的儒学自我变革》，《孔学堂》杂志2015年第4期，第37—43页；另载 International Communication of Chinese Culture, Vol. 3, Issue 4, 2016；收入作者文集《从"生活儒学"到"中国正义论"》，第261—272页。

104. 《养气：良知与正义感的培养》，《中国社会科学院研究生院学报》2014年第6期，第14—20页；《中国社会科学文摘》2014年第11期转载；收入作者文集《从"生活儒学"到"中国正义论"》，第238—250页。

105. 《儒学与作为科学理论基础的知识论的重建》，《当代儒学》第8辑，桂林：广西师范大学出版社，2015年，第94—101页；收入作者文集《儒学与哲学诸问题》，第107—112页。

106. 《论"重写儒学史"与"儒学现代化版本"问题》，《现代哲学》2015年第2期，第97—103页；《新华文摘》2015年第18期、中国人民大学复印报刊资料《中国哲学》2015年第8期转载；收入作者文集《儒学与哲学诸问题》，第78—89页。

107. 《当代儒学：路在何方？——〈原道〉二十周年纪念座谈会上的发言》，《当代儒学》第7辑，桂林：广西师范大学出版社，2015年，第200—203页；收入作者文集《儒学与哲学诸问题》，第65—69页。

108. 《大陆新儒家当如何"一以贯之"？》，《当代儒学》第7辑，桂林：广西师范大学出版社，2015年，第206—226页；收入作者文集《儒学与哲学诸问题》，第70—77页。

109.《儒学的意义：原理、历史与现实》，《中华文化论衡》第2期，北京：社会科学文献出版社，2017年，第295—310页；收入作者文集《生活儒学与现代性问题》，第51—66页。

110.《也论"大陆新儒家"——回应李明辉先生》，《探索与争鸣》2016年第4期，第49—51页；收入作者文集《生活儒学与现代性问题》，第234—241页。

111.《跪拜文化：孔子的悲哀——关于集体跪拜孔子的感言》，《衡水学院学报》2015年第3期，第34—36页；收入作者文集《生活儒学与现代性问题》，第212—217页。

112.《自由主义儒家何以可能》，《当代儒学》第10辑，桂林：广西师范大学出版社，2016年，第1—18页；收入作者文集《从"生活儒学"到"中国正义论"》，第302—317页。

113.《"以身为本"与"大同主义"——"家国天下"话语反思与"天下主义"观念批判》，《探索与争鸣》2016年第1期，第30—35页；中国人民大学复印报刊资料《中国哲学》2016年第7期转载；收入作者文集《生活儒学与现代性问题》，第218—233页。

114.《比较：作为存在——关于"中西比较"的反思》，《社会科学战线》2015年第12期，第17—24页；中国人民大学复印报刊资料《中国哲学》2016年第3期转载；收入作者文集《儒学与哲学诸问题》，第294—308页。

115.《荀子：孔子之后最彻底的儒家——论荀子的仁爱观念及社会正义观念》，《社会科学家》2015年第4期，第15—21页；收入作者文集《生活儒学与现代性问题》。

116.《儒学为生活而存在》，新华社《瞭望东方周刊》2015年第4期，第66—69页，题为《黄玉顺：儒学为了生活而存在》；收入作者文集《生活儒学与现代性问题》，第338—343页。

117.《国民政治儒学——儒家政治哲学的现代转型》,《东岳论丛》2015 年第 11 期,第 33—41 页;收入作者文集《从"生活儒学"到"中国正义论"》,第 336—352 页。

118.《生活儒学:儒学"创造性转化和创新性发展"的一种尝试》,收入作者文集《从"生活儒学"到"中国正义论"》,第 84—85 页。

119.《形而上学的黎明——生活儒学视域中的"变易本体论"建构》,《湖北大学学报》2015 年第 4 期,第 66—71 页;收入作者文集《从"生活儒学"到"中国正义论"》,第 273—286 页。

120.《新文化运动百年祭:论儒学与人权——驳"反孔非儒"说》,《社会科学研究》2015 年第 4 期,第 134—142 页;中国人民大学复印报刊资料《中国哲学》2015 年第 12 期转载;收入作者文集《儒学与哲学诸问题》,第 90—106 页。

121.《儒家"妾身未明"之际》,《国学茶座》2016 年第 1 期,济南:山东人民出版社,2016 年;收入《生活儒学与现代性问题》,第 207—211 页。

122.《建构现代性诉求的民族性表达——专访黄玉顺教授》,《当代儒学》第 10 辑,桂林:广西师范大学出版社,2016 年;收入作者文集《儒学与哲学诸问题》,第 284—287 页。

123.《董仲舒思想的历史地位与当代价值》,《衡水学院学报》2015 年第 6 期,第 8—12 页;收入作者文集《儒学与哲学诸问题》,第 113—121 页。

124.《儒学的"社会"观念——荀子"群学"的解读》,《中州学刊》2015 年第 11 期,第 101—108 页;收入作者文集《从"生活儒学"到"中国正义论"》,第 86—104 页。

125.《孔子怎样解构道德——儒家道德哲学纲要》,《学术界》2015 年第 11 期,第 104—115 页;收入作者文集《从"生活儒学"到"中国正义论"》,第 318—335 页。

126.《生活儒学:只有爱能拯救我们》(10 集),山东教育电视台于

2016年1月中下旬播出；收入作者文集《从"生活儒学"到"中国正义论"》，第105—179页。

127.《君子三畏》，《宜宾学院学报》2016年第2期，第1—6页；收入作者文集《生活儒学与现代性问题》，第24—33页。

128.《中国正义论：儒家制度伦理学》，《衡水学院学报》2016年第3期，第23—25页；收入作者文集《生活儒学与现代性问题》，第19—23页。

129.《论"生活儒学"与"生活的儒学"》，《中州学刊》2016年第10期，第94—101页；收入作者文集《生活儒学与现代性问题》，第3—18页。

130.《当代国学院及书院的任务》，《衡水学院学报》2016年第5期，第8—12页；收入作者文集《生活儒学与现代性问题》，第321—328页。

131.《论儒学的现代性》，《社会科学研究》2016年第6期，第125—135页；中国人民大学复印报刊资料《中国哲学》2017年第1期转载；收入作者文集《生活儒学与现代性问题》，第97—116页。

132.《论阳明心学与现代价值体系——关于儒家个体主义的一点思考》，《衡水学院学报》2017年第3期，彩插第4—7页；收入作者文集《生活儒学与现代性问题》，第146—151页。

133.《中国哲学的"现象"观念——〈周易〉"见象"与"观"的考察》，《河北学刊》2017年第5期，第1—6页；人大复印报刊资料《中国哲学》2017年第11期转载；收入作者文集《生活儒学与现代性问题》，第298—312页。

134.《现代新儒学对儒学复兴的三点启示——祝贺大陆版〈唐君毅全集〉出版发行》，《当代儒学》第13辑，成都：四川人民出版社，2018年，第334—335页；收入作者文集《生活儒学与当代思想》，第215—216页。

135.《亚洲和平繁荣之道——生活儒学价值共享》，《社会科学家》2017年第1期，第9—13页；收入作者文集《生活儒学与现代性问题》，第 178—187 页。

136.《儒家自由主义对"新儒教"的批判》,《东岳论丛》2017 年第 6 期,第 39—44 页;Confucian Liberalism's Judgment of "New Confucian Religion",美国 A&HCI 期刊 *Contemporary Chinese Thought* 第 49 卷第 2 期,2018 年 4 月,第 151—158 页;收入作者文集《生活儒学与现代性问题》,第 260—270 页。

137.《论"儒家启蒙主义"》,《战略与管理》2017 年第 1 期,北京:中国发展出版社,2017 年,第 221—250 页;收入作者文集《生活儒学与现代性问题》,第 152—177 页。

138.《大陆新儒家政治哲学的现状与前景》,《衡水学院学报》2017 年第 2 期,第 69—71 页;收入作者文集《生活儒学与现代性问题》,第 242—246 页。

139.《儒家文化复兴需彰显个体价值》,《南方周末》2017 年 1 月 5 日;收入作者文集《生活儒学与现代性问题》,第 130—133 页。

140.《儒家"道德个人主义"是否可能?——略评"心性论礼法学"的政治哲学建构》,《学术界》2017 年第 1 期,第 104—112 页;收入作者文集《生活儒学与现代性问题》,第 134—145 页。

141.《生活儒学与"古今中西"问题——山东大学儒学高等研究院博士生导师黄玉顺教授访谈》,《社会科学家》2017 年第 1 期,第 3—8 页;收入作者文集《生活儒学与现代性问题》,第 348—358 页。

142.《"贤能政治"将走向何方?——与贝淡宁教授商榷》,《文史哲》2017 年第 5 期,第 5—19 页。

143.《生活儒学与进步儒学的对话》(黄玉顺、安靖如),《齐鲁学刊》2017 年第 4 期,第 35—52 页;收入作者文集《生活儒学与现代性问题》,第 34—50 页。

144.《"直"与"法":情感与正义——与王庆节教授商榷"父子相隐"问题》,《社会科学研究》2017 年第 6 期,第 109—117 页;收入作者文集《生活儒学与现代性问题》,第 78—93 页。

145.《关于儒家思想的几个问题》,《当代儒学》第 15 辑,成都:四川人民出版社,2019 年,第 81—83 页;收入作者文集《生活儒学与当代思想》,第 257—259 页。

146.《儒学的现状、教训与经验——政治哲学层面的观察与思考》,收入作者文集《生活儒学与现代性问题》,第 251—256 页。

147.《"生活儒学"问难:何为正义?——关于儒家伦理学的富春山对话》(黄玉顺、方旭东),《中原文化研究》2018 年第 2 期,第 13—24 页;收入作者文集《生活儒学与当代思想》,第 191—211 页。

148.《未能成己,焉能成人?——论儒家文明的自新与全球文明的共建》,《甘肃社会科学》2018 年第 3 期,第 50—55 页;收入作者文集《生活儒学与当代思想》,第 20—31 页。

149.《评"自由儒学"的创构——读郭萍〈自由儒学的先声〉》,郭萍《自由儒学的先声——张君劢自由观研究》代序,济南:齐鲁书社,2017 年;收入作者文集《生活儒学与现代性问题》,第 200—204 页。

150.《关于"情感儒学"与"情本论"的一段公案》,《当代儒学》第 12 辑,桂林:广西师范大学出版社,2017 年,第 173—177 页;收入作者文集《生活儒学与现代性问题》,第 271—275 页。

151.《论经典诠释与生活存在的关系——乾嘉学术"实事求是"命题的意义》,崔发展《乾嘉汉学的解释学模式研究》序二,北京:人民出版社,2017 年,第 1—11 页;收入作者文集《生活儒学与现代性问题》,第 67—77 页。

152.《回望"生活儒学"》,《孔学堂》2018 年第 1 期,第 5—16 页;收入作者文集《生活儒学与当代思想》,第 3—19 页。

153.《社会儒学与生活儒学之关系——与谢晓东教授商榷》,《学术界》2018 年第 5 期,第 95—106 页;收入作者文集《生活儒学与当代思想》,第 32—46 页。

154.《儒学之当前态势与未来瞩望》,《孔子研究》2018 年第 4 期,第 17—21 页。

155.《中国哲学怎样"开新"——评"据本开新"方法论》,《东岳论丛》2018 年第 4 期,第 5—12 页;收入作者文集《生活儒学与当代思想》,第 47—59 页。

156.《梁漱溟先生的全盘西化论——重读〈东西文化及其哲学〉》,《社会科学研究》2018 年第 5 期,第 121—129 页;收入作者文集《生活儒学与当代思想》,第 60—78 页。

157. "A Critical Discussion of Daniel A. Bell's Political Meritocracy", *Journal of Chinese Humanities*, Vol. 4, Issue 1, 2016, pp. 6-28.(《文史哲》英文版第 4 卷 2018 年第 1 期,第 6—28 页)

158.《人类共同文明与儒家的贡献》,光明网 2018 年 10 月 18 日;收入作者文集《生活儒学与当代思想》,第 265—266 页。

159.《互害之病的儒学疗救》,《探索与争鸣》2018 年第 11 期,第 46—49 页;收入作者文集《生活儒学与当代思想》,第 97—103 页。

160.《前主体性诠释:主体性诠释的解构——评"东亚儒学"的经典诠释模式》,《哲学研究》2019 年第 1 期,第 55—64 页;收入作者文集《生活儒学与当代思想》,第 104—119 页。

161.《儒家哲学发展的方向——评〈唐君毅先生年谱长编〉》,《学术界》2019 年第 2 期,第 157—164 页;收入作者文集《生活儒学与当代思想》,第 217—230 页。

162.《"文化"新论——"文化儒学"商兑》,《探索与争鸣》2019 年第 9 期,第 169—179 页;收入作者文集《生活儒学与当代思想》,第 79—96 页。

163.《谈"仁爱"与"博爱"》,《当代儒学》第 15 辑,成都:四川人民出版社,2019 年,第 343—345 页,题为《专家激辩"仁爱"与"博爱"——孔学堂秋季辩论大会》;收入作者文集《生活儒学与当代思想》,第 267 页。

164.《复兴儒学、综合创造:新轴心时代之价值重建》,《当代儒学》第 15 辑,成都:四川人民出版社,2019 年,第 346—351 页;收入作者文集《生活儒学与当代思想》，第 268—273 页。

165.《阳明心学与儒学现代化问题 ——〈阳明心学与儒家现代性观念的展开〉读后》（李海超《阳明心学与儒家现代性观念的展开》代序），《中国文化论衡》2019 年第 1 期，北京：社会科学文献出版社，2019 年，第 1—11 页；收入作者文集《生活儒学与当代思想》，第 231—242 页。

166.《再谈"生活儒学"》，《当代儒学》第 16 辑，成都：四川人民出版社，2019 年，第 117—122 页；收入作者文集《生活儒学与当代思想》，第 274—279 页。

167.《生活儒学的内在转向 —— 神圣外在超越的重建》，《东岳论丛》2020 年第 3 期，第 160—171 页；人大复印报刊资料《中国哲学》2020 年第 5 期转载，第 108—118 页。

168.《中国哲学"内在超越"的两个教条 ——关于人本主义的反思》，《学术界》2020 年第 2 期，第 68—76 页。

169.《国族认同与现代性的新"礼乐"建构》，《当代儒学》第 17 辑，成都：四川人民出版社，2020 年，第 138—142 页。

170.《重建外在超越的神圣之域 —— 科技价值危机引起的儒家反省》，《当代儒学》第 17 辑，成都：四川人民出版社，2020 年，第 25—30 页。

171.《神圣超越的哲学重建 ——〈周易〉与现象学的启示》，《周易研究》2020 年第 2 期，第 17—28 页；人大复印报刊资料《中国哲学》2020 年第 10 期转载，第 3—13 页。

172.《新科技时代的信仰重建与价值传播 —— 黄玉顺先生访谈录》，《吉林师范大学学报（人文社会科学版）》2020 年第 3 期，第 1—6 页。

173.《儒学实践的理性反思》，《学习与实践》2020 年第 9 期，第 115—120 页；《新华文摘》2021 年第 4 期转载。

174.《儒学反思：儒家·权力·超越》，《当代儒学》第 18 辑，成都：四川人民出版社，2020 年，第 3—10 页。

175.《儒学为生活变革而自我变革》，《衡水学院学报》2020 年第 6

期，第 4—9 页。

176.《前主体性诠释：中国诠释学的奠基性观念》，《浙江社会科学》2020 年第 12 期，第 95—97 页。

177. "Integrating the Thought of Mencius and Xunzi and the Problem of Modernizing Chinese Society", *Journal of Chinese Humanities* 6, 2020, pp. 21-42.（《孟荀整合与中国社会现代化问题》，《文史哲》英文版第 6 卷 2020 年第 1 期，第 21—42 页）

178.《如何获得新生？——再论"前主体性"概念》，《吉林师范大学学报》2021 年第 2 期，第 36—42 页。

179.《何谓"哲学"？——论生活儒学与哲学的关系》，《河北大学学报》2021 年第 2 期，第 1—8 页。

180.《论"行为正义"与"制度正义"——儒家"正义"概念辨析》，《东岳论丛》2021 年第 4 期，第 168—175 页；人大复印报刊资料《伦理学》2021 年第 7 期转载，第 36—42 页。

181.《不辨古今，何以为家？——家庭形态变迁的儒学解释》，《福建师范大学学报（哲学社会科学版）》2021 年第 3 期，第 46—56 页；人大复印报刊资料《伦理学》2021 年第 9 期全文转载，第 26—35 页。

182.《"超验"还是"超凡"——儒家超越观念省思》，《探索与争鸣》2021 年第 5 期，第 73—81 页；人大复印报刊资料《中国哲学》2021 年第 9 期转载，第 9—15 页；《中国社会科学文摘》2021 年第 10 期转载（题为《超越论与"内在超越"的僭越》），第 62—63 页；收入作者文集《生活儒学的超越本体论》。

183.《人是什么——孔子面对"攸关技术"的回答》，《孔子研究》2021 年第 4 期，第 14—25 页。

184.《情感与超越——专访黄玉顺教授》，《国际儒学论丛》第 10 辑，北京：社会科学文献出版社，2021 年，第 14—25 页。

185.《义不谋利：作为最高政治伦理——董仲舒与儒家"义利之辨"的正本清源》，《衡水学院学报》2021 年第 3 期，第 25—31 页。

186.《生活儒学的话语理论——兼论中国哲学话语体系建构问题》，《周易研究》2021 年第 5 期，第 5—23 页。

187.《儒家文明发展的时代问题》，《国际儒学》2021 年第 3 期，第 110—112 页。

188.《"事天"还是"僭天"——儒家超越观念的两种范式》，《南京大学学报》2021 年第 5 期，第 54—69 页。

189.《制度正义是儒家治道之根本》，《吉林师范大学学报（人文社会科学版）》2021 年第 6 期，第 32—36 页。

190.《论社会契约与社会正义——荀子"约定俗成"思想诠释》，《曾子学刊》第三辑，上海：上海三联书店，2021 年，第 44—59 页。

191.《"吃人"还是"育人"——中国正义论视域下的儒家礼教重建》，《中州学刊》2021 年第 12 期，第 105—108 页。

192.《研究冯友兰新理学的意义——冯友兰新理学研讨会致辞》，《当代儒学》第 20 辑，成都：四川人民出版社，2021 年，第 3—7 页。

图书在版编目（CIP）数据

生活儒学：儒家思想系统的重建 / 黄玉顺著. —北京：商务印书馆，2024
（尼山文库）
ISBN 978-7-100-24052-9

Ⅰ. ①生… Ⅱ. ①黄… Ⅲ. ①儒家－哲学思想－文集 Ⅳ. ①B222.05-53

中国国家版本馆CIP数据核字（2024）第109118号

权利保留，侵权必究。

尼山文库
生活儒学：儒家思想系统的重建
黄玉顺　著

商 务 印 书 馆 出 版
（北京王府井大街36号　邮政编码 100710）
商 务 印 书 馆 发 行
三河市尚艺印装有限公司印刷
ISBN 978－7－100－24052－9

2024年9月第1版	开本 680×960　1/16
2024年9月第1次印刷	印张 32

定价：160.00元